国网安徽省电力有限公司职称评定工作指南

2019 年版

国网安徽省电力有限公司人力资源部
国网安徽省电力有限公司培训中心

组编

下册

中国电力出版社
CHINA ELECTRIC POWER PRESS

U0664880

图书在版编目（CIP）数据

国网安徽省电力有限公司职称评定工作指南：全 2 册 / 国网安徽省电力有限公司人力资源部，国网安徽省电力有限公司培训中心组编．—北京：中国电力出版社，2020.7

ISBN 978-7-5198-4210-9

Ⅰ．①国…　Ⅱ．①国…②国…　Ⅲ．①电力工业－工业企业管理－职称－评定－安徽－指南

Ⅳ．① F426.61-62

中国版本图书馆 CIP 数据核字（2020）第 022713 号

出版发行：中国电力出版社

地　　址：北京市东城区北京站西街 19 号（邮政编码 100005）

网　　址：http://www.cepp.sgcc.com.cn

责任编辑：周秋慧（010-63412627）

责任校对：黄　蓓　常燕昆

装帧设计：北京宝蕾元科技发展有限责任公司

责任印制：石　雷

印　　刷：三河市百盛印装有限公司

版　　次：2020 年 7 月第一版

印　　次：2020 年 7 月北京第一次印刷

开　　本：787 毫米 ×1092 毫米　16 开本

印　　张：26.25

字　　数：491 千字

印　　数：0001—3000 册

定　　价：130.00 元（上、下册）

前言 PREFACE

随着国家职称制度改革的不断推进，职称的相关规定也在不断完善和变化。职称工作社会关注度高、政策性强，深刻认识职称政策，准确把握国家电网有限公司专业技术资格的评审规则与标准，是职称工作人员的必备技能。为进一步规范职称工作，提升职称工作人员业务能力，组织编写了《国网安徽省电力有限公司职称评定工作指南（下册）》。

《国网安徽省电力有限公司职称评定工作指南（下册）》收录了 1986 年以来与电力企业相关的职称评审管理重要制度 37 个，主要内容为评价方法、改革意见以及管理文件等；与各类评审对应的附件 6 个，主要以国家实施统一考试报名条件、对外语和计算机水平要求、积分评定管理办法、艰苦边远地区列表等。

本书便于读者查找历年政策文件的变化，学习和分析我国电力企业职称改革的历程和演变过程。深刻认识和理解职称政策，把握国家电网公司专业技术资格的评审规则与标准，为各级员工的实际工作提供切实的指导。

本书可作为各级各专业技术人员职称申报和从事职称工作人员职称管理、培训等参考资料。

由于编写水平有限，书中难免存在不妥或疏漏之处，恳请读者批评指正，以便进一步完善。

编者

2020 年 5 月

目录 CONTENTS

上 册

前言

1 职称系列分类 ·· 1

1.1 职称评定范围 ·· 2

1.2 职称评定专业申报建议 ································· 2

2 职称申报条件 ·· 5

2.1 电力工程中、高级技术资格评审条件 ··············· 6

2.2 工业工程专业中、高级技术资格评审条件 ·········· 9

2.3 电力新闻中、高级专业技术资格评审条件 ··········· 13

2.4 电力出版中、高级专业技术资格评审条件 ··········· 19

2.5 电力翻译中、高级专业技术资格评审条件 ··········· 24

2.6 电力档案、图书资料中、高级专业技术资格评审条件 ···29

2.7 电力政工中、高级专业技术资格评审条件 ··········· 33

2.8 电力卫生中、高级专业技术资格评审条件 ··········· 35

2.9 电力高等教育系列专业技术资格评审条件 ··········· 58

2.10 技工院校教师系列专业技术资格评审条件 ·········· 63

3 评定标准 ··· 69

3.1 中级评定标准 ·· 70

3.2 副高级评定标准 ·· 91

4 职称资格证书编码要求 ……………………………………………… 155

5 概念型问题解读 ……………………………………………………… 159

    5.1 基本概念 ……………………………………………………… 160

    5.2 职称考核认定与考试确认 …………………………………… 165

    5.3 专业技术资格评定 …………………………………………… 168

    5.4 职称以考代评或考评结合 …………………………………… 178

    5.5 计算机、外语等的要求 ……………………………………… 179

    5.6 其他规定 ……………………………………………………… 183

6 业务咨询型问题解读 ………………………………………………… 187

7 引入型案例 …………………………………………………………… 192

下　册

前言

8 职称评定工作文件选编 ……………………………………………… 199

    8.1 中共中央、国务院转发《关于改革职称评定、实行专业技术职务聘任
        制度的报告》的通知 ………………………………………… 200

    8.2 中央职称改革工作领导小组关于转发国家教育委员会《中等专业学校
        教师职务试行条例》及《实施意见》的通知 ……………… 202

    8.3 中央职称改革工作领导小组关于转发《技工学校教师职务试行条例》
        的通知 ………………………………………………………… 208

    8.4 会计专业职务试行条例 ……………………………………… 213

    8.5 国务院关于发布《关于实行专业技术职务聘任制度的规定》的通知 … 217

    8.6 人事部关于认真做好"专业技术资格"考试工作的通知 ……… 222

    8.7 人事部办公厅关于发放专业技术资格证书有关问题的通知 …… 223

    8.8 关于印发《企事业单位评聘专业技术职务若干问题暂行规定》的通知 … 224

    8.9 关于在专业技术职务评聘工作中严格掌握外语条件的通知 ……… 228

8.10 人事部职位职称司关于贯彻人职发〔1990〕4 号文件有关问题的解答······ 230

8.11 人事部关于职称改革评聘分开试点工作有关事项的通知················· 234

8.12 关于高等学校一九七〇～一九七六年入学的毕业生有关问题的通知······ 236

8.13 人事部办公厅关于制止各地自行评定经济、统计、会计、审计专业
技术职务任职资格的通知 ··· 237

8.14 印发"电力部职称改革工作研讨会会议纪要"的通知················· 238

8.15 中央职称改革工作领导小组关于完善专业技术职务聘任制度的
原则意见 ··· 241

8.16 国家电力公司关于印发深化职称改革、完善专业技术职务聘任制度意见
的通知 ··· 245

8.17 国家电力公司关于印发《国家电力公司专业技术资格评审委员会组建及
其工作办法》的通知 ··· 252

8.18 关于设立国家电力公司人才评价指导中心省（市、区）分中心的通知····· 255

8.19 国家电力公司专业技术资格申报审查办法 ····························· 257

8.20 国家电力公司专业技术资格申报审查办法 ····························· 260

8.21 国家电力公司系统专业技术资格考核认定（确认）办法（试行）········· 272

8.22 安徽省电力公司系统专业技术资格考核认定（确认）实施办法（试行） ····· 275

8.23 关于印发《实行专业技术资格考评机制有关具体问题的规定》的通知····· 279

8.24 原卫生部、人事部关于印发《预防医学、全科医学、药学、护理、
其他卫生技术等专业技术资格考试暂行规定》及《临床医学、预防
医学、全科医学、药学、护理、其他卫生技术等专业技术资格考试
实施办法》的通知 ··· 284

8.25 人事部、审计署关于印发《高级审计师资格评价办法（试行）》的通知 ····· 289

8.26 关于电力系统专业技术资格证书认证权限的说明 ····················· 294

8.27 人事部办公厅、财政部办公厅关于 2007 年度高级会计师资格考评结合
工作有关问题的通知 ··· 296

8.28 人力资源和社会保障部、国家统计局关于印发高级统计师资格评价
办法（试行）的通知 ··· 298

8.29 国网安徽省电力公司关于印发《国网安徽省电力公司系统专业技术
资格考核认定（确认）实施办法（试行）》的通知 ····················· 304

8.30 中央办公厅、国务院办公厅印发《关于深化职称制度改革的意见》
　　的通知 …………………………………………………………………………… 309

8.31 关于印发《安徽省职称评审工作实施办法》的通知 ……………………… 315

8.32 国网人才评价中心关于申报评定专业技术资格的规定（2018年4月修订）…… 327

8.33 人力资源社会保障部　工业和信息化部关于深化工程技术人才职称制度
　　改革的指导意见 ………………………………………………………………… 336

8.34 国家电网有限公司职称评定管理办法 ………………………………………… 344

8.35 职称评审管理暂行规定 ………………………………………………………… 351

8.36 国网人才评价中心关于职称申报的规定（2019年5月修订）………………… 358

8.37 人力资源社会保障部　教育部关于深化中等职业学校教师职称制度改革的
　　指导意见 ………………………………………………………………………… 367

附件1　国家会计、审计、统计中高级资格和经济中级资格考试报名条件
　　有关规定 ………………………………………………………………………… 376

附件2　关于专业技术资格对外语和计算机水平要求的规定 ……………………… 379

附件3　中级专业技术资格业绩积分和专业与能力考试综合评定管理办法 ……… 383

附件4　副高级专业技术资格在线积分评定管理办法 ……………………………… 389

附件5　正高级专业技术资格答辩实施办法 ………………………………………… 394

附件6　艰苦边远地区列表 …………………………………………………………… 397

职称评定工作文件选编

8.1 中共中央、国务院转发《关于改革职称评定、实行专业技术职务聘任制度的报告》的通知

中共中央、国务院转发《关于改革职称评定、实行专业技术职务聘任制度的报告》的通知

中发〔1986〕3号

各省、自治区、直辖市党委和人民政府，中央和国家机关各部委，总政治部，各人民团体：

中共中央、国务院同意中央职称改革领导小组《关于改革职称评定、实行专业技术职务聘任制度的报告》。现转发给你们，望认真贯彻执行。

自一九七八年开展职称评定工作以来，各级党委、政府部门，各级职称评定委员会和科技干部管理部门都做了大量的工作，取得了很大成绩。但是，由于职称制度本身的缺陷以及经验不足和历史遗留问题太多等原因，职称评定工作中也出现了一些问题。一九八三年九月中央书记处和国务院决定暂停职称评定工作，进行整顿。当前，为了适应经济体制改革和科技、教育体制改革的需要，需在总结过去职称评定工作经验的基础上，改革职称评定制度。改革的中心是实行专业技术职务聘任制度，并相应地实行以职务工资为主要内容的结构工资制度。

实行专业技术职务聘任制度是我国专业技术人员管理制度的一项重大改革，是关系社会主义现代化事业的一项基础建设。目前，我国经济、科技、教育体制改革正在不断深入发展，我们要充分把握这个有利时机，着手革除历史上形成的专业技术人员管理制度上的各种弊端，打破那种禁锢人才、一潭死水的局面，逐步建立起充满活力的专业技术人员管理制度，创造一种生动活泼的环境，使每一个专业技术人员都能在与本人的知识、能力和客观需要相适应的工作岗位上，更好地为振兴经济，发展科技、教育，繁荣文化贡献力量。这项工作涉及面广、政策性强，必须加强领导，统一指挥，有计划、有步骤地进行，不得各行其是。中央决定成立中央职称改革领导小组，统一指导全国改革职称评定和实行专业技术职务聘任制度的工作。

聘任专业技术职务，是一项十分严肃的事情，要严格把住质量关，不能降低标准，切忌滥竽充数。为了防止地区、部门、行业之间进行不恰当的攀比，造成思想混乱。报刊在宣传报道上要十分慎重，要坚持多做少说或只做不说；对于专业技术职务的定编、晋升比例和增加工资多少等一律不公开报道。要结合形势政策教育，向广大专业技术人

员讲清职称改革、实行专业技术聘任制度的目的、意义和政策，把思想政治工作做深做细，尽可能地帮助他们解决一些实际问题，调动广大知识分子为四化建设贡献力量的积极性。

各省、自治区、直辖市，中央和国家机关各部委应根据本通知和报告的精神，结合自己的实际情况，精心指导，在试点的基础上，经过批准，逐步展开。实行专业技术职务聘任制度后，对过去已获得职称的合格人员，无论现在是否担任专业技术职务，都应给予妥善安排。

党中央、国务院对我国广大知识分子寄予厚望，尽管我们国家的经济力量还很薄弱，我们仍要尽一切可能逐步改善知识分子的工作条件和生活条件。我们相信，在广大知识分子的共同努力下，职称改革工作一定会取得预期的成功，我国的广大知识分子一定会在四化建设中发挥出更大的作用。

一九八六年一月二十四日

8.2 中央职称改革工作领导小组关于转发国家教育委员会《中等专业学校教师职务试行条例》及《实施意见》的通知

中央职称改革工作领导小组关于转发国家教育委员会《中等专业学校教师职务试行条例》及《实施意见》的通知

职改字〔1986〕第111号

各省、自治区、直辖市人民政府，中央和国家机关各部委，总政治部，各人民团体：

经研究，原则同意国家教育委员会《中等专业学校教师职务试行条例》和《关于〈中等专业学校教师职务试行条例〉的实施意见》，现发给你们，请按照试行，并结合本地区、本部门的实际情况制订《实施细则》贯彻实施。试行中有何修改意见望告国家教育委员会，以便制订《中等专业学校教师职务条例》等文件，经中央职称改革工作领导小组审核后，报国务院正式发布。

附件：《中等专业学校教师职务试行条例》

中央职称改革工作领导小组

一九八六年五月十七日

中等专业学校教师职务试行条例

第一章 总 则

第一条 为了充分发挥中等专业学校教师为社会主义教育事业服务的积极性、创造性，激励教师提高教育水平、专业技术水平及履行相应职责的能力，努力完成本职工作，特制定本条例。

第二条 中等专业学校教师职务是根据学校所承担的教学等任务设置的工作岗位。教师职务设教员、助理讲师、讲师、高级讲师。高级讲师为高级职务，讲师为中级职务，助理讲师和教员为初级职务。各级职务实行聘任制或任命制，并有明确的职责、任职条件和任期。

第三条 中等专业学校的教师编制应依据国家规定的师生比例确定。教师职务应有合理结构。中等专业学校各级教师职务定额应与所承担的任务相适应。

第二章 职 责

第四条 教员的职责

1. 在指导教师指导下担任课程部分内容的讲授，或辅导实验、实习、课程设计及学生基本技能的训练。

2. 参加实验室建设、生产实践和社会调查等工作。

3. 承担班主任或辅导员工作。

第五条 助理讲师的职责

1. 担任课程的讲授及其他教学工作，指导实验、实习、课程设计、毕业设计及学生基本技能的训练。

2. 参加实验室建设、生产实践、社会调查、教学研究等工作。

3. 承担班主任或辅导员工作。

第六条 讲师的职责

1. 担任课程的讲授及其他教学工作，组织与指导实验、实习、社会调查、课程设计、毕业设计。主持毕业设计、论文答辩。

2. 参加编写教材、教学参考书及其他教学文件。了解本学科的国内外学术、技术发展动态，参加科学研究、技术开发、社会咨询及教学研究。

3. 主持实验室建设工作。

4. 指导教员、助理讲师提高业务水平。

5. 承担教学管理工作、班主任或辅导员工作。

第七条 高级讲师的职责

1. 担任课程的讲授及其他教学工作，组织与指导各个教学环节的教学工作。

2. 主持或参加编写、审议教材、教学参考书及其他教学文件，主持教学研究。

3. 指导和主持实验室建设，设计、革新实验手段或开设新的实验。

4. 掌握本学科的国内外学术、技术发展动态，主持或参加科学研究、技术开发、社会咨询及其他科学技术工作。

5. 担任培养教师的工作。

6. 承担教学管理工作、学生思想政治工作。

第三章　任职条件

第八条　中等专业学校教师应拥护中国共产党的领导，热爱社会主义祖国，努力学习马克思主义和党的路线、方针、政策，有良好的职业道德，遵守法纪，能为人师表，教书育人，能全面地、熟练地履行现职务职责，积极承担工作任务，学风端正。具有教育科学理论的基础知识。身体健康，能坚持正常工作。

第九条　教员任职条件是，符合本条例第八条要求，大学专科毕业，在中等专业学校见习一年期满，经考察，表明能聘任和履行教员职责。

第十条　助理讲师任职条件是，符合本条例第八条要求，并具备下列条件之一：

1. 获得学士学位，见习期满，或担任教员职务两年以上，有较丰富的教学经验或有较强的业务实践技能，经考察，表明能胜任和履行助理讲师职责。

2. 获得硕士学位或研究生班毕业证书或第二学士学位证书，经考察，表明能胜任和履行助理讲师职责。

第十一条　讲师任职条件是，符合本条例第八条要求，并具备下列条件之一：

1. 获得学士学位，已承担四年以上助理讲师职务工作，具有本学科必需的理论知识与实践技能和从事科学技术工作的能力，能顺利地阅读本学科的外文书籍和资料，经考察，表明能胜任和履行讲师职责。

2. 获得研究生班毕业证书或第二学士学位且已承担两年或两年以上助理讲师职务工作，具有本学科必需的理论知识与实践技能和从事科学技术工作的能力，经考察，表明能胜任和履行讲师职责。

3. 获得硕士学位且已承担两年左右助理讲师职务工作，或获得博士学位，经考察，表明能胜任和履行讲师职责。

第十二条　高级讲师任职条件是，符合本条例第八条要求，已承担五年以上讲师职务工作；或获得博士学位且已承担两年以上讲师职务工作，经考察，表明能胜任和履行高级讲师职责，并具备下列条件：

1. 对本门学科具有系统而坚实的理论知识和比较丰富的实践经验，能熟练地担任一门主干基础课或两门或两门以上课程的教学工作，教学经验丰富，教学成绩卓著。

2. 能指导科学研究、技术开发、社会咨询、教材编写。教学研究或其他科学技术工作，造诣较深，成绩显著。

3. 熟练地掌握一门外国语。

第十三条 对在教学工作或其他科学技术工作方面成绩特别突出的教师，其任职条件可不受学历、学位、任职年限等规定限制。

第四章 任职资格评审

第十四条 国家教育委员会指导全国中等专业学校教师职务的评审工作。省、自治区、直辖市和国务院有关部委中等专业学校教师职务评审工作应在本地区、本部门职称改革工作领导小组领导下进行。

省、自治区、直辖市和国务院有关部委成立中等专业学校教师高、中级职务评审委员会，负责本地区、本部门的中等专业学校教师高、中级职务的评审工作。国务院有关部委因所属中等专业学校教师队伍中高级讲师等高级专业技术人员较少，不具备设立中等专业学校教师高、中级职务评审委员会条件的，可委托学校所在省、自治区、直辖市中等专业学校教师高、中级职务评审委员会负责所属中等专业学校教师高、中级职务的评审工作。

中等专业学校一般可成立教师职务评审组，负责本校教师初级职务的评审工作；经批准有教师中级职务审定权的中等专业学校可成立教师职务评审委员会，负责本校教师中、初级职务的评审工作。

第十五条 各级教师职务评审组织是评审教师是否具有相应任职条件的专门机构，其成员应作风正派、秉公办事。评审组织应注意吸收合乎条件的、优秀的中青年教师参加。各级评审组织的任期一般不超过三年。

第十六条 省、自治区、直辖市和国务院有关部委中等专业学校教师高、中级职务评审委员会由高级讲师等高级专业技术人员和教育部门、部分业务主管部门的行政领导组成，其中高级教师等高级专业技术人员应占委员总数的三分之二以上。评审委员会的主任、副主任要由担任高级专业技术职务的人员和教育部门行政负责人担任。委员会可设若干由担任高级专业技术职务人员组成的学科评议组，协助评审委员会审查教师的教育水平、专业技术水平和工作能力。省、自治区、直辖市中等专业学校教师高、中级职务评审委员会及学科评议组成员均由省、自治区、直辖市聘任。国务院有关部委中等专业学校教师高、中级职务评审委员会及学科评议组成员均由部委聘任。

第十七条 各中等专业学校教师职务评审组织由高级讲师、讲师和学校行政领导组成，其中高级讲师、讲师应占委员总数的三分之二以上。评审组织的主任或组长需经省、自治区、直辖市或国务院有关部委批准。评审组织成员需报省、自治区、直辖市教育部门或国务院有关部委备案。学校教师职务评审组织受校长领导。

第十八条 中等专业学校教师职务的评审，应由教师提交代表本人教育水平、专业技术水平和工作能力的材料，经所在专业科（教研室）评议后，送学校教师职务评审组织评审。

第十九条 教员、助理讲师职务任职资格由学校教师职务评审组织审定。讲师、高级讲师职务任职资格经学校教师职务评审组织评审通过后，由省、自治区、直辖市或国务院有关部委中等专业学校教师高、中级职务评审委员会审定。

少数有条件的中等专业学校，经省、自治区、直辖市教育部门或学校主管部门批准，有权审定教师中级职务。

第二十条 各级教师职务评审组织评审教师任职资格时，应有不少于全体委员三分之二的成员出席。对被评审人的评议意见，应在充分讨论的基础上，经无记名投票，赞成票数超过全体成员的二分之一方为通过。

第五章　聘任或任命

第二十一条 各级教师职务的聘任或任命应根据工作岗位需要，一般由专业科（教研室）负责人依据教师任职条件推荐提出任职人选，经相应评审组织评审通过后，由校长根据限额进行聘任（或按干部管理权限由相应行政领导任命）。

第二十二条 实行聘任制的学校，校长应与被聘任的教师签订聘约，规定双方权利、义务和聘任期限。实行任命制的学校，行政领导应向被任命的教师颁发任命书。

第二十三条 教师职务的聘任或任命期限，一般为二至四年，可以连聘或连任。

第二十四条 学校要对被聘任或任命职务的教师的业务水平和能力、工作态度和成绩，进行定期及不定期考核。考核成绩记入考绩档案，作为提职、调薪、奖惩和能否续聘或继续任命的依据。

第二十五条 其他专业技术人员到中等专业学校任教，须经过一年以上的教学实践，经考察，根据其业务水平及履行职责的实际能力，经相应的评审组织评审通过后，可聘任或任命相应的教师职务。

第六章　附　则

第二十六条 省、自治区、直辖市、国务院有关部委应根据本条例，结合本地区、本部门具体情况制定实施细则，并报国家教育委员会备案。各学校应制定实施办法。

第二十七条 省、自治区、直辖市、国务院有关部委要指导中等专业学校教师职务评审组织的工作，及时帮助解决出现的问题。

第二十八条 本条例适用于普通中等专业学校。原则上也适用于其他类型的中等专业学校，有关实施办法另订。

第二十九条 本条例的解释权在国家教育委员会。

8.3 中央职称改革工作领导小组关于转发《技工学校教师职务试行条例》的通知

中央职称改革工作领导小组关于转发《技工学校教师职务试行条例》的通知

职改字〔1986〕第 48 号

各省、自治区、直辖市人民政府，中央和国家机关各部委，总政治部，各人民团体：

经研究，原则同意劳动人事部《技工学校教师职务试行条例》和《关于〈技工学校教师职务试行条例〉的实施意见》，现发给你们，请按照执行，并结合本地区、本部门的实际情况制订《实施细则》贯彻实施。试行中，有何修改意见望告劳动人事部，以便制订《技工学校教师职务条例》等文件，经中央职称改革工作领导小组审核后，报国务院正式发布执行。

附件：《技工学校教师职务试行条例》

中央职称改革工作领导小组

一九八六年四月二日

技工学校教师职务试行条例

第一章　总　则

第一条　为了充分发挥技工学校教师的积极性和创造精神，促进职业技术培训事业的发展、建立和健全教师工作责任制，特制定本条例。

第二条　技工学校教师职务是根据技工学校的特点和改革的需要而设置的，有明确的任职条件、工作职责、聘任（或任命）限额和任期。

第三条　技工学校各级教师职务应有合理的结构比例。各级教师职务的限额应与批准的编制定员和工资增长指标相适应。

第四条　职务名称

（一）技工学校文化、技术理论课教师职务名称定为：高级讲师、讲师、助理讲师、教员。

（二）技工学校生产实习课教师职务名称定为：高级实习指导教师、一级实习指导教师、二级实习指导教师、三级实习指导教师。

第二章　工作职责

第五条　文化、技术理论课教师的工作职责

（一）教员：在高级讲师、讲师的指导下，按照教学计划、大纲的要求，编写一门课程中部分章节的教案和讲义，并承担一定的讲授任务和批改作业、辅导课、实验课、组织课堂讨论等教学工作。

（二）助理讲师：按照教学计划、大纲的要求独立编写一门课程的教案和讲义，完成一门课程的教学工作和实验室的教学指导工作。担任学生的政治思想工作或教学实习、社会调查等方面的管理工作。

（三）讲师：担任一门或一门以上课程的教学工作和指导实验室的工作，并撰写本专业具有一定水平的教学研究论文，参加编写教材和培训教师的工作。担任学生的政治思想工作或教学实习、社会调查等方面的管理工作。承担用一种外国语翻译本专业一般资料的任务。

（四）高级讲师：熟练地担任两门或两门以上课程的教学工作和组织实验室及生产实习教学工作，负责指导本专业的教学研究、撰写学术或技术论文，主持编写质量较高的教材和教师的培训提高工作，担任学生的政治思想工作或教学实习、社会调查等方面的组织管理工作，较熟练地承担用一种外国语翻译本专业书籍、资料的任务。

第六条　生产实习课指导教师的工作职责

（一）三级实习指导教师：在高级实习指导教师、一级实习指导教师的具体指导下，编写本工种（专业）生产实习课的部分教案和讲义，并承担生产实习课部分课程的实际操作技能（包括工具、设备的正确使用和维护保养）的示范、辅导工作。

（二）二级实习指导教师：按照生产实习教学计划、大纲的要求，编写本工种（专业）生产实习课的教案、讲义，完成生产实习课教学工作；承担学生职业道德，文明生产，安全生产的教育工作和生产实习课教学的组织管理工作。

（三）一级实习指导教师：熟练地担任生产实习课的教学工作和对工具、设备的正确使用及保养维修；讲授本工种（专业）的工艺学理论课，参加编写教材，承担一定的生产实习教学研究、技术革新任务，以及指导三级实习指导教师技术理论知识和教学业务能力的提高；承担学生职业道德、文明生产、安全生产的教育工作和生产实习课教学的组织管理工作。

（四）高级实习指导教师：熟练地担任生产实习、工艺学理论课的教学工作，组织指

导本工种（专业）生产实习教学研究和技术革新，撰写有一定质量的论文和教学经验总结；主持编写较高质量的教材，指导和提高三级、二级、一级实习指导教师的业务技能；承担学生职业道德、文明生产、安全生产的教育工作和生产实习课教学的组织管理工作，承担用一种外国语翻译本专业一般资料的任务。

第三章　任职基本条件

第七条　技工学校的教师必须拥护中国共产党的领导，热爱社会主义祖国，认真学习马列主义和毛泽东思想，遵守宪法和法律，全心全意为人民服务，努力做好教学教育工作。

第八条　文化、技术理论课教师的任职条件

（一）教员

1. 见习一年期满的大学专科毕业生，中等专业技术学校毕业生，受过不少于100学时教育学、心理学和教学法的基础知识的培训。

2. 在高级讲师、讲师的具体指导下，按照教学计划和教学大纲的要求，能承担一定的教学工作。

（二）助理讲师

1. 见习一年期满的大学本科毕业生或担任教员职务二年以上的大学专科毕业生或担任教员职务四年以上的中等专业技术学校毕业生，并受过不少于100学时教育学、心理学和教学法的基础知识的培训。

2. 能独立担任一门课程的教学工作，教学效果较好。

（三）讲师

1. 大学专科毕业以上，担任助理讲师职务四年以上，能担任培训教员的工作。

2. 能胜任一门或一门以上课程的讲授和全部教学工作，质量较高，教学效果好。

3. 掌握一门外国语，能阅读本专业的外文书籍和资料。

（四）高级讲师

1. 具有大学本科毕业以上学历，担任讲师职务五年以上，能联系实际进行比较深入的研究工作（包括主编质量高的教材等），或者在生产技术方面有较大的贡献，能指导提高讲师的业务水平。

2. 能熟练地担任二门或二门以上课程的讲授和全部教学工作，教学工作经验丰富，教学质量高，能起到学科带头人的作用。

3. 熟练地掌握一门外国语。

第九条　生产实习课指导教师的任职条件

（一）三级实习指导教师

1. 见习一年期满的大专毕业生或中专、技工学校优秀毕业生，经过不少于 100 学时的教育学、心理学和生产实习教学法的培训；能承担本工种（专业）部分生产实习教学工作。

2. 了解本工种（专业）的各种工具、设备的结构原理及文明生产、安全操作规程，对本工种（专业）的实际操作技能达到中级技工的水平。

（二）二级实习指导教师

1. 大学专科毕业生，担任三级实习指导教师一年以上并受过不少于 100 学时教育学、心理学和生产实习教学法的培训，或具有四年以上实际教学工作经验的三级实习指导教师；能独立担任生产实习课的教学工作，教学效果较好。

2. 掌握本工种（专业）各种工具、设备的结构原理及文明生产、安全操作规程，对本工种（专业）的实际操作技能达到中级技工的水平。

（三）一级实习指导教师

1. 大学专科毕业，担任二级实习指导教师四年以上，能胜任本工种（专业）生产实习课和工艺学理论课的教学工作。

2. 对本工种（专业）的实际操作技能达到高级技工的水平；在技术革新和生产实习教学中有较大贡献。

（四）高级实习指导教师

1. 大学专科毕业，担任一级实习指导教师五年以上，并已取得大学本科毕业学历，熟练地担任本工种（专业）生产实习课及工艺学理论课的教学工作，教学经验丰富，教学质量高，能主持编写质量高的生产实习课教材，有独特、高超的技艺，在生产和技术革新方面或在实习教学中成绩卓著。

2. 掌握一门外国语。

第四章　评审及聘任（或任命）

第十条　各省、自治区、直辖市或部委成立省、自治区、直辖市或部委的技工学校教师职务评审委员会，负责评审高级职务的任职资格或授权确实具备评审条件的下属部门或单位组织评审委员会，报省市和部委批准后，负责高级职务任职资格的评审。各地（市）和各技工学校成立相应教师职务评审组织（委员会或小组），负责评审中、初级职务的任职资格。

第十一条　各级评审委员会的成员，必须由作风正派、办事公道的担任较高级别教师职务的人员组成，其中，中、青年应占一定比例。各级评审委员会的组成及评委会成员的聘任，由同级主管领导批准。评审讲师和一级实习指导教师职务的评委会，需报上一级主管部门备案。

第十二条　聘任（或任命）权限。技工学校的高级讲师、高级实习指导教师的职务，经地（市）评审组织评审通过后，报省、自治区、直辖市或部委评审委员会审定。讲师、一级实习指导教师的职务，经技工学校评审组织评审通过后，报地（市）评审组织审定。助理讲师、二级实习指导教师和教员、三级实习指导教师的职务，由学校评审组织审定。各级教师职务经相应的评审组织审定后由校长聘任（或按干部管理权限由相应行政领导任命）。

第十三条　实行聘任制的技工学校，校长应与被聘任的教师签订聘约，规定双方权利、义务、聘任期限和辞聘、解聘等事宜。实行任命制的学校，行政领导应向被任命的教师颁发任命书。教师职务的聘任（或任命）期限，最长不超过五年，可以连聘或连任；对有特殊成绩和突出贡献者可提前晋职。

第五章　附　则

第十四条　各省、自治区、直辖市和各部委应根据本条例，结合本地的具体情况制定实施细则，并报劳动人事部备案。

第十五条　本条例适用于事业单位的技工学校；企业单位的技工学校可根据企业职称改革工作部署，参照执行。

第十六条　本条例的解释权在劳动人事部。

第十七条　本条例自公布之日起实行。

8.4 会计专业职务试行条例

会计专业职务试行条例

职改字〔1986〕第56号

第一章 总 则

第一条 根据中共中央国务院关于改革职称评定实行专业技术职务聘任制度的文件精神，为了合理使用会计人员，促进人才合理流动，充分发挥会计人员在四化建设中的积极性和创造性。特制定本条例。

第二条 会计专业职务，由各单位根据会计工作需要，在规定的限额和批准的编制内设置。

第三条 会计专业职务名称定为：高级会计师会计师助理会计师会计员。高级会计师为高级职务，会计师为中级职务，助理会计师会计员为初级职务。

第四条 各级国家机关对会计专业职务实行任命制。实行任命制的部门和单位应按干部管理权限，由行政领导向被任命的会计专业人员颁发任命书。

各事业单位对会计专业职务一般实行聘任制。行政领导应向受聘的会计专业人员颁发聘书，双方签订聘约，确定聘期，以及续聘解聘辞聘等事宜。

三线边远地区和不具备聘任条件的事业单位可以实行任命制，但应创造条件逐步实行聘任制。

第五条 会计人员在担任专业职务期间，按照会计专业职务的工资标准，领取相应的专业职务工资。

第二章 专业职务的任职条件

第六条 会计专业人员，必须拥护中国共产党的领导，热爱祖国，坚持四项基本原则，遵守和执行《中华人民共和国会计法》，积极为社会主义建设事业服务。

第七条 会计人员的基本条件：

1. 初步掌握财务会计知识和技能。

2. 熟悉并能按照执行有关会计法规和财务会计制度。

3. 能担负一个岗位的财务会计工作。

4.大学专科或中等专业学校毕业，在财务会计工作岗位上见习一年期满。

第八条 助理会计师的基本条件：

1.掌握一般的财务会计基础理论和专业知识。

2.熟悉并能正确执行有关的财经方针政策和财务会计法规制度。

3.能担负一个方面或某个重要岗位的财务会计工作。

4.取得硕士学位，或取得第二学士学位或研究生班结业证书，具备履行助理会计师职责的能力；大学本科毕业，在财务会计工作岗位上见习一年期满；大学专科毕业并担任会计员职务二年以上；或中等专业学校毕业并提任会计员职务四年以上。

第九条 会计师的基本条件：

1.较系统地掌握财务会计基础理论和专业知识。

2.掌握并能正确贯彻执行有关的财经方针政策和财务会计法规制度。

3.具有一定的财务会计工作经验，能担负一个单位或管理一个地区一个部门一个系统某个方面的财务会计工作。

4.取得博士学位，并具有履行会计师职责的能力；取得硕士学位并担任助理会计师职务二年左右；取得第二学士学位或研究生班结业证书，并担任助理会计师职务二至三年；大学本科或大学专科毕业并担任助理会计师职务四年以上。

5.掌握一门外语。

第十条 高级会计师的基本条件：

1.较系统地掌握经济财务会计理论和专业知识。

2.具有较高的政策水平和丰富的财务会计工作经验，能担负一个地区一个部门或一个系统的财务会计管理工作。

3.取得博士学位，并担任会计师职务二至三年；取得硕士学位第二学士学位或研究生班结业证书，或大学本科毕业并担任会计师职务五年以上。

4.较熟练地掌握一门外语。

第十一条 对各级专业职务的学历和从事财务会计工作年限的要求，一般都应具备；但对确有真才实学成绩显著贡献突出符合任职条件的，在确定其相应专业职务时，可以不受本条例规定的学历和工作年限的限制。

第三章 专业职务的基本职责

第十二条 会计员，负责具体审核和办理财务收支，编制记账凭证，登记会计账簿，编制会计报表和办理其他会计事务。

第十三条 助理会计师，负责草拟一般的财务会计制度规定办法，解释解答财务会计法规制度中的一般规定；分析检查某一方面或某些项目的财务收支和预算的执行情况。

第十四条 会计师，负责草拟比较重要的财务会计制度规定办法；解释解答财务会计法规制度中的重要问题；分析检查财务收支和预算的执行情况；培养初级会计人才。

第十五条 高级会计师，负责草拟和解释解答在一个地区一个部门一个系统或在全国施行的财务会计法规制度办法；组织和指导一个地区或一个部门一个系统的经济核算和财务会计工作；培养中级以上会计人才。

第四章 专业职务的设置和聘任

第十六条 各级会计专业职务的设置，应根据会计人员的编制定员专业职务限额比例所担负的任务和会计干部队伍的实际情况确定，并按规定的程序报经批准。

第十七条 聘任或任命会计专业职务，应由本人申请单位推荐，经会计专业职务评审委员会（以下简称评审委员会）考核评议，确认符合相应的任职条件。

单位行政领导人应根据工作需要和规定的限额，在评审委员会确认的符合任职条件的人员中聘任或任命；未经评审委员会确认符合任职条件的，不得聘任或任命。

第十八条 各级评审委员会成员应由具有较高的会计专业水平或担任高一级会计专业职务作风正派办事公道的人员担任。在评审委员会成员中，具有较高会计专业水平的中青年应占一定比例。

第十九条 会计专业职务任期一般每任不超过五年，根据工作需要可以续聘或连任。在任期中工作成绩突出者，经评审委员会评议合格，可在规定的限额内提前晋职。

第二十条 对由于专业职务名额的限制，未被聘任或任命的会计专业人员，各单位要区别情况，妥善安排。应允许和支持他们到其他单位任职，以促进人才的合理流动。

第二十一条 各单位要建立健全会计专业人员的业绩考核制度，对任职会计专业人员的业务水平工作态度和成绩进行定期或不定期的考核，记入档案，作为任职调薪奖惩和能否续聘的依据。

第二十二条 评议聘任（任命）会计专业人员，应坚持任人唯贤的原则。各级领导要认真掌握有关政策，保护聘任（任命）单位和会计专业人员双方的权益。对借聘任（任命）之机打击迫害会计专业人员的领导干部，或伪造学历资历谎报成果骗取会计专业职务的人员，应视情节轻重，严肃处理。

第五章　附　则

第二十三条　本条例适用于国家机关事业单位。企业单位，应根据中央职称改革工作领导小组的部署，参照本条例规定的原则，由国务院各部门，各省自治区直辖市制定具体办法，报财政部备案。

第二十四条　国务院各部门，各省自治区直辖市可依据本条例的规定，结合本部门本地区的实际情况，制订实施细则。

军队系统的会计专业职务的实施办法，由中国人民解放军有关部门制定，报财政部备案。

第二十五条　本条例的解释属财政部。

第二十六条　本条例自批准之日起施行。

8.5 国务院关于发布《关于实行专业技术职务聘任制度的规定》的通知

国务院关于发布《关于实行专业技术职务聘任制度的规定》的通知
国发〔1986〕27号

各省、自治区、直辖市人民政府，国务院各部委、各直属机构：

现将《关于实行专业技术职务聘任制度的规定》发给你们，请遵照执行。

实行专业技术职务聘任制度，是对专业技术人员管理工作的一项重大改革，必须加强领导，认真掌握政策，慎重从事。全国实行专业技术职务聘任制度的工作由中央职称改革领导小组统一领导，具体工作由中央职称改革领导小组办公室负责，办公室设在国家科委。省、自治区、直辖市人民政府也应成立职称改革领导小组，对这项工作进行统一领导，具体工作由职称改革领导小组办公室负责，办公室设在科委或科技干部管理部门。

一九八六年二月十八日

关于实行专业技术职务聘任制度的规定

一、专业技术职务聘任制度的基本内容

专业技术职务是根据实际工作需要设置的有明确职责、任职条件和任期，并需要具备专门的业务知识和技术水平才能担负的工作岗位，不同于一次获得后而终身拥有的学位、学衔等各种学术、技术称号。

建立专业技术职务聘任制度，应当根据实际需要设置专业技术工作岗位，规定明确的职责和任职条件；在定编定员的基础上，确定高、中、初级专业技术职务的合理结构比例；由行政领导在经过评审委员会评定的、符合相应条件的专业技术人员中聘任；有一定的任期，在任职期间领取专业技术职务工资。

二、专业技术职务的设置

1.专业技术职务系列由国务院有关部门根据需要提出，经中央职称改革领导小组审核后报国务院批准。国务院委托专业技术职务系列的主管部门制订有关条例及实施意见，其内容应包括职务的名称、档次（或等级）、适用范围、高中初级专业技术职务的合理结构

比例、岗位职责、任职条件、任期、评审和聘任办法、审批权限等，报送中央职称改革领导小组批准试行，经过一段实践，总结经验，进一步修改后，报国务院正式发布。

2.各单位根据专业技术工作的实际需要，提出本单位选用专业技术职务系列和职务设置的意见，属于国务院各部门直属事业单位的，由各部门核准；属于地方的，由地方职称改革领导小组核准。

3.直接从事专业技术管理工作的部门设置专业技术职务问题，由中央职称改革领导小组另行规定，报国务院批准。

三、任职基本条件

1.热爱祖国，遵守宪法和法律，积极为我国四化建设贡献自己的力量。

2.具备履行相应职责的实际工作能力和业务知识。

3.担任高级、中级、初级专业技术职务一般应相应具备大学本科、大专、中专毕业的学历。各专业技术职务系列可以根据各自的特点，提出各级职务的不同学历要求。

对虽然不具备上述规定学历，但确有真才实学、成绩显著、贡献突出、符合任职条件的专业技术人员，也可根据需要聘任相应的专业技术职务。

4.身体健康，能坚持正常工作。

四、各级专业技术职务结构比例及工资额的确定

1.专业技术职务设高、中、初三级，也可以只设中、初两级或只设初级。

专业技术职务的数量在国家规定的编制范围内有一定的限额，不同类别的单位和专业技术职务在不同档次之间应各有合理的结构比例。

2.国务院各部门和各省、自治区、直辖市应在国家批准的编制和各专业技术职务系列主管部委规定的限额比例内，确定本部门、本地区所属事业单位各类专业技术职务的结构比例。

国务院各部门和各省、自治区、直辖市人民政府各工作部门，在劳动人事部会同国家科委提出并经国务院批准的国家机关专业职务的总结构比例内，提出本机关内各级专业技术职务的结构比例。属于国务院各部门的，报劳动人事部核定并报国家科委备案；属于省、自治区、直辖市人民政府工作部门的，报同级劳动人事部门核定并报同级科委备案。省、自治区、直辖市人民政府工作部门的高级职务的比例限额应低于国务院各部门高级职务的限额。

3.专业技术职务各档次（或等级）对应的职务工资标准，报劳动人事部核准。

国家机关和事业单位实行专业技术职务聘任制所需的增资额，均应在劳动人事部规定的增资指标内核定，未经批准不得突破。

五、专业技术职务评审委员会

评审委员会是负责评议、审定专业技术人员是否符合相应专业技术职务任职条件的组织。评审委员会应以民主程序进行工作。

各部门和地方根据实际需要分别建立高级、中级、初级职务评审委员会。评审委员会应由具有较高的专业技术水平或担任较高专业技术职务、作风正派、办事公道的专业技术人员组成，其中中、青年应占一定比例。评审委员会可以是常设的，也可以在需要时临时组成。

评审委员会的人选由本单位专业技术人员酝酿推荐，单位专业技术负责人提名，经单位领导批准。中级职务评审委员会人选，还须报上一级主管部门批准。高级职务评审委员会一般应由国务院各部门和各省、自治区、直辖市组建，国务院各部门和各省、自治区、直辖市也可授权确实具备评审条件的下属单位直接组建，报部门或省、自治区、直辖市批准。本单位专业技术力量薄弱，不能成立评审委员会的，可以由上一级组织的评审委员会或聘请外单位专家与本单位专家共同组成的评审委员会承担评审任务。

六、聘任和任命

1.事业单位的专业技术职务一般实行聘任制。事业单位的各级专业技术职务，由行政领导在经过评审委员会评定的符合相应任职条件的专业技术人员中聘任。行政领导应向被聘任的专业技术人员颁发聘书，双方签订聘约。

2.三线、边远地区和不具备聘任条件的事业单位可以实行任命制，但应创造条件逐步实行聘任制。各级国家机关的专业技术职务实行任命制。实行任命制的部门和单位应按干部管理权限，由行政领导向被任命的专业技术人员颁发任命书。实行任命制的部门和单位的各级专业技术人员也必须经过评审委员会评审，符合相应任职条件。

3.专业技术职务的聘任或任命都不是终身的，应有一定的任期，每一任期一般不超过五年。如工作需要，可以连聘连任。

4.聘任或任命单位对受聘或被任命的专业技术人员的业务水平、工作态度和成绩，应进行定期或不定期的考核。考核成绩记入考绩档案，作为提职、调薪、奖惩和能否续聘或任命的依据。

七、行政人员与专业技术人员相互兼任职务的问题

1.行政领导一般不兼任专业技术职务。确需兼任的必须经评审委员会确认符合相应职务任职条件，并按规定的手续聘任。兼职人员应履行相应的职责。

2.专业技术人员兼任行政领导职务的，任职期间的工资待遇，在专业技术职务工资和行政职务工资中，按较高的职务工资标准执行。

八、已获得职称人员的安排

对于过去已获得职称的人员，原则上应承认他们具备担任相应专业技术职务的条件。在专业技术岗位上的合格人员，要给予妥善安排，根据需要聘任他们担任相应的专业技术职务，其中水平偏低的，应帮助其尽快提高水平；完全不合格的，不能承认其具备担任相应专业技术职务的条件；对个别弄虚作假骗取职称的，应严肃处理。

一九八三年九月一日前，经过职称评定组织评定了相应职称，并已上报到有关部门"待批"或"待授"的人员，在这次专业技术职务聘任工作中，也按上述规定对待。

九、待聘人员的安排和待遇

1.实行聘任制后，对暂时未被聘任的专业技术人员，原单位要继续关心他们，并区别情况，妥善安排。要鼓励他们到更需要或更能发挥他们专长的单位去工作。待聘人员应积极应聘到其他单位工作，原单位科技干部管理部门要积极帮助联系，提供应聘方便。待聘人员在尚未应聘到其他单位工作以前，应做好原单位所安排的临时性工作。

2.长期未受聘用的专业技术人员中的工资待遇，原则上应低于受聘专业技术人员的工资待遇，以促进人才流动，具体办法由劳动人事部门另行规定。

十、"待聘高级职务"的设置

在少数人才密集的部门或单位，为解决历史遗留问题，鼓励人才合理流动，凡确实符合相应高级职务任职条件的中年专业技术骨干，由于限额已满，未受聘任的，可有控制地确定"待聘高级职务"，领取相应的职务工资，同时鼓励他们到其他单位任职。设置"待聘高级职务"，一定要严格保证质量，绝不能降低标准，更不能滥竽充数。拟设"待聘高级职务"的单位和数额，经国务院有关部门或各省、自治区、直辖市核定后，报中央职称改革领导小组批准。宣布聘任结果时，应同时宣布确定的"待聘高级职务"人员名单。确定"待聘高级职务"的人员都应根据国家需要提出志愿去向，由单位帮助联系；到外地的，户口、家属可以不迁。

十一、离休、退休问题

1.在实行专业技术职务聘任制的同时，应坚决执行国务院有关离、退休的规定。

2.在这次专业技术职务聘任工作中，达到规定离休、退休年龄的专业技术人员，凡符合专业技术职务聘任条件的，可在确定相应专业技术职务后，办理离休、退休手续。

十二、聘任专业技术职务，必须实事求是，严格按照政策办事。对于借聘任之机打击迫害专业技术人员的，应按情节轻重，严肃处理；对于伪造学历、资历，谎报成果，骗取专业技术职务的，应予解聘，免除其担任的专业技术职务，并视情节轻重，严肃处理。

十三、本规定适用于国家机关、事业单位

国务院各部门和各省、自治区、直辖市应根据有关专业技术职务条例和实施意见，结合本部门、本地区的工作需要，制订实施细则。

企业单位也应参照上述规定，结合企业特点逐步实行专业技术职务聘任制度。

本规定自发布之日起实行，过去由国务院或国务院各部门颁发的有关职称评定的规定，即行废止。

8.6 人事部关于认真做好"专业技术资格"考试工作的通知

人事部关于认真做好"专业技术资格"考试工作的通知
人职发〔1990〕2号

建立"专业技术资格考试"制度（以下简称"资格考试"）是在新形势下深化职称改革，进一步完善专业技术职务聘任制的一项重要措施。今年，首先对计算机应用软件人员和统计员进行资格考试。为了保证这一工作的顺利开展，现将有关问题通知如下：

一、各地的"资格考试"工作要在各省、自治区、直辖市及计划单列市（以下简称各地区）职称改革工作领导小组领导下进行，由人事厅（局）或职改部门负责指导、监督、协调有关考试工作，各地区专业主管部门或考试工作机构负责考试的具体组织工作。各地是否成立考试工作机构，由当地职改领导小组决定。

二、各地区人事厅（局）或职改部门要按照《中国计算机应用软件人员专业技术资格（水平）考试暂行规定》和《统计员资格考试暂行规定》，会同有关专业主管部门研究具体实施办法，明确分工，互相配合，积极稳妥地做好各项准备工作，切实保证考试工作的顺利进行。

三、凡参加全国统一组织的"资格考试"成绩合格者，由国家统一颁发《专业技术资格证书》，在全国范围内有效。《资格证书》由人事部统一印制、编号。经各地区人事厅（局）或职改部门审核批准加盖钢印后，由各地区组织考试的部门或考试工作机构发至本人。

四、中央国家机关及其所属各单位的报考人员，一律参加所在地区组织的资格考试。

五、考试工作可收取一定的报名费。费用收取应遵循"以考养考，以支定收"的原则，具体标准应报经当地物价管理部门批准。严禁随意提高收费标准。

六、"资格考试"工作涉及面广，政策性强。为了保证考试的客观、公正、有效，各地区、各部门对命题、报名、考试、评卷等环节要按照有关规定严密组织，严格纪律不得各行其是。对以权谋私，弄虚作假的，应严肃查处。

七、以前所发有关"资格考试"问题的规定如与本通知精神不符，以本通知为准。

一九九〇年四月二十八日

8.7 人事部办公厅关于发放专业技术资格证书有关问题的通知

人事部办公厅关于发放专业技术资格证书有关问题的通知
人办职〔1990〕30号

根据我部有关专业技术资格考试工作的规定，凡参加全国统一组织的专业技术资格考试成绩合格者，由国家统一颁发《专业技术资格证书》（以下简称《证书》）。为了保证这项工作的顺利进行，现就有关事项通知如下：

一、《证书》表明持证人具有相应的专业技术水平和业务能力，在全国范围内有效，作为受聘相应专业技术职务的必备条件之一。

二、《证书》分高、中、初级三种，由人事部统一印制。任何地区、部门、单位和个人不得擅自印制、发放、伪造、涂改专业技术资格证书。各省、自治区、直辖市及计划单列市人事（劳动人事）厅（局）或职改工作部门根据需要向人事部购领。

三、《证书》发放工作由各省、自治区、直辖市及计划单列市人事（劳动人事）厅（局）或职改工作部门负责，各地区考试管理机构具体组织实施。

1. 各地区考试管理机构通知考试成绩合格者到所在地区考试管理机构填写登记表（表式附后），并交近期免冠二寸照片二张及《证书》工本费（收费办法另行通知）。

2. 各地考试管理机构根据登记表分级别编制发证人员名册（包括人员姓名、专业、所获专业技术资格名称等），填写《证书》，报各省、自治区、直辖市及计划单列市职改工作部门审核。

3. 各地区职改工作部门在审核后，应在《证书》加盖钢印，并将有关资料存档。

4. 考试管理机构管理《证书》的发放，并应将考试合格者的答卷等有关资料存档备查。

5. 如《证书》丢失，本人应提交充分证明向原发证机构申报补发，并登报声明原证作废。

四、专业技术资格具有时效性，实行定期登记注册。有效期满，持证人应按有关规定到所在地区考试管理机构审核、登记，逾期不办理者，其《证书》自行失效。

五、各地区、各部门在《证书》发放工作中要严格执行有关规定和纪律，不得以权谋私，弄虚作假，不得乱收费。如有违反，要追究有关人员及其领导者的责任。

一九九〇年十月十六日

8.8 关于印发《企事业单位评聘专业技术职务若干问题暂行规定》的通知

关于印发《企事业单位评聘专业技术职务若干问题暂行规定》的通知

人职发〔1990〕4号

各省、自治区、直辖市及计划单列市人事（劳动人事）厅（局）、职改办，国务院各部（委）、各直属机构人事（干部）部门：

现将《企事业单位评聘专业技术职务若干问题暂行规定》印发给你们，请遵照试行。

中华人民共和国人事部

一九九○年十一月十日

企事业单位评聘专业技术职务若干问题暂行规定

目前，全国企事业单位首次专业技术职务评聘工作已经结束。为适应治理整顿、深化改革的需要，完善专业技术职务聘任制度，使评聘专业技术职务转入经常性工作，遵照1990年5月22日第100次国务院总理办公会议精神，对当前专业技术职务评聘工作的若干问题，作如下规定：

一、专业技术职务评聘工作是各级人事管理工作的一部分。各企事业单位可以根据专业技术工作的实际需要，按照中发〔1986〕3号、国发〔1986〕27号文件和各专业技术职务试行条例，开展经常性的专业技术职务评聘工作。

二、按照中共中央办公厅厅字〔1988〕8号文件规定，全国的改革职称制度、实行专业技术职务聘任制的工作，在国务院领导下，由人事部负责指导、组织和协调。各省、自治区、直辖市和国务院各部门都要坚决执行统一制定的政策和评聘的标准，不得自行其是。如果需要根据本地区、本部门的实际情况，另行制定具体政策和特殊规定，须报经人事部审核批准。

三、开展经常性的专业技术职务评聘工作，必须在科学合理地设置专业技术岗位的基础上进行。各地区、各部门要认真总结首次评聘工作中设置专业技术岗位的经验，检查、督促、指导所属企事业单位在国家批准的人员编制、首次评聘下达的高、中级职务数额和工资总额内，按照职位分类原理，根据工作需要设置和调整专业技术岗位，明确岗位职责。各地区、各部门根据企业、事业以及不同类别单位的实际情况，审定各级专业技术岗位设置，如认为有必要，可提出专业技术职务结构比例和专业技术职务设置最高档次的指导性意见。

四、企事业单位因自然减员、调动、解聘等原因出现岗位人员空缺时，可根据工作需要进行补缺。由于事业发展以及破格评聘优秀中青年拔尖人才等原因，需要增设专业技术岗位，须在规定的增资指标范围内，经省、部级人事（职改）部门批准。

五、1987年以来新建企事业单位，应在批准的人员编制和工资总额内，科学合理地设置专业技术岗位，经上级主管部门和人事（职改）部门审定批准后，按照规定的程序，逐步开展专业技术职务评聘工作。

六、评聘专业技术职务必须严格坚持专业技术职务试行条例所规定的能力、业绩、资历、本专业（或相近专业）学历和相应的外语水平等基本任职条件。各地区、各部门要清理检查首次评聘工作中制定下发的文件，对于不符合专业技术职务试行条例的规定和扩大范围、放宽条件、降低标准的有关文件（含实施意见或细则），一律停止执行。今后申报评聘专业技术职务应具备国家教委承认的本专业（或相近专业）的学历，各种培训班颁发的结业证书或专业证书不再作为评聘专业技术职务的学历依据。

七、各地区、各部门要切实按照试行条例的有关规定，严格控制评聘范围，不得自行设置和任意靠用专业技术职务系列。

八、评聘专业技术职务要结合实际情况，坚持正确的政策导向，引导专业技术人员努力做好本职工作，注重工作实绩，积极为优秀中青年人才脱颖而出创造条件，不搞论资排辈，不拘一格选拔人才。对不具备专业技术职务试行条例规定的学历、资历条件，但确有真才实学、成绩显著、贡献突出的，可根据具体情况和工作需要破格评聘专业技术职务。具体破格条件由各地区、各部门提出，报人事部审核。

九、企事业单位行政领导原则上不兼任专业技术职务。确需技术行政领导兼任的，必须符合相应的任职条件，履行相应的职责，占用本单位的专业技术职务数额。兼任高级专业技术职务的报省、部级人事（职改）部门批准，兼任中级专业技术职务的报地。市级人事（职改）部门批准，并按规定的程序评聘。

十、今后各地区、各部门对达到离退休年龄的专业技术人员，除个别确因工作需要，按有关文件规定，延缓办理离退休手续的以外，不再评定专业技术职务。

十一、各地区、各部门应重新组建评审委员会，评委会应由包括中、青年专家在内的具有本专业较高专业技术水平的专家组成。中、初级评审委员会应由上级人事（职改）部门批准。高级评审委员会由省、部级人事（职改）部门批准组建，报人事部备案。一些国务院部门设在地方的直属单位不具备组建某些系列评委会条件的，不能自行组建，可以委托当地的有关评委会统一组织评审。评委会的评审工作每年举行一次。评委会成员应遵守职业道德，办事公道。在评审评委本人或其亲属专业技术职务时，实行回避制度。要改进评审方法，实行考试（含答辩）、考核、评审相结合，对不同系列、不同层次各有侧重的办法，客观公正地测定申报人的任职条件和履行职责的能力、水平，具体内容和方式由各地区、各部门确定。评审结果应报相应的人事（职改）部门审批备案。

十二、聘任专业技术职务，要严格掌握思想政治标准，坚持德才兼备的原则，实行择优聘任和竞争聘任，不搞论资排辈。要有明确的聘任期限。聘期一般为一至三年，也可与一个重大项目（一项课题）的周期相同。在聘期内或聘任期满，经严格考核不能履行岗位职责，不能完成岗位任期目标的人员，应解除聘约，按本人条件和工作需要另行聘任适当职务，享受新任职务的工资待遇。对解聘、低聘的人员，可按其晋升专业技术职务所增加的工资至少降低一级的办法处理。

十三、各单位应加强对国家教委承认的正规大、中专院校毕业生（含研究生）见习期的考核工作。根据拟聘专业技术岗位的职责要求，对其政治表现和从事该岗位专业技术工作的能力、水平、工作成绩等，进行全面的考核。见习期满并考核合格，可按试行条例的规定聘任相应的专业技术职务。

十四、评聘的专业技术职务，经批准在哪个范围内评聘的，则在哪个范围内有效。专业技术人员调动工作或变更工作专业，应按拟新聘职务的管理办法和任职条件要求，重新考核、评审或确认任职资格、经过试用考察，按工作岗位需要聘任适当的职务，并按新聘职务享受相应的工资待遇。

十五、企事业单位受聘担任专业技术职务人员的职务工资，一律从聘任之下月起，分别按有关工资的规定和标准计发。目前经济效益很差的企业，如何兑现职务工资，由企业主管部门研究确定。

十六、各地区、各部门要指导企事业单位结合各自的特点，建立健全专业技术人员考核制度和考绩档案。考核应按干部管理权限进行，注重政治标准，以履行岗位职责的工作实绩为主要内容，实行定性考核与定量考核相结合，平时考核与任期期满考核相结合。考核要广泛听取领导、专家和群众的意见。考核结果要记入考绩档案。作为续聘、低聘、解聘或晋升、奖惩的依据。

十七、各级人事（职改）部门要按照人事部关于计算机应用软件人员、统计员等资格考试的有关规定，组织做好专业技术资格全国统一考试的试点工作。考试合格者，发给由人事部统一印制的《专业技术资格证书》，全国有效。今后，凡全国统一组织资格考试的，不再进行专业技术资格的评审工作。

十八、对于特大型、大型企业和重点事业单位中主体系列的高层次人员，在核定岗位设置和实行考评结合的基础上，由本单位提出申请，经省、部级人事（职改）部门批准，可有计划、有步骤、稳妥地进行评聘分开的试点。任职资格不与工资待遇挂钩。

十九、各级人事（职改）部门要加强对专业技术职务评聘和资格考试工作的组织领导和监督检查，严肃纪律。对评聘、资格考试工作中出现的不正之风、弄虚作假等行为除给予当事人必要的行政处分外，还要追究单位领导人的责任；对有评审权的单位，可令其暂停评审直至收回评审权。

二十、本规定自发布之日起实行。由人事部负责解释。过去未经中共中央、国务院批准的有关职称改革文件，凡与本规定不一致的，按本规定执行。

8.9 关于在专业技术职务评聘工作中严格掌握外语条件的通知

关于在专业技术职务评聘工作中严格掌握外语条件的通知

人职发〔1991〕4号

各省、自治区、直辖市及计划单列市人事（劳动人事）厅（局），职改工作部门、国务院各部委、各直属机构人事（干部）部门：

为贯彻落实《企事业评聘专业技术职务若干问题暂行规定》（人职发〔1990〕4号），认真做好一九九一年专业技术职务评聘工作，现就专业技术职务评聘工作中，严格掌握外语条件的有关问题通知如下：

一、评聘专业技术职务，必须按照专业技术职务试行条例有关规定，严格掌握外语条件。这是提高专业技术人员业务素质，确保专业技术职务评聘质量，提高专业技术工作水平的必要措施。对于贯彻执行改革开放政策，扩大对外交流与合作，学习、吸收国外先进科学技术和管理经验，推动我国各项事业的发展有着重要的意义。各地区、各部门在评聘专业技术职务转入经常化工作中，要统一思想，提高认识，加强组织领导，认真做好这项工作。

二、评聘专业技术职务工作中，对外语条件要坚持从严要求，原则上可采用考试和考核的办法。考试工作要采取措施，严密组织，严格纪律，不得事先明确考试内容或范围，对于确实具有较高外语水平予以免试的人员，要进行认真的考核，考核要有具体标准和方法，加强民主监督，坚决杜绝一切形式主义、弄虚作假的行为。凡发现有弄虚作假、徇私舞弊的单位和个人，立即停止该单位的专业技术职务评聘工作或取消本人申报评审的资格。

三、评聘专业技术职务工作中，对外语条件既要严格要求，又要实事求是，区别对待。各地区、各部门要针对各专业技术系列和职务层次对外语的不同需要，适当考虑长期坚持基层工作和老年专业技术人员外语水平的现状，制定必须要求达到的标准和切实可行的考试、考核办法。总的原则是，有些应该有较高要求，有些应该有一般要求，也有一些可以不做要求。

四、外语考试或考核是评聘专业技术职务的一项经常性工作。各地区、各部门在组织实施过程中，要积极引导专业技术人员正确处理工作和外语学习的关系，坚决防止冲击、干扰各项生产、工作的正常进行。任何个人不得以此为由要求脱产学习或影响本职工作，各单位也不得举行考前突击培训。提高专业技术人员外语水平，是一项长期的任务，应从实际出发，有计划、有组织地进行。对在评聘专业技术职务工作中，因准备外语考试不坚持正常履行岗位职责的人员，各单位应给予批评教育，直至取消其参加当年的评审资格。

各地区、各部门应根据上述精神，制定评聘专业技术职务外语考试和考核工作的具体规定和办法，并报我部职位职称司备案。各级职改部门要对所属单位贯彻落实情况进行监督、检查，并认真总结经验。

中华人民共和国人事部

一九九一年三月二十八日

8.10 人事部职位职称司关于贯彻人职发〔1990〕4号文件有关问题的解答

人事部职位职称司关于贯彻人职发〔1990〕4号文件有关问题的解答
人职司函〔1991〕15号

对贯彻人职发〔1990〕4号文件，各地、各部门提出了一些问题，除由部发文做出说明外，现对其余问题再作如下解答：

1. 一些基层单位反映，不少专业技术人员认为达到了专业技术职务试行条例规定的任职年头，就要求评聘高一级职务，对此应如何正确理解？

任职年头已够，并不等于就必须评聘高一级职务，这是一个十分明显的问题。试行条例中规定的任职年头，是指必要的年头，不可能到了这个年头都能晋升。正如宪法规定当国家主席必须45岁，显然谁也不会认为到了45岁就都当国家主席。具备了任职年头这一个条件并不说明具备了其他条件，因此晋升高一级职务必须对申报人所具有的任职条件进行全面考核和评审。当然，能否提交评审和聘任还要看是否有空缺岗位。

2. 在评聘专业技术职务时，任职年头应怎么具体掌握？

对年头问题我们总的原则是既要重视年头，也就是重视实践经验，但不死抠年头，不搞论资排辈。具体问题要具体分析。实践知识较强的系列与理论知识较强的系列要有所不同。另外，不同的人同一任职年头，实践的情况也不同。比如同样是外科医师，都任职五年，有的只做了几例手术，有的可能做过几十例、几百例；又如，同样是演员，在同一时期内，有的演了几百场，有的只演了几场。同时，由于首次评聘工作开展时间有差别，在任职时间的计算上也会有差别。因此，评聘专业技术职务时，在任职年限的掌握上，各地区、各部门可以根据上述精神制定一些具体条件。对虽然任职年头不到，但实践经验丰富，成绩显著，确有真才实学的，不要死抠年头。

3.《暂行规定》（指人事部人职发〔1990〕4号文件，下同）重申了评聘专业技术职务对学历的要求，对此应如何理解？

学历是一个人受教育经历，一般表明其具有的文化程度。专业技术职务是需要具备专门的业务知识和技术水平才能担负的工作岗位，因此，在各个专业技术职务系列都有对学历的基本要求。对担任专业技术职务的学历要求问题，我们始终坚持既重视学历又不唯学历的原则。重视学历，是保证评聘质量的主要措施之一，因为一定的学历代表着专业技术人员所掌握专业基础知识的广度和深度，同时，不同的学历反映着不同的培养目标，而人才的培养目标和使用目标应该是一致的。重视学历，也涉及国家教育政策导向问题，关系到国家未来的兴衰。不唯学历，就是对虽然不具备规定学历，但确有真才实学的专业技术人员，也可以按照一定的条件进行评审，根据德才兼备原则和工作需要聘任相应的专业技术职务。

4. 对学历的要求为什么要强调是本专业或相近专业的学历？对此应如何掌握？

评聘专业技术职务之所以要求学历，是考察其专业基础知识的情况。如果所学专业所从事专业完全不同，其学历也就不能反映其所掌握的专业基础知识的状况。例如，学文科的人从事理、工、农、医工作，显然其基础知识是不能适应的。

如何掌握是否属于本专业或相近专业，从我国目前的实际状况出发，可参照国家标准局信息分类编码研究所出版的《人事信息代码汇编》中有关学科和专业代码部分的规定，可认为同一学科内的专业为相近专业。现在分为12大学科：工科、农科、林科、医科、师范、文科、理科、财经、政法、体育、艺术和党政管理。从职称改革的角度来看，还可以划得再粗一些，比如将农科与林科、师范与文科、工科与理科、政法与行政管理划在一起。对此，各部委和各省、自治区、直辖市可根据具体情况做出适当规定。

5. 所具有学历的专业与申报专业技术职务不一致时怎么办？

凡申报人所具有学历的专业与申报任职的专业不一致或不相近时，一般应视为不具备规定学历。这种情况可通过接受继续教育取得本专业或相近专业的教育证明。

6. 首次评聘中有的地方和单位把"专业证书"当大专学历评聘了专业技术职务，但今后不能再这样做，这是不是不保持政策的连续性？

恰恰相反，这正是保持了政策的连续性。事实上，把"专业证书"当成大专学历只是个别地方少数单位，绝大多数地方并没有这样做。把"专业证书"当大专学历是对006号文件规定的政策的一种扭曲。如果说要保持连续性的话，我们必须保持政策的连续性，而不是保持政策被扭曲的连续性。

7. 如果"专业证书"不能作为评聘专业技术职务的学历依据，是不是会对"专业证书"教育的发展产生消极影响？

不应当产生消极影响。"专业证书"教育的举办，从"办学"方面来说，目的是为社会主义建设培养人才，而不是单纯"创收"。如果以"创收"为目的，恐怕有悖于办学的宗旨。从参加学习的方面来说，是为了多学一些知识，更好地为"四化"建设服务，而不应是"混个文凭评职称"。我们的《暂行规定》只是重申006号文件的原则，这也恰恰是国家教委已经和还在继续对"专业证书"班进行整顿所要解决的问题之一。我们相信，通过治理整顿，"专业证书"教育的发展一定会越来越好。

8. 见习期满，考核合格即可聘任相应的专业技术职务，不必再经过评审程序的规定是否适用于"五大"毕业生？

上述规定只适用于国家教委承认的全日制正规大中专院校列入国家统一分配计划的毕业生。"五大"毕业生情况比较复杂，彼此差别大，聘任专业技术职务仍然必须经过任职条件的评审。

9. 现在社会流传所谓"高高工""教授级高工"或"研究员级高工"的职务，评聘工作转入经常化后，还会不会评聘这类职务？

根据原中央职改领导小组和国务院工资改革领导小组的有关文件精神，"高工高定"只是提高部分成绩优异的高级工程师的职务工资，并没有"高高工""教授级高工"或"研究员级高工"之类的职务，这类职务名称，人事和职改部门都不承认。今后，评聘工作转入经常化也不会评聘这类职务。另外，工资达到了某一职务的最低档，不能表明已担任了某一职务或具备了担任某一职务的条件。道理很简单，工资晋升不等于职务晋升。

10. 大多数同志都赞成搞"双轨制"，为什么不尽快全面推行"评聘分开"呢？

这里所说的"双轨制"是指专业技术职称评定制与专业技术职务聘任制并行的制度。1983 年前实行的职称评定制和 1986 年以后实行的职务聘任制都是"单轨制"。不少同志认为，把这两种制度合起来会更有利于解决目前存在的许多矛盾。我们也在积极创造条件向"双轨制"过渡，并且有计划有步骤地进行试点。现在不能立即或尽快全面实施"双轨制"，主要是目前有两个条件还不具备：第一，评审条件没有"硬化"；第二，岗位设置也没有"硬化"。没有评审条件的"硬化"，就无法有效控制评"乱"评"滥"的问题；没有岗位设置的"硬化"，就无法解决聘多聘少的问题。搞不好就会出现只要"年头"够了，通通都得评，只要评上了通通都得聘的混乱状况，在专业技术人员中造成更多的矛盾，强化首次评聘中的某些弊端，这是不可取的。所以，现在只能进行评聘分开的试点，范围仅限于那些自我控制、自我约束能力较强的少数特大型，大型企业和重点事业单位，而且只限于这些单位专业技术职务的主体系列的某些层次。试要经过省部级人事、职改部门的批准。目的是从严控制，摸索经验，防止一哄而起。

11. 现在各地办的各种各样的培训班都很多，有的地方规定，不经过某种培训班培训就不给评职称，人事部在这方面有什么规定？

人事部在这方面从未做过任何规定，而且也不允许把评聘专业技术职务与各种培训班相联系。如果有的地方以评聘专业技术职务为由，强制别人参加某个培训班，这是没有根据的，应当纠正。我们只能要求申报专业技术职务的人员达到什么水平，而不必也不能要求采用何种方法。培训自然是一种方法，但不是唯一的方法。许多同志自学成材就是例子。同时，即使参加了某种培训，也不一定能达到所要求的水平。

12. 参加资格考试以前是不是一定要参加培训？

参加资格考试也不一定要参加培训。就是说，不参加培训，也允许参加考试。培训班结业考试的成绩，不能代替资格考试的成绩，也不能作为免考的依据，同时，不能以参加培训为由影响正常工作。

一九九一年五月八日

8.11 人事部关于职称改革评聘分开试点工作有关事项的通知

人事部关于职称改革评聘分开试点工作有关事项的通知
人职发〔1991〕7号

各省、自治区、直辖市及计划单列市人事（劳动人事）厅（局）、职改办，国务院各部委、各直属机构人事（干部）部门：

为便于各地区、各部门贯彻执行人事部《关于印发〈企事业单位评聘专业技术职务若干问题暂行规定〉的通知》（人职发〔1990〕4号），进一步深化职称改革，现将评聘分开试点工作有关事项通知如下：

一、进行评聘分开试点工作，是为了进一步强化竞争机制，深化和完善专业技术职务聘任制度。研究探索少数专业技术系列实行职务聘任制，建立学术技术称号制度。

二、选择试点单位，只限于以下范围的人才密集单位：国务院各有关部委和各省、自治区、直辖市所属的高等院校、科研、设计单位；卫生部和各省、自治区、直辖市所属的卫生医疗机构；少数特大型、大型企业。

三、属于上述范围的试点单位，只在本单位主体系列在职人员的副高级职务层次实行评聘分开，即高等院校的副教授；科研、设计单位的副研究员、高级工程师；特大型、大型企业的高级工程师；卫生医疗机构中的副主任医师和副主任药师。

四、选择试点单位的条件是：

（一）领导班子团结，改革意识强，有开拓创新精神，工作有魄力；首次专业技术职务聘任工作成效明显；专业技术人员管理制度比较健全；具备自我约束、自我控制的能力。

（二）已经进行了定编定员工作，专业技术岗位设置明确和合理，并经上级人事、职改部门批准。专业技术岗位的设备范围、数量及职责已向专业技术人员公布。

五、确定试点单位的程序是：由符合上述条件的单位提出申请，经上级高管部门审核，报省、部人事、职改部门批准，同时抄报人事部。省、部属高等院校进行评聘分开的试点单位，经上报主管部门审核，在征得国家教委同意后，由省、部人事、职改部门批准，并抄报人事部。今年各省、自治区、直辖市和各有关部委原则上可选择十个事业单位和十个大型企业进行试点工作。

六、评审任职资格，必须严格执行国家颁布的各专业技术职务试行条例，硬化评审标准条件，严格考评方法和程序，确保评审质量，防止乱评滥评。目前评定任职资格的数量一般应控制在经上级人事、职改部门核定的同级专业技术岗位数的 15% 以内，具体数额由省、部人事、职改部门审批。评审结果必须报人事、职改部门批准。

七、试点单位必须坚持专业技术职务聘任制的原则，切实加强对聘任工作的管理，严格区分任职资格与聘任职务的界限。任职资格只反映专业技术人员的学术技术水平，表明具备担任某一职务的学术技术水平和能力，不能与工资和待遇挂钩。职务是根据工作需要设置的，有明确的职责、限额比例和任职期限的岗位，由行政领导择优聘任，在任期内领取职务工资。获得任职资格未被聘任人员，不得以任何借口要求兑现工资待遇，对无理取闹者，人事、职改部门有权取消其任职资格。

八、各地区、各部门要加强对评聘分开试点工作的领导。对首次评聘工作中已实行评聘分开的单位，进行一次认真的检查。凡符合上述要求，搞得好的单位，可予以认定，进一步完善健全制度。对一些以评聘分开为由，任意扩大评定范围，放宽条件，降低标准的，要令其停止并取消其评定的资格，问题严重的应追究领导责任。

九、实行评聘分开的试点单位，要进一步加强对专业技术人员的考核。通过严格的考核，真正做到择优聘任、竞争聘任、优上劣下。对获得任职资格、因岗位已满不能受聘的中青年骨干，要鼓励他们到需要人才的地区或单位任职。也可以实行有领导、有组织地到需要人才的单位去兼职。

中华人民共和国人事部

一九九一年四月二十五日

8.12 关于高等学校一九七〇～一九七六年入学的毕业生有关问题的通知

关于高等学校一九七〇～一九七六年入学的毕业生有关问题的通知

教学厅〔1993〕4号

各省、自治区、直辖市教委、高教（教育）厅（局）、人事（劳动人事）厅（局）、职改工作部门，国务院各部委教育司（局）、人事（干部）司（局）：

现将普通高等学校一九七〇～一九七六年入学的毕业生有关问题通知如下：

一、对于一九七〇～一九七六年进入普通高等学校的大学生，他们的学制当时规定"普通班暂为二至三年"，学习期满毕业时已由学校颁发了毕业证书，国家承认其学历为大学普通班毕业。近期，一些院校自行为这批毕业生重新开具学历证明或换发毕业证书，这种做法不妥，应予制止。在此之前已开具的学历证明或换发的毕业证书无效。

二、由于"文革"的特殊原因，这批毕业生当时仅在工资上规定相当于大学专科毕业生待遇，而没有明确是本科或专科，现在也不宜重新明确。在评定高级专业技术资格或聘任专业技术职务时，对于一些在专业技术工作中，业务突出，水平、能力达到国家规定的高级专业技术资格条件的人员，可以按照有关规定申报、评审。

请你们按隶属关系将此通知转发至高等学校或所属有关人事（干部）部门。

国家教育委员会办公厅　人事部办公厅

一九九三年三月六日

8.13 人事部办公厅关于制止各地自行评定经济、统计、会计、审计专业技术职务任职资格的通知

人事部办公厅关于制止各地自行评定经济、统计、会计、
审计专业技术职务任职资格的通知

人办职〔1993〕3号

目前，各地已按国家统一部署进行经济、统计、会计、审计专业技术资格的考试工作，据反映，有的地区违背资格考试政策规定，擅自在实行资格考试的专业中继续进行资格评审，妨碍了专业技术资格制度的建立，影响了深化职称改革工作。为此，特作如下通知：

一、经济、统计、会计、审计专业要严格按照国家已颁发的有关资格考试的文件规定贯彻执行。从文件规定之日起，各级政府职改部门不再组织评审相应专业技术职务的任职资格，已经评的，一律无效。

二、按照《全民所有制工业企业转换经营机制条例》文件精神，专业技术职务评聘权由企业自主管理。企业因工作需要，拟聘任没有经过资格考试未取得专业技术资格的人员，可以通过实际考核，聘任其担任本企业内部有效的专业技术职务。

三、各级人事（职改）部门，接此通知后，尽快组织对本地区、本部门执行国家专业技术资格考试规定的情况进行一次检查，发现问题，及时纠正，并采取相应的措施，消除影响，维护专业技术资格考试工作的严肃性，保证专业技术资格考试工作的健康发展。

一九九三年五月二十五日

8.14 印发"电力部职称改革工作研讨会会议纪要"的通知

印发"电力部职称改革工作研讨会会议纪要"的通知

部直属单位，有关归口管理单位：

现将部《职称改革工作研讨会会议纪要》印发给你们，请结合本单位的实际情况，认真学习贯彻，执行中遇到问题请及时与部人才交流服务中心联系。

附件：电力部职称改革工作研讨会会议纪要

电力部职称改革工作研讨会会议纪要

一九九四年十一月十五日至十六日，我部在无锡召开了电力部职改工作研讨会，东北、华北、华东、华中、西北电管局和江苏、山东、黑龙江、吉林、山西省电力局等部分单位，以及负责不具备规定学历考试工作的部考办和中电联企业部综合卫生处的代表参加了会议。学习了国家人事部职称改革的方案，结合职改工作八年来的经验教训，讨论修改了电力部职称工作的规划意见，全面总结了三年来不具备规定学历的考试工作。会议认为，随着社会主义市场经济体制的建立和不断完善，电力部深化职称改革已势在必行。大家对通过深化职称改革，实现职改工作的原本目标，充满了信心。大家对电力部今后职称改革的方向、深化职称改革的政策措施和今明两年的职改工作等问题达成了共识。

一、今后职称改革的方向

贯彻国家深化职称改革方案，实行并完善专业技术资格和专业技术职务"双轨制"，推行职业资格和建立电力工程技术人员职业资格制度，逐步形成具有电力行业特点的、符合市场经济规律的电力系统职称工作管理体系。

二、深化职称改革的政策措施

深化职称改革的目的，是要继续坚持专业技术职务聘任制的方向；纠正"有了'资格'就应聘任职务"的观念；除国家对具有国际可比性和事关公共利益的专业技术工作实行岗位准入控制外，真正落实企事业单位在专业技术人员管理上的用人自主权。

1. 关于专业技术职务聘任制度

要坚持聘任制的方向，首先要搞好专业技术岗位的设置。实际上企事业单位通过三项制度改革和人事制度的改革已促进了这项工作的进行，很多单位在岗位的名称、数量，岗位的任职条件、工作标准和任务，以及聘用、考核的方法等方面，都有了比较符合各自特点的规定和办法。问题的关键，是我们从事专业技术人员管理的部门，如何搞好原岗位设置与现形成的岗位管理方法的衔接。

要坚持聘任制的方向，就必须明确"专业技术职务及其任职资格（条件），只是单位所有"的这一基本概念。过去受计划经济模式的影响，国家想通过下指标、控制任职资格评审权等方法来管理专业技术职务，事实证明这样做不仅管不好，而且也管不了。职务是单位所有，就应由单位自主管理，由单位制定聘任上岗的条件（任职资格）。今后，各单位专业技术人员主管部门在职改问题上的重点工作，应是如何协助行政领导管理好职务。

要坚持聘任制的方向，部应制定有关完善专业技术职务聘任制的指导性意见。既然是指导意见，就是提供给企事业单位领导参考的意见。指导意见应在职务等级标准、设岗原则、聘任程序、考核方法等问题上做出规定。

2. 关于"双轨制"问题

实行"双轨制"，就是要让资格和职务各行其道，两者之间没有必然的联系。任职资格实际上是任职条件，也就是聘任上岗任职的前提，所以无法与职务分开。而专业技术资格，按我们的习惯也叫职称，由国家管理，可以全国流通；能否参评资格，由组织行为变为个人行为；一个人可以具有多种专业技术资格，即具有从事多种专业技术工作的水平和能力的证明；按本身的规律、标准去进行社会化的评价，只能是聘任职务的参考。能否聘任专业技术职务，一要看有没有岗位空缺，二要看是否具备岗位标准是双向选择。

实行"双轨制"，可以对系列采取分类管理。对专业技术性很强的系列，既推行专业技术资格制度，又实行专业技术职务聘任制度；对其他一些系列，则只实行专业技术职务聘任制度。

实行"双轨制"，专业技术资格的评审条件（标准）必须具体化。部应尽快制定电力类工程技术资格评审条件，完成国家赋予我部的职责，管理全国电力行业的工程技术资格。

3. 关于专业技术人员职业资格

建立职业资格制度，是国家对某些特殊专业技术岗位采取的准入控制措施。职业资格，又可分为从业资格和执业资格两种，从业资格也叫初级资格，是对进入岗位的基本要求；执业资格也就是具备独立开业、独立承担工作的资格，等同于中级专业技术资格的水平。职业资格，只是资格，不能按我们的习惯叫职称。职业资格，不能搞终身制，与单位自主管理的职务相似，国家要进行定期注册管理。

建立职业资格制度，也符合我部的实际情况。部应在继续推行监理师和其他专业职业资格的同时，制定工程技术部分专业的岗位标准，逐步建立电力类工程技术人员的职业资格制度。

4.关于深化职称改革的实施措施

深化职称改革，部应遵循的基本原则：要符合"抓住机遇、深化改革、扩大开放、促进发展、保持稳定"的大局；要与建立和完善社会主义市场经济体制、现有的法律和法规、各项制度改革相配套；要总结和吸取职改工作八年来的经验、教训；要最大限度地保持政策的连续性，既加快改革步伐，又注意平稳过渡。

深化职称改革，部应做好的各项工作：一是加大深化职称改革的宣传力度；二是周密规划职称工作及其实施方案；三是完善各项配套的规定和办法。

三、今明两年的职改工作

主要是做好任职资格的评审、不具备规定学历的考试和专业技术人员的考核工作。

1.关于任职资格的评审工作

任职资格的评审，仍按原有的规定和办法进行。各级评审组织要坚持评审的条件、程序和纪律；各单位要加强对各级评审组织的管理。由部评审上报材料的截止时间为一九九五年八月三十一日。

2.关于不具备规定学历的考试工作

一九九五年继续举行不具备规定学历的考试，各单位要加强对考试工作的管理，严肃考场纪律。

对于不具备规定学历的思想政治工作人员，在首次评聘中进行了考试；明年转入经常性工作后不再大规模地举行考试。各单位可参照能源人〔1991〕569号文件进行思想政治工作人员专业职务的评聘工作。

3.关于专业技术人员的考核工作

考核的宗旨应是有利于调动广大专业技术人员的积极性，充分发挥其聪明才智。考核的重点应是岗位任期目标的完成情况、业绩的总结和记载。考核工作应与完善岗位管理、完善聘任制度相结合。考核结果应与奖励、晋升相结合。各单位要注重探索和完善专业技术人员考核工作，使其形成一种制度。

一九九四年十一月

8.15 中央职称改革工作领导小组关于完善专业技术职务聘任制度的原则意见

中央职称改革工作领导小组关于完善专业技术职务聘任制度的原则意见

职改字〔1988〕13 号

改革职称评定、实行专业技术职务聘任制是专业技术人员管理制度的一项改革，也是专业技术队伍的一项长远的基本建设。由于职称改革涉及面广，政策性强，巩固和健全专业技术职务聘任制度将是一项长期的艰巨工作。两年来，职称改革工作作为科技体制改革和人事制度改革的一部分，对于克服平均主义、加强岗位责任制、贯彻按劳分配原则、促进人才的合理流动、调动专业技术人员的积极性起了一定的作用。首次实行专业技术职务聘任（或任命）的实践证明，专业技术职务聘任制度的方向是正确的、制度是可行的。

为了逐步完善专业技术职务聘任制度，结合两年来职称改革工作中出现的一些问题，提出以下意见。各地区、各部门应结合各自的实际情况，制定具体的实施办法。

一、专业技术职务的聘任工作要做到经常化、制度化

首次专业技术职务聘任工作完成后，专业技术职务聘任工作转入经常化、制度化轨道，各单位可按照合理的结构比例，在国家允许的增资幅度内，根据实际需要，每年进行专业技术职务聘任工作。各单位因自然减员，人员变动等情况出现专业技术职务空额需要补充时，可随时进行正常补缺。由于事业的发展和人才的成长等因素，需要增设专业技术职务时，经上级主管部门核定，可以增设一定数额的专业技术职务。

在经常化的专业技术职务聘任工作中，各单位要严格按照各职务条例规定的条件，根据对专业技术人员的考核，决定是否续聘；在有条件的地区或部门，还可经上级主管部门同意，实行向社会公开招聘。要加强对本单位专业技术人员的管理，严格执行离、退休制度，使专业技术队伍结构合理，保持生机和活力。

二、加强专业技术职务聘任工作的宏观控制

在首次专业技术职务聘任工作中，根据岗位设置需要和国家财政承受能力，加强宏观控制，下达限额指标是必要的。这样做防止了在全国范围内失控，保证了首次专业技术职务聘任工作健康稳妥地进行。专业技术职务聘任制转入经常化、制度化轨道后，事业单位实行定编定员和控制工资基金总额的办法，即在国家下达的工资总额和编制定员范围内，各单位根据其主管部门确定的各类、各级专业技术职务合理的结构比例，按照各专业技术职务试行条例所规定的任职条件和评审程序，进行专业技术职务评审聘任工作。

实行专业技术职务聘任制度的企业单位，在其上级主管部门核定的专业技术职务比例限额内，由厂长（经理）确定聘任专业技术人员的数额，所需的增资额列入企业成本。其中实行工资总额同经济效益挂钩企业的增资指标，经主管部门核准后，可计入下年度工资总额基数。首次聘任工作结束后，国家不再下达增资指标。企业进行专业技术职务聘任工作的评审程序、考核标准及聘任办法，亦应参照中央、国务院及中央职称改革工作领导小组有关职称改革的文件实施。

各省市、各部委应当逐步完善考试、考核、晋职、晋级和奖惩等有关规定。

三、逐步下放专业技术职务评审、聘任权限

首次专业技术职务聘任工作完成后，高、中级职务的评审、聘任权限应逐步地、有控制地下放到符合条件的基层单位，以利于校（院）长、院（所）长、厂长负责制的贯彻实施，保证行政领导在聘任专业技术人员工作中的自主权。各省、自治区、直辖市和各部委应结合本地区、本部门所属单位的实际情况，如领导班子是否健全，专业技术人员的素质，高级专业技术人员的数量，单位的规模，学术技术水平等情况，做出分期下放评审聘任权限的规定。

当前，各省、自治区、直辖市和各部委直属的一些重点高等院校、科研机构、卫生机构及大型企事业单位，如具备了条件，应首先将评审、聘任权下放给他们。

放权后的高级职务评审委员会必须由高级专业技术人员组成，中青年高级专业技术人员应占三分之一以上。中级职务评审委员会如何下放评审、聘任权限问题，由各省、自治区、直辖市和各部委做出相应的规定。

四、要建立健全科学的专业技术人员考核制度

考核是专业技术人员管理的重要环节，无论是招聘录用，还是奖惩晋升都应以考核结果作为主要依据。考核的目的在于了解专业技术人员的实际水平、工作能力以及完成目标任务的业绩等情况，考核的方法应以定量与定性相结合，平时考核与阶段考核相结合。对

担任各级职务的专业技术人员要规定明确的任期目标，实行任期目标考核制。同时，还要建立健全科技人员的考绩档案，随时记入专业技术人员的工作成绩、论文、成果以及培训、进修等情况，以此作为量化考核的依据。

通过考核择优选聘，对符合晋升条件的人员根据岗位需要，在限额内聘任职务。对少数不能履行职责、并为实践证明达不到相应职务所要求的水平和能力者，可以评聘低一级职务或调做其他工作。有些人虽然水平、能力达到了任职条件的要求，但由于工作态度、职业道德较差，可不再聘任其职务。

专业技术职务应由单位的行政领导聘任。事业、企业单位的行政领导兼任专业技术职务由上级主管部门聘任。

各级专业技术人员管理部门应加强对评审聘任专业技术职务工作的检查。

五、选聘优秀拔尖中青年专业技术人员任高级专业技术职务

中青年专业技术人员是我国发展科学技术事业的中坚力量，是科学技术促进经济发展和社会进步的主力军。担负着承上启下的历史使命。在实行专业技术职务聘任制度时，要把中、青年专业技术人员中的优秀拔尖人才聘任到高级专业技术岗位上，以保证他们聪明才智的充分发挥。各级领导要有打破论资排辈封建世俗的勇气，要以为优秀人才的脱颖而出创造条件为己任。各地区、各部门要在今后的几年内培养、选拔、造就一批学术成就突出，贡献显著的优秀中青年专家队伍。各级政府、各级领导和老一辈科学家要把这项工作当作一项重要任务，以此保证我国科学技术的发展有强大的后继力量。今后，科研机构、高等院校、工厂企业都要有自己的中青年高级专家。

六、加强职务条例的修订及立法工作

各职务试行条例在首次聘任工作中起了重要的作用，但也暴露出一些问题，有的条例在制订时考虑的不够周密。因此，有必要进一步修订，以臻完善，并进一步法规化。条例的修改工作在首次聘任工作基本结束后，由各职务条例主管部门负责组织进行。各职务条例主管部门修订条例时，应结合首次聘任工作中遇到的问题，在广泛征求意见的基础上，结合本系列、本系统和本行业的特点，着眼于长远的条例立法工作，进行认真的修订完善工作。各职务条例和职务档次之间不强求建立相互对应的关系，在确定各级职务的岗位职责、任职条件、评聘方法及工资标准等项内容时，要防止互相攀比。中央职称改革工作领导小组负责对修订后的条例进行审核，并协助国务院法制局会同有关部门进行条例的立法工作。

七、逐步实施专业技术职务聘任制度经常化、制度化的工作

各省、自治区、直辖市、中央国家机关各部委、各直属机构、各人民团体职称改革工作领导小组可按照本原则意见，选择部分已经完成首次专业技术职务聘任工作的单位进行专业技术职务聘任工作经常化、制度化的试点。在总结经验的基础上，再逐步展开，把建立、健全专业技术职务聘任制度的工作做好。

1988 年 3 月 12 日

8.16 国家电力公司关于印发深化职称改革、完善专业技术职务聘任制度意见的通知

国家电力公司关于印发深化职称改革、完善专业技术职务聘任制度意见的通知

国电人资〔1999〕433号

国家电力公司系统各单位：

为建立与社会主义市场经济体制相配套的、具有竞争激励机制的、科学的职称管理体制，根据人事部召开的全面深化职称改革座谈会精神，结合国家电力公司系统职称改革情况，经研究，提出《国家电力公司关于深化职称改革、完善专业技术职务聘任制度的意见》，现印发给你们，请贯彻执行。

按照国家职称改革的原则和规定，电力系统自1986年开始进行的专业技术职务评聘工作，对调动广大专业技术人员的积极性、促进专业技术人员队伍建设和发展，发挥了重要作用。但原有的职称工作管理办法，已不能适应经济体制改革和人事制度改革不断深化的需要。因此，必须深化职称改革，施行新的职称工作管理办法，完善专业技术职务聘任制度。

建立健全岗位（职务）动态管理机制，破除终身制，是深化职称改革、完善专业技术职务聘任制度的重点。公司系统各单位要下大力气抓好岗位（职务）管理，加强对人才科学合理的使用、培养、提高和开发，切实解决"能上能下、能进能出"问题，转变观念，大胆改革，为建设与现代企业制度相适应的人事管理制度做出贡献。

国家电力公司将成立国家电力公司系统深化职称改革工作领导小组，并下设国家电力公司人才评价指导中心，统一指导公司系统深化职称改革工作，推进人才评价体系的建设。公司系统各单位要将深化职称改革工作纳入本单位的日常管理（不单独为此设立领导小组），积极认真地做好各项工作。

附件：国家电力公司关于深化职称改革、完善专业技术职务聘任制度的意见。

一九九九年八月二十六日

附件

国家电力公司关于深化职称改革、完善专业技术职务聘任制度的意见

人事部在 1997 年底和 1998 年初召开全国深化职称改革工作座谈会，提出了今后深化职称改革基本思路。其总的目标任务是，建立与社会主义市场经济体制相配套的、具有竞争激励机制的、科学的职称管理体制；逐步建立政府宏观管理、分类指导、依法行政，社会公正客观科学评价，单位自主聘任、使用人才的职称管理体系。主要内容是，第一，完善专业技术职务聘任制度。按照"按需设岗，按岗聘任，签订聘约，优胜劣汰"的要求，科学设岗，严格考核，全面推行聘约管理，切实解决"能上能下，能进能出"的问题。第二，推行专业技术人员执业资格制度，适应市场经济体制发展对人才的新的需要。第三，探索新形势下人才评价与使用的新机制，建立多样性的人才评价机制。第四，加强宏观管理，实行宏观调控下的分类管理、分类指导。

为了指导全国进行深化职称改革工作，人事部在组织安排中国科学院（事业）、江西省九江市（综合）作为完善专业技术职务聘任制度试点单位后，又正式批准国家电力公司作为企业完善专业技术职务聘任制度的试点单位。人事部要求我们"勇于开拓，勇于探索，认真总结经验，积极稳妥地推动试点工作"。一年多来，国家电力公司在华中电力集团公司选择七个不同类型单位所进行的试点工作进展顺利，已具备总结、验收和推广经验的条件。

根据人事部深化职称改革的基本思路，通过分析国家电力公司系统职称管理基本情况及亟待解决的问题，总结华中电力集团公司七个单位试点工作经验，为了适应电力结构调整、电力工业改革和发展的需要，国家电力公司研究决定，开展"深化职称改革、完善专业技术职务聘任制度"（以下简称深化职称改革）工作。深化职称改革的中心任务是调整职称工作管理办法，逐步形成专业技术人才的科学评价体系，逐步建立起与社会主义市场经济体制相配套的具有竞争激励机制的科学专业技术人员管理制度。

一、公司系统职称管理基本情况及亟待解决的问题

至 1998 年底，国家电力公司系统各类专业技术人员总数为 43.6 万人。其中具有高级资格者 4.1 万人，高、中、初比例为 1∶3∶5。十几年来，职称改革工作无论对调动广大专业技术人员的积极性、促进专业技术人员队伍的建设和发展，还是对专业技术人员队伍层次结构的形成以及专业技术人员待遇的改善与提高，都起到了直接的推动作用。但是，我们也应当看到，目前公司系统的职称工作管理办法仍存在着亟待解决的不适应、不协调

问题：

1.专业技术职务实际存在终身制，能上能下、能进能出的激励竞争机制尚未真正形成。特别是未进行"三项制度改革"的单位，大部分仍沿用评了资格，就等于聘职务并兑现工资、待遇的老办法。需要调整职务聘任和资格评审的管理权限。

2.职务的聘任尚未真正形成制度，发展也不平衡。许多用人单位实际上没有聘任，仍实行的是"一评定终身"；企业进行"三项制度改革"后，虽然突破了资格评审对单位自主管理职务的控制，落实了单位用人自主权，但一些用人单位又出现了"一聘定终身"的问题。需要强化聘任制度。

3.资格的评审条件弹性较大，评审工作存在着论资排辈、迁就照顾的现象。因地区、行业、评审权限、评委成员技术水平的不同，使得掌握的评审标准不统一，评审质量千差万别。需要统一实施量化的评审条件，调整评审程序，强化对评审工作的管理。

4.现行职称工作的管理办法，不利于人才的科学管理。目前，用人单位在专业技术人员的管理上，其主要精力基本用于资格的评审，而疏于对人才科学合理的使用、培养、提高和开发。需要调整职称工作管理办法，为充分落实用人单位自主权创造条件。

二、深化职称改革的总体方案

通过四年认真细致的研究、讨论，广泛征求了公司系统各单位干部人事部门和广大专业技术人员的意见，经过反复调整和修订，为确定国家电力公司深化职称改革总体方案创造了必要的条件。实施深化职称改革总体方案的根本目的，是为了使公司系统的职称工作服从、服务于国家电力公司的发展战略；充分落实公司系统各单位的用人自主权，强化"能上能下、能进能出"的用人机制，真正实行聘任制；大幅度提高资格的评审质量，促进公司系统建设科学的人才评价体系。

1.指导思想：以邓小平人事人才理论为指导，按照江泽民同志在党的十五大报告和《建设高素质的干部队伍》的讲话精神，根据社会主义初级阶段的经济、政治、文化体制和人事制度特点，从整体性人才资源开发战略出发，逐步建立与社会主义市场经济相配套，具有竞争激励机制的科学的职称管理制度，创造人才合理使用、合理流动和人尽其才、人才脱颖而出的环境，发挥人才的积极性和创造性。

2.主要内容：在"三项制度改革"的基础上，推广华中试点工作经验，加强宏观指导，实行用人单位自主设岗、自主确定岗位名称、自主管理和自我约束的专业技术职务聘任动态管理机制，完善专业技术职务聘任制度，破除终身制。与用人单位实行"四自"相协调，参照全国专业技术资格考试的运作方式，由国家电力公司负责统筹安排，实行"国家电力公司系统统一标准、公正评定与部分专业参加全国考试相结合的专业技术资格考评机制"，增强人才评价、使用的客观性、科学性、公正性。同时，继续推行国家已建立的专业技术人员执业资格制度，研究、建立并推行有利于电力工业发展的执业资格。

3. 基本措施：一是变"专业技术职务任职资格"名称为"专业技术资格"名称，专业技术资格仅仅反映获得者的学术技术水平（资历证明），并与所具有的文化程度（学历证明），一同作为求职上岗、应聘职务和招聘人才的重要条件之一，专业技术资格不与岗位（职务）工资等待遇挂钩。二是变申报资格的按组织程序层层上报为个人自愿报名，由国家电力公司审查机构负责审查申报材料，推行"专业技术资格统一管、岗位（职务）单位管"的分立管理的方法。三是变资格对聘任专业技术职务的条件唯一性为条件之一性，由用人单位根据岗位（职务）管理的需要，确定岗位（职务）条件，强化用人单位的内部自主管理机制。四是变资格的评审工作由用人单位等多层评审为国家电力公司统一标准、统一评定，取消专业技术资格的数量和是否在职的限制，排除论资排辈、迁就照顾以及地区差别等因素，提高评定质量，向用人单位提供优质的人才评价服务。

三、深化职称改革的规定及要求

（一）完善专业技术职务聘任制度

1. 推广、学习华中试点经验，专业技术职务的管理办法不再另搞一套，完全纳入本单位岗位（职务）管理范畴，由用人单位自主设岗、自主确定岗位（职务）名称、自主聘任，被聘者享受岗位（职务）工资等待遇；国家电力公司及各级主管单位做好宏观指导工作。

2. 用人单位要制定并实施符合本单位实际情况的"职务聘任动态管理办法"。"管理办法"中应包括：科学合理的因事设岗方案，如岗位名称、职务结构、工作标准、工作职责、任职条件和聘任期限等；竞争上岗的原则、程序和方法；如何签订聘约（岗位合同），以及如何依据聘约进行年度或任期考核的规定。

3. 除教育、卫生、图书、档案、新闻和出版等岗位外，岗位（职务）名称一般不沿用专业技术资格的名称。

4. 在专业技术岗位（职务）任职条件中，专业技术资格应为重要内容之一，但专业、资格级别如何与岗位（职务）对应由用人单位自主确定；属政府实行准入控制的岗位，有效地执业资格是上岗聘任职务的必备条件。

5. 要建立健全专业技术人员考绩档案，加强对专业技术人员的年度和任期考核工作。考核要与评价、职务聘任、待遇紧密结合，奖惩分明。

6. 对于已经实行"三项制度改革"的单位，应在已形成的符合本单位的行之有效的岗位设置、职务管理模式的基础上，适当划清行政管理序列和专业技术序列，按深化职称改革的主要内容，重点研究解决"设岗的导向""岗位职责的专业技术含量低"和"如何稳定基层专业技术队伍"三个问题，将聘约管理和聘后考核工作落在实处。对于未实行和准备实行"三项制度改革"的单位，在全方位进行本单位岗位设置、制定职务管理办法时，要对专业技术序列的岗位设置给予充分重视，与"三项制度改革"的设岗原则、方法有机结合，吸取经验，修正不足，建立起职务聘任动态管理机制。

（二）建立国家电力公司系统专业技术资格考评机制

1. 从 1999 年度开始，由国家电力公司统一负责组织评定专业技术资格。原各类任职资格评审组织随即撤销，国家电力公司也不再层层授权公司系统各单位自行评审任职资格。欲取得经济、会计、统计和计算机软件专业的中级及以下的专业技术资格，则需参加地方组织的全国专业技术资格考试。

2. 国家电力公司设立"人才评价指导中心"（同时分设东北、华北、西北、华中、华东中心），全面负责公司系统专业技术资格的评定；协调关系、组织专业技术人员参加全国专业技术资格考试和外语等级考试；指导、组织评定专业技术资格所需的专业技术人员计算机水平考试；建立健全公司系统人才评价工作体系。

3. 公司系统内，按照属地原则，在各省（市、区）电力公司设置国家电力公司人才评价指导分中心，在国家电力公司人才评价指导中心（含东北、华北、西北、华中、华东中心）的指导下，全面负责或协调组织本省（市、区）内国家电力公司系统各单位专业技术人员参加专业技术资格的评审、考试、报名等工作。

4. 专业技术资格的评审组织按照统一的标准、规定和方法组建：按专业建立评委专家库，每三年进行一次调整；每次评审由国家电力公司人才评价指导中心从评委专家库中随机调取，由不少于九位评委专家（其中异地或非本单位专家不得少于三分之二）组成评审委员会。进入"评委专家库"的人选，由国家电力公司颁发聘书，但不对外公布评委专家名单。正、副高级专业技术资格评委专家库建在国家电力公司；中级专业技术资格评委专家库，建在各省（市、区）电力公司。

5. 国家电力公司统一印发经过量化的各专业中、高级专业技术资格评审标准。进行量化比较困难的专业系列，将不再评定专业技术资格，直接按职务聘任的原则进行。

6. 专业技术资格的评定工作将加大"坚持公开、公正、公平原则"的力度。全部评定工作分为四个阶段进行：一是申报（报名）阶段，由国家电力公司人才评价指导中心各分中心负责报名和资格审查；二是评审阶段，由国家电力公司各类专业技术资格评审委员会，严格执行量化的评审标准，重点考核被评审者的学术技术水平，以无记名表决方式，按达到出席评委专家人数的三分之二票有效，确认拟通过的专业技术资格名单；三是公开审查阶段，由国家电力公司人才评价指导中心统一将拟通过的专业技术资格名单予以公布，用三个月时间广泛征询意见，对有异议者及时进行核实、审查，核查问题属实的将予以取消；四是正式发文认定阶段，由国家电力公司人才评价指导中心将通过公开审查的名单正式发文公布，并办理"专业技术资格证书"的统一认证手续。

7. 与全国专业技术资格考试的申报程序一样，申报评定专业技术资格，由本人在国家电力公司人才评价指导中心各分中心指定的报名点自愿报名。报名时应提交：外语等级考试和计算机水平考试合格证书；学历证书、资格证书、获奖证书等有效证明；经本人人事档案和人事关系所在单位人事部门审查并加盖公章的评定表、报名表、考核表及本人代表作品。

8. 原则上，具备中专、大专、本科、硕士、博士和博士后学历或学位者，按有关规定，经本人所在单位考核批准，可分别直接认定员级、助理级、中级和副高级专业技术资格。实行专业技术资格考评机制后，员级资格晋升为助理级资格也将采取考核认定的方法。有关考核认定资格的规定将另文下发。

9. 参加全国考试并经定期注册取得执业资格者，不须再申报中级专业技术资格。执业资格与中级专业技术资格一样，是申报评定副高级专业技术资格的必备条件。

10. 专业技术资格仅是学术技术水平的标志。因此，公司系统实行新的职称工作管理办法后，申报和评定专业技术资格不再受是否在职以及职务指标的限制。

11. 实行新办法、新机制后，专业技术人员原具备的任职资格其效用不变。符合量化的评审标准者，可申报评定高一级的专业技术资格；如要取得国家电力公司统一认证的相同级别的"专业技术资格证书"，则应由本人自愿报名，按新的标准、程序、办法进行重新评定。

12. 原水电部、能源部以及电力部时期有关评聘专业技术职务的政策、规定与本意见不相符的，以本意见为准。国家电力公司将制定并陆续出台有利于新办法、新机制实施的其他规定。

（三）推行专业技术人员执业资格制度

1. 执业资格制度，是政府为了对某些责任重大，社会通用性强，事关公共利益的专业岗位实行准入控制，而建立的一种强制性制度。国家于1994年开始建立并推行了十五种执业资格。在这些执业资格中与电力系统有关的有七种：监理工程师、造价工程师、企业法律顾问、注册会计师、注册审计师、执业药师、执业中药师。但在公司系统推行的并不平衡，各单位、各业务主管部门应强化推行专业技术人员执业资格制度。

2. 根据电力工业结构的调整和国家统一电网对安全生产运行的更高要求，国家电力公司将尽快研究、提出并建议国家建立发电运行岗位、变电运行岗位，以及供用电运行岗位和电网调度运行岗位的执业资格。

3. 执业资格是应聘所对应的专业岗位的必备条件。二者的关系是：不具备执业资格，不能上岗；具备执业资格，由用人单位选聘上岗。因此，凡国家已推行的，从本意见下发之日起算；凡国家今后建立的，从国家正式颁布之日起算，在实行执业资格的岗位上工作的专业技术人员，三年内必须取得该专业岗位所需的执业资格证书。

4. 执业资格的取得，一要先通过严格的国家统一考试，二要经政府业务主管部门定期注册方可生效。以实行专业技术资格考评机制为标志，调整职称工作管理办法，是在国家电力公司系统深化职称改革的重大举措。将有利于变革和调整电力企业的人才结构和管理方式，有利于电力企业减员增效、实施再就业工程，有利于培育、造就电力企业高素质的管理队伍和职工队伍。对建立完善的现代企业制度，实现国家电力公司发展战略构想，将起到积极的促进作用。

8.17 国家电力公司关于印发《国家电力公司专业技术资格评审委员会组建及其工作办法》的通知

国家电力公司关于印发《国家电力公司专业技术资格评审委员会组建及其工作办法》的通知

国电人资〔1999〕771号

现将《国家电力公司专业技术资格评审委员会组建及其工作办法》印发给你们，请按照执行。执行中有何问题，可及时向国家电力公司深化职称改革工作领导小组及人才评价指导中心反映。

附件

国家电力公司专业技术资格评审委员会组建及其工作办法

根据国家电力公司《关于印发深化职称改革、完善专业技术职务聘任制度意见的通知》（国电人资〔1999〕433号）的精神和建立国家电力公司系统专业技术资格考评机制的有关要求，为了保证评审工作的公正性和评审质量的高标准，特制定本办法。

一、国家电力公司专业技术资格评审委员会（以下简称评委会），按照中级、高级（含正、副高）和专业分别组建成"评委专家库"；每次评审时，从"评委专家库"中选取组成当年度评委会。"评委专家库"暨评委会，由国家电力公司人才评价指导中心（含东北、华北、华东、华中、西北、南方中心，下同）负责建立和管理。初级资格一律采取认定的办法（另文），国家电力公司及公司系统各单位不成立初级专业技术资格评审组织。

二、"评委专家库"的组建程序：国家电力公司系统各单位按隶属关系推荐评委专家候选人，国家电力公司人才评价指导中心组织遴选，进入"评委专家库"的人选由国家电力公司发文确认并颁发聘书。

三、进入"评委专家库"的人选，要爱党爱国，遵纪守法，一般应具备大学本科及以上学历，并同时具备以下基本条件：

1.学术造诣深，知识面广，在本专业同行专家中有较高的知名度，熟悉本专业的国内外最新科技现状和理论研究发展动态。

2.有丰富的实践工作经验，全面掌握本专业有关技术标准、技术规范和技术规程，参加省部级（中评委专家应为网、省公司级）及以上成果评估、项目鉴定或有解决重要、疑难技术问题的经历。

3.政策观念强，作风正派、办事公道，能认真履行职责，自觉遵守职业道德和评审纪律。

4.具有完成评审工作的能力，在聘期内有参加评审工作的时间和精力。

5.高级评委专家一般应从事本专业工作十五年以上，具有高级资格；中级评委专家一般应从事本专业工作十年以上，具有中级及以上资格。

四、正高级"评委专家库"全部由具有正高级资格的评委专家组成；副高级"评委专家库"，由具有副高级及以上资格的评委专家组成，其中具有正高级资格的评委专家不少于三分之一；中级"评委专家库"由具有中级及以上资格的评委专家组成，其中具有高级资格的评委专家不得少于二分之一。

五、国家电力公司人才评价指导中心，根据各省（市、区）电力人才评价指导中心受理的申报专业技术资格人数、专业和级别，确定各评委会的评审会议时间、地点，在国家电力公司"评委专家库"中选取评委专家，组成当年度评委会。

六、在"评委专家库"中选取组成评委会的原则：评委会人数不得少于9人，其中：本属地专家不得超过三分之一，并符合本办法第四条的规定。评委会设主任委员、副主任委员各1人。

七、评委会由主任委员或副主任委员主持。评审会议程序：依据各专业技术资格规定条件、量化标准，各评委成员先对被评人员提交的所有材料进行审查，明确提出是否满足评审条件的意见；向全体评委介绍情况；在充分民主评议的基础上进行无记名投票表决，赞成票数达到出席会议评委总数三分之二及以上通过有效；评委专家在被评人员"评定表"中写明评价意见，主任委员或副主任委员签字并加盖评委会印章。

八、设在各地的省（市、区）电力人才评价指导中心，具体承办评委会会议的全部组织工作，并负责会议记录、记票、评审政策解释，以及被评人员有关情况说明等工作。

九、根据工作需要，国家电力公司人才评价指导中心可决定：在正、副高级专业技术资格评委会评审同专业低一级的专业技术资格。

十、各专业评委会应坚持公正、公平、准确、保密的原则。严格掌握评审标准条件，保证评审质量。各省（市、区）电力人才评价指导中心工作人员应积极主动、认真负责地配合支持各评委会的工作。

十一、专业技术资格评审工作要坚持回避制度，凡遇到评委专家和工作人员亲属或本人评审专业技术资格时，该评委和工作人员应主动回避或被告知回避。

十二、国家电力公司专业技术资格评审委员会的"评委专家库"每三年进行一次调整。聘期内，评委专家应服从评审工作的需要，按时参加评审工作；评委专家参加评审会议属正常工作，所在单位应给予全力支持。

十三、本办法由国家电力公司，深化职称改革领导小组及国家电力公司人才评价指导中心负责解释。

十四、本办法自公布之日起试行。

1999 年 12 月 31 日

8.18 关于设立国家电力公司人才评价指导中心省（市、区）分中心的通知

关于设立国家电力公司人才评价指导中心省（市、区）分中心的通知

国电人资〔1999〕768号

国家电力公司系统各单位：

根据国家电力公司《关于印发深化职称改革、完善专业技术职务聘任制度意见的通知》（国电人资〔1999〕433号）的精神，为保证"国家电力公司系统统一标准、公正评定与部分专业参加全国考试相结合的专业技术资格考评机制"的建立和顺利实行，国家电力公司人才评价指导中心已经成立（国电人资〔1999〕750号），现将设立国家电力公司人才评价指导中心省（市、区）分中心的有关事宜通知如下：

一、名称

国家电力公司人才评价指导中心各省（市、区）分中心的名称为：×××省（市、区）电力人才评价指导中心（以下简称评价分中心）。

二、设立原则和组织管理

为了充分发挥省（市、区）电力公司所具有的属地优势，各评价分中心分别挂靠所在省（市、区）电力公司，一般与省（市、区）电力公司干部人事（人才）部门合署办公。评价分中心组成人选，以省（市、区）电力公司派员为主，适当吸纳设在当地的国家电力公司系统各单位干部人事（人才）部门所派人员参加，也可聘请近几年退休的身体健康、政治可靠、业务精良、对干部人事（人才）工作熟悉的老同志。

评价分中心主任一般由省（市、区）电力公司干部人事（人才）部门分管职称或专业技术人员工作的负责人兼任。程序是，由省（市、区）电力公司提出评价分中心正、副主任及组成人选建议，由国家电力公司人才评价指导中心负责聘任，并发文向国电公司系统公布。聘期三年，聘期内一般不作调整。

评价分中心的业务工作，直接接受国家电力公司人才评价指导中心的领导和管理。

各省（市、区）电力公司应对评价分中心的办公条件、工作等给予大力支持和组织保障，协助国家电力公司完成对公司系统职称制度的深化改革，逐步建立起公司系统科学的

人才评价体系。

三、工作职责

主要内容：贯彻执行国家电力公司人才评价指导中心有关评审、考试、报名等方面工作的决定和规定、办法；认真做好对专业技术资格和有关考试的报名审查工作；具体承办并高质量完成国家电力公司各类专业技术资格评审会议、考试组织和证书验印工作。

1. 报名审查

要严格履行报名审查程序。评价分中心对申报（报名）条件、经历、业绩及有效证明等材料真实性和准确性的审查工作，要严谨细致、认真负责。一经发现渎职、失职，将严肃处理，追究责任。

要以优质便捷的服务为工作宗旨。评价分中心应在本省（市、区）内设置若干个报名审查点，妥善安排报名审查工作时间，使申报（报名）者能利用工作之余完成报名工作。

2. 评审工作

负责向国家电力公司人才评价指导中心提出评审工作申请。内容主要包括：通过报名审查申报者的专业分类统计情况、人数、召开评审会议时间等。

负责承办评审会议和有关工作。主要有：办好会务，向评委专家讲解政策、介绍报名审查情况、提出处理疑难问题建议，做好评审会议记录。

负责评审结果的统计、上报工作和公布、审批后的通知、办理资格证书等工作。

协助国家电力公司人才评价指导中心专业技术资格评定的公开审查阶段的工作。受理举报人的举报，及时进行调查核实，并将调查情况尽快报国家电力公司人才评价指导中心。

3. 考务工作

承办职称计算机水平考试和职称外语等级考试及其他考试的考务工作。

协调好与地方职称管理部门和资格考试主管部门的关系，及时传递地方有关考试、职称评定等工作信息。

四、组建工作

各省（市、区）电力公司接此通知后，应立即与设在当地的国家电力公司所属单位协商，提出包括姓名、性别、出生年月、现工作单位及职务，拟任职务在内的组建人选方案，于本通知发文的一个月内，送国家电力公司人才评价指导中心。

一九九九年十二月三十一日

8.19 国家电力公司专业技术资格申报审查办法

国家电力公司专业技术资格申报审查办法

国电人资〔1999〕757号

国家电力公司系统各单位:

现将《国家电力公司系统专业技术资格申报审查办法》印发给你们,请及时反映给国家电力公司人力资源部,以便修订完善。

二〇〇〇年一月三日

附件

国家电力公司专业技术资格申报审查办法(试行)

根据国家电力公司《关于印发深化职称改革、完善专业技术职务聘任制度意见的通知》(国电人资〔1999〕433号),为保证专业技术资格评定工作报名(审查)阶段的顺利进行,特制定本办法。

一、申报评定专业技术资格是专业技术人员的权力,应本着自愿的原则。全部工作应在国家电力公司有关专业技术资格评定工作规定的范围内进行。

二、申报的组织工作及审查、受理申报材料工作,由国家电力公司人才评价指导中心所属的各省(市、区)电力人才评价指导分中心及其在各地所设置的报名点负责。

三、专业技术资格的评定工作每年度进行一次,评定上一年9月1日至评定年8月31日年度间具备申报条件的人员。即:计算从事专业技术工作年限和取得资格年限的截止时间,为评定年的8月31日。

四、申报工作一般在评定年的5月进行,申报期限为20天。国家电力公司人才评价指导中心将提前3个月发布报名(审查)工作的信息。

五、申报工作一般由个人在报名点自愿报名,也可由所在单位集体委托报名。

六、专业技术人员申报评定专业技术资格,需履行如下所列程序:

1. 在报名点申请、领取"报名表""评定表"和有关规定要求的说明。

2.对照评审标准、按有关规定要求，填写各种表格，组织申报材料。

3.将全部申报材料送本人所在单位和档案所在单位进行审查。

4.本人将经过本人所在单位和档案所在单位审查后的申报材料，在规定的申报期限内送至报名点，并办理报名、审查手续。

七、专业技术人员申报专业技术资格，必须如实填写各种表格和组织申报材料。其内容和要求如下：

1."学历证书"复印件（原件审查后退还本人）1份。

2."资格证书"复印件（原件审查后退还本人）1份。

3."外语合格证书"复印件（原件审查后退还本人）1份。

4."计算机合格证书"复印件（原件审查后退还本人）1份。

5."报名表"，1份。

6."评定表"，一式两份。

7.已发表的能够表明本人学术、技术水平的作品（要求与"评定表"相应栏目填写内容一致）。按各专业评审条件规定的篇数要求，各1份。

8."获奖证书"或有效证明复印件（原件审查后退还本人），各1份。

9.记录本人亲自从事过的《专业技术工作总结》打印件，1份。

八、申报者所在单位和档案所在单位，对申报者申报材料的审查工作，要严肃认真，遵守人事工作原则和纪律。审查工作内容和要求如下：

1.审查工作的内容，为本办法第六条所列的全部内容。

2.对本办法第七条1、2、3、4、8项的审查，重点：真实性；依据：本人人事和考绩档案；方法：确认真实的，由组干人事（人才）部门在复印件上签字并盖章。

3.对本办法第七条5、6、7项的审查，要根据各专业技术资格评审条件，重点：真实性和准确性（数量、性质、层次）；依据：本人人事和考绩档案、实际工作情况；方法：审核本人所填写的"报名表"、"评定表"各栏目，按表格要求，先由单位技术负责人签字，最后由组干人事（人才）部门签字并盖章。

九、国家电力公司人才评价指导中心所属各省（市、区）电力人才评价指导分中心及其在各地所设置的报名点，必须严格执行国家电力公司有关专业技术资格评定工作的各项规定，高标准、严要求，做好专业技术资格申报的组织和审查、受理申报材料工作。其规定和要求如下：

1.申报者申领"报名表""评定表"等有关材料时，要全心全意做好服务工作，认真细致解答申报者提出的问题，积极主动宣讲有关规定办法，尽量杜绝因组织者工作不周到，造成申报者反复报送申报材料的现象。

2. 根据本办法第七、第八条的规定，审核申报者申报材料是否符合要求，种类和数量是否齐备。

3. 根据专业技术资格评审条件和补充规定，重点审查申报者是否具备申报条件和各种证明材料的真实性。

4. 对于不符合规定要求的申报材料，一律不得受理。对其中弄虚作假的申报者，要记录在案。

5. 对审查合格的申报材料，在其"报名表"相应栏目填写审查意见并签字（审查人）后，填写"审查表"。

6. 报名（审查）期限结束后，应立即将"审查表"反馈至本人所在单位，张榜公布15 天，设置"审查箱"，接受公众监督。对有异议者，应立即调查、核实。

十、申报者和与申报工作有关的组织者应自觉接受个人、社会、组织的监督。对弄虚作假将进行严肃处理：申报者，在评定年之下一年起算的 3 年内不得再次申报；组织者，立即调离现岗位并给予纪律处分。

十一、本办法由国家电力公司深化职称改革工作领导小组及国家电力公司人才评价指导中心负责解释。

十二、本办法自发布之日起试行。

8.20 国家电力公司专业技术资格申报审查办法

国家电力公司专业技术资格申报审查办法

根据《国家电力公司专业技术资格申报审查办法》（国电人资〔1999〕757号），特对申报专业技术资格明确规定如下：

一、计算现有资格取得年限和从事专业技术工作年限（含业绩成果取得时间）的截止时间，以及履行专业技术资格评定程序后其资格的认定时间，均为当年度的12月31日。

二、申报专业技术资格一般应具备规定学历。"规定学历"是指各"专业技术资格评审条件"和有关实施办法中已明确规定的符合申报专业技术资格的本专业学历、学位要求（含后续学历）。即：取得中专学历认定员级、助理级资格，取得大专学历认定助理级和评定中级资格，取得本科学历认定助理级、评定中级和正、副高级资格（未分正、副级的系列为"高级"，下同），取得硕士、博士学位认定中级和评定正、副高级资格。其中：

取得双大专学历可按本科学历对待。但如申报工程、卫生技术资格，其双大专学历所学专业必须为同专业、系列。

取得双学士学位可按硕士学位对待。即取得第二个学士学位后满2年或在大学本科学习期间同时取得双学士学位后满4年，可直接考核认定中级资格；中级资格满4年，可评定副高级资格；副高级资格满5年，可评定正高级资格（仅适用分正、副高的系列）。

三、申报专业技术资格一般应符合现专业技术资格的年限要求。各"专业技术资格评审条件"和国电公司有关实施办法中规定的现专业技术资格的年限要求，一般从取得规定学历（含后续规定学历，下同）后计算。其中：

对于取得后续规定学历的年限要求为：申报副高级资格，取得后续大学本科学历前的中级资格年限分别为3年、4年和5年及以上者，其取得后续大学本科学历后的中级资格年限须分别对应为4年、3年和2年；取得后续硕士学位前的中级资格年限分别为3年、4年及以上者，其取得后续硕士学位后的中级资格年限须分别对应为3年、2年。申报中级资格：取得后续规定学历前的助理级（不分助、员级别的系列为"初级资格"，下同）年限分别为3年、4年及以上者，其取得后续规定学历后的助理级资格年限须分别对应为3年、2年。

对于军队转业干部和原为公务员，且未曾评定资格，调入企事业单位后属于首次参加资格评定的人员，其从事专业技术工作年限的基本要求为：大专毕业后满7年、本科毕业后满 5 年，可直接申报评定中级资格；本科毕业后满 10 年、取得硕士学位后满 7 年、取得博士学位后满 5 年，可直接申报评定副高级资格；本科毕业后满 15 年、取得硕士学位后满 12 年、取得博士学位后满 10 年，可直接申报评定正高级资格。

四、"破格申报条件"请详见本文附件。

五、申报者必需提交有效的"外语合格证书"和"计算机合格证书"或符合规定的"免试证明"。其中，颁发两种"合格证书"的主管部门为国家人事部或国家电力公司（电力部）或符合本文第十三条第三款的情况；参加全国职称外语等级考试，但由省级政府印发的《外语合格证书》仅限考试年申报资格时有效；符合"免试条件"的人员，请所在单位根据国电公司免试规定出具"免试证明"。

六、申报者在履行申报（报名）手续前，要仔细研读所申报专业的专业技术资格《评审条件》，认真对照进行自我评价，确信自己不仅符合《评审条件》的"申报条件"（含"破格申报条件"），而且已达到了《评审条件》的"评审标准"（即：专业理论水平、工作经历与能力、业绩与成果）的规定要求。

七、申报者必需按其申报专业"评审标准"所规定的数量提交取得现资格后本人撰写的论文和技术报告等作品（如：电力工程高级工程师评审条件规定，"独立撰写 2 篇及以上技术报告"或"2 篇及以上学术或技术论文"）。其中：

1. "论文"或"论著"若已发表，提供书、刊的封面、目录和本人撰写的内容即可，不必将整本书、刊一同报上。

2. "技术报告"应为申报者在平时实际从事专业技术工作中，对完成或解决某项具体技术工作问题的报告。

3. 论文可以未发表，但必须是结合本人所从事的专业技术工作并按论文的标准格式撰写：封面（标题、作者姓名、作者单位、作者所在省、市、区，论文的关键词）、摘要（目的、方法、结果、结论）、正文、参考文献（应与正文中的加注对应）、作者简介（经历、写稿日期、联系电话等）。其中：摘要 200 至 300 字；正文字数，申报中级资格者应达到 5000 字左右，申报高级资格者应达到 10000 字左右。

八、专业技术资格评定工作全过程须统一使用《专业技术人员管理系统》。申报者在申报（报名）时，必须按数量要求提交《评定表》《一览表》的打印件（签字和审查意见等栏目除外），以及与打印部分完全一致的软盘。"国电人才评价"网站将提供可免费下载的《评定表》等内容录入和打印系统；各评价中心及其报名点应给予指导或尽可能创造服务条件。其中，应档案管理部门的要求，《评定表》用纸规格为 16 开；若用 A4 复印纸代替，请不要调整打印设置。为统一规格，其他申报材料一般以 A4 复印纸为准。

九、申报者选择申报评定的专业或行业一般应以本人所从事的专业为准，并对照各专业技术资格《评审条件》的专业划分自主确定。对于一些不好归属的专业或行业，可按如下规定掌握：

省（市）公司中试所，特别是以调试为主和地区局（公司）设计所（室）的工程技术人员，可按所从事专业申报"电力工程"生产运行的相应专业；"工业工程"规划类专业一般适用于从事综合性、系统性总体方案的设计及实施等工作的人员；省（市）公司及以上级别的设计院从事规划设计的工程技术人员仍按所从事专业申报"电力工程"规划设计的相应专业；工民建等专业可暂时申报"电力工程"施工建设相关专业；专门从事计算机应用的工程技术人员可根据所服务的对象（专业）进行划分。

十、根据卫生部、人事部文件"卫人发〔2001〕164号"的规定，自2001年起，临床医学、预防医学、全科医学、药学、技术、护理专业初、中级资格已实行全国统一组织、统一考试时间、统一考试大纲、统一考试命题、统一合格标准的考试制度。故上述六个专业卫生技术初中级资格不再进行评审。

十一、"不受是否在职的限制"是国家电力公司从1999年起实行评、聘分开的职称管理新办法后，准许流动人员及退休人员申报评定专业技术资格所做的规定。即自1999年起，流动人员及退休人员经履行专业技术资格评定程序所取得的专业技术资格，仅表明其在评定资格时的专业技术水平，是求职、受聘的条件之一；各单位不得以任何理由，按其所取得的新资格调整、变更离职或退休时已确定的各项待遇。有关这部分人员申报材料的审查工作，由受聘单位、人事档案管理部门和国电公司专业技术资格报名审查机构（各人才评价中心）分工负责。其中，申报的前提条件为：

1. 流动人员。必须是在单位受聘并有明确工作岗位，且人事档案关系已正式委托人才交流服务机构进行人事代理或托管的人员。

2. 退休人员。必须在办理退休手续后，有受聘单位且取得新的专业技术工作业绩，并达到相应专业技术资格评审条件的"评审标准"。

十二、关于"本专业""相近专业""相关专业"及"各专业系列准入的专业技术资格及所学专业"的规定如下：

"本专业"：一般是指所学专业与现从事专业相一致，即"学用一致"为本专业。如：学热动专业的从事热动专业、学财会专业的从事会计工作等。但在实际工作中，这种完全学用对口的岗位是有限的，许多专业技术人员实际上从事的专业与所学专业相近、相关，还有一些专业技术人员从事的专业与所学的专业"根本不对口"。因此，在专业技术资格评定工作中，对申报和评审各类专业技术资格，本着从实际出发的原则，总体上应要求对口，但有的只要求基本对口，即相近或相关；在《评审条件》中详列的专业理论知识的主要科目，就是作为对那些"根本不对口"的人员进行考核的依据。

根据各专业、系列的实际情况，从专业技术队伍建设角度出发，参照国家《人事信息代码汇编》有关学科分类的规定，申报和评审专业技术资格所要求的"本专业"应包括相近专业和多年从事所申报专业系列工作的相关专业，即本专业系列对哪些专业技术资格或所学专业是准入的。

相近专业：各专业系列内的各专业一般应视为相近专业。一类是与专业技术资格名称相同的，如学的是电力工程的热动专业，可以申报工业工程等工程系列各专业。另一类是与专业技术资格名称不相同的，如具有会计师资格申报高级审计师，或具有审计师资格申报高级会计师等。相近专业可申报相应的专业技术资格。

相关专业：某些专业系列不一定要求严格对口，也不一定要求十分相近，允许一部分相关专业"互通"；一部分相关专业"顺通"。即允许一部分专业"同级转评"或"跨系列高报"。对于"同级转评"者，要求在现从事的（或者说准入的）专业系列连续工作满2年，其中拟转评经济、会计、统计、审计等中级及以下资格者，只能参加全国专业技术资格统一考试取得（下同）；对于"跨系列高报"者，除一般应满足资格年限要求外，同时还应满足现专业技术工作年限的要求。

各专业系列准入的专业技术资格及所学专业：

1. 申报高级会计师：本科学历但不是学财会或审计专业的，只要具备会计师或审计师或注册会计师，或在财务管理工作中做出突出贡献的现为经济师或统计师（1995年4月1日及以后的经、统、会、审中级资格必须通过全国统一考试取得，下同）或工程师者，资格满5年并须现从事会计或审计工作满5年，即可申报高级会计师（如果原为硕士研究生毕业，其取得资格后的年限和专业工作年限只要求满4年即可，下同）。其中：做出突出贡献的工程师资格满5年并从事财会专业工作满5年者，须经过2年及以上财会专业大学专科层次的培训，或通过全国统一考试取得会计师或审计师或注册会计师，方可申报高级会计师。

2. 申报高级审计师：本科学历但不是学审计或财会专业的，现从事审计工作，并具备工程师（现从事工程和效益审计，下同）或政工师（现从事经济监察，下同）或经济师或统计师及审计师或会计师，资格满5年并现从事审计或财会工作满5年，即可申报高级审计师。其中：若具备工程师或政工师或经济师或统计师，资格满5年并又通过全国统一考试取得了审计师或会计师或注册会计师；或仅具备的通过全国统一考试取得的审计师或会计师或注册会计师满5年，符合该两类情况，且从事审计或财会的工作年限满3年者，即可申报高级审计师。

3.申报高级统计师：本科学历但不是学统计专业的，只要具备统计师或经济师或会计师或审计师或工程师，资格满5年并现从事统计工作满5年，即可申报高级统计师。其中：若具备经济师或会计师或审计师或工程师，资格满5年并又通过全国统一考试取得了统计师；或仅具备的通过全国统一考试取得的统计师满5年，符合该两类情况者现从事统计工作的年限满3年即可申报高级统计师。若不具备经济师或会计师或审计师或工程师资格，必须通过全国统一考试取得统计师资格后并现从事统计工作满5年，方可申报高级统计师。

4.高级经济师：本科学历但不是学经济专业的，只要具备经济师或工程师或会计师或审计师或统计师资格，或（从事经济法工作的，下同）律师或（对应于中级资格的，下同）企业法律顾问，资格满5年并现从事经济工作满5年，即可申报高级经济师。其中：若具备工程师或会计师或审计师或统计师或律师或企业法律顾问满5年，又通过全国统一考试取得经济师；或仅具备通过全国统一考试取得的经济师满5年，符合该两类情况者现从事经济工作的年限满3年即可申报高级经济师。若不具备前7种资格者，须通过全国统一考试取得经济师资格后并现从事经济专业工作满5年，方可申报高级经济师。

5.卫生系列：应具有医疗专业的学历和专业经历以及专业技术资格。原从事医疗教育和医学研究的，如果现从事医疗卫生临床技术工作，只要符合晋升高一级专业技术资格的年限要求的，也可申报相应的专业技术资格。

6.工程系列：一般应具备理工科相应学历和工程技术工作经历以及工程系列的专业技术资格。其中：对于一些专业跨度较大的，应经过必要的专业培训和后续教育；部分专业已开展工程技术人员执业资格考试的，应参加考试并取证，以证明其已达到本专业水平要求，否则应适当增加专业技术工作年限。对于原从事理工科教育和工程技术研究以及属于"工业工程"范围内的，只要符合晋升高一级资格年限和专业技术工作年限要求的，可申报相应工程技术专业高一级专业技术资格。对于那些属于"工业工程"范围内的原并非具备理工科学历者，一般不得申报电力工程各专业的技术资格。对于原具备非工程系列中级资格并已满5年，现从事工程技术工作，且参加全国统考并取得相应的工程技术人员执业资格证书者，申报高级工程师，其现从事工程技术工作的年限应满3年。

7.高教、职教、普教：申报这三个教育系列专业技术资格，必须专职从事教学工作或在校从事教学管理、科研并兼职从事教学工作的人员。

8.政工、新闻、出版、档案、图书资料：对于这5个社会科学系列，考虑到电力企业的实际，不要求所学专业和现任专业技术资格完全对口，但晋升高一级专业技术资格，必须满足专业技术资格年限要求和现从事的相应专业技术工作年限要求。如一个助理工程师从事新闻记者工作，晋升记者时，除要求助理工程师满 4 年外，同时要求从事记者工作满 4 年，方可申报记者。

十三、其他要说明的问题：

1. 确实经过中央党校、各省（市、区）党校及境外院校规定学时、课时的学习（有学籍档案），所取得的学历、学位与国民教育学历具有同等效用，在专业技术资格评定中应予以承认。

2. 根据国家教委和国家人事部教学厅（1993）4 号文件的规定，普通高等学校 1970 年至 1976 年入学的毕业生，"国家承认其学历为大学普通班毕业"。故这部分人员若具备规定的年限和能力、水平，可评定副高级及以上专业技术资格。

3. 对于少数民族地区的少数民族专业技术人员的外语要求，可参照当地省级政府的统一规定执行（须提供当地省级政府有关文件的复印件）。

4. 外单位调入人员，其资格若为局级及以上单位评定或认定的，应与国电系统原专业技术职务任职资格一样，具有同等效用，予以承认；否则，需按职称管理新办法，重新评定专业技术资格。

5. 国电系统各单位控股或参股的股份制（含有限责任）企业、农电代管单位及其他性质代管单位和非国电系统单位的专业技术人员，若本企业（单位）同意，均可严格履行专业技术资格申报及评定程序，参加国电人才评价中心组织的专业技术资格评定工作。如若申报者所在单位不愿履行专业技术资格申报及评定程序，申报者必须提供其省（部）级单位人事主管部门出具的"委托书"。

二〇〇二年四月二十六日

附件

专业技术资格"破格"申报条件（试行）

破格申报一般分为三类：一是现资格取得年限未达到申报高一级资格规定年限；二是具备规定的学历层次，申报与规定学历所学专业不一致（简称：专业不对口）的专业技术资格；三是虽然专业对口，但不具备规定的学历层次，而申报专业技术资格的人员。

破格申报条件适用范围：中级资格取得年限未达到申报副高级资格规定年限，申报本专业系列的副高级（未分正、副级的系列为"高级"，下同）专业技术资格；具备规定的学历层次，申报专业不对口的副高、中级专业技术资格（以考代评和教育系列除外，下同）；具备本专业大学专科学历，申报本专业系列的副高级专业技术资格；具备本专业中专学历，申报本专业系列的中级专业技术资格。进入前述适用范围的人员，必须符合如下相应条款的标准，方可"破格申报"相应级别的专业技术资格：

一、各专业系列相同部分

（一）具有中级资格证书，并符合如下条件之一，可以申报副高级专业技术资格：

1. 国家或省（部）级批准的有突出贡献的中青年科学技术、管理专家。

2. 政府特殊津贴或省（部）级特殊津贴享受者。

3. 中国青年科技奖的获奖者。

4. 人事部批准的"百千万人才工程"专家。

（二）具备专业不对口的本科学历，中级资格满5年，并：或取得两门及以上本科层次专业对口的专业课程自学考试单科结业证书；或在取得现资格后参加局级单位专门为中、高级专业技术人员组织的3个月及以上（可累计）专业对口的专业培训考试，且均取得合格证书，可申报相应专业的副高级专业技术资格。

（三）具备专业不对口的大专学历，助理级资格满4年，并：或取得两门及以上大专层次专业对口的专业课程自学考试单科结业证书；或在取得现资格后参加局级单位专门为中、高级专业技术人员组织的2个月及以上（可累计）专业对口的专业培训考试，且均取得合格证书，可申报相应专业的中级专业技术资格。

（四）具备本专业中专学历，助理级资格满4年，并在1996年年底前取得原水电部、电力部、能源部举办的大专证书班的本专业"大专专业证书"，可申报与本专业相一致（简称：三统一）的中级专业技术资格。

（五）具备规定学历且已取得本专业现资格，拟转评其他专业同级专业技术资格需从事拟转评资格相应专业技术工作2年及以上，可申报拟转评专业同级专业技术资格。

二、各专业系列不同部分

（一）电力工程高级工程师

1. 具有工程师资格证书，符合如下条件者：

国家自然科学奖、发明奖、科学技术进步奖、星火项目获奖的主要贡献者。

2. 大学专科毕业后或具有大学本科学历且工程师资格满5年，或具有研究生学历、学位且工程师资格满4年，并符合如下条件之一者：

①局级及以上科学技术进步奖（优质工程和优秀工程设计奖）获奖的主要贡献者。

②局级单位确定（或批准）并管理的工程技术专家。

③经局级单位确定（或批准），由其所属单位管理的工程技术专业带头人或后备人才；或近4年以来均为本单位考核优秀的专业技术骨干；或担任大中型企业的单位或部门的专业技术负责人（正副总工、主任工程师等同层次人才）满4年。

（二）工业工程高级工程师

1. 具有工程师资格证书，符合如下条件者：

获国家自然科学奖、发明奖、科学技术进步奖和国际合作奖项目的主要贡献者，或获省（部）级科学技术进步二等奖及以上项目的主要贡献者。

2. 大学专科毕业后或具有大学本科学历且工程师资格满5年，或具有研究生学历、学位且工程师资格满4年，并符合下列条件之一者：

①局级及以上科学技术进步奖（或本专业项目奖）二等奖及以上获奖的主要贡献者。

②局级单位确定（或批准）并管理的工业工程或管理专家。

③经局级单位确定（或批准），由其所属单位管理的工业工程或管理工作专业带头人或后备人才；或近4年以来均为本单位考核优秀的专业技术骨干；或担任大中型企业的单位或部门的工业工程或管理工作技术负责人（正、副总工、主任工程师或主任经济师等同层次人才）满4年。

（三）高级经济师

1. 具有经济师资格证书，符合如下条件者：

国家或省（部）级科学技术进步奖（或本专业项目奖）三等奖及以上获奖的主要贡献者。

2. 大学专科毕业后或具有大学本科学历且经济师资格满5年，或具有研究生学历、学位且经济师资格满4年，并符合下列条件之一者：

①局级及以上科学技术进步奖（或本专业项目奖）三等奖及以上获奖的主要贡献者。

②局级单位确定（或批准）并管理的经济管理专家。

③经局级单位确定（或批准），由其所属单位管理的经济管理工作专业带头人或后备人才；或近4年以来均为本单位考核优秀的专业技术骨干；或担任大中型企业的单位或部门的经营管理负责人（正副总经、主任经济师等同层次人才）满4年。

（四）高级会计师

1. 具有会计师资格证书，符合如下条件者：

国家或省（部）级科学技术进步奖（或本专业项目奖）三等奖及以上获奖的主要贡

献者。

2. 大学专科毕业后或具有大学本科学历且会计师资格满5年，或具有研究生学历、学位且会计师资格满4年，并符合下列条件之一者：

①局级及以上科学技术进步奖（或本专业项目奖）三等奖及以上获奖的主要贡献者。

②局级单位确定（或批准）并管理的财务管理专家。

③经局级单位确定（或批准），由其所属单位管理的财务管理工作专业带头人或后备人才；或近4年以来均为本单位考核优秀的专业技术骨干；或担任大中型企业的单位或部门的财务管理负责人（正副总会、主任会计师等同层次人才）满4年。

（五）高级审计师

1. 具有审计师资格证书，符合如下条件者：

国家或省（部）级科学技术进步奖（或本专业项目奖）三等奖及以上获奖的主要贡献者。

2. 大学专科毕业后或具有大学本科学历且审计师资格满5年，或具有研究生学历、学位且审计师资格满4年，并符合下列条件之一者：

①局级及以上科学技术进步奖（或本专业项目奖）三等奖及以上获奖的主要贡献者。

②局级单位确定（或批准）并管理的审计工作专家。

③经局级单位确定（或批准），由其所属单位管理的审计工作专业带头人或后备人才；或近4年以来均为本单位考核优秀的专业技术骨干；或担任大中型企业的单位或部门的审计工作负责人（单位技术行政正副职、主任审计师等同层次人才）满4年。

（六）高级统计师

1. 具有统计师资格证书，符合如下条件者：

国家或省（部）级科学技术进步奖（或本专业项目奖）三等奖及以上获奖的主要贡献者。

2. 大学专科毕业后或具有大学本科学历且统计师资格满5年，或具有研究生学历、学位且统计师资格满4年，并符合下列条件之一者：

①局级及以上科学技术进步奖（或本专业项目奖）三等奖及以上获奖的主要贡献者。

②局级单位确定（或批准）并管理的统计工作专家。

③经局级单位确定（或批准），由其所属单位管理的统计工作专业带头人或后备人才；或近4年以来均为本单位考核优秀的专业技术骨干；或担任大中型企业的单位或部门的统计工作负责人（单位技术行政正副职、部门统计专业负责人等同层次人才）满4年。

（七）新闻专业副高级资格

1. 具有新闻专业中级资格证书，符合如下条件者：

省（部）级及以上优秀稿件或优秀作品奖及以上获奖的主要贡献者。

2. 大学专科毕业后或具有大学本科学历且新闻专业中级资格满 5 年，或具有研究生学历、学位且新闻专业中级资格满 4 年，并符合下列条件之一者：

①局级及以上优秀稿件或优秀作品奖及以上获奖的主要贡献者。

②局级单位确定（或批准）并管理的优秀新闻工作者。

③经局级单位确定（或批准），由其所属单位管理的新闻工作者或后备人才；或近 4 年以来均为本单位考核优秀的专业技术骨干；或担任大中型企业的单位或部门的新闻工作负责人（单位技术行政正副职、部门正副职等同层次人才）满 4 年。

（八）出版专业副高级资格

1. 具有出版专业中级资格证书，符合如下条件者：

省（部）级及以上科技进步奖（或本专业项目奖）二等奖及以上获奖的主要贡献者。

2. 大学专科毕业后或具有大学本科学历且出版专业中级资格满 5 年，或具有研究生学历、学位且出版专业中级资格满 4 年，并符合下列条件之一者：

①局级及以上科学技术进步奖（或本专业项目奖）二等奖及以上获奖的主要贡献者。

②局级单位确定（或批准）并管理的优秀出版工作者。

③经局级单位确定（或批准），由其所属单位管理的优秀出版工作者或后备人才；或近 4 年以来均为本单位考核优秀的专业技术骨干；或担任大中型企业的单位或部门的出版工作负责人（单位技术行政正副职、部门正副职等同层次人才）满 4 年。

（九）图书档案专业副高级资格

1. 具有馆员资格证书，符合如下条件者：

国家自然科学奖、发明奖、科学技术进步奖、星火项目奖的主要完成者，或省（部）级科学技术进步奖二等奖及以上获奖的主要贡献者。

2. 大学专科毕业后或具有大学本科学历且馆员资格满 5 年，或具有研究生学历、学位且馆员资格满 4 年，并符合下列条件之一者：

①省（部）级自然科学奖、发明奖、科学技术进步奖、星火项目奖的主要完成者，或局级及以上科学技术进步奖（或本专业项目奖）三等奖及以上获奖的主要贡献者。

②局级单位确定（或批准）并管理的优秀图书档案管理工作者。

③经局级单位确定（或批准），由其所属单位管理的优秀图书档案管理工作者或后备人才；或近 4 年以来均为本单位考核优秀的专业技术骨干；或担任大中型企业的单位或部门的图书档案管理工作负责人（单位技术行政正副职、部门正副职等同层次人才）满 4 年。

（十）翻译专业副高级资格

1. 具有翻译资格证书，符合如下条件者：

国家自然科学奖、发明奖、科学技术进步奖、星火项目奖的主要完成者，或省（部）级科学技术进步奖三等奖及以上获奖的主要贡献者。

2. 大学专科毕业后或具有大学本科学历且翻译资格满 5 年，或具有研究生学历、学位且翻译资格满 4 年，并符合下列条件之一者：

①省（部）级自然科学奖、发明奖、科学技术进步奖、星火项目奖的主要完成者，或局级及以上科学技术进步奖（或本专业项目奖）三等奖及以上获奖的主要贡献者。

②局级单位确定（或批准）并管理的优秀翻译工作者。

③经局级单位确定（或批准），由其所属单位管理的翻译工作者或后备人才；或近 4 年以来均为本单位考核优秀的专业技术骨干；或担任大中型企业的单位或部门的翻译工作负责人（单位技术行政正副职、部门正副职等同层次人才）满 4 年。

（十一）高级政工师

1. 具有政工师资格证书，符合如下条件者：

省（部）级及以上思想政治工作单项先进获得者。

2. 大学专科毕业后或具有大学本科学历且政工师资格满 5 年，或具有研究生学历、学位且政工师资格满 4 年，并符合下列条件之一者：

①局级及以上思想政治工作单项先进获得者。

②局级单位确定（或批准）并管理的优秀思想政治工作者。

③经局级单位确定（或批准），由其所属单位管理的优秀思想政治工作者或后备人才；或近 4 年以来均为本单位考核优秀的专业技术骨干；或担任大中型企业的单位或部门的思想政治工作负责人（正副总政工师、正副书记及政工部门正副职）满 4 年。

（十二）卫生技术副高级资格

1. 具有卫生技术中级资格证书，符合如下条件者：

地（市）级及以上科学技术成果、进步奖获奖的主要贡献者。

2. 大学专科毕业后或具有大学本科学历且卫生技术中级资格满 5 年，或具有研究生学历、学位且卫生技术中级资格满 4 年，并符合下列条件之一者：

①局级单位确定（或批准）并管理的卫生技术专家。

②经局级单位确定（或批准），由其所属单位管理的卫生技术专业带头人或后备人才；或近 4 年以来均为本单位考核优秀的专业技术骨干；或担任大中型医院的单位或部门的卫生技术负责人（单位技术行政正副职、部门正副职等同层次人才）满 4 年。

（十三）高教副教授、职教和中学高级讲师

在量化评审条件未正式公布前，可在贯彻《教师职务条例》的前提下，参照电力工程高级工程师的标准执行。

三、有关政策的引用及规定

1. 破格申报条件依据各专业技术资格《评审条件》的"申报条件"和"破格"试点工作经验制订。

2. 本破格申报条件与具备规定的本专业学历的正常申报条件，仅是解决申报（报名）问题（或称："入门"）。但是，"评审标准"均仍以各专业技术资格评审标准（即：专业理论水平、工作经历与能力、业绩与成果）为准。

3. 破格申报条件中有关"专家""专业带头人""后备人才"或"优秀×××者"等称号，仅适用于已开展相应人选选拔工作的单位中，并已被授予相应称号的人员。故在申报（报名）时，具备相应称号的申报者须提供相应的批复文件和主管单位及本单位开展相应人选选拔工作的制度性文件作为依据。

4. "近4年以来均为本单位考核优秀的专业技术骨干"，申报时需提供近4年以来各年度的《专业技术人员考核登记表》。

5. 破格申报条件中有关"专业技术工作负责人"，申报时需提供任命或聘任的文件复印件。

6. 获奖的"主要贡献者"指：集体获奖项目，须是该项目排名靠前的第一、二完成人及主要完成（参加）者。若排名靠后，但确系主要完成（参加）者，须提供第一、二完成人分别亲自撰写并签名的"证明书"。"证明书"须表明在该项目中被证明人承担任务的内容、重要程度及排名位次和排名靠后的原因，以及其他获奖人员名单（如获奖人数超过15人，可仅列出前15人名单并注明获奖总人数）。

国家电力公司

8.21 国家电力公司系统专业技术资格考核认定（确认）办法（试行）

国家电力公司系统专业技术资格考核认定（确认）办法（试行）

国电人资〔1999〕759号

国家电力公司系统各单位：

现将《国家电力公司系统专业技术资格考核认定（确认）办法（试行）》印发给你们，请按照执行。执行遇到的问题请及时反映给国家电力公司人力资源部，以便修订完善。

一九九九年十二月三十日

附件

国家电力公司系统专业技术资格考核认定（确认）办法（试行）

根据《关于印发深化职称改革、完善专业技术职务聘任制度的通知》（国电人资〔1999〕433号）有关规定和建立国家电力公司系统专业技术资格考评机制的需要，结合人事部实行全国专业技术资格考试及对"初定职务"工作产生的变化情况，特制定本办法。

一、适用范围

1.符合直接认定专业技术资格基本条件，经考核合格，方可直接认定相应级别专业技术资格的人员。

2.通过参加全国考试取得专业技术资格（含经济、会计、审计、统计和计算机软件专业中级及以下），并履行实际能力水平的考核和审批、确认，其资格方可在公司系统内生效的人员。

二、直接认定专业技术资格的基本条件

1.员级

中专毕业后，从事本专业技术工作满一年。

2. 助理级

①中专毕业后，从事员级专业技术工作满四年。

②大学专科毕业后，从事本专业技术工作满三年。

③大学本科毕业后，从事本专业技术工作满一年。

3. 中级

①获得硕士学位后，从事本专业技术工作满二年。

②获得博士学位。

4. 副高级

博士后人员在完成博士后研究工作、出博士后流动站前。

三、审批确认资格的基本条件

符合人事部规定的全国专业技术资格考试的申报条件。

四、考核标准及方法

1. 符合本办法适用范围、需直接认定和审批确认的人员，必须遵守中华人民共和国宪法和法律，具备良好的职业道德、敬业精神和相应的专业技术水平。

2. 由本人填写《专业技术资格认定（确认）表》（一式 3 份），并提交本人学历（学位）证件、工作总结、经全国考试取得的《专业技术资格证书》及《审查表》等有关材料。《专业技术资格认定（确认）表》应包括本人基本概况；外语、计算机水平；学习培训及主要工作经历；主要专业技术工作业绩及工作成果。

3. 考核工作由本人人事档案和人事关系所在单位负责。考核工作应坚持公开、公正、公平的原则，以德、能、勤、绩为考核的主要内容，以定量和定性相结合的考核方法由下而上地进行。考核结果应包括本人所在部门负责人签署的考核鉴定意见；单位技术负责人、人事负责人签署的考核认定（确认）意见及审批机关意见。

五、认定（确认）权限

1. 员级及助理级专业技术资格。经考核合格后，由本人人事档案和人事关系所在单位的人事部门审核认定或确认，并归档。其中，人事档案和人事关系分离的，由人事关系所在单位考核，人事档案所在单位人事部门审批。

2. 中级及副高级专业技术资格。经考核合格后，由本人人事档案和人事关系所在单位报本地省（市、区）电力人才评价指导分中心审批，并归档。其中，人事档案和人事关系分离的，由人事关系所在单位考核，人事档案所在单位报本地省（市、区）电力人才评价指导分中心审批，同时报国家电力公司人才评价指导中心备案。

六、《国家电力公司专业技术资格证书》的核发

1. 直接认定为员级及助理级专业技术资格者，其资格证书由本人人事档案和人事关系所在单位人事部门自行核发，并盖本单位公章。其中，人事档案和人事关系分离的，由人事档案所在单位人事部门核发盖章。

2. 直接认定为中级及副高级专业技术资格者，其资格证书由本人人事档案和人事关系所在单位的省（市、区）电力人才评价指导分中心核发，并盖公章。其中，人事档案和人事关系分离的，由人事档案所在单位的省（市、区）电力人才评价指导分中心核发盖章。

3. 审批确认资格的人员不再核发《国家电力公司专业技术资格证书》。

七、本办法试行后，大、中专毕业生见习（考核）期满的转正定级工作，仍执行工资管理部门的有关规定。不得超出本办法规定的适用范围和基本条件，直接认定专业技术资格。

八、过去执行的有关规定与本办法不相符的，以本办法为准。

九、本办法解释权属国家电力公司深化职称改革工作领导小组及国家电力公司人才评价指导中心。

十、本办法自下发之日起试行。

8.22 安徽省电力公司系统专业技术资格考核认定（确认）实施办法（试行）

安徽省电力公司系统专业技术资格考核认定（确认）实施办法（试行）
皖电干〔2000〕980号

根据国家电力公司《关于印发深化职称改革、完善专业技术职务聘任制度的通知》（国电人资〔1999〕433号）、《国家电力公司系统专业技术资格考核认定（确定）办法（试行）》（国电人资〔1999〕759号），以及人事部实行专业技术资格考试的有关规定，结合安徽省电力公司系统实际，特制定本办法。

一、适应范围及实施对象

1. 本办法适用于取得中专及以上学历的专业技术人员认定专业技术资格，以及通过参加全国考试已取得会计、经济、审计、统计和计算机软件专业中级及以下专业技术资格人员的确认。

2. 除已实行全国统考的专业外，其他专业的技术人员，符合规定的条件可通过考核直接认定专业技术资格。

3. 通过参加全国统考，取得会计、经济、统计、审计、计算机软件专业中、初级技术资格，经考核合格后可在系统内确认相应的专业技术资格。

二、直接认定专业技术资格的基本条件

直接认定的专业技术资格，分为员级、助理级、中级和副高级。

1. 员级
中专或大学专科毕业后，从事业专业技术工作满一年。

2. 助理级
（1）中专毕业后，从事员级专业技术工作满四年。

（2）大学专科毕业后，从事员级技术工作满二年或从事本专业技术工作满三年。

（3）大学本科毕业后，从事本专业技术工作满一年。

3. 中级
（1）获得硕士学位后，从事业专业技术工作满二年。

（2）获得博士学位。

4. 副高级

博士后人员在完成博士后研究工作、出博士后流动站前。

三、确认专业技术资格的基本条件

通过参加全国统一考试取得相应的专业技术资格，申请在公司系统确认者，必须同时符合以下条件：

1. 所持资格证书与其现工作岗位专业一致。

2. 本人参加考试年度符合人事部规定的全国专业技术资格考试的报名条件。

3. 国家已实行从业资格的专业岗位，须持有该专业的从业资格证书。

4. 中级资格证书持有者，除符合免试条件者外，均须取得职称外语考试合格证书，其中 1998 年起取得中级资格证书者，须再取得国家电力公司系统职称计算机考试合格证书。

四、认定和确认程序

专业技术资格的认定和确认，实行个人自愿申报，干部（人事）部门审核认定和确认。

1. 申报认定或确认专业技术资格，应由本人填写《专业技术资格认定（确认）表》一式两份，并提交下列材料（有关证书均须原件）：

1）本人学历（学位）证件；

2）工作总结、专业论文（各一份）；

3）代表本人业绩成果的获奖（荣誉）证书；

4）经全国考试取得的《专业技术资格证书》《专业技术资格登记表》及从业资格证书；

5）职称外语考试合格证书；

6）职称计算机考试合格证书。

2. **考核前公示**

各单位应在考核前申请认定或确认专业技术资格者的基本情况及申报资格公示十天，接受监督，经公示后确无异议，方可提交有关部门考核审批。对有异议者，应立即调查核实。

凡伪造学历、弄虚作假者，所在单位应予通报批评，自下一年度起三年内不予申报专业技术资格，并将其档案中的不实材料予以销毁；干部（人事）部门参加作假者，应调离现岗位并按有关规定给予纪律处分。

五、考核办法

符合本办法规定的认定和确认条件，其申报材料按审批权限由本单位或者电力人才评价中心考核认定或确认。

1. 考核组织

公司系统各单位应根据工作需要，成立由干部（人事）部门牵头的考核组织，并报省电力人才评价指导中心备案。考核组织由单位的分管领导任负责人，有关部门的负责人参加，日常工作由干部（人事）部门负责。

2. 考核的原则和内容

考核工作应坚持公开、公正、公平的原则，注意听取本部门群众的意见和反映，以德、能、勤、绩为基本内容，重点考核其专业技术水平和履行岗位工作的能力。各单位可结合工作实际，制定考核细则，由本人所在部门、考核组织以定性和定量相结合的方法自下而上进行考核。

3. 考核结果及意见

考核结果应包括本人所在部门负责人签署的考核鉴定意见，单位技术负责人、干部（人事）部门负责人签署的考核鉴定意见及审批机关意见。

六、考核标准

符合本办法规定的适用范围，申请直接认定和审批确认专业技术资格的人员，必须符合本办法第二、三条规定的基本条件，并能遵纪守法，坚持原则，具备良好的职业道德品质，认真履行岗位职责，能胜任本职工作，有下列情形之一者，不予认定和确认专业技术资格：

1. 近三年内有违法违纪行为受到有关部门查处或造成恶劣影响者。

2. 近五年内因个人责任造成事故，使单位生产受到影响者。

3. 伪造学历或其他证书、证件者。

4. 实行从业资格控制，无从业资格证书者。

5. 现不在相应的专业技术岗位者。

6. 所学专业与现从事专业不一致者。

7. 参加全国专业技术资格考试的年度，不具备人事部制定的报考条件者。

8. 经考核不合格者。

七、审批权限

专业技术资格的认定、确认工作，实行单位统一考核，按资格级别分类审批。

1. 员级和助理级专业技术资格，经考核合格后，由本单位干部（人事）部门审批，报省电力人才评价指导中心备案。

2.中级和副高级专业技术资格，经考核合格后，报省电力人才评价指导中心审批。经省中心审批认定（确认）者，报国家电力公司人才评价指导中心备案。

报省电力人才评价中心审批认定（确认）中级和副高级专业技术资格，需提供以下材料：

1）本单位报批的基本情况表一份；

2）专业技术资格认定（确认）表一式两份；

3）学历及其他证书原件；

4）代表本人业绩成果的获奖（荣誉）证书；

5）参加全国专业技术资格考试的登记表；

6）工作总结及论文（各1份）。

八、证书的核发

1.直接认定为员级、助理级和中级副高级专业技术资格者，可核发《国家电力公司专业技术资格证书》；参加全国考试已取得人事部《专业技术资格证书》，只在《专业技术资格认定（确认）表》上签署确认意见。

2.员级和助理级《专业技术资格证书》由本人所在单位的干部（人事）部门自行核发，并加盖本单位公章。

3.直接认定的中级和副高级《专业技术资格证书》由省电力人才评价指导中心核发，并加盖中心公章。

九、本办法试行后，全日制普通大、中专毕业生见习（考核）期满及试用期满转正定级工作，仍执行原有关规定。任何单位和部门不得超出本办法规定的适用范围和基本条件，直接认定专业技术资格。

十、过去执行的有关规定与本办法不一致者，以本办法为准。

十一、本办法由安徽省电力人才评价指导中心负责解释。

十二、本办法自下发之日起试行。

8.23 关于印发《实行专业技术资格考评机制有关具体问题的规定》的通知

关于印发《实行专业技术资格考评机制有关具体问题的规定》的通知
人资综〔2000〕67号

国家电力公司系统各单位：

　　为保证国家电力公司深化职称改革总体方案的顺利实施，针对《关于印发深化职称改革、完善专业技术职务聘任制度的通知》（国电人资〔1999〕433号）及其配套文件印发以来各单位提出的一些问题，制定了《实行专业技术资格考评机制有关具体问题的规定》，现印发给你们，请遵照执行。

二〇〇〇年八月二日

附件

实行专业技术资格考评机制有关具体问题的规定

　　根据《关于印发深化职称改革、完善专业技术职务聘任制度的通知》（国电人资〔1999〕433号）及其配套文件，现对实行国家电力公司专业技术资格考评机制的有关具体问题规定如下：

一、关于"规定学历"

　　"规定学历"是指各"专业技术资格评审条件"和国电公司有关实施办法中已明确规定的符合申报专业技术资格的本专业学历、学位要求（含后续学历）。即：取得中专学历认定员级、助理级资格，取得大专学历认定助理级和评定中级资格，取得本科学历认定助理级和评定中级、高级资格，取得硕士、博士学位认定中级和评定高级资格。其中：

　　取得双大专学历可按本科学历对待。但如申报工程、卫生技术资格，其双大专学历所学专业必须为同专业、系列。

　　取得双学士学位可按硕士学位对待。即取得双学士学位后满两年，可直接考核认定中级资格。

二、关于现专业技术资格的年限要求

各"专业技术资格评审条件"和国电公司有关实施办法中规定的现专业技术资格的年限要求，一般从取得规定学历（含后续规定学历）后计算。其中：

对于取得后续规定学历前，现专业技术资格年限已达到申报高级资格年限要求的人员，其取得后续规定学历后，现专业技术资格的年限要求可减至2年。

对于军队转业干部和原为公务员，且未曾评定资格，调入公司系统后属于首次参加资格评定的人员，其从事专业技术工作的年限要求为：大专毕业后满7年、本科毕业后满5年，可直接申报评定中级资格；本科毕业后满10年、取得硕士学位后满7年、取得博士学位后满5年，可直接申报评定副高级资格；本科毕业后满15年、取得硕士学位后满12年、取得博士学位后满10年，可直接申报评定正高级资格。

三、关于"破格申报"评定专业技术资格

"破格申报"是指不具备各"专业技术资格评审条件"所规定的本专业学历、资历及现资格年限等申报条件，要求申报评定专业技术资格的人员。今年破格申报工作按"统一试行"和"试点工作"分步进行。

统一试行：对于虽具备规定学历（含后续学历）但所学专业与所从具备现资格专业系列不对口的人员，在其规定学历后，现资格年限满足申报条件，可"破格申报"与现资格专业系列相一致的高一级资格；对于具备规定学历且已取得本专业现资格拟转评其他专业同级资格的人员，如有2年及以上从事拟转评资格的专业技术工作经历，可"破格申报"拟转评专业的同级资格。这两类人员经国电公司专业技术资格报名点审查通过，均需参加国家电力公司人才评价指导中心统一组织的相应规定学历层次的专业基础理论知识考核。

试点工作。对于具备大专学历（含后续大专学历）后中级资格满5年的专业技术骨干"破格申报"本专业高级资格，将先行在水电总公司和葛洲坝水电集团公司系统的水能动力工程专业高级工程师、高级政工师、高级经济师和高级会计（审计）师的专业技术资格评定中试点，待取得经验后再向国电公司系统推广。

本规定第二条"关于现专业技术资格的年限要求"，不适用"破格申报"工作。

四、关于"不受是否在职的限制"

"不受是否在职的限制"是国家电力公司从1999年起实行评、聘分开的职称管理新办法后，准许流动人员及退休人员申报评定专业技术资格所做的规定。即自 1999 年起，流动人员及退休人员经履行国电公司专业技术资格评定程序所取得的专业技术资格，仅表明其在评定资格时的专业技术水平，是求职、受聘的条件之一；国家电力公司系统各单位不得以任何理由，按其所取得的新资格调整、变更离职或退休时已确定的各项待遇。有关这部分人员申报材料的审查工作，由受聘单位、人事档案管理部门和国电公司专业技术资格报名审查机构分工负责。

五、关于取得专业技术资格的起始时间

由于 1999 年和 2000 年合并为一次评审，故对经履行国家电力公司专业技术资格评定程序并取得专业技术资格的人员，凡 1999 年底前具备申报条件的人员，其取得专业技术资格的起始时间为 1999 年 12 月 31 日；凡 2000 年底前具备申报条件的人员，其取得专业技术资格的起始时间为 2000 年 12 月 31 日。

六、关于外语和计算机水平考试

有关外语和计算机水平考试的规定仍执行《关于 1999 年度职称工作安排的紧急通知》（国电人才〔1999〕15 号）文件。其中，考虑到实际情况，取得 1999 年及以前两种考试合格证书及当年有效分数线的有效期可顺延一年；通过国家人事部"全国职称外语等级考试"的人员，申报（报名）时须提供国家人事部统一印制的"全国职称外语等级考试合格证书"；对因部分单位未组织或未通知而错过参加国电公司 1999 年 11 月份举行的计算机水平考试和人事部于 2000 年 4 月份举行的全国职称外语等级考试的人员，在今年的专业技术资格评定中可以先行申报，经评审通过的人员，须在 2002 年 8 月 31 日前取得两种有效合格证书，并以最后一个合格证书颁发之日为准，方可办理专业技术资格证书。

七、关于专业技术资格的认定和确认

专业技术资格的认定和确认工作，要认真执行国家电力公司以国电人资〔1999〕759 号文件印发的《国家电力公司系统专业技术资格考核认定（确认）办法（试行）》。其中：若取得经济、会计（审计）、统计和工程的计算机软件专业中级及以下资格，必须严格执行国家人事部有关学历、资历和报名工作的规定，并通过其统一组织的由属地承办的"全国专业技术资格考试"，不得采取考核认定的办法；对于通过全国考试取得的专业技术资格需履行国电公司考核确认程序，其基本条件为外语、计算机考试合格证书、国家人事部统一明确的取得规定学历后从事本专业技术工作年限的有关规定，并以此为准确定考核确

认的起始时间。

八、关于国电人才评价区域中心的职责

国家电力公司人才评价指导中心（简称：国电人才评价中心）东北、华北、华东、华中、西北、南方和华能中心（国电人才评价××中心），是国电人才评价中心的组成部分，在如下划分的区域内履行国电人才评价中心的职责。

国电人才评价东北中心——辽宁省、吉林省、黑龙江省和内蒙古东部地区（不含内蒙古公司管理的单位和地区）内的国电系统各单位（不含华能系统，下同）。

国电人才评价华北中心——山东省、北京市、天津市、河北省、山西省、内蒙古自治区（不含内蒙古东部地区）内的国电系统各单位。

国电人才评价华东中心——福建省、上海市、江苏省、安徽省、浙江省内的国电系统各单位。

国电人才评价华中中心——湖北省、湖南省、江西省和河南省内的国电系统各单位。

国电人才评价西北中心——陕西省、甘肃省、青海省、宁夏回族自治区、新疆维吾尔自治区和西藏自治区内的国电系统各单位。

国电人才评价南方中心——四川省、重庆市、贵州省、云南省、广西壮族自治区、广东省和海南省内的国电系统各单位。

国电人才评价华能中心——中国华能集团公司系统各单位。

主要职责：

全面负责公司系统专业技术资格的评定工作；建立健全并管理国家电力公司中，高级专业技术资格评委专家库和评审委员会（国电人才评价华能中心不但此责）；协调、组织专业技术人员参加全国专业技术资格考试和全国职称外语等级考试，指导、组织评定专业技术资格所需的专业技术人员计算机水平考试；指导，管理评价分中心工作；组织人才测评服务；逐步建立起国电系统人才评价工作体系。对于有关专业技术资格评定工作，除国电人才评价华能中心外，一般不直接承担应由各省（市，区）电力人才评价指导中心承担的申报材料审查、评审会议、考务、证书验印等具体业务工作，重点是履行监管职能。

九、关于其他要说明的问题

1.确实经过中央党校、各省（市、区）党校及境外院校规定学时、课时的学习（有学籍档案），所取得的学历、学位与国民教育学历具有同等效用，在专业技术资格评定中应予以承认。

2. 根据国家教委和国家人事部教学厅〔1993〕4号文件的规定，普通高等学校1970~1976年入学的毕业生，"国家承认其学历为大学普通班毕业"。故这部分人员若具备规定的年限和能力、水平，可评定副高级及以上专业技术资格。

3. 对于少数民族地区的少数民族专业技术人员的外语要求，可参照当地省级政府的统一规定执行。

4. 外单位调入人员，其资格若为局级及以上单位评定或认定的，应与国电系统原专业技术职务任职资格一样，具有同等效用，予以承认；否则，需按国电公司职称管理新办法，重新评定专业技术资格。

5. 实行国电公司职称管理新办法后，各省（市、区）电力人才评价指导中心及各专业技术资格报名点在国电公司系统专业技术资格申报（报名）阶段，可接受外单位专业技术人员的申报。外单位专业技术人员申报时，须严格履行国电公司规定的申报程序，须提供其局级及以上主管单位的"委托书"。

6. 考虑到政策的连续性，取得1996年底前，取得"电力部不具备规定学历考试"全科合格者，若符合《印发〈关于"破格"评聘专业技术职务的暂行规定〉的通知》（人技〔1991〕21号）的规定，可以参加今年的申报工作。

7. 农电代管单位及其他性质代管单位专业技术人员可以申报，但事先需征得其人事主管部门的同意。

8. 国电公司系统各单位控股或参股的股份制（含有限责任）企业，专业技术人员是否参加国电公司系统的专业技术资格评定工作，由本企业自行决定。若参加国电公司系统的专业技术资格评定工作，须履行国电公司统一规定的评定程序。

9. 1999至2000年度暂停"提高成绩优异高级工程师工资和待遇"的选拔、评审工作。

十、关于本规定的试行和解释权

本规定自国家电力公司颁布之日起试行。本规定的解释权属国家电力公司人力资源部和国家电力公司人才评价指导中心。

8.24 原卫生部、人事部关于印发《预防医学、全科医学、药学、护理、其他卫生技术等专业技术资格考试暂行规定》及《临床医学、预防医学、全科医学、药学、护理、其他卫生技术等专业技术资格考试实施办法》的通知

原卫生部、人事部关于印发《预防医学、全科医学、药学、护理、其他卫生技术等专业技术资格考试暂行规定》及《临床医学、预防医学、全科医学、药学、护理、其他卫生技术等专业技术资格考试实施办法》的通知

卫人发〔2001〕164号

各省、自治区、直辖市卫生厅局、人事厅局，新疆生产建设兵团，国务院各部委、各直属机构人事（干部）部门：

为贯彻落实人事部、卫生部《关于加强卫生专业技术职务评聘工作的通知》（人发〔2000〕114号）的精神，科学、客观、公正的评价卫生专业人员的技术水平和能力，完善评价机制，提高卫生专业人员的业务素质，现将卫生部、人事部共同制定的《预防医学、全科医学、药学、护理、其他卫生技术等专业技术资格考试暂行规定》及《临床医学、预防医学、全科医学、药学、护理、其他卫生技术等专业技术资格考试实施办法》印发给你们，请遵照执行。

附件：1.预防医学、全科医学、药学、护理、其他卫生技术等专业技术资格考试暂行规定
2.临床医学、预防医学、全科医学、药学、护理、其他卫生技术等专业技术资格考试实施办法

附件1

预防医学、全科医学、药学、护理、其他卫生技术等专业技术资格考试暂行规定

第一条 为贯彻落实人事部、卫生部《关于加强卫生专业技术职务评聘工作的通知》

（人发〔2000〕114号）精神，制定本暂行规定。

第二条 本规定适用于经国家有关部门批准的医疗卫生机构内从事医疗、预防、保健、药学、护理、其他卫生技术（以下简称"技术"）专业工作的人员。

第三条 预防医学、全科医学、药学、护理、技术专业实行全国统一组织、统一考试时间、统一考试大纲、统一考试命题、统一合格标准的考试制度，原则上每年进行一次。

第四条 本规定下发之日前，已按国家规定取得卫生系列初、中级专业技术职务任职资格的人员，其资格继续有效。本规定下发后，各地、各部门不再进行相应专业技术职务任职资格的考试和评审。通过考试取得专业技术资格，表明其已具备担任卫生系列相应级别专业技术职务的水平和能力，用人单位根据工作需要，从获得资格证书的人员中择优聘任。

第五条 预防医学、药学、护理、技术专业分为初级资格、中级资格、高级资格。全科医学专业分为中级资格、高级资格。

（一）取得初级资格，根据有关规定，并按照下列条件聘任相应的专业技术职务：

1. 药、护、技师：取得中专学历，担任药、护、技士职务满5年；取得大专学历，从事本专业工作满3年；取得本科学历，从事本专业工作满1年。

2. 不符合上述条件的人员只可聘任药、护、技士职务。

（二）取得中级资格，并符合有关规定，可聘任主治（管）医师，主管药、护、技师职务。

（三）高级资格的取得均实行考评结合方式，具体办法另行制定。

第六条 按照《中华人民共和国执业医师法》的有关规定，参加国家医师资格考试，取得执业助理医师资格，可聘任医士职务；取得执业医师资格，可聘任医师职务。

第七条 人事部和卫生部共同负责国家预防医学、全科医学、药学、护理、技术专业技术资格考试的政策制定、组织协调等工作。

卫生部负责拟定考试大纲和命题，组建国家级题库，组织实施考试工作，管理考试用书，规划考前培训，研究考试办法，拟定合格标准等工作。

人事部负责审定考试大纲和试题，会同卫生部对考试工作进行指导、监督、检查和确定合格标准。

第八条 通过预防医学、全科医学、药学、护理、技术专业技术资格考试并合格者，由各省、自治区、直辖市人事（职改）部门颁发人事部统一印制，人事部、卫生部用印的专业技术资格证书。该证书在全国范围内有效。各地在颁发证书时，不得附加任何条件。

聘任专业技术职务所需的其他条件按照国家有关规定办理。

第九条 参加预防医学、全科医学、药学、护理、技术专业技术资格考试的人员，应具备下列基本条件：

（一）遵守中华人民共和国的宪法和法律。

（二）具备良好的医德医风和敬业精神。

第十条 参加药学、护理、技术专业初级资格考试的人员，除具备第九条所规定的基本条件外，还必须具备相应专业中专以上学历。

第十一条 参加预防医学、全科医学、药学、护理、技术专业中级资格考试的人员，除具备第九条所规定的条件外，还必须具备下列条件之一：

（一）取得相应专业中专学历，受聘担任医（药、护、技）师职务满7年。

（二）取得相应专业大专学历，从事医（药、护、技）师工作满6年。

（三）取得相应专业本科学历，从事医（药、护、技）师工作满4年。

（四）取得相应专业硕士学位，从事医（药、护、技）师工作满2年。

（五）取得相应专业博士学位。

第十二条 有下列情形之一的，不得申请参加预防医学、全科医学、药学、护理、技术专业技术资格的考试：

（一）医疗事故责任者未满3年。

（二）医疗差错责任者未满1年。

（三）受到行政处分者在处分时期内。

（四）伪造学历或考试期间有违纪行为未满2年。

（五）省级卫生行政部门规定的其他情形。

第十三条 取得预防医学、全科医学、药学、护理、技术专业技术资格人员，应按照国家有关规定，参加继续医学教育。

第十四条 有下列情形之一的，由卫生行政管理部门吊销其相应专业技术资格，由发证机关收回其专业技术资格证书，2年内不得参加卫生系列专业技术资格考试：

（一）伪造学历和专业技术工作资历证明；

（二）考试期间有违纪行为；

（三）国务院卫生、人事行政主管部门规定的其他情形。

第十五条 本暂行规定由卫生部、人事部按职责分工负责解释。

第十六条 军队系统卫生系列初、中级专业技术资格考试的组织实施由总政治部负责。

第十七条 卫生部、人事部《临床医学专业技术资格考试暂行规定》（卫人发〔2000〕462号）未明确事项，均按本规定执行。

附件2

临床医学、预防医学、全科医学、药学、护理、其他卫生技术等专业技术资格考试实施办法

第一条 根据卫生部、人事部《临床医学专业技术资格考试暂行规定》和《预防医学、全科医学、药学、护理、其他卫生技术等专业技术资格考试暂行规定》（以下均简称"暂行规定"），制定本办法。

第二条 临床医学、预防医学、全科医学、药学、护理、其他卫生技术（以下简称"技术"）专业技术资格考试在卫生部、人事部的统一领导下进行。根据《暂行规定》的要求，两部门成立"卫生专业技术资格考试专家委员会"（委员会分设临床医学、预防医学、全科医学、药学、护理和技术等专业组）和"卫生专业技术资格考试办公室"，办公室设在卫生部人事司。具体考务工作委托卫生部人才交流服务中心实施。

各地考试工作由省级人事和卫生行政部门按照职能分工组织实施。

第三条 临床医学、预防医学、全科医学专业中级资格和药学、护理、技术专业初、中级资格考试原则上每年举行1次，考试日期定于每年10月。首次考试拟定于2001年10月20~21日。

第四条 临床医学、预防医学、全科医学专业中级资格和药学、护理、技术专业初、中级资格考试均分4个半天进行，各级别考试均设置了"基础知识""相关专业知识""专业知识""专业实践能力"4个考试科目。考试原则上采用人机对话的方式。参加相应专业考试的人员，必须在一个考试年度内通过全部科目的考试，方可获得专业技术资格证书。

第五条 参加考试的人员，必须符合《暂行规定》中与报名有关的各项条件。由本人提出申请，经所在单位审核同意，按规定携带有关证明材料到当地考试机构报名，经考试管理机构审核合格后，领取准考证，凭准考证在指定的时间、地点参加考试。

中央和国务院各部门及其直属单位的人员参加考试，实行属地化管理原则。

第六条 报名条件中有关学历的要求，是指经国家教育、卫生行政主管部门认可的正

规全日制院校毕业的学历；有关工作年限的要求，是指取得正规学历前后从事本专业工作时间的总和。工作年限计算的截止日期为考试报名年度当年年底。

第七条 考场原则上设在省辖市以上的中心城市或行政专员公署所在地，具有计算机教学设备的高考定点学校或高等院校。

第八条 卫生部负责组织或授权组织编写培训教材和有关参考资料。严禁任何单位和个人盗用卫生部名义，编写、发行考试用书和举办各种与考试有关的考前培训，使考生利益受到损害。

第九条 为保证培训工作的顺利进行，卫生部制定资格考试培训管理办法，各地要按规定认真做好培训工作。培训单位必须具备场地、师资、教材等条件，由当地卫生部门会同人事（职改）部门审核批准，报卫生部、人事部备案。

第十条 培训必须坚持与考试分开的原则，参与培训的工作人员，不得参加考试命题及考试组织管理工作。应考人员参加培训坚持自愿原则。

第十一条 考试和培训等项目的收费标准，须经当地价格主管部门核准。

第十二条 考试考务管理工作要严格执行有关规章和纪律，切实做好试卷的命制、印刷、发送和保管过程中的保密工作。严格遵守保密制度，严防泄密。

第十三条 考试工作人员要认真执行考试回避制度，严肃考场纪律，对违反考试纪律和有关规定者，要严肃处理，并追究领导责任。

第十四条 为促进卫生专业技术资格考试工作顺利实施，保证各地卫生专业技术职务聘任工作的平稳有序进行，在 2005 年底前，各省、自治区、直辖市人事厅（局）按国家公布的考试合格标准为考试合格人员颁发全国统一的专业技术资格证书的同时，还可根据当地实际情况，会同卫生厅（局）确定本地区考试合格标准，作为本地区范围内聘任卫生系列相应专业技术职务的条件。各地确定的地区考试合格标准，报人事部、卫生部备案。

8.25 人事部、审计署关于印发《高级审计师资格评价办法（试行）》的通知

人事部、审计署关于印发《高级审计师资格评价办法（试行）》的通知
人发〔2002〕58号

第一章 总 则

第一条 为加强审计专业队伍建设，提高审计人员的整体素质，科学、客观、公正地评价审计专业人员的学识水平和业务能力，健全和完善审计专业技术人才选拔机制，根据《中华人民共和国审计法》《中华人民共和国审计法实施条例》和国家关于专业技术职务聘任制的有关规定，制定本办法。

第二条 本办法适用于从事审计专业技术工作的人员。

第三条 高级审计师资格实行考试与评审相结合的评价办法。考试和评审是评价工作的两个环节，凡要求参加高级审计师资格评价的人员，须参加全国统一组织的考试并在同一次考试中取得双科合格成绩后，方可申请参加评审。

第四条 按照本办法取得高级审计师资格的人员，表明其已具备担任高级审计师专业技术职务的水平和能力。

第五条 高级审计师资格评价工作在人事部、审计署的统一领导下进行。审计署、人事部审计专业技术资格考试办公室（下简称"全国审计考办"）负责高级审计师资格评价工作的组织实施和日常管理。

各省、自治区、直辖市高级审计师资格考试的考务管理和评审工作由各地人事、审计部门共同负责实施。具体职责分工，由各地协商确定。

第二章 考试

第六条 考试采取闭卷笔答方式。考试科目为《经济理论与宏观经济政策》和《审计理论与审计案例分析》。

第七条 考试原则上每年举行一次，分两个半天进行。各科目的考试时间均为3个

小时。

第八条 凡遵守《中华人民共和国宪法》和各项法律，具有良好职业道德和敬业精神，并符合下列条件之一者，均可报名参加考试：

（一）获得博士学位，取得审计师或相关专业中级专业技术资格后，从事审计工作满2年。

（二）获得硕士学位，取得审计师或相关专业中级专业技术资格后，从事审计工作满4年。

（三）大学本科毕业，取得审计师或相关专业中级专业技术资格后，从事审计工作满5年。

（四）大学专科毕业，取得审计师或相关专业中级专业技术资格后，从事审计工作满6年。

（五）对虽不具备上述条件规定的学历、任职资格或从事审计工作年限，但审计工作业绩突出的人员，其破格报名条件由各省、自治区、直辖市审计、人事部门根据本地实际情况制定，并报审计署、人事部备案。

第九条 凡符合考试报名条件的人员，由本人提出申请，单位审核同意后，携带有关证件到当地考试管理机构报名。经考试管理机构审核合格后，发给准考证。考生凭准考证和身份证在规定的时间和地点参加考试。

中央和国务院各部门及其所属单位的人员参加考试，实行属地管理原则。

第十条 考场原则上设置在省会城市。确需在其他城市设置考场的，须经省、自治区、直辖市人事部门批准，并报全国审计考办备案。

第十一条 全国审计考办确定国家统一的合格标准。各省、自治区、直辖市人事、审计部门可根据本地区人才需求情况，确定当地当年的使用标准，并报全国审计考办备案。

第十二条 对达到国家合格标准的人员，由全国审计考办颁发高级审计师资格考试成绩合格证书，该证书在全国范围内3年有效；对符合当地当年使用标准的人员，由各省、自治区、直辖市审计专业技术资格考试管理机构颁发考试成绩有效证明，该证明在本地区范围本年度的评聘工作中有效。

第三章 评审

第十三条 高级审计师资格考试评审工作以省、自治区、直辖市为单位进行。各省、自治区、直辖市审计厅（局）应经人事厅（局）的批准后组织成立高级审计师评审委员会。

中央和国务院各部门及其所属的在京单位的评审工作，原则上由审计署高级审计师评审委员会统一负责。驻各地的国务院各部门所属单位和中央管理的企业的评审工作，原则上实行属地管理，亦可根据情况委托审计署高级审计师评审委员会代为进行。

第十四条 评审工作每年进行一次。各省、自治区、直辖市的评审工作原则上应在考试成绩公布后的 3 个月内完成。

第十五条 申请参加评审的人员须同时具备以下条件：

（一）具有在有效期之内的高级审计师资格考试成绩合格证书或有效证明。

（二）具有评聘专业技术职务所需的职称外语和计算机运用能力的有效证明。

（三）取得中级资格以后各年度或任职期满综合考核"称职"以上的证明。

第十六条 评审条件包括以下三个方面：

（一）取得审计师或相关专业中级专业技术资格后，其审计工作经历符合下列条件之一：

1. 担任大中型审计项目的主审 5 次以上。

2. 主持实施全国性行业审计或审计调查 2 项以上，或省级行业审计或审计调查 3 项以上，或地市级行业审计或审计调查 4 项以上。

3. 担任审计署或省级以上党委、人民政府交办的专案审计项目的主审 2 次以上，或担任县级以上党委、政府及上级审计机关交办的专案审计项目的主审 3 次以上。

4. 主持或承担由审计署、国务院其他有关部门或省级人民政府下达的审计科研课题、政策研究课题、调查研究课题 1 项以上（如果仅参与课题研究、其排名须在前三位），或由审计署、国务院其他有关部门所属科研机构、各省、自治区、直辖市审计部门或省级人民政府其他有关部门、地市级人民政府下达的前述课题 2 项以上。

（二）取得审计师或相关专业中级专业技术资格后，其审计业务成果符合下列条件之一：

1. 在担任主审的大中型审计项目中，有 1 项以上在省部级审计项目评选中被评为优秀审计项目，或有 3 项以上在地市级审计项目评选中被评为优秀审计项目。

2. 在承担的审计或审计调查工作中，所反映的问题具有典型性或预见性，所提出的建议、意见对工作有指导意义，其中有 1 项以上被国务院采用，或有 2 项以上被审计署或国务院其他有关部门、省级人民政府采用，或有 3 项以上被省级审计部门或省级人民政府其他有关部门、地市级人民政府采用，或有 4 项以上得到被审计单位或委托单位采用，并取得显著成效。

3. 承担有关部门交办的专案审计工作，其审计结果成为司法机关、纪检部门案件审理的重要依据。

4. 在主持一个行业或一个大中型企业的审计工作期间，有过审计方法创新或先进经验总结，被省部以上业务主管部门认可，且相应的审计机关已决定予以推广或有材料表明已被其他单位正式采用。

5. 作为主要执笔人制定过地市以上行业或一个大中型企业的审计操作规程、审计工作制度或审计发展规划，并经主管部门批准实施。

6. 主持或承担的审计科研课题、政策研究课题、调查研究课题（如果仅参与课题研究，其排名须在前三位），有独到见解或理论创新，对审计或相关工作具有指导意义，其成果经同行专家鉴定，被认为具有国内较高水平。

（三）取得审计师或相关专业中级专业技术资格后，其审计及相关理论研究成果经两位具有副高以上专业技术资格的专家鉴定为有较高学术价值，并符合下列条件之一：

1. 在正式出版社出版过有统一书号（ISBN）的审计或相关专业著作，本人独立撰写 5 万字以上；或编写一部已正式出版的审计或相关专业教材，本人独立撰写 8 万字以上。对未注明作者所撰写章节的著作或教材，须由主编或出版社出具作者写作分工的证明。

2. 在有国内统一刊号（CN）的核心类报纸、期刊上或在有国际统一刊号（ISBN）的国外报纸、期刊上发表 2 篇以上（每篇不少于 2000 字，下同）独立完成的论文、调查报告。

3. 在有国内统一刊号（CN）的非核心类报纸、期刊上发表 3 篇以上或在省级新闻出版部门认定的有内部刊号的报纸、期刊上发表 4 篇以上独立完成的论文、调查报告。

第十七条 审计署或各省、自治区、直辖市高级审计师评审委员会的评审结果，需经同级的人事部门审核批准，并颁发审计署或各省、自治区、直辖市人事部门用印的高级审计师资格证书。

国务院所属单位和中央管理的企业，应根据受委托的高级审计师评审委员会评审结果的通知，由本单位人事（干部）部门审核批准，并颁发高级审计师资格证书。

第四章 评价工作组织纪律

第十八条 各级考试管理机构应严格执行考试工作的组织纪律，切实做好考试命题、试卷管理、考场组织以及其他各个环节的保密工作，对泄密、舞弊作为，要严肃处理并追究有关领导的责任。

第十九条 评审委员会应坚持客观公正的原则，认真执行保密和回避制度，确保评审结果公平、公正，对违反规定的，要严肃处理并追究有关领导的责任。

第二十条 参加高级审计师资格考试、评审的人员，有下列情形之一的，取消其考试、评审资格或由发证机关收回其高级审计师资格证书，三年内不得再参加高级审计师资格评价：

（一）伪造、涂改证件、证明。

（二）提交虚假申报材料。

（三）其他严重违反考试和评审规定的行为。

第五章　附　则

第二十一条　本办法中的"相关专业中级专业技术资格"是指会计师、经济师、统计师、工程师等。

第二十二条　本办法申报条件中所规定的从事审计工作年限，其截止日期为考试报名年度当年年底。

第二十三条　本办法中的大中型审计项目是指：县级以上政府财政收支审计、县级以上党政领导干部任期经济责任审计；大中型国有企业及国有控股企业领导人员任期经济责任审计；地市以上金融机构资产负债损益审计；大中型企业审计；省级以上重点建设项目审计；省（部）级以上政府部门及所属事业单位以及相应的其他经济单位审计。

第二十四条　本办法中的大中型企业是指：国家经贸委和国家统计局确定的标准中地、市级以上重点企业。

第二十五条　本办法所称"以上"均含本级。

第二十六条　军队系统的高级审计师资格评价工作由解放军总政治部统一组织进行。

第二十七条　本办法由人事部、审计署按职责分工负责解释。

第二十八条　本办法自发布 30 日后施行。以前相关规定与本办法不一致的，均以本办法的规定为准。1995 年 8 月 8 日由人事部、审计署联合颁发的《高级审计师资格评审条件（试行）》（人职发〔1995〕84 号）自本办法施行之日起废止。

8.26 关于电力系统专业技术资格证书认证权限的说明

关于电力系统专业技术资格证书认证权限的说明

人才评价〔2003〕73 号

国务院各部委、各省（市、区）政府职称工作主管部门：

1995 年，电力工业部根据人事部《关于加强职称改革工作统一管理的通知》（国办发〔1995〕1 号）精神，明确由当时的电力工业部（现名：国家电力公司）人才交流服务中心统一管理自 1986 年开始的全国电力系统职称改革工作。

近些年，在地方引进和接轨电力系统人才户口、国家执（职）业资格初期的考核认定、以及地方政府落实专业技术人才有关待遇等工作过程中，陆续出现了一些部委或政府有关部门对电力系统所颁发的专业技术资格（或专业技术职务任职资格，以下统称"专业技术资格"）证书认证权限难以确认的现象。为此，就这一问题说明如下：

一、历史沿革

目前，在全国范围内所推行的职称系列、名称及管理体系始自 1986 年进行的职称改革工作。后经"转经常化、制度化"、实行岗位准入和寻求国际互认而推行执（职）业资格制度的职称改革的深化，电力系统的"主管部委"也发生了多次变更，历经"水利电力部""能源部""电力工业部""电力部与国家电力公司合署办公""国家电力公司"。虽然"主管部委"变更多次，但电力系统的职称工作始终按照国家规定的职称系列和标准，坚持严格执行了评审的标准、程序、权限，资格评审质量是较高的，核发资格证书是非常严谨的。

在"主管部委"发生变更的过程中，职称工作管理模式可分成两个阶段：

1. 授权评审阶段。1987 年，当时的"水利电力部"职称改革工作领导小组，根据《关于实行专业技术职务聘任制度的规定》（国发〔1986〕27 号）文件，"高级职务评审委员会……也可授权确实具备评审条件的下属单位直接组建"的精神，授权直属的电管局（集团公司　区域公司）、科研等局级单位具备评审高级资格的权限，并核发资格证书。其授权方式所评资格一直延续到 1998 年度，即电力部正式撤销。

2. 统一评定阶段。作为承继者，国家电力公司自 1999 年度起，为完底国家人事部"深化职斯改革、完善专业技术职务聘任制度的试点任务，严格资格评定标准，将职称管理模式调整为"国家电力公司统一评定",并将"专业技术职务任职资格"改为"专业技术资格"。资格证书由国家电力公司核发。

二、电力系统"资格证书"的有效认证单位

1. 1987 年至 1999 年上半年。部委级：水利电力部、能源部、电力工业部；局级：东北、华北、华东、华中、西北电管局（集团公司、分公司），水电总公司及各工程局，葛洲坝集团公司，电力规划设计总院及各规划设计院，水电规划设计总院及各勘测设计院，电力系统各科研单位。

2. 1999 年至 2003 年。资格证书有效认证单位为国家电力公司。

特此说明。

国家电力公司人才评价指导中心

国家电力公司人才交流服务

2003 年 12 月 29 日

8.27 人事部办公厅、财政部办公厅关于 2007 年度高级会计师资格考评结合工作有关问题的通知

人事部办公厅、财政部办公厅关于 2007 年度高级会计师资格考评结合工作有关问题的通知

国人厅发〔2007〕50 号

各省、自治区、直辖市人事厅（局）、财政厅（局），新疆生产建设兵团人事局、财务局，国务院各部委、各直属机构和中央管理企业的人事、财务部门：

为加强会计专业技术人才队伍建设，科学、客观、公正地评价选拔高级会计人才，在总结高级会计师资格考评结合试点工作的基础上，人事部、财政部研究决定，自 2007 年起，在全国范围推行高级会计师资格考评结合工作。现就有关问题通知如下：

一、组织管理

人事部、财政部共同负责高级会计师资格考评结合工作的组织和领导。

高级会计师资格考评结合工作中的考试（以下简称高级会计师资格考试）由国家统一组织。财政部、人事部全国会计专业技术资格考试领导小组办公室（以下简称"全国会计考办"）负责确定考试科目、制定考试大纲和确定国家合格标准，对阅卷工作进行指导、监督和检查。财政部负责组织专家命题，人事部负责组织专家审定试题。

各地区的高级会计师资格考试考务工作，由当地人事、财政部门协商制定组织实施办法。党中央、国务院所属单位和中央管理企业（以下简称"中央单位"）的会计人员，按照属地化原则报名参加高级会计师资格考试。

申请参加高级会计师资格评审的人员，须持有高级会计师资格考试成绩合格证或本地区、本部门当年参评使用标准的成绩证明。各地区的评审工作仍按现行办法，由各省（自治区、直辖市）和新疆生产建设兵团组织进行。中央单位的评审工作，由经人事部备案、具有高级会计师职务任职资格评审权的部门组织进行；没有高级会计师职务任职资格评审权的中央单位，可按规定委托经人事部备案、具有高级会计师职务任职资格评审权的其他中央单位或所在地省级高级会计师职务任职资格评审委员会进行。

二、考试

（一）报名条件

申请参加高级会计师资格考试的人员，须符合下列条件之一：

1.《会计专业职务试行条例》规定的高级会计师职务任职资格评审条件。

2. 省级人事、财政部门或中央单位批准的本地区、本部门申报高级会计师职务任职资格评审的破格条件。

（二）考试实施

1. 考试科目为《高级会计实务》。考试时间为 210 分钟，采取开卷笔答方式进行。主要考核应试者运用会计、财务、税收等相关的理论知识、政策法规，分析、判断、处理会计业务的能力和解决会计工作实际问题的综合能力。

2. 考点原则上设置在省会城市和直辖市的大、中专院校及高考定点学校。考试日期为 2007 年 9 月 2 日（星期日），考试时间为上午 8：30~12：00。

3. 参加考试并达到国家合格标准的人员，由全国会计考办核发高级会计师资格考试成绩合格证，此证在全国范围 3 年内有效。

4. 各地区、各中央单位也可根据本地区、本部门会计专业人员的实际情况，在全国会计考办确定的使用标准范围内，确定当年评审有效的使用标准，并报全国会计考办备案。

三、考试有关要求

1. 各级考试管理机构要严格执行考试工作的有关规章制度，切实做好试卷运送与保管过程中的保密工作，严格遵守保密制度，严防泄密。

2. 考试工作人员要严格遵守考试工作纪律，认真执行考试回避制度。对违反考试纪律的，按照《专业技术人员资格考试违纪违规行为处理规定》处理。

3. 中央单位所属会计人员依据本部门规定破格条件报名的，单位人事部门应在报名表的审核盖章栏目内，特别注明"符合本部门破格条件"的字样。

4. 中央单位在确定本部门当年评审有效的使用标准时，如有需要，可与当地省级考试管理机构联系，取得本部门考试人员成绩相关信息。

在高级会计师资格考试工作中遇到问题，请及时告财政部会计司和人事部专业技术人员管理司。

8.28 人力资源和社会保障部、国家统计局关于印发高级统计师资格评价办法（试行）的通知

人力资源和社会保障部、国家统计局关于印发高级统计师资格
评价办法（试行）的通知

人社部发〔2011〕90号

各省、自治区、直辖市人力资源社会保障厅（局）、统计局，福建省公务员局，国务院各部委、各直属机构人事部门，中央管理企业人事部门：

为规范高级统计师资格评价标准和评价程序，现将《高级统计师资格评价办法（试行）》印发给你们，请在高级统计师资格评价工作中试行。试行中遇到的问题请及时反映给我们，以便修订完善。

国家统计局人力资源和社会保障部

二〇一一年八月二十二日

高级统计师资格评价办法（试行）

第一章 总 则

第一条 为加强统计专业技术人才队伍建设，提高统计人员的整体素质，科学、客观、公正地评价统计人员的学识水平和业务能力，健全和完善统计专业技术人才选拔机制，根据《中华人民共和国统计法》及其实施条例、《统计专业职务试行条例》和国家关于专业技术职务聘任制度有关规定，制定本办法。

第二条 本办法适用于从事统计专业工作的人员。

第三条 高级统计师资格实行考试与评审相结合的评价办法。参加考试合格并通过评审，方可取得高级统计师资格。

第四条 各省、自治区、直辖市（以下简称地区）和中央、国务院各部门及其直属机构、中央管理的企业（以下简称中央单位）应当按照本办法要求，试行高级统计师资格考试与评审相结合的评价办法。

第五条 高级统计师资格评价工作在人力资源社会保障部、国家统计局的统一领导下

进行。人力资源社会保障部、国家统计局联合组成的统计专业技术资格考试办公室（以下简称全国统计考试办），负责研究高级统计师资格评价相关政策和评价标准，指导、监督和检查高级统计师资格评价的实施工作。

各地区高级统计师资格评价工作，由本地区人力资源社会保障部门（福建省为公务员局，下同）、统计局共同组织实施。

第二章 考 试

第六条 高级统计师资格的考试实行全国统一大纲、统一命题，原则上每年举行一次。

第七条 考试设《高级统计实务与案例分析》科目。主要考察应试者运用统计方法和数据信息，分析、判断、处理统计业务和解决统计工作实际问题的综合能力。

考试时间为 180 分钟，采取开卷笔答的方式进行。

第八条 凡遵守国家法律法规，严格执行统计工作各项规章制度，热爱统计业务工作，具有良好的职业道德和统计行业操守，并符合下列一项条件的人员，均可申请参加考试：

（一）获得统计学或者相近专业（数学与应用数学、信息与计算科学，下同）博士学位后，担任统计师专业职务满 2 年。

（二）获得统计学或者相近专业硕士学位，担任统计师专业职务后，或者通过全国统一考试取得统计师、会计师、审计师或者经济师资格（以下简称中级资格）后，从事统计专业工作满 3 年。

（三）获得统计学或者相近专业本科学历或者学士学位，取得中级资格后，从事统计专业工作满 4 年。

（四）获得非统计学或者相近专业上述学历、学位，取得中级资格后，其从事统计专业工作的年限相应增加 1 年。

第九条 申请参加考试的人员，携带相关证件和证明材料到当地统计专业技术资格考试管理机构报名，或者通过网络报名。经考试管理机构审核合格后，核发准考证。应试人员凭准考证和身份证明在规定的日期、地点和时间参加考试。

中央单位的统计人员，按照属地原则报名参加考试。

第十条 考点原则上设在省会城市和直辖市的大中专院校，或者高考定点学校，确需在其他城市设置考点的，须报全国统计考试办批准。

第十一条 全国统计考试办确定每年度高级统计师资格考试国家统一的合格标准。

各地区人力资源社会保障、统计部门可根据本地区统计人才需求状况，确定本地区本年度参加评审的使用标准，并报全国统计考试办备案。

第十二条　对达到国家确定的合格标准人员，由全国统计考试办核发高级统计师资格考试成绩合格证，该合格证自考试通过之日起，在全国范围 3 年内有效。

各地区高级统计师资格评价机构，负责核发符合本地区参加评审的使用标准的考试成绩证明。该证明只在辖区范围内本年度的评审工作中使用。

第三章　评　审

第十三条　高级统计师资格的评审工作，由经人力资源社会保障部备案、具备组建高级统计师资格评审委员会（以下简称高评委）条件的地区或者中央单位组织进行。

第十四条　不具备组建统计专业高评委条件的中央单位的评审工作，应当委托具有高评委的其他中央单位或者所在地省级高评委代为进行。

第十五条　评审工作原则上每年组织一次。各地区和中央单位，应在考试成绩公布 6 个月内完成评审工作。

评审程序一般应当包括考核、答辩、评议等环节。

第十六条　高级统计师应具备的职业能力：

（一）较强的统计分析和数据诠释能力。

（二）主持或者作为主要参加者，拟定较大型统计调查的方案，进行较高级别科研课题的研究。

（三）组织实施较大规模的统计项目，编辑统计资料。

（四）解决本专业领域重要技术问题，或者独立解决本专业领域复杂疑难问题。

（五）组织、指导下级统计专业人员完成各项统计任务。

第十七条　申请参加评审的人员须同时具备下列基本条件：

（一）具备"高级统计师资格评审条件"（见附件）规定的统计专业工作项目、业绩成果与研究成果。

（二）具有在有效期限内的高级统计师资格考试成绩合格证，或者本地区一次性有效的成绩证明。

（三）年度考核或者任职期满的综合考核均为"合格"以上等次。

（四）符合高级统计师所需的职称外语和计算机应用能力要求。

第十八条　各地区高级统计师资格的评审结果，应经同级人力资源社会保障部门审核确认；各中央单位高级统计师资格的评审结果，应经同级人事部门审核确认。其评审结果应当在本地区或者本单位一定范围内进行公示。公示期应不少于 7 个工作日。

经公示无异议后，将评审结果报全国统计考试办备案，并颁发由本地区人力资源社会保障部门用印，或者中央单位人事部门用印的高级统计师资格证书。该证书原则上在本地区或者本单位管辖的范围内有效。

第四章　评价工作要求

第十九条　各地区、各单位应当不断完善高级统计师资格评价工作规章制度，确保评价结果的客观、公平、公正。

第二十条　考务实施机构和评审机构及其工作人员，应当严格执行考试、评审工作纪律和回避制度。

第二十一条　坚持考试与培训分开的原则。凡参与考试工作的机构和人员，不得举办或者参与举办与考试相关的培训，不得强迫应试人员参加与考试相关的培训。

第二十二条　高级统计师资格评价的收费标准，应当经当地价格主管部门核准，并向社会公布，接受群众监督。

第二十三条　对违反考试工作纪律和有关规定的人员，按照《专业技术人员资格考试违纪违规行为处理规定》（人力资源社会保障部令第 12 号）处理。

第五章　附　则

第二十四条　在内地工作的香港、澳门地区居民，申请参加高级统计师资格评价，应当符合本办法规定的各项条件，并提供相关证明材料，由所在工作单位按规定向当地高级统计师资格评价管理部门提出申请。

第二十五条　本办法第八条有关"从事统计专业工作"年限的截止日期为考试日前。

第二十六条　按照本办法取得高级统计师资格的人员，表明其已具备承担高级统计师岗位工作的水平能力，用人单位应在具备高级统计师资格的人员中择优聘任高级统计师专业职务。

第二十七条　本办法自 2011 年 12 月 1 日起试行。

附件：高级统计师资格评审条件

附件

高级统计师资格评审条件

申请参加高级统计师资格评审的人员，在担任统计师专业职务或者通过全国统一考试取得统计师、会计师、审计师或者经济师资格（以下简称中级资格）后，应当具备本条件一、二、三项中的各1项条件。

一、主持或者作为主要参加者，完成统计业务工作项目

（一）设计1项国家级、省部级或者2项地市级综合性、常规性的统计调查方案。

（二）组织实施1项国家级、2项省部级或者3项地市级较大规模的统计调查项目；或者在县级机构、企事业单位，组织实施5项国家、上级下达或者自行设计的统计调查项目。

（三）组织编辑3本（年）全国、全行业（部门）、省级统计资料，或者4本（年）地市级统计资料；或者5本（年）县级、企事业单位统计资料。

（四）完成1项国家级、省部级或者2项地市级科研课题研究项目。

二、主持或者作为主要参加者，取得统计工作业绩成果

（一）在本单位、本专业工作期间，2次获得国家级、省部级三等以上奖项，或者3次获得地市级二等以上奖项，或者4次获得行业主管部门的专项奖励。

（二）设计的1项统计调查方案被国家级或者省部级主管部门采纳；或者设计的2项统计调查方案被地市级主管部门采纳。

（三）编辑的统计资料2次获得省部级二等以上奖项；或者3次获得省部级三等以上奖项。

（四）完成的科研课题研究成果或者撰写的统计分析报告，1次获得国家级、省部级二等以上奖项，或者2次获得国家级或者省部级三等以上奖项；或者研究成果、政策建议3次被主管部门采纳，取得较好的社会效益和经济效益。

三、经两位以上高级统计师鉴定，具有国内先进水平及应用价值的统计或者相近专业研究成果

（一）在正式出版社出版了有统一书号（ISBN）的统计或者相近专业著作（译著），本人独立撰写不少于 5 万字；或者参加编写已投入使用的统计或者相关专业书籍，本人独立撰写不少于 8 万字（对未注明作者撰写章节的书籍、著作，不能作为研究成果）。

（二）在有国内统一刊号（CN）的核心类报纸、期刊上，或者在有国际统一刊号（ISSN）的国外报纸、期刊上发表独立完成的统计或者相关专业论文、统计分析报告不少于 2 篇（每篇不少于 2000 字，下同）。

（三）在有国内统一刊号（CN）的非核心类报纸、期刊上发表独立完成的统计或者相近专业论文、统计分析报告不少于 3 篇。

（四）在省部级内部刊物上发表的独立完成的统计分析报告、课题研究报告不少于 5 篇；或者在地市级综合刊物上发表独立完成的统计分析报告、课题研究不少于 7 篇。

注：本条件中有关国家级、省部级、地市级奖项的要求，是指颁布奖项或者做出奖励决定单位的级别。

8.29 国网安徽省电力公司关于印发《国网安徽省电力公司系统专业技术资格考核认定（确认）实施办法（试行）》的通知

国网安徽省电力公司关于印发《国网安徽省电力公司系统专业技术资格考核认定（确认）实施办法（试行）》的通知

皖电企管〔2016〕269号

第一章　总　则

第一条　根据《关于印发深化职称改革、完善专业技术职务聘任制度的通知》（国电人资〔1999〕433号）、《国家电力公司系统专业技术资格考核认定（确认）办法（试行）》（国电人资〔1999〕759号），以及人社部实行专业技术资格考试的有关规定，结合国网安徽省电力公司系统实际，特制定本办法。

第二条　本办法适用于取得中专及以上学历的专业技术人员的专业技术资格认定，以及通过参加全国考试已取得会计、经济、审计、统计和计算机软件专业中级及以下专业技术资格人员的专业技术资格确认。

第二章　基本条件

第三条　除已实行全国统考的专业外，其他专业的技术人员，符合规定的条件可通过考核直接认定专业技术资格。直接认定的专业技术资格，分为员级、助理级、中级和副高级。必须满足的基本条件如下：

（一）员级。

中专或大学专科毕业后，从事本专业技术工作满一年。

（二）助理级。

1.中专毕业后，从事员级专业技术工作满四年。

2.大学专科毕业后，从事员级技术工作满二年或从事本专业技术工作满三年。

3.大学本科毕业后，从事本专业技术工作满一年。

（三）中级。

1.获得硕士学位后，从事本专业技术工作满二年。

2. 获得博士学位。

（四）副高级。

博士后人员在完成博士后研究工作、出博士后流动站前。

第四条 通过参加全国统考，取得会计、经济、统计、审计、计算机软件专业中、初级技术资格，经考核合格后可在系统内确认相应的专业技术资格。申请在公司系统确认者，必须同时符合以下条件：

1. 所持资格证书与其现工作岗位专业一致。

2. 本人参加考试年度符合人社部规定的全国专业技术资格考试的报名条件。

3. 国家已实行从业资格的专业岗位，须持有该专业的从业资格证书。

4. 中级资格证书持有者，除符合免试条件者外，均须取得职称外语考试合格证书，其中 1998 年起取得中级资格证书者，须再取得国家电网公司系统或人力资源社会保障部职称计算机考试合格证书。

第三章　认定和确认程序

第五条 专业技术资格的认定和确认，实行个人自愿申报，人力资源部门审核认定和确认。

第六条 申报认定或确认专业技术资格，应由本人填写《专业技术资格认定（确认）表》一式两份，并提交下列材料（有关证书均须原件）：

1. 本人学历（学位）证件。

2. 工作总结、专业论文（各一份）。

3. 代表本人业绩成果的获奖（荣誉）证书。

4. 经全国考试取得的《专业技术资格证书》《专业技术资格登记表》及从业资格证书。

5. 职称外语考试合格证书。

6. 职称计算机考试合格证书。

第七条 考核前公示。

1. 各单位应在考核前将申请认定或确认专业技术资格者的基本情况及申报资格公示一周，接受监督，经公示后确无异议，方可提交有关部门考核审批。对存有异议者，应立即调查核实。

2. 凡伪造学历、弄虚作假者，所在单位应予通报批评，自下一年度起三年内不予申报专业技术资格，并将其档案中的不实材料予以销毁；人力资源部门参加作假者，应调离现岗位并按有关规定给予纪律处分。

第四章　考核办法

第八条　符合本办法规定的认定和确认条件，其申报材料按审批权限由本单位或省电力人才评价中心考核认定或确认。

第九条　考核组织。公司系统各单位应根据工作需要，成立由人力资源部门牵头的考核组织，并报省电力人才评价指导中心备案。考核组织由单位的分管领导任负责人，有关部门的负责人参加，日常工作由人力资源部门负责。

第十条　考核的原则和内容。考核工作应坚持公开、公正、公平的原则，注意听取部门群众的意见和反映，以德、能、勤、绩为基本内容，重点考核其专业技术水平和履行岗位工作的能力。各单位可结合工作实际，制定考核细则，由本人所在部门、考核组织以定性和定量相结合的方法自下而上进行考核。

第十一条　考核结果及意见。考核结果应包括本人所在部门负责人签署的考核鉴定意见，单位技术负责人、人力资源部门负责人签署的考核鉴定意见及审批机关意见。

第五章　考核标准

第十二条　符合本办法规定的适用范围，申请直接认定和审批确认专业技术资格的人员，必须符合规定的基本条件，并能遵纪守法，坚持原则，具备良好的职业道德品质，认真履行岗位职责，能胜任本职工作。

第十三条　有下列情形之一者，不予认定和确认专业技术资格：

1. 近三年内有违法违纪行为受到有关部门查处或造成恶劣影响者。

2. 近五年内因个人责任造成事故，使单位生产受到影响者。

3. 伪造学历或其他证书、证件者。

4. 实行从业资格控制，无从业资格证书者。

5. 现不在相应的专业岗位者。

6. 所学专业与现从事专业不一致者。

7. 参加全国专业技术资格考试的年度，不具备人社部制定的报考条件者。

8. 经考核不合格者。

第六章 审批权限

第十四条 专业技术资格的认定和确认工作，实行单位统一考核，按资格级别分类审批。

第十五条 员级和助理级专业技术资格，经考核合格后，由本单位人力资源部门审批，报省电力人才评价指导中心备案。

第十六条 中级和副高级专业技术资格，经考核合格后，报省电力人才评价指导中心审批。经省电力人才评价指导中心审批认定（确认）者，报国家电网公司人才评价指导中心备案。

第十七条 报省电力人才评价指导中心审批认定（确认）中级和副高级专业技术资格，需提供以下材料：

1. 本单位报批的基本情况表一份。
2. 专业技术资格认定（确认）表一式两份。
3. 学历及其他证书原件。
4. 代表本人业绩成果的获奖（荣誉）证书。
5. 参加全国专业技术资格考试的登记表。
6. 工作总结及论文（各 1 份）。

第七章 证书的核发

第十八条 直接认定为员级、助理级、中级和副高级专业技术资格者，可核发《国家电网公司专业技术资格证书》；参加全国考试已取得人社部《专业技术资格证书》的人员，不再核发《国家电网公司专业技术资格证书》，只在《专业技术资格认定（确认）表》上签署确认意见。

第十九条 员级和助理级《专业技术资格证书》由本人所在单位的人力资源部门自行核发，并加盖本单位公章。

第二十条 直接认定的中级和副高级《专业技术资格证书》由省电力人才评价指导中心核发，并加盖中心公章。

第八章 附 则

第二十一条 国家和国网人才评价中心对专业技术资格考核认定（确认）另有规定的，从其规定。

第二十二条 本办法自颁布之日起施行，由安徽省电力人才评价指导中心负责解释。原《安徽省电力公司系统专业技术资格考核认定（确认）实施办法（试行）》（皖电干〔2000〕980号）同时废止。

8.30 中央办公厅、国务院办公厅印发《关于深化职称制度改革的意见》的通知

中央办公厅、国务院办公厅印发《关于深化职称制度改革的意见》的通知

中办发〔2016〕77号

职称是专业技术人才学术技术水平和专业能力的主要标志。职称制度是专业技术人才评价和管理的基本制度，对于党和政府团结凝聚专业技术人才，激励专业技术人才职业发展，加强专业技术人才队伍建设具有重要意义。按照党中央关于深化人才发展体制机制改革的部署，现就深化职称制度改革提出以下意见。

一、总体要求

（一）指导思想。高举中国特色社会主义伟大旗帜，全面贯彻党的十八大和十八届三中、四中、五中、六中全会精神，以邓小平理论、"三个代表"重要思想、科学发展观为指导，深入贯彻习近平总书记系列重要讲话精神和治国理政新理念新思想新战略，紧紧围绕统筹推进"五位一体"总体布局和协调推进"四个全面"战略布局，牢固树立和贯彻落实新发展理念，立足服务人才强国战略和创新驱动发展战略，坚持党管人才原则，遵循人才成长规律，把握职业特点，以职业分类为基础，以科学评价为核心，以促进人才开发使用为目的，建立科学化、规范化、社会化的职称制度，为客观科学公正评价专业技术人才提供制度保障。

（二）基本原则

坚持服务发展、激励创新。围绕经济社会发展和人才队伍建设需求，服务人才强国战略和创新驱动发展战略，充分发挥人才评价"指挥棒"作用，进一步简政放权，最大限度释放和激发专业技术人才创新创造创业活力，推动大众创业、万众创新。

坚持遵循规律、科学评价。遵循人才成长规律，以品德、能力、业绩为导向，完善评价标准，创新评价方式，克服唯学历、唯资历、唯论文的倾向，科学客观公正评价专业技术人才，让专业技术人才有更多时间和精力深耕专业，让做出贡献的人才有成就感和获得感。

坚持问题导向、分类推进。针对现行职称制度存在的问题特别是专业技术人才反映的

突出问题，精准施策。把握不同领域、不同行业、不同层次专业技术人才特点，分类评价。

坚持以用为本、创新机制。围绕用好用活人才，创新人才评价机制，把人才评价与使用紧密结合，促进专业技术人才职业发展，满足各类用人单位选才用才需要。

（三）主要目标。通过深化职称制度改革，重点解决制度体系不够健全、评价标准不够科学、评价机制不够完善、管理服务不够规范配套等问题，使专业技术人才队伍结构更趋合理，能力素质不断提高。力争通过 3 年时间，基本完成工程、卫生、农业、会计、高校教师、科学研究等职称系列改革任务；通过 5 年努力，基本形成设置合理、评价科学、管理规范、运转协调、服务全面的职称制度。

二、健全职称制度体系

（四）完善职称系列。保持现有职称系列总体稳定。继续沿用工程、卫生、农业、经济、会计、统计、翻译、新闻出版广电、艺术、教师、科学研究等领域的职称系列，取消个别不适应经济社会发展的职称系列，整合职业属性相近的职称系列。适应经济社会发展新需求，探索在新兴职业领域增设职称系列。新设职称系列由中央和国家机关有关部门提出，经人力资源社会保障部审核后，报国务院批准。各地区各部门未经批准不得自行设置职称系列。职称系列可根据专业领域设置相应专业类别。

军队专业技术人才参加通用专业职称评审按照国家有关规定执行；相近专业职称评审可参照国家有关规定；特殊专业职称评审可根据军队实际情况制定评审办法，评审结果纳入国家人才评价管理体系。

（五）健全层级设置。各职称系列均设置初级、中级、高级职称，其中高级职称分为正高级和副高级，初级职称分为助理级和员级，可根据需要仅设置助理级。目前未设置正高级职称的职称系列均设置到正高级，以拓展专业技术人才职业发展空间。

（六）促进职称制度与职业资格制度有效衔接。以职业分类为基础，统筹研究规划职称制度和职业资格制度框架，避免交叉设置，减少重复评价，降低社会用人成本。在职称与职业资格密切相关的职业领域建立职称与职业资格对应关系，专业技术人才取得职业资格即可认定其具备相应系列和层级的职称，并可作为申报高一级职称的条件。初级、中级职称实行全国统一考试的专业不再进行相应的职称评审或认定。

三、完善职称评价标准

（七）坚持德才兼备、以德为先。坚持把品德放在专业技术人才评价的首位，重点考察专业技术人才的职业道德。用人单位通过个人述职、考核测评、民意调查等方式全面考察专业技术人才的职业操守和从业行为，倡导科学精神，强化社会责任，坚守道德底线。探索建立职称申报评审诚信档案和失信黑名单制度，纳入全国信用信息共享平台。完善诚信承诺和失信惩戒机制，实行学术造假"一票否决制"，对通过弄虚作假、暗箱操作等违纪违规行为取得的职称，一律予以撤销。

（八）科学分类评价专业技术人才能力素质。以职业属性和岗位需求为基础，分系列修订职称评价标准，实行国家标准、地区标准和单位标准相结合，注重考察专业技术人才的专业性、技术性、实践性、创造性，突出对创新能力的评价。合理设置职称评审中的论文和科研成果条件，不将论文作为评价应用型人才的限制性条件。对在艰苦边远地区和基层一线工作的专业技术人才，淡化或不作论文要求；对实践性、操作性强，研究属性不明显的职称系列，可不作论文要求；探索以专利成果、项目报告、工作总结、工程方案、设计文件、教案、病历等成果形式替代论文要求；推行代表作制度，重点考察研究成果和创作作品质量，淡化论文数量要求。对职称外语和计算机应用能力考试不作统一要求。确实需要评价外语和计算机水平的，由用人单位或评审机构自主确定评审条件。对在艰苦边远地区和基层一线工作的专业技术人才，以及对外语和计算机水平要求不高的职称系列和岗位，不作职称外语和计算机应用能力要求。

（九）突出评价专业技术人才的业绩水平和实际贡献。注重考核专业技术人才履行岗位职责的工作绩效、创新成果，增加技术创新、专利、成果转化、技术推广、标准制定、决策咨询、公共服务等评价指标的权重，将科研成果取得的经济效益和社会效益作为职称评审的重要内容。取得重大基础研究和前沿技术突破、解决重大工程技术难题、在经济社会各项事业发展中做出重大贡献的专业技术人才，可直接申报评审高级职称。对引进的海外高层次人才和急需紧缺人才，放宽资历、年限等条件限制，建立职称评审绿色通道。对长期在艰苦边远地区和基层一线工作的专业技术人才，侧重考察其实际工作业绩，适当放宽学历和任职年限要求。

四、创新职称评价机制

（十）丰富职称评价方式。建立以同行专家评审为基础的业内评价机制，注重引入市场评价和社会评价。基础研究人才评价以同行学术评价为主，应用研究和技术开发人才评价突出市场和社会评价，哲学社会科学研究人才评价重在同行认可和社会效益。对特殊人才通过特殊方式进行评价。鼓励有条件的地区单独建立基层专业技术人才职称评审委员会或评审组，单独评审。采用考试、评审、考评结合、考核认定、个人述职、面试答辩、实践操作、业绩展示等多种评价方式，提高职称评价的针对性和科学性。

（十一）拓展职称评价人员范围。进一步打破户籍、地域、身份、档案、人事关系等制约，创造便利条件，畅通非公有制经济组织、社会组织、自由职业专业技术人才职称申报渠道。科技、教育、医疗、文化等领域民办机构专业技术人才与公立机构专业技术人才在职称评审等方面享有平等待遇。高校、科研院所、医疗机构等企事业单位中经批准离岗创业或兼职的专业技术人才，3年内可在原单位按规定正常申报职称，其创业或兼职期间工作业绩作为职称评审的依据。打通高技能人才与工程技术人才职业发展通道，符合条件的高技能人才，可参加工程系列专业技术人才职称评审。在内地就业的港澳台专业技术人才，以及持有外国人永久居留证或各地颁发的海外高层次人才居住证的外籍人员，可按规定参加职称评审。公务员不得参加专业技术人才职称评审。

（十二）推进职称评审社会化。对专业性强、社会通用范围广、标准化程度高的职称系列，以及不具备评审能力的单位，依托具备较强服务能力和水平的专业化人才服务机构、行业协会学会等社会组织，组建社会化评审机构进行职称评审。建立完善个人自主申报、业内公正评价、单位择优使用、政府指导监督的社会化评审机制，满足非公有制经济组织、社会组织以及新兴业态职称评价需求，服务产业结构优化升级和实体经济发展。

（十三）加强职称评审监督。完善各级职称评审委员会核准备案管理制度，明确界定评审委员会评审的专业和人员范围，从严控制面向全国的职称评审委员会。完善评审专家遴选机制，加强评审专家库建设，积极吸纳高校、科研机构、行业协会学会、企业专家，实行动态管理。健全职称评审委员会工作程序和评审规则，严肃评审纪律，明确评审委员会工作人员和评审专家责任，强化评审考核，建立倒查追责机制。建立职称评审公开制度，实行政策公开、标准公开、程序公开、结果公开。企事业单位领导不得利用职务之便为本人或他人评定职称谋取利益。建立职称评审回避制度、公示制度和随机抽查、巡查制度，建立复查、投诉机制，加强对评价全过程的监督管理，构建政府监管、单位（行业）自律、社会监督的综合监管体系。严禁社会组织以营利为目的开展职称评审，突出职称评审公益性，加强评价能力建设，强化自我约束和外部监督。

依法清理规范各类职称评审、考试、发证和收费事项，大力查处开设虚假网站、制作和贩卖假证等违纪违法行为，打击考试舞弊、假冒职称评审、扰乱职称评审秩序、侵害专业技术人才利益等违法行为。

五、促进职称评价与人才培养使用相结合

（十四）促进职称制度与人才培养制度的有效衔接。充分发挥职称制度对提高人才培

养质量的导向作用，紧密结合专业技术领域人才需求和职业标准，在工程、卫生、经济、会计、统计、审计、教育、翻译、新闻出版广电等专业领域，逐步建立与职称制度相衔接的专业学位研究生培养制度，加快培育重点行业、重要领域专业技术人才；推进职称评审与专业技术人才继续教育制度相衔接，加快专业技术人才知识更新。

（十五）促进职称制度与用人制度的有效衔接。用人单位结合用人需求，根据职称评价结果合理使用专业技术人才，实现职称评价结果与各类专业技术人才聘用、考核、晋升等用人制度的衔接。对于全面实行岗位管理、专业技术人才学术技术水平与岗位职责密切相关的事业单位，一般应在岗位结构比例内开展职称评审。对于不实行岗位管理的单位，以及通用性强、广泛分布在各社会组织的职称系列和新兴职业，可采用评聘分开方式。坚持以用为本，深入分析职业属性、单位性质和岗位特点，合理确定评价与聘用的衔接关系，评以适用、以用促评。健全考核制度，加强聘后管理，在岗位聘用中实现人员能上能下。

六、改进职称管理服务方式

（十六）下放职称评审权限。进一步推进简政放权、放管结合、优化服务。政府部门在职称评价工作中要加强宏观管理，加强公共服务，加强事中事后监管，减少审批事项，减少微观管理，减少事务性工作。发挥用人主体在职称评审中的主导作用，科学界定、合理下放职称评审权限，人力资源社会保障部门对职称的整体数量、结构进行宏观调控，逐步将高级职称评审权下放到符合条件的市地或社会组织，推动高校、医院、科研院所、大型企业和其他人才智力密集的企事业单位按照管理权限自主开展职称评审。对于开展自主评审的单位，政府不再审批评审结果，改为事后备案管理。加强对自主评审工作的监管，对于不能正确行使评审权、不能确保评审质量的，将暂停自主评审工作直至收回评审权。

（十七）健全公共服务体系。按照全覆盖、可及性、均等化的要求，打破地域、所有制、身份等限制，建立权利平等、条件平等、机会平等的职称评价服务平台，简化职称申报手续和审核环节。健全专业化的考试评价机构，建立职称评审考试信息化管理系统，开展职称证书查询验证服务。选择应用性、实践性、社会通用性强的职称系列，依托京津冀协同发展等国家战略，积极探索跨区域职称互认。在条件成熟的领域探索专业技术人才评价结果的国际互认。

（十八）加强领导，落实责任。坚持党管人才原则，切实加强党委和政府对职称工作的统一领导。各级党委及其组织部门要把职称制度改革作为人才工作的重要内容，在政策研究、宏观指导等方面发挥统筹协调作用。各级政府人力资源社会保障部门会同行业主管部门负责职称政策制定、制度建设、协调落实和监督检查；充分发挥社会组织专业优势，鼓励其参与评价标准制定，有序承接具体评价工作；用人单位作为人才使用主体，要根据本单位岗位设置和人员状况，自主组织开展职称评审或推荐本单位专业技术人才参加职称评审，实现评价结果与使用有机结合。

各地区各部门要充分认识职称制度改革的重要性、复杂性、敏感性，将职称制度改革列入重要议事日程，加强组织领导，狠抓工作落实。人力资源社会保障部要会同有关部门抓紧制定配套措施，分系列推进职称制度改革。各地区各部门要深入调查研究，制定具体实施方案，坚持分类推进、试点先行、稳步实施，妥善处理改革中遇到的矛盾和问题。加强职称管理法治建设，完善职称政策法规体系。加强舆论引导，搞好政策解读，做好深入细致的思想政治工作，引导广大专业技术人才积极支持和参与职称制度改革，确保改革平稳推进和顺利实施。

8.31 关于印发《安徽省职称评审工作实施办法》的通知

关于印发《安徽省职称评审工作实施办法》的通知
皖人社发〔2018〕5号

各市人力资源社会保障局，省直有关单位：

现将《安徽省职称评审工作实施办法》印发给你们，请结合实际，认真贯彻执行。

2018年1月11日

安徽省职称评审工作实施办法

第一章 总 则

第一条 为贯彻落实中共中央办公厅、国务院办公厅《关于深化职称制度改革的意见》（中办发〔2016〕77号）和中共安徽省委办公厅、安徽省人民政府办公厅《关于深化职称制度改革的实施意见》（皖办发〔2017〕59号）要求，科学客观公正评价专业技术人员，提高职称评审质量，规范职称评审工作，加强评审监督管理，提升职称公共服务水平，制定本办法。

第二条 职称是衡量专业技术人员学术技术水平和专业能力的主要标志，职称评审结果是专业技术人员聘用、考核、晋升的重要依据。用人单位要建立健全考核制度，加强职称聘后管理，在岗位聘用中实现人员能上能下。申报、评审专业技术资格应依据国家和省制定的专业技术资格评审条件及有关规定。

第三条 职称评审坚持以用为本，遵循人才成长规律，根据职业属性和岗位特点，以品德、能力、业绩为导向，科学客观公正地评价专业技术人员的学术技术水平和专业能力，促进人才的培养和使用，让做出贡献的人才有成就感和获得感。

第四条 县级以上地方各级人力资源社会保障部门是综合管理职称评审工作的职能部门，负责组织、指导、监督本地职称评审工作。职称评审委员会由人力资源社会保障部门授权组建，并按高、中、初级实行分级管理。全省高级职称评委会和省直中、初级职称评委会由省级人力资源社会保障部门授权组建，省辖市、县（市、区）中、初级职称评委会分别由省辖市、县（市、区）人力资源社会保障部门授权组建。

第五条　职称评审按属地原则实行分级管理。管理权限分别是：

（一）省级人力资源社会保障部门负责管理全省高级职称评审工作。

（二）省辖市级人力资源社会保障部门和授权组建中、初级评委会的省直部门及省直属企事业单位，负责管理所辖范围内中、初级职称评审工作。

（三）县（市、区）级人力资源社会保障部门负责管理所辖范围内初级职称评审工作。

第六条　职称评审工作原则上每年开展一次。特殊情况按管理权限报经同意后可推迟评审或根据工作需要适时评审。职称评审的专业、级别、条件、程序、方式，以及申报材料、时间、地点，由评委会组建单位向社会公布。申报、评审职称应依据国家和省制定的评审标准条件及有关规定。

第七条　按照本办法通过相应系列（专业）、级别职称评审委员会评审的专业技术人员，由相应职称管理部门核准颁发省级人力资源社会保障部门统一印制的职称证书。

第八条　专业技术人员按照本办法规定取得的各级别、各系列（专业）职称，在全省范围内有效。专业技术人才流动到外省的，原取得的职称证书一般按照有关管理权限，由调入地职称管理部门予以确认使用。

第二章　申　报

第九条　申报职称人员，须在职在岗从事专业技术工作，遵纪守法，具有良好的职业道德和敬业精神，符合各专业、级别规定的申报条件，并按下列程序和要求办理：

（一）个人申报。申请人应按要求提供下列材料：

1.《专业技术资格评审表》（破格申报职称应在该表封面右上角注明"破格"字样，并另行填写破格申报表）。

2.《申报专业技术资格人员简明情况登记表》。

3.《个人申报专业技术资格诚信承诺书》。

4. 学历证书、职称证书、继续教育证书，实行聘任制的企事业单位人员还须提供专业技术职务聘任证书、聘用合同或聘任文件及当地人力资源社会保障部门出具的事业单位岗位空缺情况确认意见。

5. 任现职以来存入个人档案的《年度考核登记表》复印件（加盖单位人事部门公章），非国有单位未进行年度考核的，由所在单位提供书面证明。

6. 任现职以来专业技术业绩、成果，以及作为主要专业技术贡献者完成的项目，获得社会、学术团体或业务主管部门的鉴定证书及奖励证书等。对两人或两人以上共同完成的发明创造、学术技术成果、专业技术项目、表彰奖励等，应如实注明本人在其中所做的工作内容，所起的作用及排名，对承担的项目、发明创造、学术技术成果及表彰奖励，要注明授予的部门、时间和等级。

7. 任现职以来的论文、论著、译作或解决专业技术难题的专题报告及实例材料。

8. 近期二寸免冠彩色正面照片。

9. 职称评审委员会和评审标准条件规定的其他材料。

（二）用人单位审查。用人单位对申请人申报的材料、证件进行逐项核实，查验是否真实、齐全、规范。必要时，成立由专业技术人员为主、技术主管、人事干部参加的考核组，对申请人任期以来的职业道德、工作表现、专业技术业绩、成果等进行考核。用人单位审查后将申请人基本情况、评审材料、考核结果在本单位进行公示，接受群众监督，公示期不少于5个工作日。对有反映和争议的材料，要认真核查。在正式上报前，应将不符合要求和有争议尚未核实的材料剔除，并对申请人任现职以来的专业技术工作业绩、专业技术（学术）水平以及工作表现撰写准确、客观的评价意见填入评审表中。对提交的复印件须与原件核对，逐项签署核对人姓名和审查意见，并加盖公章。

第十条　全面实行岗位管理、专业技术人员学术技术水平与岗位职责密切相关的事业单位，一般应在岗位结构比例内开展职称评审。

第十一条　任现职以来年度考核均为合格以上等次的，其任职年限连续计算。

第十二条　符合我省职业资格与职称对应关系有关规定，持有职业资格证书或以考代评的职称证书且聘任在相应专业技术职务岗位上，在申报高一级职称时，可持该证书及有关材料直接申报。

第十三条　申报材料经用人单位审查确认后，按下列规定提交相应评委会组建单位，并由提交单位出具申请委托评审函。

（一）申报评审高级职称，市属及以下单位的，由市级人力资源社会保障部门提交；省直单位的，由省直主管部门提交。

（二）申报评审中级职称，县（市、区）属及以下单位的，由县（市、区）级人力资源社会保障部门提交；市直单位的，由市直主管部门提交；省直单位的，由省直主管部门提交。

（三）申报评审初级职称，县（市、区）属及以下单位的，由其主管部门提交；市属及其以上单位，由申报人所在单位提交。

（四）无主管部门的各类经济组织、社会组织及新兴业态专业技术人员申报材料，按属地原则，由当地人力资源社会保障部门提交；人事档案放在各级人力资源社会保障部门人才服务机构代理的，由代理机构提交。

第十四条 专业技术人员在同一年度只能申报评审一个系列（专业）职称，不得同时申报两个以上不同系列或同一系列两个不同专业的职称。

第三章 受 理

第十五条 评委会组建单位负责对口受理本系列（专业）评审范围内的申报材料，并负责审核。对材料不完整、不规范的，评委会组建单位应一次性告知需补正的全部材料。提交单位应在限定时间内补办，逾期未补充完善的，视为放弃申报。

第十六条 凡有下列情况之一的，各评委会组建单位不予受理：

（一）未按本办法规定出具委托评审函的。

（二）非本系列（专业）评委会评审范围的。

（三）申报材料不符合评审条件规定和职称评审委员会文件要求的。

（四）不按规定时间、程序申报或报送的。

（五）对全面实行岗位管理的事业单位超岗位结构比例申报的。

（六）其他不符合规定申报条件的。

第十七条 提交评委会的评审材料，应有评委会组建单位同意送评的印章和负责人的签章。

第十八条 在职称申报、推荐、公示、审核等环节如发现申报人存在弄虚作假、学术不端等严重失信行为，取消申报资格，记入诚信档案。

第四章 考 试

第十九条 各级人力资源社会保障部门在管理权限范围内，可根据该系列（专业）专业特点、职业属性以及岗位需求，对非以考代评系列（专业）职称，可实行考评结合，对申报评审人员进行必要的综合理论知识和专业知识考试，测试申请人实际学识和能力水平。

第二十条 实行考评结合的系列（专业）及考试形式、内容、合格标准、由授权组建评委会的人力资源社会保障部门确定。评委会组建单位负责组织实施考务工作，并接受职称管理部门指导、监督。

第二十一条 考试可采取笔试、面试（答辩）、人机对话等多种形式，不设置补考程序。考试成绩合格者方可提交评委会评审。

第五章 评 审

第二十二条 各级评委会应按照同级人力资源社会保障部门统一部署和要求，在规定的时间、评审范围、评审专业内，按照规定的评审程序开展评审工作，并主动、自觉接受人力资源社会保障部门的指导和监督。

第二十三条 职称评审的基本程序：

（一）评委会组建单位拟定考试、评审工作计划，安排评审活动日程，通知专业（学科）评议组和评委会委员参加评审会。考试、评审工作日程安排，按管理权限报送人力资源社会保障部门备案。

（二）评委会组建单位对经审核的评审材料按专业（学科）分类、登记后，根据有关规定，安排论文或著作水平鉴定，组织相关知识考试。

论文或著作水平鉴定，由专业（学科）评议组或评委会负责评价。必要时，可另请同行专家鉴定。鉴定由评委会组建单位负责统一送审，申报单位和个人送审结果无效。

按有关规定申报人须进行答辩的，或专业（学科）评议组、评委会认为申报人的能力、水平需通过答辩才能鉴定的，由评委会组建单位通知申报人到场答辩，不按时答辩的不予评审。

（三）召开评委会前，评委会主任委员或副主任委员应组织专业（学科）评议组和评委会委员学习有关评审政策、程序、纪律等；评委会组建单位应将有关材料（包括笔试或面试、答辩、人机对话等成绩）分别送达评审委员。

（四）专业（学科）评议组根据各系列（专业）职称评审的标准条件，分组审阅申报人材料，提出初步评议意见。不设专业（学科）评议组的评委会，由评委会委员分工负责初审和评议工作。

专业（学科）评议组或评委会委员在审阅申报人材料时，发现不完整、不齐全的，要及时向评委会组建单位报告，不得擅自要求申报人补充材料。

（五）召开评审会议，出席会议的委员不得少于规定的人数。会议由主任委员或副主任委员主持。评审时，先由评委会组建单位报告有关评审材料审查情况，然后由专业（学科）评议组长或初审委员介绍初审意见，最后由评委会各位委员在听取汇报、审阅评审材料、充分讨论和民主评议的基础上，采取无记名投票方式表决。赞成票数达到出席会议评委总数的三分之二以上方为通过。未出席评审会议或因故中途离会未参加评议的委员不得投票、委托投票或会后补投票。会议结束后，由主任委员或副主任委员当场公布评审结果。对评委会未通过的申报人，不得进行复评。

专业（学科）评议组评议、评委会会议，除评委会组建单位以及人力资源社会保障部门工作人员外，其他人员不得列席。

（六）评委会在《专业技术资格评审表》中写明评审结论，由主任委员或副主任委员签字（盖章），并加盖评委会印章。

第二十四条 评委会应建立会议记录制度。记录内容包括开会日期，出席评委、会议议程、评审对象、评委评议意见（含评委发言摘要和评审讨论情况）、投票结果、申报人评审未通过的原因、对一些专项问题的处理办法以及其他需要说明的问题等。记录由会议主持人及记录人签名后由评委会组建单位归档备查并严格保密。

第二十五条 评委会组建单位对评审结果进行公示，公示期不少于5个工作日。公示无异议后，将评审结果按管理权限报相应职称管理部门审核批复。评委会组建单位向职称管理部门报送如下材料：

（一）评审情况综合报告。

（二）《专业技术资格评审结果分析表》。

（三）《专业技术资格评审情况一览表》。

（四）《专业技术资格评审表》。

（五）有关规定需要报送的其他材料。

第二十六条 职称管理部门应在收到材料后对评委会评审结果进行逐一审核，并将拟批准人员姓名、单位、取得职称名称、级别等内容，在政府官方网站进行再次公示，公示期不少于5个工作日。公示期间受理来信来访，对有投诉举报的评审通过人员应及时要求评委会组建单位或相关单位认真核查。经查证属实确有违规违纪行为的评审通过人员，取消其资格并按有关规定处理。

第二十七条 对评审通过经公示和复核无异议的人员，由相应职称管理部门核准公布，颁发人力资源社会保障部门统一制作的职称证书。

不属本评委会评审范围，或未经职称管理部门核准公布的评审通过人员，其评审结果无效。

第二十八条 评委会组建单位在接到批复后，应及时将文件转发至提交单位，并将申请人评审材料清理后按原报送渠道退回。批准通过人员的《专业技术资格评审表》由用人单位人事部门存入个人档案。未通过人员的材料凡涉及有组织审查、评价和评审组织的结论意见（含《专业技术资格评审表》）不予退还本人。

第二十九条 年度评审工作结束后，各评委会组建单位应当对当年度评审工作进行总结，并按照职称管理权限将总结报送相应级别人力资源社会保障部门备案。

第六章 委托评审

第三十条 有下列情形之一的，应委托相应的评委会代为评审：

（一）不具备组建评委会条件的。

（二）不具有相应系列（专业）评审权限的。

（三）其他按规定需要委托评审的。

第三十一条 委托评审由专业技术人员提出申请，按照下列程序出具委托评审函：

（一）我省不具备相关系列（专业）高级职称评审条件以及不设立相关高级职称评审委员会的，由省级人力资源社会保障部门出具委托评审函，委托国家有关部门或外省省级人力资源社会保障部门授权设立的高评会代评。

（二）省直单位及省辖市、县（市、区）无相应系列（专业）中、初级评委会的，分别由省直单位、同级别人力资源社会保障部门出具委托评审函。

（三）中直驻皖单位、外省单位（个人）需要委托我省有关系列（专业）评委会评审的，按属地原则，由所在地相应级别的人力资源社会保障部门出具委托评审函。

各级评委会应按本办法规定受理评审。未按规定程序和要求委托评审的，评审结果无效。

第三十二条 委托评审通过人员，按管理权限，由职称管理部门核准公布。

第七章 转评与破格

第三十三条 专业技术人员因工作岗位变动，新旧岗位所对应职称不属于同一系列（专业），应当进行转评。

第三十四条 专业技术人员申请转评，须在现任专业技术岗位工作1年以上，经单位考核合格，能履行相应岗位职责，并取得现岗位工作业绩，方可参加同一级别的职称考试或评审，并按新系列（专业）标准条件申报材料。

第三十五条 未经转评的人员，不得跨系列（专业）申报高一级职称；转评人员当年度不得申报高一级职称。

第三十六条 申请转评人员，应出具岗位变动后专业技术水平、能力、业绩情况等材料。本人所在单位人事部门应提供专业技术工作岗位变动有关证明材料。

第三十七条　专业技术人员任职时间计算可按转评前后实际受聘担任相应专业技术职务工作的年限累计计算。

第三十八条　因所在单位整建制变更名称和岗位属性的，专业技术人员按现岗位申报相应系列（专业）高一级职称时，不再进行同级转评，可持原有职称直接申报。

第三十九条　在专业技术岗位上能力业绩突出，做出突出贡献的人员，符合相应级别、系列（专业）职称评审破格条件，可不受学历、资历、继续教育条件等限制破格申报相应职称。

第四十条　破格申报职称的，须经系列（专业）评审委员会受理，报同级人力资源社会保障部门审核同意后方可提交评审，未经上述程序提交评审的，评审结果无效。

第四十一条　从机关调入到企事业单位、转业安置到我省企事业单位从事专业技术工作的人员，须在现专业技术岗位工作满1年以上，经单位考核和相应级别人力资源社会保障部门审核同意，可比照同等学历、资历人员，按照相应系列（专业）、级别职称的条件和程序，直接申报评审职称。

第八章　异地职称确认

第四十二条　积极推进跨区域职称互认，对从外省流动到我省工作的专业技术人员，其在外省通过社会化评审方式取得的原职称证书，一般根据人事隶属关系，按照职称管理权限，由调入地相应级别人力资源社会保障部门予以确认。

第四十三条　省外来皖人员申请确认的职称应与其在省外取得职称的系列（专业）、级别相同。

第四十四条　在军队担任专业技术职务或者取得国家承认的职称（含军队非现役文职人员），转业到地方从事专业技术工作，其原有职称依然有效，按照相关规定确认换发我省职称证书。

第四十五条　申请职称确认，应同时具备如下条件：

（一）原省外取得的职称，须是按照国家职称政策规定经过评定程序，并被具有职称管理权限部门核准的职称。

（二）来皖后仍从事专业技术工作。

（三）与现工作单位依法签订劳动（聘用）合同或工作协议，并依法缴纳社会保险。

第四十六条　申请职称确认需提交如下材料：

（一）职称证书原件及人事档案保存的《专业技术资格评审表》原件及复印件一份。

（二）依法签订的劳动（聘用）合同或工作协议原件一份，同时出具由社会保险经办部门加具业务专用章的养老保险参保缴费情况表或参保缴费凭证原件一份。通过单位调入、军队转业安置的人员还须提交人力资源社会保障部门的调令或行政介绍信（当地军转办开具的部队安置证明）原件及复印件一份。

（三）居民身份证复印件1份及近期正面免冠一寸彩照1张。

（四）原职称任职文件原件或复印件（加盖发文单位公章）1份，军队转业安置人员提供任职命令原件或复印件（加盖发文单位公章）1份。

（五）国家规定考评结合取得的职称证书，还需提交原考试合格证明原件及复印件1份。

（六）《安徽省专业技术资格确认审核表》一式3份。

（七）从中央驻皖单位调入我省地方工作的，还须提供国家人力资源社会保障部门授权本行业（系统）或单位开展相应职称评审的文件或依据。

第四十七条 有下列情形之一者不予确认：

（一）来皖后不再从事专业技术工作的。

（二）未经人力资源社会保障部门同意和办理委托评审手续（含本人户口在省外的专业技术人员），自行在省外申报职称并取得高级专业技术资格的。

（三）提交确认材料不完整、不真实的。

（四）违反国家、省职称政策和不符合确认的其他情形。

第四十八条 人力资源社会保障部门在受理和核实确认材料时，根据申报人的工作实绩出具客观、准确的核实意见，如对申报人提交材料真实性有疑问，可要求申报人出具相关的鉴定证明。

第四十九条 职称确认须按照下列程序进行：

（一）个人向所在单位提出确认申请，按照相关规定提交材料，并填写《安徽省专业技术资格确认审核表》。

（二）申请人所在单位对申报人提交的材料认真核实，并按照职称管理权限，报送主管部门审核。

（三）主管部门对申请人材料进行核实后，根据申请的职称级别，按照职称管理权限，逐级报送相应级别人力资源社会保障部门审核。非公有制单位的申请人，按照属地管理原则办理。

（四）具有职称确认权限的人力资源社会保障部门审核确认后，换发我省职称证书。取得职称的时间，从省外通过评审或认定取得该职称之日起计算。

异地或军队职称经确认后，方可按有关规定聘任相关专业技术职务。

第九章 纪律与监督

第五十条 参加职称评审的工作人员和评审专家要认真履行职责，恪守职业道德，严守评审纪律，遵守保密规定。评审委员会及其专业（学科）评议组人员有法定情形应当回避的，应予主动回避。参加抽取评审专家名单的人员，对随机抽取产生的人员名单负有保密责任；评审专家对参与评审、评审过程和评审结果负有保密义务。

第五十一条 凡与评审工作有关的人员，不得利用职务之便为本人或他人评定职称谋取利益。评审工作人员违反评审纪律，利用评审工作便利打招呼、牵线搭桥、徇私舞弊、暗箱操作或有其他违纪违规行为的，应调离评审工作岗位，并按照相关规定进行追责；涉嫌违法的，要追究其法律责任。

对评审委员会擅自超越评审权限、扩大评审范围的，评审结果无效。对评审委员会组建单位无故两年不开展评审工作的，按自动放弃评审权处理。

评审专家违反评审纪律，故意泄露专家身份，或利用职称评审工作便利为本人或他人谋取不正当利益的，应取消评审专家资格，不得再参加职称评审工作；情节严重的，通报批评并记入诚信档案；涉嫌违法的，追究其法律责任。

评审委员会有违反有关政策规定、评审程序及纪律要求，不能保证评审质量，造成社会不良影响的，应视情节停止评审委员会工作、限期整改，并宣布评审结果无效；情节严重的收回评审权，并追究相关单位和人员责任。

第五十二条 各级人力资源社会保障部门对授权组建评审委员会的地区和单位的评审工作实施全过程监督巡查、随机抽查，受理举报并负责核查和处理。强化评审考核，建立倒查追责机制。

第五十三条 对违背诚信承诺、弄虚作假的申报人实行"一票否决"，取消其申报资格；对通过弄虚作假、暗箱操作等违纪违规行为取得的职称予以撤销，提请有关部门按照相关法律法规予以处理，且5年内不得再申报职称。逐步建立专业技术人才征信共享平台。

第十章 费用

第五十四条 职称评审（包括相关知识考试）按照省财政、物价部门规定的收费标准由评委会组建单位收取相关费用。评委会组建单位自觉接受监督和审计。

第五十五条 评审费用于评审事务开支，不足部分由评委会组建单位解决。

第十一章　评审服务

第五十六条　各职称管理部门要按照全覆盖、可及性、均等化的要求，建立权利平等、条件平等、机会平等的职称评价服务平台，减少纸质证明材料，缩短办理时限，提供便捷服务。

第五十七条　加强职称评审信息化建设，积极探索在线评审等方式。实现线上线下服务衔接。注重评审结果的信息数据采集，促进数据资源的聚集、整合和共享。

第十二章　附　则

第五十八条　本办法适用于我省各地、各部门、各单位组织开展的职称评审工作。专业化人才服务机构、行业协会学会等社会组织或其他企事业单位经人力资源社会保障部门授权开展的职称评审按照本办法执行。

第五十九条　本办法所称职称为专业技术资格，所称资历为任职年限。职称任职年限或任职时间均按周年计算。

职称任职时间计算办法如下：

（一）经评审取得职称的，从评委会评审通过之日起算；经考试取得职称的，从考试最后一天起算。

（二）大、中专毕业生转正定职取得的职称，从具有职称管理权限的人力资源社会保障部门或主管部门审批之日起算。

（三）实行聘任制的企事业单位，从聘任之日起算。

第六十条　除博士研究生可初次认定中级职称外，所有系列专业技术人员（不含以考代评人员）均需通过参加评审取得中级以上职称，不再开展直接认定中级职称工作；本办法实施前已经达到规定的任职年限，且符合初次认定中级职称的，可直接参加评审。

第六十一条　本办法所称学历是指经国家教育行政部门批准认可的院校和经原总政、原总参批准认可的部队院校所发的毕业证书，以及中央党校和省、自治区、直辖市委党校对学制两年以上的长期班次学员所授予的党校学历证书。

凡职称申请人所具有学历的专业与所申报职称的专业不一致或不相近时，应视为不具备规定学历。在取得申报职称学历后，有下列情况之一的，可视为专业相符：

（一）参加由国家教育行政部门批准认可的院校、经总政（总参）批准认可的部队院校、中央及省委党校等组织开展的所申报专业或相近专业继续教育培训，累计 3 个月以上，并取得结业证书。

（二）完成正常年度继续教育规定学时后再参加所申报专业或相近专业继续教育，申报高、中、初级职称需分别完成400学时、200学时和100学时的专业科目学习，具体由市级人力资源社会保障部门负责认定。

（三）参加市以上行业主管部门组织的转岗培训取得培训证书。

第六十二条　专业证书不能作为学历依据申报职称。双专科学历有一种专业与申报职称专业对口的，可视作本科学历，取得学历时间从获得双专科毕业证明书时起算。

第六十三条　本办法中所称属地原则，指人事档案所属地或劳动关系所属地；"以上""以下"均含本级。

第六十四条　经授权开展职称自主评审的单位，应当参照本办法，按照皖人社发〔2018〕1号文件规定执行。省各高等学校教师系列和实验系列职称自主评审工作参照皖教人〔2017〕3号文件执行。

第六十五条　公务员、离退休（含返聘在岗）人员不得参加专业技术人员职称评审。

第六十六条　通过非公经济组织建设工程评审、民营科技评审以及各地自行组织开展的各类非社会化评审等途径取得的职称，仅限非公经济组织使用，该职称不作为国有企事业单位聘任的依据；在申报社会化评审职称时，降一级别使用，无须重新换发社会化评审职称证书。

第六十七条　本办法由安徽省人力资源和社会保障厅负责解释，自印发之日起施行。皖人发〔2004〕81号、皖人发〔2005〕46号同时废止。

8.32 国网人才评价中心关于申报评定专业技术资格的规定（2018年4月修订）

国网人才评价中心关于申报评定专业技术资格的规定
（2018年4月修订）

人才中心〔2018〕6号

各电力人才评价中心、申报者及所在各单位：

为便于准确掌握各专业技术资格评审条件（简称《评定条件》）、各专业副高级和中级资格评定标准（简称《评定标准》），正确履行专业技术资格评定工作程序，暨国家电网公司人才交流服务中心（以下简称国网人才中心）特对申报评定专业技术资格明确规定如下：

一、基本规定

（一）时间规定

计算现有资格取得年限、从事专业技术工作年限或业绩成果取得时间的截止时间，以及履行专业技术资格评定程序后其资格的取得时间，均以国网人才中心每年相应工作安排通知中所明确的专业技术资格评定工作年度（即：申报年度）12月31日为准。

（二）规定学历申报评定专业技术资格一般应具备规定学历。"规定学历"是指各专业技术资格《评审条件》和有关实施办法中已明确规定的符合申报专业技术资格的本专业学历、学位要求（含后续学历，下同）。即评定或认定资格的规定为：取得中专学历认定员级、助理级资格，取得大专学历认定助理级和评定中级资格，取得本科学历认定助理级、评定中级和高级（含正、副高级，下同）资格，取得硕士学位（含单一学位或研究生毕业学历情况，下同）评定中级和高级资格；取得博士学位认定中级资格、评定高级资格。其中：

1. 取得双学士学位可按硕士学位对待。即：取得第二个学士学位后满2年或在大学本科学习期间同时取得双学士学位后满4年，可评定中级资格。

2. 博士后认定或评定资格问题。进站前若确未曾评定专业技术资格，进站后可直接认定中级资格；期满出站前后均可依据在站期间的科研成果评定副高级资格。

（三）规定年限规定年限是指在取得规定学历的前提下，申报评定相应级别专业技术资格必须具备的"取得现专业技术资格的年限"（简称现资格年限）、"工作后所从事的专业技术工作年限"（简称本专业年限）和"取得现资格后所从事的专业技术工作年限"（简称资格后本专业年限）。即："现资格年限"是指截止申报年度 12 月 31 日，本人现已具备专业技术资格的年限。"本专业年限"是指截止申报年度 12 月 31 日，本人参加工作后所从事的与拟申报评定的专业技术资格的专业系列一致的专业技术工作累积年限之和。"资格后本专业年限"分为"资格后本专业累积年限"和"资格后本专业连续年限"。资格后本专业累积年限是指截止申报年度 12 月 31 日，取得现资格后所从事的专业技术工作累积年限之和；资格后本专业连续年限是指截止申报年度 12 月 31 日，取得现资格后连续从事专业技术工作的年限。

1. 关于军队转业干部和原公务员。对于军队转业干部和原公务员，属于首次参加资格评定的人员，其申报相应专业技术资格须严格执行规定学历前提下的"本专业年限"：大专毕业后（含后续学历，下同）满 7 年、本科毕业后满 5 年，可直接申报评定中级资格；本科毕业后满 10 年、取得硕士学位后满 7 年、取得博士学位后满 2 年，可直接申报评定副高级资格；本科毕业后满 15 年、取得硕士学位后满 12 年、取得博士学位后满 7 年，可直接申报评定正高级资格。

2. 关于通过"国考"取得资格。参加人力资源和社会保障部组织的全国专业技术资格考试（"以考代评"和"考评结合"）和全国专业技术人员执（职）业资格考试取得的中级资格（或相当中级资格）、高级资格（或高级评审资格），必须符合有关资格考试报名条件的规定，即原报考中、高级资格时应具备的规定学历和"本专业年限"（详见附件 1）。

（四）程序规定根据中办、国办《关于深化职称制度改革的意见》，为保证"公平、公正、公开"原则贯彻始终，国网人才中心继续严格履行专业技术资格 4 个阶段评定工作程序：申报（报名）和本单位公示阶段、评审（含"专家答辩""网上评审""专业与能力考试"等方式）阶段、公开审查（含举报问题核查与处理）阶段和发文认证阶段。包括国家电网公司系统及其各单位，凡自愿履行专业技术资格 4 个阶段评定工作程序全过程的非委托评审单位，须定期在申报年度年底前报备本单位系统所属机构、重组等变更信息，以利本单位系统参评者按时申报。

（五）特殊规定

1. 关于外语、计算机问题。落实中办、国办《关于深化职称制度改革的意见》，各专业技术资格评审条件对"职称外语"、计算机水平考试的要求，作为评定专业技术资格的水平能力标准之一，不再作为申报的必备条件。申报时，是否按如下要求提交外语、计算机水平证明作为评定依据，由申报者自行决定：外语"合格证书"，计算机"合格证书"，或符合规定的"免试证明"（详见附件 2）。其中，符合"免试条件"的人员，请所在单位根据免试规定出具"免试证明"及相关证明材料。

2.关于论文、技术报告问题。落实中办、国办《关于深化职称制度改革的意见》，严格执行各专业《评审条件》或《评定标准》中对于申报者提交取得现资格后本人撰写的与申报专业相关的论文（已正式发表）和技术报告等作品的数量要求，以质量为导向，数量多不再作为业绩丰厚依据。其中：

（1）论文、论著。发表或经学术交流或经学术部门评选的"论文"或"论著"，必须是正式发表或出版，录用通知不予认可。申报时须提供书、刊的封面、目录（交流或评选的证书）和本人撰写的内容即可，不必将整本书、刊一同提交。

（2）技术报告。"技术报告"应为申报者在当时完成专业技术项目之后，对完成或解决某项具体技术工作问题的报告（经济、政工专业可提供调研报告、课题研究报告）。申报时须提供专业技术负责人的证明（或鉴定意见）。

（3）数量要求。对于各《评审条件》和《评定标准》中规定的论文或技术报告等代表作品的数量要求，可"灵活"掌握（如规定"论文2篇或技术报告2篇"或"论文1篇或技术报告2篇"，也可分别提供1篇；如规定"论文3篇或技术报告2篇"或"论文3篇或技术报告3篇"，也可提供论文2篇、技术报告1篇）。

（六）方式规定取得专业技术资格的评定方式，依据国家职称制度深化改革的要求而确定。今后，国家电网公司将逐步实现：在全面实施对专业技术人员专业技术理论水平、能力、业绩积累（业绩积分）的前提下，中级资格实行"业绩积分"与"专业与能力考试"（以考试代替评委会评审）成绩的加权评定方式；副高级资格实行"业绩积分"与评委会"网上评审"得分的加权评定方式；正高资格实行"专家答辩"和评委会开会评审的评定方式。鉴于国家职称制度不断深化改革及评定方式的调整，故自2018年度起，除取得博士学位可考核认定中级资格外，凡国家及国网人才中心实行"以考代评"的专业系列，硕士及以下学位（学历）取得相应级别专业技术资格，均采取评定方式。

二、评定方式

（一）中级资格申报评定中级资格的规定学历和规定年限（现资格、本专业、资格后本专业）的标准：大学本科毕业或大学专科毕业，助理级资格年限满4年，且"资格后本专业累积年限"满4年或"资格后本专业连续年限"满2年；硕士研究生毕业后从事本专业年限满2年，可申报评定中级资格。

1.申报评定电力工程、工业工程、电力图档、电力政工系列中级资格：按规定学历及其层次、年限、实行积分制，采取本科、大专学历申报者自取得本专业助理级资格后或硕士学位申报者自从事专业技术工作后，其专业技术水平、能力、业绩积累是否达到相应专业中级资格《评定标准》的方法确定（详见附件3）。即：对专业理论水平（即专业对口的规定学历及层次）、主要贡献、作品成果和所在单位评价因素等实行业绩积分；加权总积分达标者方可进入"专业与能力考试"阶段；"加权总积分"与"专业与能力考试"成绩按5：5比例加权确定评定总分，评定总分达标者为评定通过；评定通过名单进行网上"公开审查"。

2. 申报电力职教中级资格：仍实行在规定学历的前提下，严格执行取得"现资格年限""本专业年限"和"资格后本专业年限"（含"资格后本专业累积年限"和"资格后本专业连续年限"）的方法，由评审委员会依据经所在单位审查、主管单位复查后的申报者业绩评审确定。

（二）副高级资格除电力职教外，现资格为中级资格，申报评定副高级资格：实行所申报专业自取得本专业中级资格后，专业技术水平、能力、业绩积累是否达到相应专业副高级资格《评定标准》的方法确定（详见附件4）。即：无论是否具备规定学历，但须以规定年限为标准，对中级资格取得年限、专业理论水平（即学历层次及专业是否对口）、主要贡献、作品成果和所在单位评价因素等实行业绩积分；加权总积分达标者进入正式评审委员会"网上评审"阶段；"加权总积分"与评委会"网上评审"得分按4：6比例加权确定评定总分，评定总分达标者为评定通过；评定通过名单进行网上"公开审查"。

（三）正高资格仍实行在规定学历的前提下，严格执行取得"现资格年限""本专业年限"和"资格后本专业年限"（含"资格后本专业累积年限"和"资格后本专业连续年限"）的方法，依据经所在单位审查、主管单位复审后的申报者业绩，经"专家答辩"（答辩办法详见附件5）和"评委会评审"两个评价阶段，评定通过名单进行网上"公开审查"。符合申报评定正高级资格的规定学历和规定年限（现资格、本专业、资格后本专业）的标准：具备规定学历，副高级资格年限满5年，且"资格后本专业累积年限"满5年或"资格后本专业连续年限"满3年，可申报评定正高级资格。

三、申报专业申报者选择申报评定的专业或行业一般应以本人所从事的专业及所取得的业绩为依据，并对照相应专业《评审条件》《评定标准》的专业划分自主确定。其中，对于一些不易归属的专业或行业，可按如下规定掌握：

（一）省（市）公司科研院（中试所），特别是以调试为主和地区局（公司）设计所（室）的工程技术人员，可按所从事专业申报"电力工程"生产运行的相应专业。

（二）"工业工程"规划类专业一般适用于从事综合性、系统性总体方案的规划、设计及实施等工作的人员，省（市）公司及以上级别的设计院从事规划设计的工程技术人员仍按所从事专业申报"电力工程"规划设计的相应专业。

（三）工民建等专业可申报"电力工程"施工建设的热能动力工程专业或输配电及用电工程专业。

（四）专门从事计算机应用的工程技术人员可根据所服务的对象（专业）进行划分。

四、申报方式专业技术资格评定工作全过程须统一使用"国网人才评价中心专业技术资格管理系统"，并一律实行"网上申报"。

（一）"网上申报"内容届时，专业技术资格申报者可在"中国电力人才网"网站（www.cphr.com.cn）进入年度"专业技术资格申报专栏"登录"专业技术资格申报系统"完成报名、信息填报、数据提交、报表打印等申报工作。

（二）"网上申报"流程采取在线报名及信息填报、初审、复审、办理报名及评审手续的程序进行。其中：完成在线录入并办理报名手续后，申报副高级资格（电力职教除外）和电力工程、工业工程、电力图档、电力政工系列中级资格者，须打印相应的各类鉴定表、评价表并与其他申报材料报经本单位初审、申报单位复审；申报正高级资格和电力职教中级资格者，须打印《专业技术资格评定初审表》并将与该表中所提内容相应的证明等其他申报材料报经本单位初审、申报单位及主管单位复审。申报者在规定时间内登录"专业技术资格申报系统"查询复审状态：

1. 正高级资格和电力职教申报者："复审通过"并办理完成评审费缴费手续后，可正式打印《专业技术资格评定表》等各类表格并根据申报工作安排要求完善申报材料。"复审通过"人员必须按数量要求提交《评定表》《一览表》打印件，《评定表》使用 A4 复印纸，《一览表》使用 A3 复印纸，其中，应档案管理部门的要求，《评定表》须双面打印。

2. 副高级资格（不含电力职教）申报者："加权总积分达标"并办理完成评审费缴费手续后，即完成资格申报工作。

3. 电力工程、工业工程、电力图档、电力政工系列中级资格申报者："加权总积分达标"并办理完成评审费缴费手续后，可在规定时间（将在网站另行通知）内打印"专业与能力考试"《准考证》。

五、转评高报根据各专业、系列的实际情况，从专业技术队伍建设角度出发，参照国家《人事信息代码汇编》有关学科分类的规定，对各专业系列准入的所学专业和专业技术资格以及现从事的专业工作经历，即"资格同级转评"和"资格跨系列高报"明确如下：

（一）电力、工业工程技术系列一般须同时具备理工科专业学历和工程技术资格以及工程技术工作经历。若具备理工科专业学历但现专业技术资格为非工程系列，则现从事工程技术工作的年限要求为："资格同级转评"须2年及以上、"资格跨系列高报"须3年及以上。

（二）卫生技术系列一般须同时具备医疗卫生专业学历和卫生技术资格以及医疗卫生技术工作经历。若具备医疗卫生专业学历但现专业技术资格为非卫生系列，则现从事医疗卫生技术工作的年限要求为："资格同级转评"须2年及以上、"资格跨系列高报"须3年及以上。

（三）经济专业系列一般须同时具备经济（含理工、财经、管理、法律类，下同）专业学历和经济专业资格以及经济工作经历。若具备经济专业学历但专业技术资格为非经济专业系列，或不具备经济专业学历但专业技术资格为经济、工程、统计、会计、法律和企业法律顾问系列，则现从事经济工作的年限要求为："资格同级转评"须2年及以上、"资格跨系列高报"须3年及以上。

（四）会计专业系列一般须同时具备财会（含财经类，下同）专业学历和会计专业资格（含审计资格、注册会计师执业资格，下同）以及财会工作经历。若具备财会专业学历但专业技术资格为非会计专业系列，或不具备财会专业学历但专业技术资格为会计、统计、经济、工程系列，则现从事财会工作的年限要求为："资格同级转评"须2年及以上、"资格跨系列高报"须3年及以上。

（五）职教、图书资料与档案、政工系列须专职从事相应系列规定的专业工作。若专业技术资格为非相应专业系列，则现从事申报专业工作的年限要求为："资格同级转评"、"资格跨系列高报"均须2年及以上。

六、关于"国考"根据国家职称制度深化改革需要，人力资源和社会保障部对部分专业系列、资格级别实行"以考代评"或"考评结合"评定制度。目前主要包括：

（一）卫生技术、经济、会计、统计、审计专业初中级资格实行"以考代评"根据原人事部、卫生部文件《关于印发〈预防医学、全科医学、药学、护理、其他卫生技术等专业技术资格考试暂行规定〉及〈临床医学、预防医学、全科医学、药学、护理、其他卫生技术等专业技术资格考试实施办法〉的通知》（卫人发〔2001〕164号）及原人事部1990年下发的经济、会计、统计、审计专业《资格考试暂行规定》及其《实施办法》的规定，卫生技术、经济、会计、统计、审计专业的初中级资格国网人才中心不再进行评定与认定，一律参加各地方政府组织的全国专业技术人员专业技术资格（执业或职业资格）考试取得。

（二）高级审计师、高级统计师、高级会计师资格实行"考评结合"根据原人事部、审计署、财政部《关于印发〈高级审计师资格评价办法（试行）〉的通知》（人发〔2002〕58号）、《关于2007年度高级会计师资格考评结合工作有关问题的通知》（国人厅发〔2007〕50号）和人力资源社会保障部、国家统计局《关于印发高级统计师资格评价办法（试行）的通知》（人社部发〔2011〕90号）文件规定，高级审计师、高级会计师和高级统计师一律实行考、评结合（即考试和评审）的方式进行评定。

其中：

1. 高级审计师、高级统计师。申报者须参加由各省级地方政府有关部门组织的高级审计师或高级统计师的考试和评审，其结果须由申报者所在地的电力人才评价中心报国网人才中心批复确认。

2. 高级会计师。申报者须先参加由各省级地方政府有关部门组织的高级会计师考试，再凭高级会计师考试合格证书（成绩），报名参加国网人才中心组织的年度专业技术资格评定，取得高级会计师资格。

七、其他说明

（一）自2017年度起，新闻专业、出版专业、翻译专业、高等教育四个专业申报者须参加相关单位组织的相关专业的评审（考试）取得，国网人才中心不再进行评定，四个专业副高级及以上资格评定结果须由申报者所在地的电力人才评价中心报国网人才中心批复确认。

（二）确实经过中央党校、各省（市、区）党校和境外院校规定学时、课时的学习（有学籍档案），所取得的学历、学位与国民教育学历具有同等效用，在专业技术资格评定中应予以承认。

（三）根据国家教委和原人事部教学厅〔1993〕4号文件的规定，普通高等学校1970~1976年入学的毕业生，"国家承认其学历为大学普通班毕业"。故这部分人员若具备规定的年限和能力、水平，可评定副高级及以上专业技术资格。

（四）具备专业不对口的学历，需取得2门及以上大专层次专业对口的专业课程自学考试单科结业证书，可申报中级、副高级资格。

（五）各《评审条件》和相应资格《评定标准》中所提"核心期刊"系指以北京大学出版的《新中文核心期刊目录》为准。SCI收录或EI收录的文章需提供收录证明。

（六）获奖的"主要贡献者"指：集体获奖项目，须是该项目排名靠前的第一、二完成人及主要完成（参加）者。若排名靠后，但确系主要完成（参加）者，须提供本人所在单位主管部门出具的正式文件。该文件，须后附第一、二完成人分别亲自撰写并签名的"证明书"。文件及"证明书"须表明在该项目中被证明人承担任务的内容、重要程度及排名位次和排名靠后的原因，以及其他获奖人员名单（如获奖人数超过15人，可仅列出前15人名单并注明获奖总人数）。

（七）申报者须在申报时提交全部申报材料。各评价中心在复审工作开始后，以及整个评审过程中，任何人不得再补交或向申报者索要补充材料。

（八）经查属实，对于谎报、伪造个人经历、业绩、成果和现资格、外语合格、计算机合格取得时间与实际取得时间不符，以及在申报材料中出现一切弄虚作假的申报者，国网人才中心将不仅取消其当年度的申报资格或评审结果，还将取消其下两个年度的申报资格，直至按规定程序暂停其所在单位下一年度的参评资格，并视情况进行通报批评。

（九）外单位调入人员，其专业技术资格若为局级及以上单位评定或认定的，应与原电力部、国家电力公司系统的原专业技术职务任职资格一样，具有同等效用，予以承认；否则，需履行专业技术资格评定工作程序，重新评定。

（十）"不受是否在职的限制"是实行评、聘分开职称管理办法后，准许流动人员及退休人员申报评定专业技术资格的规定。即流动人员及退休人员经履行专业技术资格评定程序所取得的专业技术资格，仅表明其在评定该专业技术资格时的专业技术水平，是其在取得该专业技术资格后求职、受聘新岗位工作的条件之一。有关这部分人员申报材料的审查工作，由受聘单位、人事档案管理部门和各电力人才评价中心分工负责。其中，申报的前提条件为：

1. 流动人员。必须是在企、事业单位受聘并有明确工作岗位，且人事档案关系已正式委托人才交流服务机构进行人事代理或托管的人员。

2. 退休人员。在办理退休手续后，必须在企、事业单位受聘且取得新的专业技术工作业绩，并达到相应专业技术资格《评审条件》《评定标准》的规定。

（十一）关于委托评审。由其主管单位确定、所有系列不履行国网人才中心专业技术资格评定工作程序全过程、仅参加国网人才中心组织的专业技术资格评审阶段或仅个别系列履行国网人才中心专业技术资格评定工作程序全过程的单位，属"委托评审"。"委托评审"须由申报者所在单位的上级主管单位人事部门向国网人才中心出具"委托书"。"委托书"中须注明委托评审专业系列、其参评单位（名称）及所在省（市、区）、委托评审期限（按年度）；在国网人才中心组织年度专业技术资格申报阶段，将全部委托评审材料直接报送至国网人才中心。国网人才中心仅将相应专业评审委员会的评审结果直接函告委评单位。

附件：

1. 国家会计、审计、统计中高级资格和经济中级资格考试报名条件有关规定

2. 关于专业技术资格对外语和计算机水平要求的规定

3. 中级专业技术资格业绩积分和专业与能力考试综合评定管理办法

4. 副高级专业技术资格在线积分评定管理办法

5. 正高级专业技术资格答辩实施办法

6. 艰苦边远地区列表

国网人才评价中心

2018 年 4 月 9 日

8.33 人力资源社会保障部 工业和信息化部关于深化工程技术人才职称制度改革的指导意见

人力资源社会保障部 工业和信息化部关于深化工程技术人才职称制度改革的指导意见

人社部发〔2019〕16号

各省、自治区、直辖市及新疆生产建设兵团人力资源社会保障厅（局）、工业和信息化主管部门，中央和国家机关各部委、各直属机构人事部门，各中央企业人事部门：

工程技术人才是建设创新型国家和世界科技强国的重要力量。深化工程技术人才职称制度改革，对于提高我国原始创新能力、实现关键核心技术突破、促进产业结构优化升级具有重要意义。为贯彻落实中共中央办公厅、国务院办公厅印发的《关于深化职称制度改革的意见》，现就深化工程技术人才职称制度改革提出如下指导意见。

一、总体要求

（一）指导思想

以习近平新时代中国特色社会主义思想为指导，全面贯彻落实党的十九大和十九届二中、三中全会精神，认真落实党中央、国务院决策部署，坚定实施人才强国战略、制造强国战略和创新驱动发展战略，遵循工程技术人才成长规律，健全符合工程技术人才职业特点的职称制度，激发工程技术人才创新潜能，培养造就素质优良、结构合理、充满活力的工程技术人才队伍，为提升我国自主创新能力、加快建设创新型国家和世界科技强国提供人才支撑。

（二）基本原则

1. 坚持服务发展。围绕经济发展方式转变、产业结构调整要求，发挥人才评价"指挥棒"和风向标作用，激发工程技术人才创新创造活力，提升关键领域核心技术攻关能力，推动经济高质量发展。

2. 坚持遵循规律。遵循工程技术人才成长规律和不同发展阶段职业特点，建立科学分类、合理多元的评价体系，强化责任意识、弘扬科学精神，减少急功近利、浮夸张扬，营造潜心研究、追求卓越的制度环境。

3. 坚持科学评价。以职业分类为基础，以品德、能力、业绩为导向，分类制定评价标准，破除唯学历、唯资历、唯论文、唯奖项倾向，突出技术性、实践性和创新性，鼓励工程技术人才多出原创性高水平成果。

4. 坚持开放创新。立足我国工程技术人才队伍建设实际，充分借鉴国外人才评价创新做法，积极推动工程技术人才国际交流与合作，提高工程技术人才的专业化、职业化、国际化水平。

二、主要内容

通过健全制度体系、完善评价标准、创新评价机制、与人才培养使用相衔接、加强事中事后监管、优化公共服务等措施，形成设置合理、覆盖全面、评价科学、管理规范的工程技术人才职称制度。

（一）健全制度体系

1. 增设正高级工程师，高级职称分设副高级和正高级，初级职称分设员级和助理级。员级、助理级、中级、副高级和正高级职称名称依次为技术员、助理工程师、工程师、高级工程师和正高级工程师。

2. 建立专业设置动态调整机制。各地、各有关部门可围绕国家重大战略任务和未来产业发展方向，聚焦新技术、新工艺、新装备、新材料等战略性新兴产业，对工程系列相关评审专业进行动态调整，促进专业设置与国家战略需求和产业发展同步。

3. 实现职称制度与职业资格制度有效衔接。工程技术领域实行职业资格考试的专业，不再开展相应层级的职称评审。工程技术人才取得的工程领域职业资格，可对应相应层级的职称，并可作为申报高一级职称的条件。职业资格分级设置的，其初级（二级）、中级（一级）、高级分别对应职称的初级、中级、高级，未分级设置的一般对应中级职称，国家另有规定的除外。

4. 打通高技能人才与工程技术人才职业发展通道。按照两类人才贯通条件大体平衡、适当向高技能人才倾斜的原则，搭建高技能人才与工程技术人才成长立交桥。在工程技术领域生产一线岗位，从事技术技能工作的高技能人才，具有高级工以上职业资格或职业技能等级，符合工程技术人才职称评价基本标准条件，可参加工程系列职称评审。专业技术人才参加职业技能评价，可免于理论知识考试，注重技能水平考核，合格后取得相应技能人员职业资格证书或职业技能等级证书。

5. 工程技术人才各层级职称分别与事业单位专业技术岗位等级相对应。正高级对应专业技术岗位一至四级，副高级对应专业技术岗位五至七级，中级对应专业技术岗位八至十级，助理级对应专业技术岗位十一至十二级，员级对应专业技术岗位十三级。

（二）完善评价标准

1. 坚持德才兼备、以德为先。坚持把品德放在工程技术人才评价的首位，重点考察工程技术人才的职业道德。用人单位可通过个人述职、考核测评、民意调查等方式综合考察工程技术人才的职业操守和从业行为。对剽窃他人技术成果或伪造试验数据等学术不端行为，实行"一票否决制"，并向社会公开。对通过弄虚作假、暗箱操作等违纪违规行为取得的职称，一律予以撤销。

2. 突出评价能力和业绩。适应工程技术专业化、标准化程度高的特点，分专业领域完善工程技术人才评价标准。通用性强、适用范围广的专业评价标准由国家统一发布。重点评价工程技术人才发明创造、技术推广应用、工程项目设计、工艺流程标准开发、产品质量提升、科技成果转化等方面的能力，引导工程技术人才解决工程技术难题、实现现代工程技术突破。着力解决工程技术领域评价标准过于学术化问题，专利成果、技术报告、软课题研究报告、规划设计方案、施工或调试报告、工程试验报告、标准规范制定、行业工法等均可作为业绩成果。科学对待论文、论著等研究成果，科学引文索引、核心期刊论文发表数量、论文引用榜单和影响因子排名等仅作为评价参考，重大原创性研究成果可"一票决定"。外语和计算机应用能力不作统一要求，由用人单位或评审机构根据需要自主确定。

3. 实行国家标准、地区标准和单位标准相结合。人力资源社会保障部会同工业和信息化部等有关行业主管部门研究制定《工程技术人才职称评价基本标准条件》（附后）。各地区可根据本地区经济社会发展情况，制定地区标准。具有自主评审权的用人单位可结合本单位实际，制定单位标准。地区标准和单位标准不得低于国家标准。支持龙头企业、行业协会学会等参与制定评价标准。

（三）创新评价机制

1. 改进评价方式。建立以同行专家评议为基础的业内评价机制，注重社会和业内认可。综合采用考试、评审、考核认定、个人述职、面试答辩、实践操作、业绩展示等多种评价方式，提高职称评价的针对性和科学性。为涉密领域工程技术人才开辟特殊通道，采取特殊评价办法。对在艰苦边远地区和基层一线工作的工程技术人才，可以采取"定向评价、定向使用"的方式，重点考察其实际工作业绩，适当放宽学历、科研能力要求。

2. 畅通评价渠道。非公有制领域工程技术人才一般按照属地原则申报职称评审。各地人力资源社会保障部门和有关行业主管部门要通过驻厂设点、建立代办机构、入驻办事大厅等方式建立兜底机制，确保非公有制领域工程技术人才平等参与职称评审。要积极依托具备条件的行业协会、专业学会、公共人才服务机构等，为非公有制经济组织、社会组织和新兴职业领域工程技术人才提供职称评价服务。

3. 建立绿色通道。鼓励工程技术人才围绕国家重大战略和社会需求，潜心研究、攻坚克难，提高关键环节和重点领域创新能力。在信息、制造、能源、材料等领域突破关键核心技术、做出重大贡献的工程技术人才，可直接申报评审正高级工程师职称。对引进的海外高层次人才和急需紧缺人才，进一步打破条条框框的限制，引入国际同行评价，建立职称评审绿色通道。

（四）与人才培养使用相衔接

1. 促进职称制度与人才培养制度有效衔接。推动工程技术人才职称制度与工程类专业学位研究生教育有效衔接，获得工程类专业学位的工程技术人才，可提前 1 年参加相应专业职称评审，探索在相应职业资格考试中缩短工作年限要求或免试部分考试科目。结合工程技术领域人才需求和职业标准，提高工程教育质量，加快重点行业、重要专业人才培养。强化协同育人理念，充分发挥企业等用人单位的重要作用，通过校企合作办学等方式，促进评价标准与培养标准深度融合。工程技术人才应按规定参加继续教育，不断提高创新能力和专业水平。

2. 实现职称制度与用人制度有效衔接。全面实行岗位管理、工程技术人才素质与岗位职责密切相关的事业单位，一般应在岗位结构比例内开展职称评审，聘用具有相应职称的工程技术人才到相应岗位。不实行事业单位岗位管理的用人单位，可根据工作需要，择优聘任具有相应职称的工程技术人才从事相关岗位工作。健全考核制度，加强聘后管理，在岗位聘用中实现人员能上能下。

（五）加强事中事后监管

1. 建立健全各级职称评审委员会。坚持职称评审委员会核准备案制度，完善职称评审委员会工作程序和评审规则。加强职称评审委员会评价能力建设，建立评审专家动态管理机制，注重遴选能力业绩突出、声望较高的同行专家和活跃在生产一线的工程技术人才担任评委。严肃评审工作纪律，对违反评审纪律的评审专家，应及时取消评审专家资格，列入"黑名单"。各省（自治区、直辖市）、国务院有关部门、中央企业可按规定成立工程系列高级职称评审委员会。国务院有关部门和中央企业成立的高级职称评审委员会报人力资源社会保障部核准备案，其他高级职称评审委员会报省级人力资源社会保障部门核准备案。

2. 下放职称评审权限。科学界定、合理下放职称评审权限，逐步将工程系列高级职称评审权下放到工程技术人才密集、技术水平高的大型企业、事业单位。自主评审单位组建的高级职称评审委员会应当按照管理权限报省级以上人力资源社会保障部门核准备案。自主评审结果报相应人力资源社会保障部门备案。各级人力资源社会保障部门要做好职称评审结果的统计和查询验证工作。

3. 转变监督管理方式。要建立职称评审随机抽查、巡查制度，加强对职称评审全过程的监督管理，强化单位自律和外部监督。畅通意见反映渠道，对群众反映或舆情反映较强烈的问题，有针对性地进行专项核查，及时妥善处理。因评审工作把关不严、程序不规范，造成投诉较多、争议较大的，要责令限期整改；对整改无明显改善或逾期不予整改的，暂停其评审工作直至收回评审权，并追究责任。

（六）优化公共服务

1. 健全公共服务体系。推行个人诚信承诺制度，精减申报材料，减少证明事项，优化审核、评审程序，减轻工程技术人才评审负担。加强项目评审、人才评价和机构评估等相关业务统筹，加大申报材料和业绩成果信息共享，实行材料一次报送、一表多用。加快推进职称评审信息化建设，探索实行网上申报、网上评审、网上查询验证。

2. 加强工程师资格国际互认。按照《华盛顿协议》框架规则，在健全完善工程教育专业认证基础上，在条件成熟的工程技术领域探索开展工程师资格国际互认。以国际工程联盟（IEA）、国际咨询工程师联合会（FIDIC）等国际组织为平台，主动参与国际工程师评价标准制定，加强工程技术人才国际交流。

三、组织实施

（一）提高认识，加强领导。职称制度改革涉及广大工程技术人才的切身利益，各地区、各有关部门要充分认识改革的重要性、复杂性、敏感性，加强组织领导，狠抓工作落实，确保各项改革措施落到实处。各级人力资源社会保障部门会同工业和信息化等有关行业主管部门，具体负责工程技术人才职称制度改革的政策制定、组织实施和监督检查工作。各有关部门要密切配合，相互协调，确保改革各项工作顺利推进。

（二）精心组织，稳慎实施。各地区、各有关部门要根据本指导意见，紧密结合实际，抓紧制定具体实施方案和配套办法。在推进改革过程中，要深入开展调查研究，细化工作措施，完善工作预案，确保改革顺利进行。国家增设正高级工程师之前，各地自行试点评审的工程系列正高级职称，要按有关规定通过一定程序进行确认。在改革中要认真总结经验，及时解决改革中出现的新情况、新问题，妥善处理改革、发展和稳定的关系。

（三）加强宣传，营造环境。各地区、各有关部门要加强宣传引导，搞好政策解读，充分调动工程技术人才的积极性，引导工程技术人才积极支持和参与工程技术人才职称制度改革，营造有利于工程技术人才职称制度改革的良好氛围。

本指导意见适用于机械、材料、冶金、电气、电子、信息通信、仪器仪表、能源动力、广播电视、控制工程、计算机、自动化、建设、土木、水利、测绘、气象、化工、地质、矿业、石油与天然气、纺织、轻工、交通运输、船舶与海洋、航空宇航、兵器、核工程、林业工程、城乡规划、风景园林、环境、生物、食品、安全、质量、计量、标准化等领域的工程技术人才。

附件：工程技术人才职称评价基本标准条件

人力资源社会保障部　工业和信息化部

2019 年 2 月 1 日

附件

工程技术人才职称评价基本标准条件

一、遵守中华人民共和国宪法和法律法规。

二、具有良好的职业道德、敬业精神，作风端正。

三、热爱本职工作，认真履行岗位职责。

四、按照要求参加继续教育。

五、法律法规规定需取得职业资格的，应具备相应职业资格。

六、工程技术人才申报各层级职称，除必须达到上述基本条件外，还应分别具备以下条件：

（一）技术员

1.熟悉本专业的基础理论知识和专业技术知识。

2.具有完成一般技术辅助性工作的实际能力。

3.具备大学本科学历或学士学位；或具备大学专科、中等职业学校毕业学历，在工程技术岗位上见习 1 年期满，经考察合格。技工院校毕业生按国家有关规定申报。

（二）助理工程师

1.掌握本专业的基础理论知识和专业技术知识。

2.具有独立完成一般性技术工作的实际能力，能处理本专业范围内一般性技术难题。

3.具有指导技术员工作的能力。

4.具备硕士学位或第二学士学位；或具备大学本科学历或学士学位，在工程技术岗位见习 1 年期满，经考察合格；或具备大学专科学历，取得技术员职称后，从事技术工作满 2 年；或具备中等职业学校毕业学历，取得技术员职称后，从事技术工作满 4 年。技工院校毕业生按国家有关规定申报。

（三）工程师

1. 熟练掌握并能够灵活运用本专业基础理论知识和专业技术知识，熟悉本专业技术标准和规程，了解本专业新技术、新工艺、新设备、新材料的现状和发展趋势，取得有实用价值的技术成果。

2. 具有独立承担较复杂工程项目的工作能力，能解决本专业范围内较复杂的工程问题。

3. 具有一定的技术研究能力，能够撰写为解决复杂技术问题的研究成果或技术报告。

4. 具有指导助理工程师工作的能力。

5. 具备博士学位；或具备硕士学位或第二学士学位，取得助理工程师职称后，从事技术工作满2年；或具备大学本科学历或学士学位，取得助理工程师职称后，从事技术工作满4年；或具备大学专科学历，取得助理工程师职称后，从事技术工作满4年。技工院校毕业生按国家有关规定申报。

（四）高级工程师

1. 系统掌握专业基础理论知识和专业技术知识，具有跟踪本专业科技发展前沿水平的能力，熟练运用本专业技术标准和规程，在相关领域取得重要成果。

2. 长期从事本专业工作，业绩突出，能够独立主持和建设重大工程项目，能够解决复杂工程问题，取得了较高的经济效益和社会效益。

3. 取得工程师职称后，业绩、成果要求符合下列条件之一：

（1）主持或承担研制开发的新产品、新材料、新设备、新工艺等已投入生产，可比性技术经济指标处于国内较高水平。

（2）作为主要发明人，获得具有较高经济和社会效益的发明专利。

（3）参与的重点项目技术报告，经同行专家评议具有较高技术水平，技术论证有深度，调研、设计、测试数据齐全、准确。

（4）发表的本领域研究成果，受到同行专家认可。

（5）作为主要参编者，参与完成省部级以上行业技术标准或技术规范的编写。

4. 在指导、培养中青年学术技术骨干方面发挥重要作用，能够指导工程师或研究生的工作和学习。

5. 具备博士学位，取得工程师职称后，从事技术工作满2年；或具备硕士学位，或第二学士学位，或大学本科学历，或学士学位，取得工程师职称后，从事技术工作满5年。技工院校毕业生按国家有关规定申报。

6. 不具备前项规定的学历、年限要求，业绩突出、做出重要贡献的，可由2名本专业或相近专业正高级工程师推荐破格申报，具体办法由各地、各有关部门和单位另行制定。

（五）正高级工程师

1. 具有全面系统的专业理论和实践功底，科研水平、学术造诣或科学实践能力强，全面掌握本专业国内外前沿发展动态，具有引领本专业科技发展前沿水平的能力，取得重大理论研究成果和关键技术突破，或在相关领域取得创新性研究成果，推动了本专业发展。

2. 长期从事本专业工作，业绩突出，能够主持完成本专业领域重大项目，能够解决重大技术问题或掌握关键核心技术，取得了显著的经济效益和社会效益。

3. 在本专业领域具有较高的知名度和影响力，在突破关键核心技术和自主创新方面做出突出贡献，发挥了较强的引领和示范作用。

4. 取得高级工程师职称后，业绩、成果要求符合下列条件之一：

（1）主持研制开发的新产品、新材料、新设备、新工艺等已投入生产，可比性技术经济指标处于国内领先水平。

（2）作为第一发明人，获得具有显著经济和社会效益的发明专利。

（3）承担的重点项目技术报告，经同行专家评议具有国内领先水平，技术论证有深度，调研、设计、测试数据齐全、准确。

（4）发表的本领域研究成果，经同行专家评议具有较高学术价值。

（5）作为第一起草人，主持完成省部级以上行业技术标准或技术规范的编写。

5. 在指导、培养中青年学术技术骨干方面做出突出贡献，能够有效指导高级工程师或研究生的工作和学习。

6. 一般应具备大学本科及以上学历或学士以上学位，取得高级工程师职称后，从事技术工作满 5 年。技工院校毕业生按国家有关规定申报。

8.34 国家电网有限公司职称评定管理办法

国家电网有限公司职称评定管理办法

国家电网企管〔2019〕428号

第一章 总 则

第一条 为全面推进"三型两网"世界一流能源互联网企业建设，培养和造就一支素质优良、结构合理、专业扎实、支撑发展的专业技术人才队伍，根据《关于深化职称制度改革的意见》（中办发〔2016〕77号）等国家政策及国家电网有限公司（以下简称"公司"）有关制度，制定本办法。

第二条 本办法所称的职称评定，是指按照既定标准和规定程序对专业技术人员的思想品德、职业道德、学术造诣、技术水平和专业能力进行评价的活动，包括认定和评审两种形式。

第三条 职称评定管理坚持"服务发展、以用为本、科学评价、公开公正"原则，建立以品德、能力、业绩为导向的职称评定体系，尊重和体现各类人才价值。

第四条 本办法适用于公司各级单位职称评定管理工作。公司各级控股、代管单位和集体企业参照执行。

第二章 评定范围及方式

第五条 评定范围一般包括工程、经济、会计、技工院校（职业院校）教师、档案、卫生、新闻等系列（专业），具体评定范围以人力资源和社会保障部授权为准；根据国务院国有资产监督管理委员会授权，开展副高级及以下政工系列评定工作。积极探索和逐步扩展职称系列（专业）。

第六条 各系列（专业）均设置初级、中级、高级职称，其中，初级分为员级和助理级、高级分为副高级和正高级。

第七条 评定方式包括考试、评审、考评结合、考核认定、个人述职、面试答辩和业绩积分等。高级职称评定方式按照人力资源和社会保障部备案规定执行，中级职称评定方式可根据实际需要和有关规定，自主选择确定。

第八条 国家规定采用"考试""考评结合"的系列（专业），按有关规定执行。

第三章 评定组织与职责

第九条 公司人才工作领导小组统筹指导协调职称评定工作，负责决策重大事项、审定管理制度等。领导小组办公室设在国网人资部，负责管理工作。

第十条 国网人资部是公司职称评定工作的归口管理部门，主要职责如下：

（一）贯彻落实国家职称政策，建立健全职称评定管理体系。

（二）根据人力资源和社会保障部规定，定期申请职称评定资格授权。

（三）组织制定公司职称评定管理制度。

（四）组织建立公司统一的职称评定管理信息平台。

（五）总结推广职称评定典型经验，提供政策支持和服务。

（六）指导、监督和考核各单位职称评定工作。

第十一条 省公司级单位人力资源部门是本单位职称评定工作的归口管理部门，主要职责如下：

（一）贯彻落实国家、地方政府和公司职称政策。

（二）制定中级职称评定实施细则和标准，组建中级职称评审委员会（以下简称"评委会"）及评审专家库。

（三）组织开展中级职称评定工作。

（四）组织员工申报高级职称，组织推荐高级职称评委会专家人选。

（五）对员工取得的公司评审范围外的职称进行确认，或授权所属单位确认。

（六）总结提炼职称评定典型经验，提供政策支持和服务。

（七）指导、监督和考核所属单位职称评定工作。

第十二条 地市公司级单位人力资源部门是本单位职称评定工作的归口管理部门，主要职责如下：

（一）贯彻落实上级单位职称政策。

（二）组织员工申报职称，开展初级职称认定工作。

（三）推荐各级职称评委会专家人选。

（四）经授权对员工取得的公司评审范围外的职称进行确认。

（五）应用职称评定结果，激励员工成长发展。

第十三条 国网人才评价中心作为公司职称评定工作委托机构，主要职责如下：

（一）贯彻落实国家和公司职称政策，制定、发布年度职称申报规定。

（二）制定高级职称评定实施细则和标准，组建高级职称评委会及评审专家库。

（三）组织开展高级职称评定工作，受托开展中级职称评定工作。

（四）监督检查各单位职称评定质量。

（五）建设和运维公司职称评定管理信息平台，为各级职称评定申报、评审、结果确认、证书管理等提供支撑。

（六）统一印制、发放各级职称证书。

第十四条 评委会的主要职责是依据评审标准和流程，履行评审职能，开展评审工作。

（一）评委会人数按国家规定分中高级确定，评委会成员应在评审专家库中随机抽取。评审专家库每两年更新一次，评审专家由各级单位推荐。

（二）评审专家应有较高学术、技术水平，作风正派，敢于坚持原则。一般从公司内部产生，也可以吸纳高校、科研机构、同类型中央企业、行业协会（学会）等业绩突出、知名度高的资深专家担任。

（三）正高级评审专家应具有正高级职称 3 年及以上，本专业工作年限 20 年及以上；副高级评审专家应具有高级职称 3 年及以上，本专业工作年限 15 年及以上；中级评审专家应具有高级职称 3 年及以上，本专业工作年限 10 年及以上。

第四章　认定条件

第十五条 具备规定学历、达到专业技术工作年限要求，有一定工作水平、能力、业绩等，经考核合格可通过认定的方式取得相应职称。

第十六条 取得中专学历后从事本专业工作满 1 年，可认定员级职称。

第十七条 符合下列条件之一，可认定助理级职称。

（一）取得员级职称后从事本专业工作满 4 年。

（二）取得大专学历后从事本专业工作满 3 年。

（三）取得本科学历后从事本专业工作满 1 年。

（四）取得硕士学位或双学士学位。

第十八条 符合下列条件之一，可认定中级职称。

（一）取得助理级职称后，硕士学位从事本专业工作满 2 年（国外学制不满 2 年的硕士须 3 年）、大学本科学习期间取得双学士学位后从事本专业工作满 4 年、大学本科毕业且在职取得第二个学士学位后从事本专业工作满 2 年。

（二）取得博士学位。

第五章　评审条件

第十九条　中级职称申报基本条件。

（一）拥护党的路线方针政策，自觉践行公司核心价值观，具有良好的思想品德、职业道德和敬业精神。

（二）熟悉本专业理论和技术，了解相关专业知识、国内外技术现状和发展趋势；具有一定实践经验，能够理论联系实际，解决技术问题；主要工作内容与申报专业相符，工作业绩良好，研究成果具有一定的技术价值和经济价值。

（三）现职称、学历和本专业工作年限达到国家相应系列（专业）规定要求。

（四）继续教育学时（学分）达到规定要求。

（五）近三年绩效考核累计积分不低于3分且评定年度考核结果不能为D。

第二十条　副高级职称申报基本条件。

（一）拥护党的路线方针政策，自觉践行公司核心价值观，具有良好的思想品德、职业道德和敬业精神。

（二）掌握本专业理论和技术，熟悉相关专业知识、国内外技术现状和发展趋势；具有较丰富的实践经验，能够指导本专业中级技术人员的工作；主要工作内容与申报专业相符，工作业绩优秀，研究成果突出，具有较高的技术价值和经济价值。

（三）现职称、学历和本专业工作年限达到国家相应系列（专业）规定要求。

（四）继续教育学时（学分）达到规定要求。

（五）近三年绩效考核累计积分不低于4分且评定年度考核结果不能为D。

第二十一条　正高级职称申报基本条件。

（一）拥护党的路线方针政策，自觉践行公司核心价值观，具有良好的思想品德、职业道德和敬业精神。

（二）精通本专业理论和技术，掌握相关专业知识、国内外技术现状和发展趋势；在本专业领域有较高的学术造诣，业内知名度高，示范引领作用强，能够指导本专业高级技术人员的工作，或具有培训指导本专业硕士、博士研究生的能力；主要工作内容与申报专业相符，工作业绩突出，研究成果具有重大的技术价值、经济价值和社会价值。

（三）现职称、学历和本专业工作年限达到国家相应系列（专业）规定要求。

（四）继续教育学时（学分）达到规定要求。

（五）近三年绩效考核累计积分不低于 4.5 分。

第二十二条　军队转业干部、原公务员身份人员，首次参加职称评定，依据本专业工作年限有关规定，直接申报相应级别的职称。

（一）大专学历者满 7 年、本科学历者满 5 年，可直接申报中级职称。

（二）本科学历者满 10 年、硕士学位者满 7 年、博士学位者满 2 年，可直接申报副高级职称。

（三）本科学历者满 15 年、硕士学位者满 12 年、博士学位者满 7 年，可直接申报正高级职称。

第六章　破格条件

第二十三条　获得省部级科技进步奖、技术发明奖、自然科学奖二等奖及以上奖励，可破格直接申报副高级职称。

第二十四条　符合下列条件之一，可破格直接申报正高级职称。

（一）获得国家科技进步奖、技术发明奖、自然科学奖二等奖及以上奖励。

（二）"百千万人才工程"国家级人选、万人计划专家、创新人才推进计划专家、享受国务院政府特殊津贴人员等国家级人才。

（三）获得中国专利金奖。

第七章　评定流程

第二十五条　职称评定原则上每年组织一次。评定流程包括个人申报、资格审查、评审实施、结果公布、证书发放、资料归档等。

第二十六条　个人申报。各单位组织符合申报条件的员工按要求完成信息填报，提交所需的申报表格、学历学位证书、业绩成果等佐证材料。

第二十七条　资格审查。员工所在单位对申报资格和材料进行审核，对真实性、完整性、规范性负责，审核通过的申报材料在本单位公示 5 个工作日，无异议后提交评审单位。省公司级单位需对高级职称评审材料进行复审。

第二十八条　评审实施。评委会按照既定评审方式和评审标准组织评审。中级职称评审由各单位组织实施，高级职称评审由国网人才评价中心组织实施。

第二十九条　结果公布。评审结束，合格人员名单公示不少于 5 个工作日，无异议后行文公布；同时报国网人才评价中心备案。

第三十条 证书发放。证书由公司统一监制、统一编号，国网人才评价中心负责管理并统一发放。

第三十一条 资料归档。员工职称变更信息录入人力资源信息管理系统，职称评定资料及时归档。

第八章 转系列（专业）评审与委托评审

第三十二条 员工因工作调动或岗位调整，经本人提出申请、所在单位审核后，可申报现岗位专业对应的职称。具体转评规则由公司另行规定。

第三十三条 通过"考试""考评结合"形式取得职称者，转系列（专业）申报必须按照国家有关规定，参加国家职称考试。

第三十四条 在工程技术领域生产一线岗位工作、具有理工科学历且取得现从事专业相应资格的员工，可申报评定工程系列相应级别职称。

（一）取得高级工资格后，从事技术技能工作满2年，可申报助理工程师。

（二）取得技师资格后，从事技术技能工作满3年，可申报工程师。

（三）取得高级技师资格后，从事技术技能工作满4年，可申报高级工程师。

第三十五条 公司暂未取得评审权限的系列（专业），各单位可采取委托的方式组织评审，职称证书由受托机构颁发。

第三十六条 已取得中级职称评审权限但不具备评审条件的单位，可委托国网人才评价中心组织评审。

第三十七条 个人自行取得的职称，在公司评定范围内的，不予确认；评定范围外的，须经地市公司级及以上单位确认。

第九章 激励与考核

第三十八条 评定结果应用于薪酬调整、人才评选和岗位晋升等，鼓励各单位根据实际情况加大激励力度。

第三十九条 实行学术造假"一票否决制"，申报人员通过弄虚作假、暗箱操作等违规违纪行为取得的职称予以撤销，3年内不得申报。

第四十条 评定工作人员违反工作纪律，徇私舞弊、以权谋私或有其他违规违纪行为的，调离职称管理岗位。

第四十一条 评审专家违反评审纪律，或利用评审工作便利为本人或他人谋取不正当利益的，取消评审专家资格。

第四十二条 各单位出现评审标准不严格、组织不严谨、结果不公正等问题，视情节轻重给予通报批评、停止评审、限期整改等处理，直至收回评审权限。申报资格和材料审核不严、弄虚作假、违反纪律等情况，纳入人力资源专业考核并通报批评。

第四十三条 职称评定过程中，违规违纪的，按公司有关规定进行处理；涉嫌违法的，移交司法机关追究法律责任。

第十章 附 则

第四十四条 各单位根据本办法制定职称评定实施细则、评审标准等，报公司备案。

第四十五条 本办法由国网人资部负责解释并监督执行。

第四十六条 本办法自 2019 年 5 月 1 日起施行。

8.35 职称评审管理暂行规定

职称评审管理暂行规定

中华人民共和国人力资源和社会保障部令第 40 号

《职称评审管理暂行规定》已经 2019 年 6 月 14 日人力资源社会保障部第 26 次部务会讨论通过，现予公布，自 2019 年 9 月 1 日起施行。

部长　张纪南

2019 年 7 月 1 日

职称评审管理暂行规定

第一章　总　则

第一条　为规范职称评审程序，加强职称评审管理，保证职称评审质量，根据有关法律法规和国务院规定，制定本规定。

第二条　职称评审是按照评审标准和程序，对专业技术人才品德、能力、业绩的评议和认定。职称评审结果是专业技术人才聘用、考核、晋升等的重要依据。

对企业、事业单位、社会团体、个体经济组织等（以下称用人单位）以及自由职业者开展专业技术人才职称评审工作，适用本规定。

第三条　职称评审坚持德才兼备、以德为先的原则，科学公正评价专业技术人才的职业道德、创新能力、业绩水平和实际贡献。

第四条　国务院人力资源社会保障行政部门负责全国的职称评审统筹规划和综合管理工作。县级以上地方各级人力资源社会保障行政部门负责本地区职称评审综合管理和组织实施工作。

行业主管部门在各自职责范围内负责本行业的职称评审管理和实施工作。

第五条　职称评审标准分为国家标准、地区标准和单位标准。

各职称系列国家标准由国务院人力资源社会保障行政部门会同行业主管部门制定。

地区标准由各地区人力资源社会保障行政部门会同行业主管部门依据国家标准，结合本地区实际制定。

单位标准由具有职称评审权的用人单位依据国家标准、地区标准，结合本单位实际制定。

地区标准、单位标准不得低于国家标准。

第二章 职称评审委员会

第六条 各地区、各部门以及用人单位等按照规定开展职称评审，应当申请组建职称评审委员会。

职称评审委员会负责评议、认定专业技术人才学术技术水平和专业能力，对组建单位负责，受组建单位监督。

职称评审委员会按照职称系列或者专业组建，不得跨系列组建综合性职称评审委员会。

第七条 职称评审委员会分为高级、中级、初级职称评审委员会。

申请组建高级职称评审委员会应当具备下列条件：

（一）拟评审的职称系列或者专业为职称评审委员会组建单位主体职称系列或者专业。

（二）拟评审的职称系列或者专业在行业内具有重要影响力，能够代表本领域的专业发展水平。

（三）具有一定数量的专业技术人才和符合条件的高级职称评审专家。

（四）具有开展高级职称评审的能力。

第八条 国家对职称评审委员会实行核准备案管理制度。职称评审委员会备案有效期不得超过 3 年，有效期届满应当重新核准备案。

国务院各部门、中央企业、全国性行业协会学会、人才交流服务机构等组建的高级职称评审委员会由国务院人力资源社会保障行政部门核准备案；各地区组建的高级职称评审委员会由省级人力资源社会保障行政部门核准备案；其他用人单位组建的高级职称评审委员会按照职称评审管理权限由省级以上人力资源社会保障行政部门核准备案。

申请组建中级、初级职称评审委员会的条件以及核准备案的具体办法，按照职称评审管理权限由国务院各部门、省级人力资源社会保障行政部门以及具有职称评审权的用人单位制定。

第九条 职称评审委员会组成人员应当是单数，根据工作需要设主任委员和副主任委员。按照职称系列组建的高级职称评审委员会评审专家不少于 25 人，按照专业组建的高级职称评审委员会评审专家不少于 11 人。各地区组建的高级职称评审委员会的人数，经省级人力资源社会保障行政部门同意，可以适当调整。

第十条　职称评审委员会的评审专家应当具备下列条件：

（一）遵守宪法和法律。

（二）具备良好的职业道德。

（三）具有本职称系列或者专业相应层级的职称。

（四）从事本领域专业技术工作。

（五）能够履行职称评审工作职责。

评审专家每届任期不得超过3年。

第十一条　各地区、各部门和用人单位可以按照职称系列或者专业建立职称评审委员会专家库，在职称评审委员会专家库内随机抽取规定数量的评审专家组成职称评审委员会。

职称评审委员会专家库参照本规定第八条进行核准备案，从专家库内抽取专家组成的职称评审委员会不再备案。

第十二条　职称评审委员会组建单位可以设立职称评审办事机构或者指定专门机构作为职称评审办事机构，由其负责职称评审的日常工作。

第三章　申报审核

第十三条　申报职称评审的人员（以下简称申报人）应当遵守宪法和法律，具备良好的职业道德，符合相应职称系列或者专业、相应级别职称评审规定的申报条件。

申报人应当为本单位在职的专业技术人才，离退休人员不得申报参加职称评审。

事业单位工作人员受到记过以上处分的，在受处分期间不得申报参加职称评审。

第十四条　申报人一般应当按照职称层级逐级申报职称评审。取得重大基础研究和前沿技术突破、解决重大工程技术难题，在经济社会各项事业发展中做出重大贡献的专业技术人才，可以直接申报高级职称评审。

对引进的海外高层次人才和急需紧缺人才，可以合理放宽资历、年限等条件限制。

对长期在艰苦边远地区和基层一线工作的专业技术人才，侧重考查其实际工作业绩，适当放宽学历和任职年限要求。

第十五条　申报人应当在规定期限内提交申报材料，对其申报材料的真实性负责。

凡是通过法定证照、书面告知承诺、政府部门内部核查或者部门间核查、网络核验等能够办理的，不得要求申报人额外提供证明材料。

第十六条 申报人所在工作单位应当对申报材料进行审核，并在单位内部进行公示，公示期不少于 5 个工作日，对经公示无异议的，按照职称评审管理权限逐级上报。

第十七条 非公有制经济组织的专业技术人才申报职称评审，可以由所在工作单位或者人事代理机构等履行审核、公示、推荐等程序。

自由职业者申报职称评审，可以由人事代理机构等履行审核、公示、推荐等程序。

第十八条 职称评审委员会组建单位按照申报条件对申报材料进行审核。

申报材料不符合规定条件的，职称评审委员会组建单位应当一次性告知申报人需要补正的全部内容。逾期未补正的，视为放弃申报。

第四章　组织评审

第十九条 职称评审委员会组建单位组织召开评审会议。评审会议由主任委员或者副主任委员主持，出席评审会议的专家人数应当不少于职称评审委员会人数的 2/3。

第二十条 职称评审委员会经过评议，采取少数服从多数的原则，通过无记名投票表决，同意票数达到出席评审会议的评审专家总数 2/3 以上的即为评审通过。

未出席评审会议的评审专家不得委托他人投票或者补充投票。

第二十一条 根据评审工作需要，职称评审委员会可以按照学科或者专业组成若干评议组，每个评议组评审专家不少于 3 人，负责对申报人提出书面评议意见；也可以不设评议组，由职称评审委员会 3 名以上评审专家按照分工，提出评议意见。评议组或者分工负责评议的专家在评审会议上介绍评议情况，作为职称评审委员会评议表决的参考。

第二十二条 评审会议结束时，由主任委员或者主持评审会议的副主任委员宣布投票结果，并对评审结果签字确认，加盖职称评审委员会印章。

第二十三条 评审会议应当做好会议记录，内容包括出席评委、评审对象、评议意见、投票结果等内容，会议记录归档管理。

第二十四条 评审会议实行封闭管理，评审专家名单一般不对外公布。

评审专家和职称评审办事机构工作人员在评审工作保密期内不得对外泄露评审内容，不得私自接收评审材料，不得利用职务之便谋取不正当利益。

第二十五条 评审专家与评审工作有利害关系或者其他关系可能影响客观公正的，应当申请回避。

职称评审办事机构发现上述情形的，应当通知评审专家回避。

第二十六条 职称评审委员会组建单位对评审结果进行公示，公示期不少于 5 个工作日。

公示期间，对通过举报投诉等方式发现的问题线索，由职称评审委员会组建单位调查核实。

经公示无异议的评审通过人员，按照规定由人力资源社会保障行政部门或者职称评审委员会组建单位确认。具有职称评审权的用人单位，其经公示无异议的评审通过人员，按照规定由职称评审委员会核准部门备案。

第二十七条　申报人对涉及本人的评审结果不服的，可以按照有关规定申请复查、进行投诉。

第二十八条　不具备职称评审委员会组建条件的地区和单位，可以委托经核准备案的职称评审委员会代为评审。具体办法按照职称评审管理权限由国务院各部门、省级人力资源社会保障行政部门制定。

第二十九条　专业技术人才跨区域、跨单位流动时，其职称按照职称评审管理权限重新评审或者确认，国家另有规定的除外。

第五章　评审服务

第三十条　职称评审委员会组建单位应当建立职称评价服务平台，提供便捷化服务。

第三十一条　职称评审委员会组建单位应当加强职称评审信息化建设，推广在线评审，逐步实现网上受理、网上办理、网上反馈。

第三十二条　人力资源社会保障行政部门建立职称评审信息化管理系统，统一数据标准，规范评审结果等数据采集。

第三十三条　人力资源社会保障行政部门在保障信息安全和个人隐私的前提下，逐步开放职称信息查询验证服务，积极探索实行职称评审电子证书。电子证书与纸质证书具有同等效力。

第六章　监督管理

第三十四条　人力资源社会保障行政部门和行业主管部门应当加强对职称评审工作的监督检查。

被检查的单位、相关机构和个人应当如实提供与职称评审有关的资料，不得拒绝检查或者谎报、瞒报。

第三十五条　人力资源社会保障行政部门和行业主管部门通过质询、约谈、现场观摩、查阅资料等形式，对各级职称评审委员会及其组建单位开展的评审工作进行抽查、巡查，依据有关问题线索进行倒查、复查。

第三十六条　人力资源社会保障行政部门和行业主管部门应当依法查处假冒职称评审、制作和销售假证等违法行为。

第三十七条　职称评审委员会组建单位应当依法执行物价、财政部门核准的收费标准，自觉接受监督和审计。

第七章　法律责任

第三十八条　违反本规定第八条规定，职称评审委员会未经核准备案、有效期届满未重新核准备案或者超越职称评审权限、擅自扩大职称评审范围的，人力资源社会保障行政部门对其职称评审权限或者超越权限和范围的职称评审行为不予认可；情节严重的，由人力资源社会保障行政部门取消职称评审委员会组建单位职称评审权，并依法追究相关人员的责任。

第三十九条　违反本规定第十三条、第十五条规定，申报人通过提供虚假材料、剽窃他人作品和学术成果或者通过其他不正当手段取得职称的，由人力资源社会保障行政部门或者职称评审委员会组建单位撤销其职称，并记入职称评审诚信档案库，纳入全国信用信息共享平台，记录期限为3年。

第四十条　违反本规定第十六条规定，申报人所在工作单位未依法履行审核职责的，由人力资源社会保障行政部门或者职称评审委员会组建单位对直接负责的主管人员和其他直接责任人员予以批评教育，并责令采取补救措施；情节严重的，依法追究相关人员责任。

违反本规定第十七条规定，非公有制经济组织或者人事代理机构等未依法履行审核职责的，按照前款规定处理。

第四十一条　违反本规定第十八条规定，职称评审委员会组建单位未依法履行审核职责的，由人力资源社会保障行政部门对其直接负责的主管人员和其他直接责任人员予以批评教育，并责令采取补救措施；情节严重的，取消其职称评审权，并依法追究相关人员责任。

第四十二条　评审专家违反本规定第二十四条、第二十五条规定的，由职称评审委员会组建单位取消其评审专家资格，通报批评并记入职称评审诚信档案库；构成犯罪的，依法追究刑事责任。

职称评审办事机构工作人员违反本规定第二十四条、第二十五条规定的，由职称评审委员会组建单位责令不得再从事职称评审工作，进行通报批评；构成犯罪的，依法追究刑事责任。

第八章 附 则

第四十三条 涉密领域职称评审的具体办法，由相关部门和单位参照本规定另行制定。

第四十四条 本规定自 2019 年 9 月 1 日起施行。

8.36　国网人才评价中心关于职称申报的规定（2019年5月修订）

国网人才评价中心关于职称申报的规定（2019年5月修订）

人才中心〔2019〕12号

各有关单位：

为准确掌握各专业系列职称评审条件和评定标准，正确履行专业技术资格评定工作程序，依据《国家电网有限公司职称评定管理办法》，国网人才评价中心（以下简称国网人才中心）对申报评定专业技术资格规定明确如下：

一、基本规定

（一）时间规定

计算现有资格取得年限、业绩成果取得时间或从事专业技术工作年限的截止时间，以及资格授予时间，均为专业技术资格申报年度的12月31日。

（二）学历规定

申报专业技术资格一般应具备规定学历。"规定学历"是指各专业系列《评审条件》和国家有关规定中明确的学历、学位要求（含后续学历，下同）。即：

中专学历，认定员级、助理级资格。

大专学历，认定助理级、评定中级资格。

本科学历，认定助理级、评定中级和高级（含正、副高级，下同）资格。

硕士学位（或研究生学历，下同）或双学士学位，认定助理级及中级、评定高级资格。

博士学位认定中级、评定高级资格。

其中：

1.取得双学士学位可按硕士学位对待。即：取得第二个学士学位后满2年或在大学本科学习期间同时取得双学士学位后满4年，可认定中级资格。

2.博士后认定或评定资格问题。博士进站后可直接认定中级资格，期满出站前后均可依据在站期间的科研成果评定副高级资格。

（三）年限规定

规定年限是指在取得规定学历的前提下，申报评定相应级别专业技术资格必须具备的

"取得现专业技术资格的年限"（简称现资格年限）、"工作后所从事的专业技术工作年限"（简称本专业年限）和"取得现资格后所从事的专业技术工作年限"（简称资格后本专业年限）。即：

"现资格年限"是指截止申报年度 12 月 31 日，本人现已具备专业技术资格的年限。

"本专业年限"是指截止申报年度 12 月 31 日，本人参加工作后所从事的与拟申报评定专业系列一致的专业技术工作累积年限之和。

"资格后本专业年限"分为"资格后本专业累积年限"和"资格后本专业连续年限"。资格后本专业累积年限是指截止申报年度 12 月 31 日，取得现资格后所从事的专业技术工作累积年限之和；资格后本专业连续年限是指截止申报年度 12 月 31 日，取得现资格后连续从事专业技术工作的年限。

1. 关于军队转业干部和原公务员。对于军队转业干部和原公务员，属于首次参加资格评定的人员，须严格执行规定学历前提下的"本专业年限"：

大专毕业后（含后续学历，下同）满 7 年、本科毕业后满 5 年，可直接申报评定中级资格。

大专毕业后满 12 年、本科毕业后满 10 年、取得硕士学位后满 7 年、取得博士学位后满 2 年，可直接申报评定副高级资格。

本科毕业后满 15 年、取得硕士学位后满 12 年、取得博士学位后满 7 年，可直接申报评定正高级资格。

2. 关于通过国家考试取得资格。参加人力资源和社会保障部组织的全国专业技术人员资格考试（"以考代评"和"考评结合"）和全国专业技术人员执（职）业资格考试取得的中、高级资格，必须符合有关资格考试报名条件的规定，即报考中、高级资格时应具备的规定学历和"本专业年限"（详见附件 1）。

（四）程序规定

根据中办、国办《关于深化职称制度改革的意见》，坚持"公平、公正、公开"原则，严格履行专业技术资格评定工作程序：申报（报名）和本单位公示阶段、评审（面试答辩、网上评审、考试、业绩积分等方式）阶段、公开审查（含举报问题核查与处理）阶段和发文认证阶段。

（五）方式规定

专业技术资格评定方式依据国家职称制度深化改革的要求确定。在全面实施对专业技术人员专业技术理论水平、能力、业绩积累（业绩积分）的前提下，正高资格实行"面试答辩"和评委会评审的评定方式；副高级资格实行"业绩积分"与评委会"网上评审"得分的加权评定方式；中级资格实行"业绩积分"与"专业与能力考试"（以考试代替评委会评审）成绩的加权评定方式。其中，中级资格评定方式可根据实际需要和有关规定，自主选择确定。

（六）特殊规定

1.关于外语、计算机问题。落实中办、国办《关于深化职称制度改革的意见》，各专业系列评审条件对"职称外语"、计算机水平考试的要求，不再作为申报的必备条件，但仍作为资格评定的水平能力标准之一。其中，符合"免试条件"的人员，须所在单位根据免试规定出具"免试证明"及相关证明材料（具体规定详见附件2）。

2.关于论文、技术报告问题。申报者提交的论文和技术报告等作品应为取得现资格后撰写且与申报专业相关。其中：

（1）论文、论著。发表或经学术交流或经学术部门评选的"论文"或"论著"，必须是正式发表或出版，录用通知不予认可。申报时须提供书、刊的封面、目录（交流或评选的证书）和本人撰写的内容即可，不必将整本书、刊一同提交。

（2）技术报告。"技术报告"应为申报者在当时完成专业技术项目之后，对完成或解决某项具体技术工作问题的报告（经济、政工专业可提供调研报告、课题研究报告）。申报时须提供专业技术负责人的证明（或鉴定意见）。

二、申报条件及评定方式

（一）中级资格

1.申报条件

大学本科或大学专科毕业，助理级资格年限满4年，且"资格后本专业累积年限"满4年或"资格后本专业连续年限"满2年；硕士研究生毕业后从事本专业年限满2年（学制不满2年的国外硕士须满3年），可申报评定中级资格。申报中级资格人员近三年绩效考核累计积分不低于3分且评定年度考核结果不能为D。

2.评定方式

（1）电力工程、工业工程、档案（原图档）、政工系列中级资格：依据中级资格评定标准，采取业绩积分和专业与能力考试方式综合进行评定，"业绩积分"与"专业与能力考试成绩"按5∶5比例加权确定评定总分（具体规定详见附件3）。

（2）技工院校教师（原职工教育）、电力新闻系列中级资格：依据中级资格评审条件，严格执行规定学历、年限及业绩要求，采取评审委员会评审方式进行评定。

（二）副高级资格

1.申报条件

大学本科毕业，中级资格年限满5年，且"资格后本专业累积年限"满5年或"资格后本专业连续年限"满3年；硕士学位，中级资格年限满4年，且"资格后本专业累积年限"满4年或"资格后本专业连续年限"满2年；博士学位，中级资格年限满2年，且"资格后本专业累积年限"满2年或"资格后本专业连续年限"满1年，可申报评定副高级资格。申报副高级资格人员近三年绩效考核累计积分不低于4分且评定年度考核结果不能为D。

其中，申报技工院校教师副高级资格要求本科及以上学历；申报其他专业副高级资格不限学历，本科以下学历层次现资格年限、专业年限要求与本科一致。

获得省部级科技进步奖、技术发明奖、自然科学奖二等奖及以上奖励的主要贡献者，可破格直接申报副高级资格。

2.评定方式

（1）电力工程、工业工程、经济、会计、档案、卫生、新闻、政工系列副高级资格：依据副高级资格评定标准，采取业绩积分和评审方式综合进行评定，"业绩积分"与"网上评审分数"按4：6比例加权确定评定总分（具体规定详见附件4）。

（2）技工院校教师系列副高级资格：依据副高级资格评审条件，严格执行规定学历、年限及业绩要求，采取评审委员会评审方式进行评定。

（三）正高资格

1.申报条件

具备大学本科及以上学历，副高级资格年限满5年，"资格后本专业累积年限"满5年，"本专业年限"要求本科满15年、硕士满11年、博士满7年，可申报评定正高资格。申报正高级资格人员近三年绩效考核累计积分不低于4.5分。

符合下列条件之一，可破格直接申报正高资格。

（1）获得国家科技进步奖、技术发明奖、自然科学奖二等奖及以上奖励的主要贡献者。

（2）"百千万人才工程"国家级人选、万人计划专家、创新人才推进计划专家、享受国务院政府特殊津贴人员等国家级人才。

（3）获得中国专利金奖。

2.评定方式

依据正高资格评审条件，严格执行规定学历、年限及业绩要求，采取面试答辩和评审委员会评审方式综合进行评定（具体规定详见附件5）。

三、申报专业

申报者选择申报评定的专业一般应以本人所从事的专业及所取得的业绩为依据，并对照相应专业《评审条件》《评定标准》的专业划分自主确定。其中，对于一些不易归属的专业，可按如下规定掌握：

（一）各科研院以调试为主和地市公司设计所（室）的工程专业技术人员，可按所从事专业申报"电力工程"生产运行的相应专业。

（二）"工业工程"规划类专业一般适用于从事综合性、系统性总体方案的规划、设计及实施等工作的人员，科研院从事规划设计的工程专业技术人员可按所从事专业申报"电力工程"规划设计的相应专业。

（三）工民建等专业可申报"电力工程"施工建设的相关专业。

（四）专门从事计算机应用的工程技术人员可根据所服务的对象（专业）进行划分。

（五）从事法律专业人员可申报经济系列相应专业。

四、申报方式

专业技术资格评定工作全过程使用"国网人才评价中心专业技术资格管理系统"，并实行"网上申报"。

（一）"网上申报"内容

专业技术资格申报者可在"中国电力人才网"网站（www.cphr.com.cn）进入年度"专业技术资格申报专栏"登录"专业技术资格申报系统"完成报名、信息填报、数据提交、报表打印等申报工作。

（二）"网上申报"流程

采取在线报名及信息填报、初审、复审、办理报名及评审手续的程序进行。完成在线录入并办理报名手续后，申报者须打印《专业技术资格评定初审表》并将与该表中所提内容相应的证明等其它申报材料报经本单位初审、申报单位及主管单位复审，其中，申报副高级资格（技工院校教师除外）和电力工程、工业工程、档案、政工系列中级资格者，还须打印各类鉴定表、评价表并报本单位审核及鉴定。

申报者在规定时间内登录"专业技术资格申报系统"查询复审状态：

1.正高资格（档案、卫生、新闻，下同）、技工院校教师（副高、中级）、新闻中级申报者："复审通过"并办理完成评审费缴费手续后，可正式打印《专业技术资格评定表》等各类表格并根据申报工作安排要求完善申报材料。

"复审通过"人员必须按数量要求提交《评定表》《一览表》打印件，《评定表》使用 A4

复印纸,《一览表》使用 A3 复印纸,其中,应档案管理部门的要求,《评定表》须双面打印。

2.副高级资格(不含技工院校教师)申报者:"加权总积分达标"并办理完成评审费缴费手续后,即完成资格申报工作。

3.电力工程、工业工程、档案、政工系列中级资格申报者:"加权总积分达标"并办理完成评审费缴费手续后,可在规定时间(将在网站另行通知)内打印"专业与能力考试"《准考证》。

五、专业准入与转评高报

根据各专业、系列的实际情况,从专业技术队伍建设角度出发,参照国家《人事信息代码汇编》有关学科分类的规定,对各专业系列准入的所学专业、专业技术资格、现从事的专业工作经历、"资格同级转评"和"资格跨系列高报"明确如下:

(一)工程系列

一般须同时具备理工科专业学历和工程技术资格以及工程技术工作经历。若具备理工科专业学历但现专业技术资格为非工程系列,则现从事工程技术工作的年限要求为:"资格同级转评"须 2 年及以上、"资格跨系列高报"须 3 年及以上。

(二)卫生系列

一般须同时具备医疗卫生专业学历和卫生技术资格以及医疗卫生技术工作经历。若具备医疗卫生专业学历但现专业技术资格为非卫生系列,则现从事医疗卫生技术工作的年限要求为:"资格同级转评"须 2 年及以上、"资格跨系列高报"须 3 年及以上。

(三)会计系列

一般须同时具备财会(含财经类,下同)专业学历和会计专业资格(含审计专业资格、注册会计师执业资格,下同)以及财会工作经历。若具备财会专业学历但专业技术资格为非会计专业系列,或不具备财会专业学历但专业技术资格为会计、统计、经济、工程系列,则现从事财会工作的年限要求为:"资格同级转评"须 2 年及以上、"资格跨系列高报"须 3 年及以上。

(四)经济系列

一般须同时具备经济(含理工、财经、管理、法律类,下同)专业学历和经济专业资格以及经济工作经历。若具备经济专业学历但专业技术资格为非经济专业系列,或不具备经济专业学历但专业技术资格为经济、工程、统计、会计、法律和企业法律顾问系列,则现从事经济工作的年限要求为:"资格同级转评"须 2 年及以上、"资格跨系列高报"须 3 年及以上。

(五)技工院校教师、档案、新闻、政工系列

须专职从事相应系列规定的专业工作。若专业技术资格为非相应专业系列,则现从事申报专业工作的年限要求为："资格同级转评""资格跨系列高报"均须2年及以上。

六、关于"国家考试"

根据国家职称制度深化改革需要，人力资源和社会保障部对部分专业系列、资格级别实行"以考代评"或"考评结合"评定制度。目前主要包括：

（一）卫生技术、经济、会计、统计、审计、出版、翻译系列初中级资格实行"以考代评"

根据原人事部、卫生部文件《关于印发〈预防医学、全科医学、药学、护理、其他卫生技术等专业技术资格考试暂行规定〉及〈临床医学、预防医学、全科医学、药学、护理、其他卫生技术等专业技术资格考试实施办法〉的通知》（卫人发〔2001〕164号）、原人事部1990年下发的经济、会计、统计、审计专业《资格考试暂行规定》及其《实施办法》、《人事部、新闻出版署关于印发〈出版专业技术人员资格考试暂行规定〉和〈出版专业技术人员职业资格考试实施办法〉的通知》（人发〔2001〕86号）、《翻译专业资格（水平）考试暂行规定》（人发〔2003〕21号）及《二级、三级翻译专业资格（水平）考试实施办法》（国人厅发〔2003〕17号），卫生技术、经济、会计、统计、审计、出版、翻译系列的初中级资格国网人才中心不再进行评定与认定，一律参加各地方政府组织的全国专业技术人员专业技术资格（执业或职业资格）考试取得。

（二）高级审计师、高级统计师、高级会计师资格实行"考评结合"

根据原人事部、审计署、财政部《关于印发〈高级审计师资格评价办法（试行）〉的通知》（人发〔2002〕58号），人力资源社会保障部、国家统计局《关于印发高级统计师资格评价办法（试行）的通知》（人社部发〔2011〕90号）和《关于2007年度高级会计师资格考评结合工作有关问题的通知》（国人厅发〔2007〕50号）文件规定，高级审计师、高级统计师和高级会计师一律实行考、评结合（即考试和评审）的方式进行评定。其中：

1.高级审计师、高级统计师。申报者须参加由各省级地方政府有关部门组织的高级审计师或高级统计师的考试和评审，其结果须由申报者所属省公司或公司直属单位进行备案及确认。

2.高级会计师。申报者须先参加由各省级地方政府有关部门组织的高级会计师考试，再凭高级会计师考试合格证书（成绩），报名参加国网人才中心组织的年度专业技术资格评定，取得高级会计师资格。

七、关于技能人员申报专业技术资格

在工程技术领域生产一线岗位工作、具有理工科学历且取得现从事专业相应资格的员工，可申报评定工程系列相应级别专业技术资格。

1. 取得高级工资格后，从事技术技能工作满 2 年，可申报助理工程师。

2. 取得技师资格后，从事技术技能工作满 3 年，可申报工程师。

3. 取得高级技师资格后，从事技术技能工作满 4 年，可申报高级工程师。

八、其他说明

（一）公司系统目前可评审 8 个系列：

1. 工程系列：正高级、副高级、中级

2. 经济系列：副高级

3. 会计系列：副高级

4. 技工院校教师系列：副高级、中级

5. 档案系列：正高级、副高级、中级

6. 卫生系列：正高级、副高级

7. 新闻系列：正高级、副高级、中级

8. 政工系列：副高级、中级

其中，工程系列正高级评定工作另行安排。

公司具备评审权的系列，申报者须参加公司统一评定；公司暂未取得评审权的系列，各单位可采取委托方式组织评审，评审结果由申报者所属地市公司级及以上单位确认。

（二）各省电力高等专科学校、电力职业技术学院从事学历教育教学工作的教师人员应申报高等学校教师相关资格（参加地方相关单位组织的评审），各省（管理、技能）培训中心从事培训教学工作的教师人员可申报技工院校教师相关资格。

（三）确实经过中央党校、各省（市、区）党校和境外院校规定学时、课时的学习（有学籍档案），所取得的学历、学位与国民教育学历具有同等效用，在专业技术资格评定中应予以承认。

（四）根据国家教委和原人事部教学厅〔1993〕4 号文件的规定，普通高等学校1970~1976 年入学的毕业生，"国家承认其学历为大学普通班毕业"。故这部分人员若具备规定的年限和能力、水平，可评定副高级及以上专业技术资格。

（五）具备专业不对口的学历，需取得 2 门及以上大专层次专业对口的专业课程自学考试单科结业证书，可申报中级、副高级资格。

（六）各《评审条件》和相应资格《评定标准》中所提"核心期刊"系指以北京大学出版的"北大中文核心期刊"及中国科学技术信息研究所出版的"中国科技核心期刊"目录为准。EI、SCI、SSCI 收录的文章需提供收录证明。

（七）获奖的"主要贡献者"指：集体获奖项目，须是该项目排名靠前的第一、二完成人及主要完成（参加）者。若排名靠后，但确系主要完成（参加）者，须提供本人所在单位主管部门出具的正式文件。该文件，须后附第一、二完成人分别亲自撰写并签名的"证明书"。文件及"证明书"须表明在该项目中被证明人承担任务的内容、重要程度及排名位次和排名靠后的原因，以及其他获奖人员名单（如获奖人数超过15人，可仅列出前15人名单并注明获奖总人数）。

（八）申报者须在申报时提交全部申报材料。各单位在复审工作开始后，以及整个评审过程中，任何人不得再补交或向申报者索要补充材料。

（九）实行学术造假"一票否决制"，申报人员通过弄虚作假、暗箱操作等违规违纪行为取得的职称予以撤销，3年内不得申报；各单位出现评审标准不严格、组织不严谨、结果不公正等问题，视情节轻重给予通报批评、停止评审、限期整改等处理，直至收回评审权限；评定工作人员违反工作纪律，徇私舞弊、以权谋私或有其他违规违纪行为的，调离职称管理岗位。

（十）外单位调入人员，其专业技术资格若为局级及以上单位评定或认定的，应与原电力部、国家电力公司系统的原专业技术职务任职资格一样，具有同等效用，予以承认；否则，需履行专业技术资格评定工作程序，重新评定。

（十一）关于委托评审。委托评审须由申报者所在单位的上级主管单位向国网人才中心出具"委托书"，"委托书"中须注明委托评审专业系列、参评单位名称及委托评审期限（按年度）。在专业技术资格申报阶段，按要求将委托评审材料直接报送至国网人才中心。评审工作结束后，国网人才中心将评审结果函告委评单位。

国家电网公司系统各单位委托国网人才中心评定中级资格，须各单位出具"委托函"。

附件：

1. 国家会计、审计、统计中高级资格和经济中级资格考试报名条件有关规定

2. 关于专业技术资格对外语和计算机水平要求的规定

3. 中级专业技术资格业绩积分和专业与能力考试综合评定管理办法

4. 副高级专业技术资格在线积分评定管理办法

5. 正高级专业技术资格答辩实施办法

6. 艰苦边远地区列表

国网人才评价中心

2019 年 5 月 22 日

8.37 人力资源社会保障部 教育部关于深化中等职业学校教师职称制度改革的指导意见

人力资源社会保障部 教育部关于深化中等职业学校
教师职称制度改革的指导意见
人社部发〔2019〕89号

各省、自治区、直辖市及新疆生产建设兵团人力资源社会保障厅（局）、教育厅（教委、教育局），国务院各部委、各直属机构人事部门，各中央企业人事部门：

中等职业学校教师是我国专业技术人才队伍的重要组成部分，是加快建设现代职业教育体系、培养高素质技术技能人才、提高职业教育质量的重要力量。为贯彻落实《中共中央 国务院关于全面深化新时代教师队伍建设改革的意见》《国家职业教育改革实施方案》《中共中央办公厅 国务院办公厅关于深化职称制度改革的意见》，现就深化中等职业学校教师职称制度改革提出如下指导意见。

一、指导思想和基本原则

（一）指导思想

以习近平新时代中国特色社会主义思想为指导，全面贯彻落实党的十九大和十九届二中、三中全会以及全国教育大会精神，遵循职业教育特点和中等职业学校教师职业发展规律，构建分类清晰、名称统一、科学规范的中等职业学校教师职称制度，畅通中等职业学校教师职业发展通道，为加快发展现代职业教育提供制度保障和人才支撑。

（二）基本原则

1.坚持师德为先和能力为重相统一。以德能兼修为导向，重师德、重能力、重业绩、重贡献，激励教师提高师德修养和教书育人水平。

2.坚持统一制度和分类评价相结合。建立统一的中等职业学校教师职称制度，对文化课、专业课教师和实习指导教师进行分类评价，发挥人才评价"指挥棒"作用，促进中等职业教育教师的专业化发展。

3.坚持职称评审和岗位聘用相统一。创新评价机制，充分发挥用人主体的作用，促进人才评价与使用相结合，使职称制度与中等职业学校聘用制度和岗位管理制度相衔接。

4.坚持下放权限和强化监管相结合。合理界定和下放中等职业学校教师职称评审权限，积极培育学校自主评审能力，同时加强监管、优化服务，保证职称评审质量。

二、主要内容

通过健全制度体系、完善评价标准、创新评价机制、实现职称评审与岗位聘用制度的有效衔接等措施，形成以品德、能力和业绩为导向，以社会和业内认可为核心的中等职业学校教师职称制度。

（一）健全制度体系

1.完善中等职业学校教师职称设置。普通中等专业学校、职业高中和成人中等专业学校均设文化课、专业课教师和实习指导教师职称类别。原来实行的中等专业学校教师职称系列和职业高中教师职称统一并入新设置的中等职业学校教师职称系列。

2.统一职称等级和名称。文化课、专业课教师职称设初级、中级、高级。初级只设助理级，高级分设副高级和正高级，助理级、中级、副高级和正高级职称名称依次为助理讲师、讲师、高级讲师、正高级讲师。实习指导教师职称设初级、中级、高级，初级分设员级和助理级，高级分设副高级和正高级，员级、助理级、中级、副高级和正高级职称名称依次为三级实习指导教师、二级实习指导教师、一级实习指导教师、高级实习指导教师、正高级实习指导教师。

3.统一后的中等职业学校教师职称与原中等专业学校教师、职业高中教师职称的对应关系是：原职业高中正高级教师对应正高级讲师；原中等专业学校高级讲师、职业高中高级教师对应高级讲师；原中等专业学校讲师、职业高中一级教师对应讲师；原中等专业学校助理讲师、职业高中二级教师对应助理讲师；原中等专业学校教员、职业高中三级教师可聘任为助理讲师。

4.统一后的中等职业学校教师职称等级与事业单位专业技术岗位等级对应关系为：正高级对应专业技术岗位一至四级，副高级对应专业技术岗位五至七级，中级对应专业技术岗位八至十级，助理级对应专业技术岗位十一至十二级，员级对应专业技术岗位十三级。

（二）完善评价标准

1.坚持把师德放在评价的首位。坚持教书与育人相统一，言传与身教相统一，潜心问道与关注社会相统一，学术自由与学术规范相统一，引导教师以德立身，以德立学，以德施教，立德树人，爱岗敬业，为人师表。强化师德考评，实行师德问题"一票否决"。

2.充分体现中等职业学校教师职业特点。根据职业教育教师的岗位类型和岗位特征，区别制定各类教师的评价标准，实行分类评价。注重教育教学工作实绩，注重实践教学和技术技能人才培养实绩，注重产教融合、校企合作和工学结合的教学改革实绩，注重行业企业实践经历。切实改变过分强调论文、学历、课题项目等倾向。区别不同情况，可将教研报告、教案、发明专利、参与教学标准和人才培养方案开发成果、参与学校专业建设、参与实训基地建设、指导学生实习成果、指导职业技能竞赛或教学竞赛成绩、参与行业标准研发成果等作为评价条件。注重个人评价和团队评价相结合，尊重和认可团队所有参与者的实际贡献。以实绩、贡献为导向，允许所教专业与所学专业或教师资格证标注的专业不一致的教师参与职称评审，促进双师型教师队伍建设。

3. 实行国家标准和地区标准相结合。国家制定中等职业学校教师职称评价基本标准（见附件）。各省、自治区、直辖市及新疆生产建设兵团根据本地区中等职业教育发展情况，结合现有各类中等职业学校的特点，制定不低于国家标准的具体评价标准。对于文化课、专业课教师和实习指导教师的交流，以及其他系列专业技术人员、普通高中教师和中等职业学校教师的交流等情况，各地可根据实际制定职称评审的具体办法。

4. 向优秀人才倾斜。对于少数特别优秀、具有特殊贡献的教师，各地制定完善相应的破格评审条件。对于在艰苦边远地区工作的中等职业学校教师和既承担文化课、专业课教学任务，又承担实习教学任务的教师，予以适当倾斜。对于公开招聘的具有 3 年以上企业工作经历并具有高职以上学历的教师，在首次评审时可参考其在企业的工作经历和业绩成果直接评定相应层级职称。

（三）创新评价机制

1. 健全评审机制。进一步完善以同行专家评审为基础的业内评价机制，增强专家评审的公信力。加强评委会组织管理，注重遴选高水平的职业教育教学专家、一线教师、行业企业技术专家和高技能人才担任评委。健全评委会工作程序和评审规则，建立评审专家责任制。

2. 创新评价方式。探索社会和业内认可的形式，采取教学水平评价、面试答辩、专家评议、实践操作等多种评价方式，加大学校的评价权重，充分结合学校开展的日常考核评价结果，对中等职业学校教师的专业素质和教学水平进行有效评价。全面推行公开、公示制度，增加职称评审的透明度。

3. 下放评审权限。积极培育中等职业学校自主评审能力，科学界定、合理下放中等职业学校教师职称评审权限。初级、中级职称由符合条件、管理规范的中等职业学校自主组织评审，探索综合水平较高、办学规模较大的中等职业学校自主开展高级职称评审试点。对学校开展的自主评审，政府部门不再审批评审结果，改为事后备案管理。加强对自主评审工作的监管，对于不能正确行使评审权、不能确保评审质量的，暂停自主评审工作直至收回评审权。

（四）实现职称评审与岗位聘用制度的有效衔接

1. 坚持中等职业学校教师职称评审和岗位聘用相统一。中等职业学校教师职称评审是教师岗位聘用的重要依据和关键环节，岗位聘用是职称评审结果的主要体现。中等职业学校教师职称评审，在核定的岗位结构比例内进行。中等职业学校教师竞聘更高等级的专业技术岗位，由学校推荐符合条件的教师参加评审，并按照有关规定将通过职称评审的教师聘用到相应教师岗位，并及时兑现受聘教师的工资待遇。要建立健全考核制度，加强聘后管理，在岗位聘用中实现人员能上能下。

2. 对此次改革前已经取得中等职业学校专业技术职务任职资格但未被聘用到相应岗位的人员，在聘用到相应岗位时不再需要经过评委会评审。各地要结合实际制定具体办法，同等条件下优先聘用。

3. 中等职业学校教师高级、中级、初级岗位之间的结构比例，以及高级、中级、初级岗位内部各等级的结构比例，要根据新的中等职业学校教师职称等级体系，按照国家关于中等职业学校岗位设置管理的有关规定执行。其中，正高级教师要从严控制，在确保质量的前提下逐步达到合理比例。

三、组织实施

（一）加强领导，明确职责。深化中等职业学校教师职称制度改革政策性强，牵涉面广，涉及广大教师切身利益，区域情况差别大。各地要充分认识改革的重大意义，切实加强领导，深入贯彻落实"放管服"改革精神，进一步明晰部门职责，着力构建事权人权相统一的体制机制。人力资源社会保障部门牵头推进中等职业学校教师职称制度改革，主要负责职称政策制定；教育等行业部门及学校主要负责职称评审工作的具体组织实施。各部门要密切配合，相互协商，确保中等职业学校教师职称制度改革顺利推进。

（二）周密部署，稳步实施。各地要结合自身实际，妥善做好新老人员过渡和新旧政策衔接工作。现有在岗中等专业学校、职业高中和成人中等专业学校教师，按照原专业技术职务与统一后的职称对应关系，直接过渡到统一后的职称体系，并统一办理过渡手续。对改革前各地自行试点评审的中等专业学校正高级教师，要按有关规定通过一定程序进行确认。要在平稳过渡的基础上，严格按照本意见开展新的职称评聘工作。要切实加强调查研究，充分掌握本地区中等职业学校情况、教师队伍状况，积极应对改革中遇到的新情况和新问题。要深入细致地做好政策宣传解释和思想政治工作，引导广大教师积极支持和参与改革，确保改革顺利推进。

（三）强化监管，确保公正。中等职业学校教师职称制度改革涉及教师切身利益，关乎公平正义。要严格规范职称评聘程序，按照个人申报、考核推荐、专家评审、学校聘用的基本程序进行。要健全和完善评审监督机制，建立健全职称评审回避制度、公示公开制度、随机抽查制度、责任追究制度，建立复查、投诉机制，充分发挥相关部门和广大教师的监督作用，确保评审公正规范、评审过程公开透明。

各地要及时总结经验，认真研究并解决改革中发现的新情况和新问题，妥善处理改革、发展和稳定的关系。有关改革进展情况及遇到的重要问题及时报告。

本意见适用于普通中专、职业高中、成人中专及省、市、县职业教育教研机构。

非公办中等职业学校教师可参照本意见参加职称评审。

附件：中等职业学校教师职称评价基本标准

人力资源社会保障部　教育部

2019 年 8 月 23 日

附件

中等职业学校教师职称评价基本标准

一、遵守国家宪法和法律，贯彻党和国家的教育方针，热爱职业教育事业，具有良好的思想政治素质和职业道德，自觉践行社会主义核心价值观，以德立身，以德立学，以德施教，立德树人，爱岗敬业，为人师表，关爱学生。

二、具备符合《教师资格条例》规定的教师资格及专业知识和教育教学能力，在教育教学一线任教，达到本地区教育行政部门及学校关于教学工作量、教育培训、教师考核等有关要求，切实履行教师岗位职责和义务。

三、身心健康，心理素质良好，能全面履行岗位职责。

四、专业课教师和实习指导教师到企业或生产服务一线实践的时间符合教育部等部门制定的《职业学校教师企业实践规定》的要求。

五、中等职业学校教师申报各层级职称，除必须达到上述基本条件外，还应具备以下条件：

（一）文化课、专业课教师

助理讲师：

1.基本掌握教育学生的原则和方法，胜任班主任或辅导员工作，积极参与学生管理工作，认真履行教书育人职责，正确教育和引导学生健康成长。

2.具有本专业必备的知识和技能，掌握所教课程的课程标准、教材、教学原理和方法等，基本胜任教学岗位，教学效果较好。

3.能较好组织开展学生社团、第二课堂等活动。

4.具备硕士学位；或者具备大学本科学历或学士学位，见习1年期满并考核合格；或者具有3年以上企业工作经历并具有高职以上学历，见习1年期满并考核合格。

讲师：

1.较好掌握教育学生的原则和方法，认真履行教书育人职责，较好地完成班主任或辅导员工作，正确教育和引导学生健康成长。

2.具有较扎实的专业知识和技能，独立掌握所教课程的课程标准、教材、教学原理和方法等，教学经验比较丰富，教学效果好。

3.具有一定的组织和开展教育教学研究的能力，承担一定的教学研究任务，并在教学改革、专业建设实践中积累了一定经验。

4.能较好地组织开展学生社团、第二课堂等活动。专业课教师积极承担校企合作、产教融合、实习实训教学等工作，具有相应专业实践能力。

5.具备博士学位；或者具备硕士学位，并在助理讲师岗位任职满2年；或者具备大学本科学历或学士学位，并在助理讲师岗位任职满4年；或者具有3年以上企业工作经历并具有高职以上学历，在助理讲师岗位任职满4年。

高级讲师：

1.具有崇高的职业理想和信念，认真履行教书育人职责，任现职以来较出色地完成班主任或辅导员工作，班级管理经验丰富，形成可供学习借鉴的德育经验，正确教育和引导学生健康成长。

2.具有扎实的理论基础、专业知识和技能，了解本专业发展现状和趋势，掌握先进的教育理念、教学方法，教学经验丰富，教学业绩显著，形成一定的教学特色和可供借鉴的教学经验。

3.指导与开展教育教学研究，在教学改革、专业建设实践中取得较突出的成绩。

4.指导青年教师组织开展学生社团、第二课堂等活动。专业课教师在校企合作、产教融合、实习实训教学等方面取得较突出成果，具有较强专业实践能力。

5.具备博士学位，并在讲师岗位任职满2年；或者具备大学本科及以上学历或学士以上学位，并在讲师岗位任职满5年；或者具有3年以上企业工作经历并具有高职以上学历，在讲师岗位任职满5年。

正高级讲师：

1.具有崇高的职业理想和信念，认真履行教书育人职责，任现职以来出色地完成班主任或辅导员工作，班级管理经验丰富，将思想道德教育有效融入教学全过程，形成可供推广和借鉴的德育经验或模式，正确教育和引导学生健康成长。

2.深入系统地掌握本学科基础理论、专业知识和技能，掌握国内外本专业发展现状和趋势，掌握先进的教育理念、教学方法，教学经验丰富，教学业绩卓著，教学特色鲜明，形成可供推广和借鉴的教学经验或模式。

3.在教育教学团队中发挥关键作用，担任地市级以上专业带头人，主持和指导教育教学研究，在教育思想、专业建设、课程改革、教学方法等方面取得创造性成果，发挥示范引领作用，在指导和培养其他教师方面做出突出贡献。

4.指导青年教师组织开展学生社团、第二课堂等活动。专业课教师在校企合作、产教融合、实习实训教学等方面取得突出成果，具有突出专业实践能力。

5.一般应具有大学本科及以上学历或学士以上学位（从企业公开招聘的应具有高职以上学历），并在高级讲师岗位任职满5年。

（二）实习指导教师

三级实习指导教师：

1.基本掌握教育学生的原则和方法，胜任班主任或辅导员工作，积极参与学生管理工作，认真履行教书育人职责，正确教育和引导学生健康成长。

2.具有教育学、心理学和教学法的基础知识，基本掌握所教专业课程的专业知识和生产实习实训教学法，能够承担本专业部分实习实训教学。

3.了解本专业各种工具、设备结构原理以及文明生产、安全操作规程，具有相应专业实践能力。

4.具备大学本科及以上学历或学士以上学位；或具备大学专科（高职）学历，任教1年期满并考核合格；或具有中等职业学校学历，任教2年期满并考核合格。

二级实习指导教师：

1.掌握教育学生的原则和方法，胜任班主任或辅导员工作，积极参与学生管理工作，认真履行教书育人职责，正确教育和引导学生健康成长。

2.具有教育学、心理学和教学法的基础知识，基本掌握所教专业课程的专业知识和生产实习实训教学法，能够独立承担本专业部分实习实训教学，教学效果较好。

3.掌握本专业各种工具、设备结构原理以及文明生产、安全操作规程，具有相应专业实践能力。

4.具备大学本科及以上学历或学士以上学位，在三级实习指导教师岗位任职满1年；或者具备大学专科（高职）学历，在三级实习指导教师岗位任职满2年；或者具备中等职业学校学历，在三级实习指导教师岗位任职满3年。

一级实习指导教师：

1.较好掌握教育学生的原则和方法，认真履行教书育人职责，较好地完成班主任或辅导员工作，正确教育和引导学生健康成长。

2.具有较扎实的专业知识和技能，掌握本专业的教学原理和生产实习实训教学法等，教学经验比较丰富，教学效果好。

3.具有一定的组织和开展实习教学研究的能力，承担一定的教学研究任务，并在教学改革、专业建设实践中积累了一定经验。

4.了解本专业工作过程或技术流程，承担校企合作、产教融合、实习实训教学等工作，具有相应专业实践能力。

5.具有大学本科及以上学历或学士以上学位，在二级实习指导教师岗位任职满3年；或者具备大学专科（高职）学历，在二级实习指导教师岗位任职满4年；或者具备中等职业学校学历，在二级实习指导教师岗位任职满5年。

高级实习指导教师：

1.具有崇高的职业理想和信念，认真履行教书育人职责，任现职以来较出色地完成班主任或辅导员工作，班级管理经验丰富，形成可供学习借鉴的德育经验，正确教育和引导学生健康成长。

2.具有扎实的理论基础、专业知识和精湛的操作技能，掌握先进的教育理念、教学方法，教学经验丰富，教学业绩显著，形成一定的教学特色和可供借鉴的教学经验。

3.具有较强的组织开展实习实训教学研究、专业建设、技术革新的能力，取得较突出的成果，起到带头人的作用。

4.掌握本专业工作过程或技术流程，在校企合作、产教融合、实习实训教学等方面取得较突出成果，具有较强专业实践能力。

5.具有大学专科（高职）及以上学历，并在一级实习指导教师岗位任职满5年；或具有中等职业学校学历，并在一级实习指导教师岗位任职满7年。

正高级实习指导教师：

1.具有崇高的职业理想和信念，认真履行教书育人职责，任现职以来出色地完成班主任或辅导员工作，班级管理经验丰富，将思想道德教育有效融入教学全过程，形成可供推广和借鉴的德育经验或模式，正确教育和引导学生健康成长。

2. 深入系统地掌握本专业基础理论、专业知识和操作技能，掌握国内外本专业发展现状与趋势，掌握先进的教育理念、教学方法，教学经验丰富，教学业绩卓著，教学特色鲜明，形成可供推广和借鉴的教学经验或模式。

3. 在教育教学团队中发挥关键作用，担任地市级以上专业带头人，具有主持和指导教育教学研究的能力，在教育思想、专业建设、实践教学改革、教学方法等方面取得突出成绩，发挥示范引领作用，在指导和培养其他教师方面做出突出贡献。

4. 熟练掌握本专业工作过程或技术流程，在校企合作、产教融合、实习实训教学等方面取得突出成果，具有突出专业实践能力。

5. 一般应具备大学本科及以上学历或学士以上学位（从企业公开招聘的应具有高职以上学历），并在高级实习指导教师岗位任职满 5 年。

附件 1 国家会计、审计、统计中高级资格和经济中级资格考试报名条件有关规定

根据人力资源和社会保障部等部委关于部分专业系列采取"以考代评"和"考评结合"取得专业技术资格（或评审资格）的有关规定要求，现将相关考试报名条件抄录如下：

一、高级会计师评审资格

1. 符合中央职称改革工作领导小组 1986 年 4 月 10 日关于转发财政部关于《会计专业职务试行条例》规定的有关高级会计师任职资格评审条件（职改字〔1986〕第 55 号）。即：

（1）取得博士学位，并担任会计师职务 2~3 年。

（2）取得硕士学位、第二学士学位或研究生班结业证书，或大学本科毕业并担任会计师职务 5 年以上。

2. 经省级人事、财政部门批准的申报高级会计师专业职务任职资格评审的破格条件。

二、高级审计师评审资格

1. 获得博士学位，取得审计师或相关专业中级专业技术资格后，从事审计工作满 2 年。

2. 获得硕士学位，取得审计师或相关专业中级专业技术资格后，从事审计工作满 4 年。

3. 大学本科毕业，取得审计师或相关专业中级专业技术资格后，从事审计工作满 5 年。

4. 大学专科毕业，取得审计师或相关专业中级专业技术资格后，从事审计工作满 6 年。

对虽不具备上述条件规定的学历、任职资格或从事审计工作年限，但审计工作业绩突出的人员，其破格报名条件由各省、自治区、直辖市审计、人事部门根据本地实际情况制定，并报审计署、人事部备案。

三、高级统计师评审资格

1. 获得统计学或者相近专业（数学与应用数学、信息与计算科学，下同）博士学位后，担任统计师专业职务满 2 年。

2. 获得统计学或者相近专业硕士学位，担任统计师专业职务后，或者通过全国统一考试取得统计师、会计师、审计师或者经济师资格（以下简称中级资格）后，从事统计专业工作满 3 年。

3. 获得统计学或者相近专业本科学历或者学士学位，取得中级资格后，从事统计专业

工作满4年。

4. 获得非统计学或者相近专业上述学历、学位，取得中级资格后，其从事统计专业工作的年限相应增加1年。

四、中级资格

1. 会计师

（1）取得大学专科学历，从事会计工作满5年。

（2）取得大学本科学历，从事会计工作满4年。

（3）取得双学士学位或研究生班毕业，从事会计工作满2年。

（4）取得硕士学位，从事会计工作满1年。

（5）取得博士学位。

对通过全国统一的考试，取得经济、统计、审计专业技术中、初级资格的人员，可报名参加相应级别的会计专业技术资格考试；从事会计工作年限是指取得规定学历前、后从事会计工作的总年限，截止日期为考试报名年度当年年底前。

2. 审计师

（1）取得大学专科学历，从事审计、财经工作满5年。

（2）取得大学本科学历，从事审计、财经工作满4年。

（3）取得双学士学位或研究生班毕业，从事审计、财经工作满2年。

（4）取得硕士学位，从事审计、财经工作满1年。

（5）取得博士学位。

上述相关专业中级专业技术资格是指会计师、经济师、统计师、工程师等。报考条件中有关学历的要求是指经国家教育行政主管部门承认的正规学历或学位；从事审计、财经相关工作年限是指取得规定学历前、后从事该项工作时间的总和，截止日期为考试报名年度当年年底前。

3. 经济师

（1）取得大专学历，从事专业工作满6年。

（2）取得本科学历，从事专业工作满4年。

（3）取得第二学士学位或研究生班毕业，从事专业工作满2年。

（4）取得硕士学位，从事专业工作满1年。

（5）取得博士学位。

上述报考条件中有关学历的要求是指经国家教育行政主管部门承认的正规学历、学位；从事相关工作年限要求是指取得规定学历前、后从事本专业工作时间的总和，截止日期为考试报名年度当年年底前。

4. 统计师

（1）大学专科毕业，从事专业工作满6年；大学本科毕业，从事专业工作满4年。

（2）获第二学士学位或研究生班结业，从事专业工作满2年。

（3）获硕士学位，从事专业工作满1年；获博士学位。

（4）实行资格考试制度前，已担任统计师专业技术职务的人员，符合基本条件中规定的要求，如本人自愿，也可参加统计专业中级资格考试。

上述报考条件中有关学历的要求是指经国家教育行政主管部门承认的正规学历，从事专业工作年限的要求是指报名人员取得规定学历前后从事本专业工作时间的总和，截止日期为考试报名年度当年年底前。

附件2 关于专业技术资格对外语和计算机水平要求的规定

按照各专业技术职务试行条例对专业技术人员外语能力和计算机水平要求的相关条款，根据原人事部办公厅"国人部发〔2007〕37号"文件《关于完善职称外语等级考试有关问题的通知》精神，特对申报专业技术资格外语和计算机水平能力，明确如下：

一、《合格证书》及考试成绩核发权限

外语和计算机水平考试《合格证书》核发认证单位为：中华人民共和国人力资源和社会保障部（原人事部，以下简称：人力资源社会保障部）和国家电力公司、国家电网公司；考试成绩与全国通用标准有效的公布单位为：人力资源社会保障部人事考试中心、各省（市、区）人事考试中心或人事厅（局）。

二、《合格证书》及考试成绩的作用

（一）外语

1. 证书类别。有三种：

（1）1999年至2005年期间，参加人力资源社会保障部组织考试所取得的《合格证书》共有A、B、C三个等级，分为两类：由人力资源社会保障部印制、由各省（省级人事考试中心或人事厅、局）、部门（含国家电力公司）主办单位签发的《全国专业技术人员职称外语等级统一考试合格证书》，可简称为"国家合格证书"；由省（省级人事考试中心或人事厅、局）依据人力资源社会保障部考试成绩全国通用标准下调分数线并核发的、其内容标明"参加全国专业技术人员职称外语等级……符合本省（市、区）……"等字样的《合格证书》，可简称为"地方合格证书"。

（2）自2006年（含部分2005年先行试点单位）起，参加人力资源社会保障部组织考试所取得的证明材料为《成绩通知书》，也分为A、B、C三个等级。由人力资源社会保障部人事考试中心印制、由人力资源社会保障部人事考试中心和各省（省级人事考试中心或人事厅、局）签发的《全国职称外语等级考试成绩通知书》，考试成绩的全国通用标准由人力资源社会保障部及其人力资源社会保障部人事考试中心公布。

（3）自2009年起，参加国家电网公司组织的"专业技术人员电力英语水平考试"所取得的《合格证书》同样有A、B、C三个等级，由国家电网公司印发。

2.考试成绩使用标准。2006年及以后参加人力资源社会保障部组织考试，凡其成绩达到或超过全国职称外语等级考试各级别全国通用标准，与"国家合格证书"作用相同，例：考试成绩达到A（B、C）级全国通用标准即为A（B、C）级合格，为便于掌握，本规定将其与"国家合格证书"，统称为"A（B、C）级通用标准"；凡其成绩小于全国职称外语等级考试各级别全国通用标准10分（含10分）以内，与"地方合格证书"作用相同，为便于掌握，本规定将小于全国职称外语等级考试各级别全国通用标准10分（含10分）以内的成绩与"地方合格证书"，统称为"A（B、C）级时效标准"。

3.有效期。自2020年起，参加国家电网公司组织的"专业技术人员电力英语水平考试"并取得《合格证书》，方可有效。具体标准：取得的A级《合格证书》有效期为四年（截止日为取证的第四年年底）；取得的B级、C级《合格证书》有效期为三年（截止日为取证的第三年年底）。在此之前，参加人力资源社会保障部组织的职称外语等级统一考试，符合下列要求可使用2019年度有效：

（1）取得A（B、C）级通用标准；

（2）其考试成绩达到本规定明确的"A（B、C）级时效标准"，其有效期截止日均为考试年第二年12月31日。

（二）计算机

自2020年起，参加国家电网公司组织的"专业技术人员计算机水平考试"并取得《合格证书》，方可有效。具体标准：取得A级《合格证书》，有效期为四年（截止日为取证的第四年年底）；取得的B级《合格证书》有效期为三年（截止日为取证的第三年年底）。在此之前，参加人力资源社会保障部组织的"全国专业技术人员计算机应用能力考试"，符合下列要求可使用2019年度有效：

1.取得4个模块的《合格证书》。其4个模块为：

（1）计算机网络应用基础、Internet应用（此项可任选一种）。

（2）Word中文处理、WPS Office办公组合中文字处理（此项可任选其中一种）。

（3）Powerpoint中文演示文稿。

（4）Visual Foxpro数据库管理系统、计算机辅助设计、Access数据库管理系统、CAD制图软件（此项可任选一种）。

2.取得本附件第二条第二项第一款所列4个模块中的2个或3个模块《合格证书》的，其有效期为：3个模块，4年（截止日为取得第三个模块合格证书之第四年年底）；2个模块，3年（截止日为取得第二个模块合格证书之第三年年底）。

三、申报专业技术资格相应等级标准

（一）外语

1.A 级，适用于申报正、副高级和中级专业技术资格。

2.B 级，适用于申报副高级、中级专业技术资格。

3.C 级，适用于申报中级专业技术资格。

（二）计算机

取得 2 个及以上模块或 A 级、B 级合格证书，可申报各级别的专业技术资格。

四、外语、计算机免试条件

（一）外语免试条件及范围

1. 外语考试年年底前男同志年满 50 周岁，女同志年满 45 周岁。其中，在部分少数民族及艰苦偏远地区工作的专业技术人员可再降 5 岁，即：男同志年满 45 周岁，女同志年满 40 周岁（详见附件 6《艰苦边远地区列表》）。

2. 取得外语专业大学专科及以上学历。

3. 曾在国外留学并取得学士及以上学位，或在国内获得博士学位。

4. 在国内取得硕士学位或取得大学外语六级考试合格证书申报中级资格。

5. 通过"全国工商企业出国培训备选人员外语考试（简称 BFT）"中级者，申报中级专业技术资格；通过 BFT 考试高级者，申报高级专业技术资格。

6. 正式出版过译著，译文累计 3 万汉字以上申报中级专业技术资格的；译文累计 5 万汉字以上申报高级专业技术资格的（译文包括汉译外和外译汉）。

7. 连续在国外学习、工作满 2 年，或经组织批准连续在国外进修满 1 年（需提供证明材料）。

8. 经组织选派在援外、援藏、援疆、支边期间申报专业技术资格者。

9. 同级转评专业技术资格。

10. 申报档案专业、卫生系列的中医药专业和思想政治工作系列资格。

11. 申报各系列初级资格和初次确认专业技术资格。

12. 军队转业干部和公务员调到企事业单位从事专业技术工作，属于首次申报专业技术资格者。

13. 符合如下条件之一者：

（1）国家或省（部）级批准的有突出贡献的中青年科学技术、管理专家；政府特殊津

贴或省（部）级特殊津贴享受者；中国青年科技奖的获奖者；人力资源社会保障部批准的"百千万人才工程"专家。

（2）省部级及以上科学技术进步奖（或本专业项目奖）三等奖及以上获奖的主要贡献者。

（3）省公司级及以上单位确定（或批准）的"优秀专家人才"（须提供相应的批复文件和主管单位及本单位开展相应人选选拔工作的制度性文件）。

14. 在少数民族和长期艰苦偏远地区工作的申报者，如参加人力资源社会保障部组织的全国职称外语等级考试，可以参照执行当地省级政府对专业技术人员外语的免试规定（须提供当地省级政府有关文件的复印件）。

（二）计算机免试条件及范围

1. 计算机考试年年底前男同志年满 50 周岁、女同志年满 45 周岁。其中，在部分少数民族及艰苦偏远地区工作的专业技术人员可再降 5 岁，即：男同志年满 45 周岁，女同志年满 40 周岁（详见附件 6《艰苦边远地区列表》）。

2. 取得计算机专业大学专科及以上学历。

3. 取得非计算机专业博士学位。

4. 参加全国计算机技术与软件专业技术资格（水平）考试取得程序员及以上资格证书。

5. 申报卫生系列资格。

附件3 中级专业技术资格业绩积分和专业与能力考试综合评定管理办法

第一章 总 则

第一条 为客观、公正、科学地评价申报中级资格专业技术人员的学识和水平，鼓励多出成果、多出人才，促进电力科技进步与发展，适应人才强企战略需要和人才成长规律，在中级专业技术资格评定工作中实行申报者业绩积分和专业与能力考试加权的方式进行评定。为此，国网人才评价中心暨国家电网公司人才交流服务中心（以下简称国网人才中心）特制定本办法。

第二条 业绩积分，指对申报者专业技术水平、能力、业绩实行在线量化积分。采取专业理论水平积分、主要贡献和作品成果积分、水平能力积分、申报人员所在单位和主管单位评价积分等多维评价方式进行鉴定。

第三条 专业与能力考试，指加权总积分达标者参加的考核其专业工作应具备的综合知识能力的统一考试。专业与能力考试将依据相应专业技术资格评审条件（以下简称《评审条件》）中"专业理论水平要求"和"工作经历和能力要求"相关条款，按知识类和能力类2部分设计考卷；考试组织工作由国网人才中心统一负责，具体考务工作委托第三方考试服务机构实施。

第四条 最终评定结果以申报者加权总积分和专业与能力考试成绩按5：5比例进行加权计算确定。

第五条 本办法适用于国家电网公司系统各单位和其他履行国网人才中心专业技术资格评定工作程序全过程以及委托评审单位的相关专业申报者。

第二章 评定程序

第六条 依据各类专业技术资格《评审条件》，符合申报条件人员即可在网上报名参加相应专业中级资格业绩积分。

第七条 申报者登录国网人才中心网站"专业技术资格申报系统"，打印"技术资历鉴定意见表"和"所在单位评价意见表"。

第八条 所在单位对申报者申报材料进行审查、鉴定、评价、公示，经主管单位（省级评价中心或省公司等同级单位，下同）复审后，由申报单位人力资源部登录"申报或主管单位专业技术资格审查系统"，录入鉴定和评价结果。申报单位对申报者"技术资历鉴定意见表"和"所在单位评价意见表"签字盖章后并连同所有经鉴定和评价的纸质材料，报主管单位。

第九条 主管单位（须登录该系统）负责对经申报者所在单位鉴定后的专业理论水平、主要贡献和作品成果、申报者所在单位评价意见进行复审和确认。

第十条 "在线积分评定系统"按统一规范的程序和积分标准，综合专业理论水平、主要贡献和作品成果、申报人员所在单位和主管单位评价5部分结果，计算出申报者加权总积分。

第十一条 加权总积分达标者方可进入专业与能力考试阶段。

第十二条 根据申报者"加权总积分"与"专业与能力考试"成绩加权计算评定总分，评定总分达标者为评定通过，评定通过名单进行网上"公开审查"。

第十三条 "公开审查"无误后，由国网人才中心印发资格通过文件、制发资格证书并将通过资格评定名单转入"历年专业技术资格备查库"，由申报单位或主管单位使用"申报或主管单位专业技术资格审查系统"打印《评定表》、入档。

第三章 业绩积分标准和实操方法

第十四条 《中级资格评定标准》及其《中级资格业绩积分标准》系依据相应专业技术资格《评审条件》而制定。其中，《中级资格业绩积分标准》主要按专业理论水平、主要贡献和作品成果、水平能力、申报人员所在单位和主管单位评价5部分内容确定并统一整定于"在线积分评定系统"中。将经相应组织对申报者审查、鉴定、评价、复审、公示后的鉴定意见和评价意见录入该系统中，系统将自动给出申报者各项实际得分及其实际总积分。

第十五条 专业理论水平积分。该积分标准主要按学历（学位）层次、专业及与申报专业一致性进行量化。其中，所学专业对口与否，以各专业《评审条件》中"申报条件"和国网人才中心最新修订版《关于申报专业技术资格的规定》为准。申报者提供的学历（学位）证书须经所在单位审查鉴定。具体积分方法为：

1. 硕士（含学制满2年的国外硕士，下同）或取得学制不满2年（1年或1.5年）的国外硕士后满3年且专业对口（含双学士且专业均对口）20分。

2. 本科且专业对口、硕士（含学制满2年的国外硕士）或取得学制不满2年（1年或

1.5年）的国外硕士后满3年但专业不对口、双学士（单一专业对口或两个专业均不对口）15分。

3.大专且专业对口以及本科但专业不对口10分。

第十六条 主要贡献和作品成果积分。该积分标准，依据各专业《评审条件》中"业绩与成果要求"为准，从主要贡献、作品成果2方面进行量化。由所在单位"鉴定委员会"依据申报者提供的其使用"专业技术资格申报系统"打印出的"技术资历鉴定意见表"和获奖证书、发表作品等材料，进行审查、鉴定并选择填涂、签字、盖章；由申报单位人力资源部门在"申报或主管单位专业技术资格审查系统"中录入鉴定结果并连同所有经鉴定的纸质材料报主管单位复审；经主管单位复审并确认后，该系统将给出主要贡献和作品成果的实际积分。

主要贡献和作品成果积分标准分值为：

"主要贡献"达标18分、业绩突出者可增至46分。

"作品成果"达标6分、业绩突出者可增至12分。

第十七条 水平能力积分。该积分标准，依据各专业《评定标准》中有关符合相应资格要求的"外语、计算机水平证书（成绩）或证明"条款进行量化。符合最新修定版《申报规定》附件中《关于专业技术资格对外语和计算机水平要求的规定》，为外语或计算机合格；否则为不合格。其中，参加国网人才中心组织的外语、计算机水平考试成绩，由"专业技术资格申报系统"自动给出。

水平能力积分标准分值为：

外语水平合格4分，不合格0分；

计算机水平合格8分，不合格0分。

第十八条 申报人员所在单位和主管单位评价积分。该积分标准，依据各专业《评审条件》中"工作经历和能力要求"中相应条款、专业进行量化。包括2部分，一是政治表现，二是申报人主要工作经历和能力。由所在单位"鉴定委员会"依据申报者提供的其使用"专业技术资格申报系统"打印出的"所在单位评价意见表"进行评价并选择填涂、签字、盖章；由申报单位人力资源部门在"申报或主管单位专业技术资格审查系统"中录入评价结果并连同所有经评价的纸质材料报主管单位复审。

申报人员所在单位和主管单位评价积分标准分值为：0~30分。

第十九条 所在单位鉴定、主管单位复审和国网人才中心查处原则。所在单位对申报人员"工作经历和能力"进行鉴定时，必须依据评价标准各条款对应的具体评分标准，对申报者提供的直接证明和支撑材料进行鉴定，给出的鉴定结果做到有据可查。对申报者在某项工作中的参与角色的认定，必须以该成果（或项目、专业工作）的立项书、结题书、鉴定意见等正式且直接相关的材料中的成员名单为依据；对成果的级别、成果的推广应用范围、承担工程的规模、工作量的大小等的认定，也必须以申报者提供的与成果直接相关的正式材料为依据；对申报者参与制定的教材、技术规范、标准等成果的出版状况（公开出版、内部发行、非正式稿）和颁发状况（正式颁发、已定稿但未正式颁布、仅完成起草），须进行客观准确的界定；对申报者在专业工作领域的熟悉程度、对相关工具或技能的掌握程度、提交技术报告的水平等的认定，也必须以充分的证据材料为基础，给出客观、公正的鉴定结果。

主管单位在复审时也须按照以上原则进行审查。

国网人才中心组织对相关举报进行查处过程中，也将按以上原则进行核查和处理。

第二十条 实际总积分与加权总积分的关系。实际总积分与加权总积分的区别在于，是否包含了"政治表现、职业道德"、是否符合"规定学历前提下的规定年限"等3个评价因素。若三者均为"是"，则加权总积分等于实际总积分；若三者有一项为"否"，则加权总积分为0。其中，"政治表现、职业道德"由所在单位评价；"规定学历前提下的规定年限"以"在线积分评定系统"计算为准。

第二十一条 公示问题处理。详见国网人才中心最新修订版《关于申报专业技术资格的规定》中"其他说明"的相关条款。

第四章 业绩鉴定和复审组织

第二十二条 各单位要成立鉴定委员会。为确保申报者专业理论水平（规定学历层次及专业对口情况）、资格与专业年限、主要贡献和作品成果等业绩内容及其所有佐证材料的真实、准确，须由申报者所在单位成立"鉴定委员会"并报主管单位备案管理。"鉴定委员会"负责鉴定申报者专业理论水平、主要贡献和作品成果和完成申报人员所在单位评价意见等全部工作，原则上组成人员不得少于5人，主任由单位分管专业技术人才队伍建设的领导担任。"鉴定委员会"须对鉴定和评价结果的真实、准确全权负责，并在主管单位和国网人才中心规定的时限内完成鉴定、评价的全面工作。

第二十三条 主管单位要成立复审专家组。为确保对申报者水平业绩评价能统一标准，确保评价结果客观公正，须由主管单位成立"复审专家组"，对经申报者所在单位鉴定后的专业理论水平（规定学历层次及专业对口情况）、资格与专业年限、主要贡献和作品成果、水平能力、申报者所在单位评价意见及其所有佐证材料进行复审和确认。"复审专家组"须在国网人才中心规定的时限内完成复审工作。

第五章　专业与能力考试

第二十四条　参考人选的确定。加权总积分达标者方可进入专业与能力考试阶段。根据各类专业技术资格《评审条件》和《中级资格业绩积分标准》，对申报者申报材料进行审查、鉴定、评价、复审、公示后，确定的加权总积分达标者，进入专业与能力考试阶段。

第二十五条　专业与能力考试内容。专业与能力考试内容将依据相应专业技术资格《评审条件》中"专业理论水平要求"和"工作经历和能力要求"且通过业绩积分不好界定的、确必须掌握的综合知识与综合能力等原则进行确定；按知识类和能力类2部分且各占一定比重设计考卷。知识类主要考查与申报专业相关的通用基础理论知识、专业知识，以及电力与能源战略、企业文化、相关管理规章制度等；能力类主要考查从事相应专业技术工作所应具备的综合能力。

第二十六条　考试时间与考题类型。专业与能力考试时间为150分钟。参考人员在考前登录中国电力人才网"专业技术资格申报系统"，自行打印准考证。参加考试时必须携带本人身份证和准考证到指定考场参加考试。考题类型全部为客观题，由单选、多选和判断等题型组成，满分100分。

第二十七条　考务组织与相关要求。专业与能力考试组织工作由国网人才中心统一负责，具体考务工作委托第三方考试服务机构实施。各单位要做好考务和考试纪律宣贯工作，派专人参与相应考点的现场巡考工作，共同维护考试秩序。一旦出现严重违规问题，将取消参考人员考试资格并视情况对相关人员进行通报批评。

第六章　综合评定

第二十八条　评定结果确定。根据个人"加权总积分"与"专业与能力考试"成绩按国网人才中心最新修订版《关于申报专业技术资格的规定》所确定的比例进行加权计算，个人"加权总积分"与"专业与能力考试"成绩加权后评定总分达到60分为通过所申报专业中级资格的评定。

第二十九条　评定后续工作。评定通过名单将进行为期15天的网上"公开审查"；主管单位接国网人才中心印发的资格通过文件和制发的资格证书后，须将各类鉴定、评价、复审意见等纸质材料返回至所在单位留存至少 3 年。

第七章　附　则

第三十条　自申报者报名参加中级资格业绩积分开始至取得中级资格的评定工作全过程，将始终在公众监督下进行，以此充分体现专业技术资格评定工作"公开、公平、公正"的原则。

第三十一条　本办法由国网人才中心负责解释，并自印发之日起执行。

附件4 副高级专业技术资格在线积分评定管理办法

第一章 总 则

第一条 为客观、公正、科学地评价申报副高级资格专业技术人员的学识和水平，鼓励多出成果、多出人才，促进电力科技进步与发展，适应人才强企战略需要和人才成长规律，在副高级专业技术资格评定工作中实行专业技术水平、能力、业绩在线积分，国网人才评价中心暨国家电网公司人才交流服务中心（以下简称国网人才中心）特制定本办法。

第二条 在线积分评定办法采取申报者专业理论水平积分、中级资格取得年限积分、主要贡献和作品成果积分、水平能力积分和所在单位评价积分、评委专家在线评审打分等多维评价方式进行评定。

第三条 本办法适用于国家电网公司系统各单位和其他履行国网人才中心专业技术资格评定工作程序全过程以及委托评审单位的相关专业申报者。

第二章 评定程序

第四条 申报者自取得中级资格后，即可依据相应专业副高级专业技术资格评定标准（以下简称《副高资格评定标准》），在网上报名参加相应专业副高级资格在线积分。

第五条 申报者登录国网人才中心主办的中国电力人才网网站"专业技术资格申报系统"，打印"技术资历鉴定意见表"和"所在单位评价意见表"。

第六条 所在单位对申报者申报材料进行审查、鉴定、评价、公示，经主管单位（省级评价中心或网省公司等同级单位，下同）复审后，由申报单位人力资源部登录"申报或主管单位专业技术资格审查系统"，录入鉴定和评价结果。申报单位对申报者"技术资历鉴定意见表"和"所在单位评价意见表"签字盖章后并连同所有经鉴定和评价的纸质材料，报主管单位。

第七条 主管单位（须登录该系统）复审并确认后，"专业技术资格申报系统"按统一规范的《副高资格业绩积分标准》给出各项实际积分和实际总积分，实际总积分与政治表现、职业道德经加权后得出加权总积分。

第八条 加权总积分达标者方可进入相应专业评审委员会正式评审阶段；相应专业评审委员会在线审查申报者所有业绩情况（即专业技术水平、能力、业绩、中级资格取得年限相关电子材料，下同），根据《副高资格评定标准》及其《副高资格业绩积分标准》进行相应专业评审委员会全体评委专家"背靠背"打分，计算得出评审平均分。

第九条 最终评定结果以相应专业副高资格评审委员会评审平均分、个人"加权总积分"按6：4比例加权计算评定总分，评定总分达标者为评定通过，评定通过名单进行网上"公开审查"。

第十条 "公开审查"无误后，由国网人才中心印发资格通过文件，制发资格证书并将通过资格评定名单转入"历年专业技术资格备查库"，由申报单位或主管单位使用"申报或主管单位专业技术资格审查系统"打印《评定表》、入档。

第三章 实操方法与积分标准

第十一条 依据各类专业技术资格《评审条件》《副高资格评定标准》制定的《副高资格业绩积分标准》主要按专业理论水平、中级资格取得年限、主要贡献和作品成果、水平能力、申报人员所在单位评价5部分内容确定并统一整定于"在线积分评定系统"中。将经相应组织审查、鉴定、评价、公示后的申报者该5部分鉴定及评价意见录入该系统中，该系统将自动给出申报者各项实际积分及加权总积分。

第十二条 专业理论水平积分。该积分标准主要按学历（学位）层次、专业及与申报专业一致性进行量化。其中，所学专业对口与否，以各专业《副高资格评定标准》"申报人员技术资历鉴定标准"和最新版《关于申报专业技术资格的规定》为准。申报者提供的学历（学位）证书须经所在单位审查鉴定。

专业理论水平积分标准分值为：

博士且专业对口30分。

双硕士且专业对口28分。

硕士且专业对口（含双硕士单一专业对口，下同）以及博士但专业不对口20分。

双学士且专业对口、双硕士但两个专业均不对口18分。

本科且专业对口（含双学士单一专业对口，下同）、大专及以下学历且高级会计师"考评结合"考试合格以及硕士但专业不对口、双学士但两个专业均不对口15分。

大专且专业对口以及本科但专业不对口5分。

中专及以下学历和大专但专业不对口0分。

第十三条 中级资格取得年限积分。取得现资格后年限积分标准分值为：

博士和双硕士且中级资格满2年或硕士（含学制满2年的国外硕士）和双学士且中级

资格满 4 年或取得学制不满 2 年（1 年或 1.5 年）的国外硕士后不满 3 年认定中级资格或本科及以下学历且中级资格满 5 年或取得高级技师资格满 4 年 50 分。

博士和双硕士且中级资格满 1 年或硕士（含学制满 2 年的国外硕士）和双学士且中级资格满 3 年或取得学制不满 2 年（1 年或 1.5 年）的国外硕士后不满 3 年认定中级资格或本科及以下学历且中级资格满 4 年 35 分。

硕士（含学制满 2 年的国外硕士）和双学士且中级资格满 2 年或取得学制不满 2 年（1 年或 1.5 年）的国外硕士后不满 3 年认定中级资格或本科及以下学历且中级资格满 3 年 20 分。

硕士（含学制满 2 年的国外硕士）和双学士且中级资格满 1 年或取得学制不满 2 年（1 年或 1.5 年）的国外硕士后不满 3 年认定中级资格或本科及以下学历且中级资格满 2 年 5 分。

取得学制不满 2 年（1 年或 1.5 年）的国外硕士后不满 3 年认定中级资格或本科及以下学历且中级资格满 1 年 0 分。

第十四条　主要贡献和作品成果积分。该积分标准，依据各专业《副高资格评定标准》"申报人员技术资历鉴定标准"中"主要贡献"和"作品成果"两条相应条款进行量化。由所在单位"鉴定委员会"依据申报者提供的其使用"专业技术资格申报系统"打印出的"技术资历鉴定意见表"和获奖证书、发表作品等材料，进行审查、鉴定并选择填涂、签字、盖章；由申报单位人力资源部门在"申报或主管单位专业技术资格审查系统"中录入鉴定结果并连同所有经鉴定的纸质材料报主管单位复审；经主管单位复审并确认后，该系统将给出主要贡献和作品成果的实际积分。

主要贡献和作品成果积分标准分值为：

"主要贡献"达标 18 分、业绩突出者可增至 46 分。

"作品成果"达标 6 分、业绩突出者可增至 12 分。

第十五条　水平能力积分。该积分标准，依据各专业《副高资格评定标准》中有关符合相应资格要求的"外语、计算机水平证书（成绩）或证明"条款进行量化。符合最新版《关于申报专业技术资格的规定》及其附件《关于专业技术资格对外语和计算机水平要求的规定》，为外语或计算机合格；否则为不合格。其中，参加国网人才中心组织的外语、计算机水平考试成绩，由"专业技术资格申报系统"自动给出。

水平能力积分标准分值为：

外语水平合格 4 分，不合格 0 分；

计算机水平合格 8 分，不合格 0 分。

第十六条　申报人员所在单位评价积分。该积分标准，依据各专业《副高资格评定标准》"申报人员所在单位评价标准"中相应条款、专业进行量化。包括两部分，一是政治表现，二是申报人主要工作经历和能力。由所在单位"鉴定委员会"依据申报者提供的其使用"专业技术资格申报系统"打印出的"所在单位评价意见表"进行评价并选择填涂、签字、盖章；由申报单位人力资源部门在"申报或主管单位专业技术资格审查系统"中录入评价结果并连同所有经评价的纸质材料报主管单位复审；经主管单位复审并确认后，该系统将给出申报人员所在单位评价的实际积分。违反党纪、政纪、法律法规受到处分，或根据员工奖惩管理办法受到处分，在处分期内的不得申报专业技术资格评审。

申报人员所在单位评价积分标准分值为：0~20分。

第十七条　实际总积分与加权总积分的关系。实际总积分与加权总积分的区别在于，是否包含了"政治表现、职业道德"两个评价因素并加权计算。若二者均为"是"，则加权总积分等于实际总积分；若二者有1项为"否"，则加权总积分为0。其中，"政治表现、职业道德"由所在单位评价。

第十八条　评审委员会评审打分。相应专业评审委员会正式评审实行在线评审打分方式。在线评审打分将根据申报者专业理论水平、中级资格取得年限、主要贡献和作品成果、水平能力、申报人员所在单位评价5部分鉴定和评价情况进行；"在线积分评定系统"将按统一规范的程序，计算并给出每位被评者的评委会评审打分结果。评委会评审打分结果乘以百分制加权系数，计入每位被评者评定总分。

评审委员会评审打分标准分值为：0~100分。

第十九条　在线评审后续工作。评定通过名单将进行为期15天的网上"公开审查"；主管单位接国网人才中心印发的资格通过文件和制发的资格证书后，须将各类鉴定、评价意见等纸质材料返回至所在单位留存至少3年。

第四章　附　则

第二十条　各单位要成立鉴定委员会。为确保申报者专业理论水平、主要贡献和作品成果的真实、准确，须由申报者所在单位成立"鉴定委员会"并报主管单位备案管理。"鉴定委员会"作为鉴定申报者专业理论水平（规定学历层次及专业对口情况）、中级资格取得年限、主要贡献和作品成果、水平能力、完成申报人员所在单位评价意见等全部工作的权威机构，组成人员不得少于5人，主任原则上由单位分管专业技术人才队伍建设的领导担任。"鉴定委员会"须对鉴定和评价结果的真实、准确全权负责，并在主管单位和国网人才中心规定的时限内完成鉴定、评价的全面工作。

第二十一条 主管单位要成立复审专家组。为确保对申报者水平业绩评价能统一标准，确保评价结果客观公正，须由主管单位成立"复审专家组"，对经申报者所在单位鉴定后的专业理论水平（规定学历层次及专业对口情况）、中级资格取得年限、主要贡献和作品成果、水平能力、申报者所在单位评价意见及其所有佐证材料进行复审和确认。"复审专家组"须在国网人才中心规定的时限内完成复审工作。

第二十二条 所在单位鉴定、主管单位复审和国网人才中心查处原则。所在单位对申报人员"工作经历和能力"进行鉴定时，必须依据评价标准各条款对应的具体评分标准，对申报者提供的直接证明和支撑材料进行鉴定，给出的鉴定结果做到有据可查。对申报者在某项工作中的参与角色的认定，必须以该成果（或项目、专业工作）的立项书、结题书、鉴定意见等正式且直接相关的材料中的成员名单为依据；对成果的级别、成果的推广应用范围、承担工程的规模、工作量的大小等的认定，也必须以申报者提供的与成果直接相关的正式材料为依据；对申报者参与制定的教材、技术规范、标准等成果的出版状况（公开出版、内部发行、非正式稿）和颁发状况（正式颁发、已定稿但未正式颁布、仅完成起草），须进行客观准确的界定；对申报者在专业工作领域的熟悉程度、对相关工具或技能的掌握程度、提交技术报告的水平等的认定，也必须以充分的证据材料为基础，给出客观、公正的鉴定结果。

主管单位在复审时也须按照以上原则进行审查。

国网人才中心组织对相关举报进行查处过程中，也将按以上原则进行核查和处理。

第二十三条 自申报者报名参加副高级资格业绩积分开始至取得副高级资格的评定工作全过程，将始终在公众监督下进行，以此充分体现专业技术资格评定工作"公开、公平、公正"的原则。

第二十四条 本办法由国网人才中心负责解释，并自印发之日起执行。

附件5 正高级专业技术资格答辩实施办法

第一章 总 则

第一条 为客观、公正、科学地评价申报正高级专业技术资格人员的专业水平，鼓励多出人才，促进电力科技进步与发展，适应人才强企战略需要，在正高级专业技术资格（以下简称正高资格）评定工作中实行统一答辩，国网人才评价中心暨国家电网公司人才交流服务中心（以下简称国网人才中心）特制定本办法。

第二条 本办法适用于国家电网公司系统各单位和其他履行国网人才中心专业技术资格评定工作程序全过程以及委托评审单位相关专业的正高资格申报者。

第三条 正高资格答辩（以下简称"答辩"）按照各专业类别统一组织实施，原则上以分支专业成立答辩专家小组，由各小组组长组织对本组申报者进行答辩。答辩专家小组的组成，须由国网人才中心商相应专业正高资格评审委员会研究确定。答辩的总体流程：申报者自述、答辩专家提问及申报者答辩、专家点评、小组评价打分。

第二章 答辩程序及要求

第四条 确定被答辩者。依据各类专业技术资格《评审条件》，通过各主管单位复审且在中国电力人才网公布的入围当年度正高资格申报者，为参加被答辩者人选。

第五条 成立答辩专家组。由各类专业正高资格评审委员会负责，成立本专业正高资格答辩专家组，并根据本年度申报者具体情况可分为若干答辩小组，筹备答辩具体工作。

答辩材料审阅。由答辩委员会统一组织答辩专家在正式答辩前对被答辩者的材料进行预审。通过审阅被答辩者材料，了解其基本信息、专业技术工作经历、业绩、成果等情况，重点研读被答辩者提交的代表论文、突出业绩和成果材料。以重点研读的内容为主，针对每名被答辩者分别书面初拟3~5个答辩题目。

第六条 答辩报到。被答辩者按答辩通知要求按时到指定地点报到并办理相关手续。不得以任何理由违反规定，影响答辩。

第七条 答辩前准备。被答辩者根据公布的答辩时间表，于本人答辩开始前30分钟到达答辩等候室。工作人员请被答辩者进入答辩室之前，被答辩者要出示相关证件，以便工作人员查验。被答辩者进入答辩室后将手机关闭或设置为无声状态。

第八条 开展答辩。每名被答辩者答辩时间为20分钟左右，流程主要包括申报人员自述、答辩专家提问及被答辩者答辩、专家点评三个主要环节。

被答辩者自述环节不超过3分钟。自述内容主要包括：本人基本情况、专业学习和专业工作经历、主要研究方向和成果、业绩贡献、对本专业领域发展前景和趋势的认识和学习情况，以及对本人今后专业工作的计划和设想。被答辩者答辩时不得携带任何讲稿和提纲。

答辩专家提问及答辩环节15分钟左右。答辩专家向被答辩者提出答辩问题，由被答辩者现场作答。答辩以问答为主，可多次随机追问，通过答辩考察了解答辩论文的真伪、学术水平的高低，衡量被答辩者的科研成果在所从事专业领域内的学术位置和作用。答辩专家同时做好书面记录。

答辩专家点评环节2~3分钟。由答辩专家当面向被答辩者对答辩表现、专业水平进行客观、全面的点评。

第九条 被答辩者离场。答辩结束后，被答辩者须听从工作人员指挥且立即自行离开答辩会议场所；不得在正高资格答辩所在地无故停留；不得以任何形式与尚未完成答辩的其他被答辩者交流答辩相关内容。

第十条 小组评价。各小组的被答辩者完成答辩并离场后，答辩专家对组内各被答辩者答辩情况进行集中讨论和综合评价，由每名答辩专家依据本专业答辩标准和答辩专家评价意见表（另发）的具体条款，独立对组内所有被答辩者进行书面评价，作为小组评价结果，待提交正高资格评审委员会备用。

第十一条 答辩监督。答辩期间，由国网人才中心统一安排，向每个专业组委派或指派若干名观察员，监督并参加各专业答辩组相关辅助工作。

第三章　各专业答辩标准

第十二条 电力档案。有广博的档案学知识和相关学科知识；对档案学理论研究有较深的造诣，提出过重要的有独创性的专业理论见解；对从事的专业方向（或工作领域）有深入的研究，是本专业的学术带头人；熟悉国内外本学科及主要相关学科的科学管理、技术水平、研究动态、市场信息以及发展趋势，掌握发展前沿的状况。

第十三条 电力卫生。精通本专业及相关专业的基础理论和专业技术知识，并在本专业领域有独到见解；掌握与本专业有关的法律和法规，熟练掌握本专业的技术规范、技术规程和规章制度；熟悉本专业国内外现状和发展趋势，能把新技术、新理论应用于临床和科研实践。

第十四条 电力新闻。全面、系统、深入地掌握新闻基础理论和专业知识；全面掌握与新闻专业有关的电力法规与电力政策及电力专业基本知识；熟悉本专业的国内外水平和发展趋势，并有较深刻的认识和评论；较全面掌握新闻采访、编辑、美术、摄影业务及专职工作的各种专业技能和技巧；对某学科有系统的研究和较深的造诣；有广博的科学文化知识或艺术知识；熟悉现代科学管理知识。

第四章 附 则

第十五条 正高资格答辩组织和实施全过程，将始终坚持专业技术资格评定工作"公开、公平、公正"的原则，严格按照相关工作流程和标准开展，答辩专家、被答辩者和工作人员须严格遵守相关答辩工作纪律，确保答辩过程的规范性和答辩结论的客观公正。

第十六条 本办法由国网人才中心负责解释，并自印发之日起执行。

附件**6** 艰苦边远地区列表

艰苦边远地区单位的判别原则为，有营业执照的单位按照营业执照登记地址判别，无营业执照的单位按照单位所在地判别。艰苦边远地区指执行高原补贴的西藏自治区，以及按照国人部发〔2006〕61号文中执行四类及以上艰苦边远地区津贴的地区，主要包括以下行政区域：

一、新疆维吾尔自治区

图木舒克市。

喀什地区：喀什市、疏附县、疏勒县、英吉沙县、泽普县、莎车县、麦盖提县、岳普湖县、伽师县、巴楚县、叶城县、塔什库尔干塔吉克自治县。

阿克苏地区：乌什县、柯坪县。

和田地区：和田市、和田县、墨玉县、洛浦县、皮山县、策勒县、于田县、民丰县。

克孜勒苏柯尔克孜自治州：阿图什市、阿克陶县、阿合奇县、乌恰县。

博尔塔拉蒙古自治州：温泉县。

昌吉回族自治州：木垒哈萨克自治县。

巴音郭楞蒙古自治州：和静县、若羌县、且末县。

伊犁哈萨克自治州：特克斯县、尼勒克县、昭苏县。

塔城地区：托里县、裕民县、和布克赛尔蒙古自治县。

阿勒泰地区：阿勒泰市、布尔津县、富蕴县、福海县、哈巴河县、吉木乃县。

哈密地区：伊吾县、巴里坤哈萨克自治县。

阿勒泰地区：青河县。

二、青海省

海东地区：化隆回族自治县。

海北藏族自治州：海晏县、祁连县、门源回族自治县、刚察县。

海南藏族自治州：共和县、同德县、贵南县、兴海县。

黄南藏族自治州：同仁县、泽库县、河南蒙古族自治县。

海西蒙古族藏族自治州：德令哈市、格尔木市、乌兰县、都兰县、天峻县。

果洛藏族自治州：玛沁县、班玛县、久治县、甘德县、达日县、玛多县。

玉树藏族自治州：玉树县、囊谦县、杂多县、称多县、治多县、曲麻莱县。

三、甘肃省

武威市：天祝藏族自治县。

酒泉市：肃北蒙古族自治县、阿克塞哈萨克族自治县。

张掖市：肃南裕固族自治县。

临夏回族自治州：东乡族自治县、积石山保安族东乡族撒拉族自治县。

甘南藏族自治州：合作市、卓尼县、夏河县、玛曲县、碌曲县。

四、四川省

阿坝藏族羌族自治州：壤塘县、阿坝县、若尔盖县、红原县、马尔康县、松潘县、金川县、小金县、黑水县。

甘孜藏族自治州：雅江县、甘孜县、稻城县、得荣县康定县、丹巴县、九龙县、道孚县、炉霍县、新龙县、德格县、白玉县、巴塘县、乡城县、石渠县、色达县、理塘。

凉山彝族自治州：布拖县、金阳县、昭觉县、美姑县、木里藏族自治县。

五、内蒙古自治区

呼伦贝尔市：根河市。

乌兰察布市：四子王旗。

巴彦淖尔市：乌拉特后旗。

锡林郭勒盟：阿巴嘎旗、苏尼特左旗、苏尼特右旗。

阿拉善盟：阿拉善左旗、阿拉善右旗、额济纳旗。

六、西藏自治区

全部地区。

国网安徽省电力有限公司

职称评定工作指南

2019年版

国网安徽省电力有限公司人力资源部
国网安徽省电力有限公司培训中心

组编

上册

中国电力出版社
CHINA ELECTRIC POWER PRESS

图书在版编目（CIP）数据

国网安徽省电力有限公司职称评定工作指南：全 2 册 / 国网安徽省电力有限公司人力资源部，国网安徽省电力有限公司培训中心组编．—北京：中国电力出版社，2020.7

ISBN 978-7-5198-4210-9

Ⅰ．①国…　Ⅱ．①国…②国…　Ⅲ．①电力工业－工业企业管理－职称－评定－安徽－指南

Ⅳ．① F426.61-62

中国版本图书馆 CIP 数据核字（2020）第 022713 号

出版发行：中国电力出版社

地　　址：北京市东城区北京站西街 19 号（邮政编码 100005）

网　　址：http://www.cepp.sgcc.com.cn

责任编辑：周秋慧（010–63412627）

责任校对：黄　蓓　常燕昆

装帧设计：北京宝蕾元科技发展有限责任公司

责任印制：石　雷

印　　刷：三河市百盛印装有限公司

版　　次：2020 年 7 月第一版

印　　次：2020 年 7 月北京第一次印刷

开　　本：787 毫米 ×1092 毫米　16 开本

印　　张：26.25

字　　数：491 千字

印　　数：0001—3000 册

定　　价：130.00 元（上、下册）

编　委　会

编　写　组

前言 PREFACE

职称评审工作是广大专业技术人员密切关注的一个热点问题，因为它关系到员工的切身利益。不论是职称评审工作人员还是职称申报人员，都必须深刻理解相关的专业技术评审条件、评审标准及各类规定，才能正确高效的填报职称材料，提高职称评审的通过率。现为方便广大员工和从事职称工作人员领会相关政策规定，组织编写了《国网安徽省电力有限公司职称评定工作指南（上册）》。

《国网安徽省电力有限公司职称评定工作指南（上册）》参考了国家电网有限公司现行的有关专业系列的评审条件和评审标准，以及省公司对职称证书编码的要求。以直观、具体的形式为读者提供解决问题的引用条款，为广大员工提供政策性指导与参考。

《国网安徽省电力有限公司职称评定工作指南（上册）》分为 7 章，分别是职称系列分类、职称申报条件、评定标准、职称资格证书编码要求、概念型问题解读、业务咨询型问题解读、引入型案例。

本书各类标准如有变更，以新标准为准。

本书可作为各级各专业技术人员职称申报和从事职称工作人员职称管理、培训等参考资料。

由于编写水平有限，书中难免存在不妥或疏漏之处，恳请读者批评指正，以便进一步完善。

编者
2020 年 5 月

目录 CONTENTS

上 册

前言

1 职称系列分类 ·· 1

   1.1 职称评定范围 ··· 2

   1.2 职称评定专业申报建议 ································· 2

2 职称申报条件 ··· 5

   2.1 电力工程中、高级技术资格评审条件 ············· 6

   2.2 工业工程专业中、高级技术资格评审条件 ·········· 9

   2.3 电力新闻中、高级专业技术资格评审条件 ·········· 13

   2.4 电力出版中、高级专业技术资格评审条件 ·········· 19

   2.5 电力翻译中、高级专业技术资格评审条件 ·········· 24

   2.6 电力档案、图书资料中、高级专业技术资格评审条件 ·· 29

   2.7 电力政工中、高级专业技术资格评审条件 ·········· 33

   2.8 电力卫生中、高级专业技术资格评审条件 ·········· 35

   2.9 电力高等教育系列专业技术资格评审条件 ·········· 58

   2.10 技工院校教师系列专业技术资格评审条件 ········· 63

3 评定标准 ··· 69

   3.1 中级评定标准 ··· 70

   3.2 副高级评定标准 ··· 91

4　职称资格证书编码要求 ･･････････････････････ 155

5　概念型问题解读･･･････････････････････････････ 159

 5.1　基本概念 ･･････････････････････････････････ 160

 5.2　职称考核认定与考试确认 ･･････････････････ 165

 5.3　专业技术资格评定 ････････････････････････ 168

 5.4　职称以考代评或考评结合 ･････････････････ 178

 5.5　计算机、外语等的要求 ･･･････････････････ 179

 5.6　其他规定 ･･････････････････････････････････ 183

6　业务咨询型问题解读･･････････････････････････ 187

7　引入型案例･････････････････････････････････････ 192

下　册

前言

8　职称评定工作文件选编･･････････････････････ 199

 8.1　中共中央、国务院转发《关于改革职称评定、实行专业技术职务聘任
   制度的报告》的通知 ･････････････････････････････････ 200

 8.2　中央职称改革工作领导小组关于转发国家教育委员会《中等专业学校
   教师职务试行条例》及《实施意见》的通知 ･････････････ 202

 8.3　中央职称改革工作领导小组关于转发《技工学校教师职务试行条例》
   的通知 ･･ 208

 8.4　会计专业职务试行条例 ･････････････････････････････ 213

 8.5　国务院关于发布《关于实行专业技术职务聘任制度的规定》的通知 ･･ 217

 8.6　人事部关于认真做好"专业技术资格"考试工作的通知 ･････････ 222

 8.7　人事部办公厅关于发放专业技术资格证书有关问题的通知 ･･･････ 223

 8.8　关于印发《企事业单位评聘专业技术职务若干问题暂行规定》的通知 ･･ 224

 8.9　关于在专业技术职务评聘工作中严格掌握外语条件的通知 ･･･････ 228

8.10 人事部职位职称司关于贯彻人职发〔1990〕4号文件有关问题的解答…… 230

8.11 人事部关于职称改革评聘分开试点工作有关事项的通知…………… 234

8.12 关于高等学校一九七〇～一九七六年入学的毕业生有关问题的通知…… 236

8.13 人事部办公厅关于制止各地自行评定经济、统计、会计、审计专业
技术职务任职资格的通知 ………………………………………… 237

8.14 印发"电力部职称改革工作研讨会会议纪要"的通知……………… 238

8.15 中央职称改革工作领导小组关于完善专业技术职务聘任制度的
原则意见 …………………………………………………………… 241

8.16 国家电力公司关于印发深化职称改革、完善专业技术职务聘任制度意见
的通知 ……………………………………………………………… 245

8.17 国家电力公司关于印发《国家电力公司专业技术资格评审委员会组建及
其工作办法》的通知 ……………………………………………… 252

8.18 关于设立国家电力公司人才评价指导中心省（市、区）分中心的通知…… 255

8.19 国家电力公司专业技术资格申报审查办法 ……………………… 257

8.20 国家电力公司专业技术资格申报审查办法 ……………………… 260

8.21 国家电力公司系统专业技术资格考核认定（确认）办法（试行）……… 272

8.22 安徽省电力公司系统专业技术资格考核认定（确认）实施办法（试行） …… 275

8.23 关于印发《实行专业技术资格考评机制有关具体问题的规定》的通知…… 279

8.24 原卫生部、人事部关于印发《预防医学、全科医学、药学、护理、
其他卫生技术等专业技术资格考试暂行规定》及《临床医学、预防
医学、全科医学、药学、护理、其他卫生技术等专业技术资格考试
实施办法》的通知 ………………………………………………… 284

8.25 人事部、审计署关于印发《高级审计师资格评价办法（试行）》的通知 …… 289

8.26 关于电力系统专业技术资格证书认证权限的说明 ……………… 294

8.27 人事部办公厅、财政部办公厅关于2007年度高级会计师资格考评结合
工作有关问题的通知 ……………………………………………… 296

8.28 人力资源和社会保障部、国家统计局关于印发高级统计师资格评价
办法（试行）的通知 ……………………………………………… 298

8.29 国网安徽省电力公司关于印发《国网安徽省电力公司系统专业技术
资格考核认定（确认）实施办法（试行）》的通知 ………………… 304

8.30 中央办公厅、国务院办公厅印发《关于深化职称制度改革的意见》
　　　的通知 ·· 309

8.31 关于印发《安徽省职称评审工作实施办法》的通知 ·················· 315

8.32 国网人才评价中心关于申报评定专业技术资格的规定（2018年4月修订）······ 327

8.33 人力资源社会保障部　工业和信息化部关于深化工程技术人才职称制度
　　　改革的指导意见 ·· 336

8.34 国家电网有限公司职称评定管理办法 ······························· 344

8.35 职称评审管理暂行规定 ··· 351

8.36 国网人才评价中心关于职称申报的规定（2019年5月修订） ·········· 358

8.37 人力资源社会保障部　教育部关于深化中等职业学校教师职称制度改革的
　　　指导意见 ··· 367

附件1　国家会计、审计、统计中高级资格和经济中级资格考试报名条件
　　　　有关规定 ··· 376

附件2　关于专业技术资格对外语和计算机水平要求的规定 ·················· 379

附件3　中级专业技术资格业绩积分和专业与能力考试综合评定管理办法 ······ 383

附件4　副高级专业技术资格在线积分评定管理办法 ······················· 389

附件5　正高级专业技术资格答辩实施办法 ·································· 394

附件6　艰苦边远地区列表 ·· 397

1

职称系列分类

国网安徽省电力有限公司
职称评定工作指南（上册）

1.1 职称评定范围

根据人力资源和社会保障部授权，目前国家电网有限公司开展的职称评定范围一般包括工程、经济、会计、技工院校（职业院校）教师、档案、卫生、新闻等系列（专业）；根据国务院国有资产监督管理委员会授权，开展副高级及以下政工系列评定工作。

（1）电力工程技术系列。一级分支专业有：科学研究、规划设计、施工建设、生产运行。二级分支专业有：输配电及用电工程、电力系统及其自动化、热能动力工程、水能动力工程。

（2）工业工程技术系列。分支专业有：系统规划与管理、设施规划与设计、方法与效率工程、生产计划与控制、质量与可靠性管理、营销工程、工业安全与环境、人力资源开发与管理。

（3）经济系列。分支专业有：计划管理、企业管理、人力资源管理、电力营销管理、物资管理、工程造价管理。

（4）政工系列。分支专业有：党建和精神文明建设工作、纪检和监察工作、群众工作、保卫工作、离退休干部管理工作。

（5）图书资料与档案系列。分支专业有：图书资料专业、档案专业。

（6）出版专业。分支专业有：图书期刊音像出版物编辑、美术设计、技术设计、校样校对专业。

（7）卫生系列。分支专业有：内科、外科、妇产科学、护理学、药学、检验、放射、中医、公共卫生等。

（8）新闻等系列。分支专业有：记者工作、编辑工作、摄影摄像工作、美术编辑工作。

（9）会计、统计、审计、技工院校（职业院校）教师等专业。

1.2 职称评定专业申报建议

申报评定的专业一般应以本人所从事的专业及所取得的业绩为依据，并对照相应专业《评审条件》《评定标准》的专业划分自主确定。其中，对于一些不易归属的专业，可按如下规定掌握：

（1）各科研院以调试为主和地市公司设计所（室）的工程专业技术人员，可按所从事专业申报"电力工程"生产运行的相应专业。

（2）"工业工程"规划类专业一般适用于从事综合性、系统性总体方案的规划、设计及实施等工作的人员，科研院从事规划设计的工程专业技术人员可按所从事专业申报"电力工程"规划设计的相应专业。

（3）工民建等专业可申报"电力工程"施工建设的相关专业。

（4）专门从事计算机应用的工程技术人员可根据所服务的对象（专业）进行划分。

（5）从事法律专业人员可申报经济系列相应专业。

1.2.1　电力工程专业

从事发电（含火力、水力、核能及其他新能源发电）、输电、变电、配电、用电、电网技术、电力环保、电力标准化、电力信息技术等电力工程的科学研究（含基础理论和应用技术的科研、试验、技术开发与推广及其技术管理）、规划设计（含规划、勘测、设计及其技术管理）、施工建设（含建筑、安装、调试、施工机械、安全质量监督及其技术管理）和生产运行（含运行、检修、技术改造、修造、安全与技术监督、劳动保护及其技术管理）的专业技术工作人员。

1.2.2　工业工程专业

从事工业工程专业工作的工程技术人员，一般包括：从事部门、行业、企事业单位的规划与计划管理和系统分析与评价等工作的工程技术人员；从事设施的规划、设计、改造与实施的工程技术人员；从事工业企业提高劳动生产率和工作效率的规划、计划、改进与实施的工程技术人员；从事工业企业生产与服务系统的规划、设计、改进与评价等工作的工程技术人员；从事质量与可靠性管理工作的工程技术人员；从事企业产品销售、市场开发和产品售前、售中、售后技术服务等用户服务系统工作的工程技术人员；从事工业企业劳动安全、职业卫生和环境保护工作的工程技术人员；从事人力资源研究、开发和管理工作的工程技术人员。

1.2.3　电力政工专业

一般适用于各单位、各部门专职从事思想政治工作的专业人员。

1.2.4　电力图书资料、档案专业

从事档案管理（含文书、科技、会计、声像、医疗卫生、人事档案，档案保护、编研、计算机档案管理）、档案科研工作的专业人员；从事图书资料管理、科研工作的专业人员。

1.2.5 电力新闻系列

从事新闻工作的专业人员。

1.2.6 技工院校教师系列

各省（管理、技能）培训中心从事培训教学工作的教师人员。

注：各省电力高等专科学校、电力职业技术学院从事学历教育教学工作的教师人员应申报高等学校教师相关资格（参加地方相关单位组织的评审）。

1.2.7 卫生技术、经济、会计、统计、审计、出版、翻译系列

从事医药卫生技术的人员；从事经济管理工作人员；从事会计工作人员；从事统计工作人员；从事审计与财经工作人员；从事国家正式出版发行的图书、期刊、音像出版物、电子出版物等工作的专业人员；在涉外工作和科技信息岗位上从事翻译工作的专业人员等。

2

职称申报条件

国网安徽省电力有限公司
职称评定工作指南（上册）

2.1 电力工程中、高级技术资格评审条件

电力工程中、高级技术资格评审条件

第一章　总　则

第一条　为客观、公正、科学地评价电力工程各类专业技术人员的学识和水平，鼓励多出成果、多出人才，促进电力科技进步与发展，根据国家有关规定，结合电力工程的专业特点，制定本评审条件，作为电力工程中、高级专业技术职务任职资格评审的指导标准。

第二条　电力工程各类专业中、高级专业技术职务任职资格的名称为工程师和高级工程师。

第三条　按照本评审条件，经评审合格并获得相应证书者，表明已具备相应的技术水平和能力，可以被聘为相应的专业技术职务。

第二章　适用范围

第四条　本评审条件中的"电力工程技术人员"通指：在国民经济各部门、各行业中，从事发电（含火力、水力、核能及其他新能源发电）、输电、变电、配电、用电、电网技术、电力环保、电力标准化、电力信息技术等电力工程的科学研究（含基础理论和应用技术的科研、试验、技术开发与推广及其技术管理）、规划设计（含规划、勘测、设计及其技术管理）、施工建设（含建筑、安装、调试、施工机械、安全质量监督及其技术管理）和生产运行（含运行、检修、技术改造、修造、安全与技术监督、劳动保护及其技术管理）的专业技术工作人员。

第五条　电力工程分为四类专业：热能动力工程专业（可含核能、太阳能、地热及其他热能形式发电），水能动力工程专业（可含潮汐能、风能发电），输配电及用电工程专业，电力系统及其自动化专业。

（一）热能动力工程专业

包括锅炉、汽轮机、燃气轮机、热工过程控制及其仪表、供热与制冷、火电厂建筑与安装、物料输送、金属与焊接、火电厂化学、火电厂环保、火电厂劳动保护、新型发电技术及其他与热能动力工程有关的专业。

（二）水能动力工程专业

包括水能利用（含水库）、工程地质、水文泥沙、水工建筑物、水力机械、金属结构、水电厂自动化、水电工程环保、风能发电技术及其他与水能动力工程有关的专业。

（三）输配电及用电工程专业

包括发电机、电动机、变压器、绝缘技术、高低压电器设备、输电线路和变电站、电磁环境、配电与用电系统及控制、电气测量技术、电能质量管理及其他与输配电及用电工程有关的专业。

（四）电力系统及其自动化专业

包括电力系统规划、电力系统运行与分析、电力系统自动化、继电保护及安全自动装置、电力系统通信及其他与电力系统及其自动化有关的专业。

第三章　申报条件

第六条　凡申报中、高级专业技术职务任职资格的人员，必须遵守中华人民共和国宪法和法律，具备良好的职业道德和敬业精神。

第七条　学历和资历的要求

（一）具有助理工程师任职资格证书，并符合下列条件者，可申报工程师任职资格（见《电力工程工程师评定标准》）。

（二）具有工程师任职资格证书，并符合下列条件之一者，可申报高级工程师任职资格（须按照《电力工程高级工程师评定标准》参加评定取得）。

（三）获得以下学位，经考核合格，可认定具备工程师任职资格（见资格认定相关规定）。

第八条　外语要求

（一）申报工程师任职资格者，须具备在 2 小时内比较准确地翻译本专业外文资料 3000 字符（对在电力工程第一线从事勘测、施工、生产运行的技术人员为 2000 字符）的能力。

（二）申报高级工程师任职资格者，须具备在 2 小时内比较准确地翻译本专业外文资料 5000 字符（对在电力工程第一线从事勘测、施工、生产运行的技术人员为 3000 字符）的能力。

第九条　计算机要求

（一）申报工程师任职资格者，须能较熟练地运用计算机完成信息的收集和处理。

（二）申报高级工程师任职资格者，须能较熟练地掌握计算机应用技术，能运用计算机辅助进行与本专业相关的技术工作。

第四章　工程师任职资格评审条件

第十条　专业理论水平要求

须按照《电力工程工程师评定标准》参加评定取得。

第十一条　工作经历和能力要求

须按照《电力工程工程师评定标准》参加评定取得。

第十二条　业绩与成果要求

须按照《电力工程工程师评定标准》参加评定取得。

第五章　高级工程师任职资格评审条件

第十三条　专业理论水平要求

须按照《电力工程高级工程师评定标准》参加评定取得。

第十四条　工作经历和能力要求

须按照《电力工程高级工程师评定标准》参加评定取得。

第十五条　业绩与成果要求

须按照《电力工程高级工程师评定标准》参加评定取得。

第六章　附　则

第十六条　本评审条件中的申报条件和评审条件必须同时具备。

第十七条　本评审条件中所规定的专业理论知识要求均为国家教委所指定的内容。其掌握程度与应用能力，必要时须经过答辩或考核认定。

第十八条　本评审条件中规定的工程项目的大、中、小型工程等级，参照国家有关规范执行。

第十九条　获奖项目的"获奖者"是指等级额定获奖人员。

第二十条　本评审条件由电力工业部负责解释。

2.2 工业工程专业中、高级技术资格评审条件

工业工程专业中、高级技术资格评审条件

第一章 总 则

第一条 为客观公正地评价工业工程专业技术人员的水平，鼓励多出成果、多出人才，促进科技进步和生产力发展，根据工业工程的专业特点、功能和内容，结合我国制造技术和生产经营管理的现状，并考虑到发展，在吸收和借鉴国际工业工程工作经验的基础上制定本评审条件。

第二条 按照本评审条件、经评审合格并获得相应专业技术资格证书者，表明已具备相应的技术水平和能力，其职务与工资待遇由所在企事业单位根据国家有关规定自行确定。

第三条 工业工程专业中、高级技术资格的名称分别为工程师、高级工程师。

第四条 工业工程专业属于工程技术专业。工业工程是综合运用自然科学和社会科学的专门知识和技术及工程分析和设计的原理与方法，对由人、物料、信息、设备和能源所组成的集成系统进行规划、设计、改善、创新、实施和评价的科学技术。

第五条 工业工程专业工作的主要内容

（一）工业各行业的产业技术政策、产业结构、技术发展、科研政策和工程教育与技术培训等方面规划及计划的研究与编制工作；工业企业的经营战略、新产品开发、产品标准化与系列化、生产工艺、技术革新与改造、成本与利润、生产与库存管理、安全与卫生、环境保护和职工教育等方面规划及计划的研究与编制工作。

（二）工程项目总体设计、设施选址、平面布置、设施设计、生产流程设计、生产工艺与技术设计、物流系统设计、组织机构设计、生产组织与岗位设计、作业程序设计、操作方法与劳动定额设计、信息系统设计、计算机管理系统设计、计算机集成制造总体设计、用户服务系统设计、工业安全与环保系统设计、职工教育课程设计和标准、规范及规程等方面的设计工作。

（三）规划、计划、系统、产品、工艺、设施、质量、可靠性、安全、卫生、环保、机构、岗位、职务、成本、效率、效益、业绩、用户服务等方面的评价工作。

（四）产品改进、工艺改进、设施改进、系统改进、组织改进、工作方法改进、新产

品和新技术的工程开发和工作激励等方面的创新工作。

第六条 工业工程专业划分为系统规划与管理、设施规划与设计、方法与效率工程、生产计划与控制、质量与可靠性管理、营销工程、工业安全与环境、人力资源开发与管理八个分支专业。

第七条 适用范围

本评审条件适用于在国民经济各工业行业中，具体从事工业工程专业工作的工程技术人员。

（一）系统规划与管理：适用于主要从事部门、行业、企事业单位的规划与计划管理和系统分析与评价等工作的工程技术人员。工作范围包括：行业、企业发展战略的研究、制定与实施；工程项目的可行性研究、咨询与评估；科研规划的研究、论证与评估；企业诊断和经济分析；生产工艺过程的系统分析、规划、设计与实施；工艺过程的设计与控制；新产品、新工艺、新技术的规划、论证、评估与实施；管理信息系统的规划、设计、评估与实施等工作。

（二）设施规划与设计：适用于主要从事设施的规划、设计、改造与实施的工程技术人员。工作范围包括：工程项目总体设计；工程项目的选址、平面设计；工艺、设备、场地、厂房及公用设施、物流系统的规划、设计与改造；组织机构、岗位和职务的设计等工作。

（三）方法与效率工程：适用于主要从事工业企业提高劳动生产率和工作效率的规划、计划、改进与实施的工程技术人员。工作范围包括：生产组织形式和工作方法的研究、设计与控制；工作定额标准、劳动定额标准的分析、测定、改进、制定与评价。

（四）生产计划与控制：适用于主要从事工业企业生产与服务系统的规划、设计、改进与评价等工作的工程技术人员。工作范围包括：生产发展规划、年度生产计划和生产作业计划的编制与控制；库存管理；设备管理；计算机辅助生产管理信息系统的设计、实施、改善与评价等工作。

（五）质量与可靠性管理：适用于行业或企业从事质量与可靠性管理工作的工程技术人员。工作范围包括：质量与可靠性的规划与管理；质量管理体系的设计与实施；行业或企业标准的研究、制定与实施；质量控制、质量审该、质量教育；质量与可靠性检验；质量与可靠性管理信息系统的设计、实施、改进与评价等工作。

（六）营销工程：适用于主要从事企业产品销售、市场开发和产品售前、售中、售后技术服务等用户服务系统工作的工程技术人员。工作范围包括：经营战略与策略的研究、论证与实施；市场分析、预测、决策的研究与论证；新产品开发研究与论证；市场开发研究、论证与实施；用户服务系统的设计和产品销售的售前或售后技术服务等工作。

（七）工业安全与环境：适用于主要从事工业企业劳动安全、职业卫生和环境保护工作的工程技术人员。工作范围包括：劳动保护计划的研究、制定与实施；环境保护计划的编制与实施；安全法规、标准、规程及其相应措施的研究、制定与实施；安全、卫生与环境的管理；分析、评价并控制危险和有害的因素；事故的分析与处理等工作。

（八）人力资源开发与管理：适用于主要从事人力资源研究、开发和管理工作的工程技术人员。工作范围包括：人力资源发展规划的编制与实施；组织结构的设计、工作职能分析和岗位职务的设计与评价；职业资格和专业技术资格的设计与评价；工作激励与劳酬制度及标准的制定与实施；工作评价、绩效评估与考核；人员培养计划和人员选拔计划的编制与实施；职工教育，技术培训和岗位培训计划的编制与组织实施等工作。

第八条　申报条件

（一）凡申报中、高级技术资格的人员，必须具备良好的职业道德和敬业精神，遵守中华人民共和国宪法和法律。

（二）学历、资历的一般要求

（1）符合以下条件者，可申报工程师资格（见《工业工程工程师评定标准》）。

（2）具有工程师资格证书，并符合以下条件之一者，可申报高级工程师资格（须按照《工业工程高级工程师评定标准》参加评定取得）。

（3）获得以下学历，经考核合格，可认定相应的技术资格（见资格认定相关规定）。

第九条　获取及处理信息的能力

（一）外语要求

（1）申报工程师资格者，必须具备在 2 小时内正确翻译本专业外文资料 3000 个字符的能力。

（2）申报高级工程师资格者，必须具备在 2 小时内正确翻译本专业外文资料 5000 个字符的能力。

（二）计算机要求

（1）申报工程师资格者，必须能够较熟练运用计算机完成信息的收集、处理，并能提供给本单位使用。

（2）申报高级工程师资格者，必须能够较熟练掌握计算机应用技术，能运用计算机辅助进行本专业相关的技术和管理工作。

第二章　分　则

第十条　工程师资格评审条件

（一）专业理论知识

须按照《工业工程工程师评定标准》参加评定取得。

（二）工作经历和能力

须按照《工业工程工程师评定标准》参加评定取得。

（三）业绩与成果

须按照《工业工程工程师评定标准》参加评定取得。

第十一条　高级工程师资格评审条件

（一）专业理论知识

须按照《工业工程高级工程师评定标准》参加评定取得。

（二）工作经历和能力

须按照《工业工程高级工程师评定标准》参加评定取得。

（三）业绩与成果

须按照《工业工程高级工程师评定标准》参加评定取得。

第三章　附　则

第十二条　本评审条件所规定的专业理论知识为国家教委和职称主管部门确认的教材中所包括的内容，且应通过考核认定。

第十三条　本评审条件中所规定的学历、资历、专业理论知识、工作经历和能力、业绩与成果、获取及处理信息的能力等条件必须同时具备。

第十四条　获奖项目的"获奖者"是指等级额定获奖人员。

第十五条　中专毕业申报本专业工程师资格和大专毕业申报高级工程师资格的条件另行制定。

第十六条　专职从事质量管理和标准化管理工作的人员，申报工程师和高级工程师，应按照《计量、标准化和质量专业中、高级技术资格评审条件（试行）》的要求进行评审。

第十七条　本评审条件由人事部和机械工业部负责解释。

2.3 电力新闻中、高级专业技术资格评审条件

电力新闻中、高级专业技术资格评审条件

第一章 总 则

第一条 为客观、公正、科学地评价电力新闻专业技术人员的学识水平和业绩贡献，调动广大电力新闻工作者的积极性，促进电力新闻事业的发展，结合电力新闻专业的特点，制定电力新闻中、高级专业技术资格评审条件（以下简称《评审条件》）。

第二条 电力新闻中、高级专业技术资格的名称为记者、编辑，主任记者、主任编辑，高级记者、高级编辑。

第三条 按照本《评审条件》经评审合格并获得相应专业技术资格证书者，表明已具备相应的专业技术水平和能力，其职务与工资待遇由聘用单位根据国家有关规定自行确定。

第二章 适用范围

第四条 本《评审条件》适用于在有正式刊号并公开发行的报纸、期刊和经正式批准的电视台、新闻网站从事新闻工作的专业人员。

第五条 新闻专业工作主要包括记者、编辑、摄影摄像、美术编辑工作（含新闻发布、通联、信息搜集管理、业务管理和学术研究）等内容。

第三章 申报条件

第六条 凡申报新闻中、高级专业技术资格的人员，必须遵守中华人民共和国宪法和法律，遵守中华新闻工作者职业道德，具备良好的职业道德和敬业精神。

第七条 学历和资历的要求

（一）符合下列条件，可申报记者、编辑：大学本科毕业或大学专科毕业，取得助理记者、助理编辑资格证书四年以上。

（二）具有记者、编辑资格证书，并符合下列条件之一者，可申报主任记者、主任编辑（须按照《电力新闻副高级资格评定标准》参加评定取得）。

（三）具有主任记者、主任编辑资格证书，并符合下列条件之一者，可申报高级记者、高级编辑：

（1）获得大学本科及以上学历，取得主任记者、主任编辑资格证书五年以上。

（2）有两篇获得省（部）级及以上优秀稿件或优秀作品奖二等奖及以上者。

（3）国家或省（部）级批准的有突出贡献的中青年新闻工作者，或享受政府特殊津贴人员。

（四）符合以下条件，经考核合格，可认定相应的专业技术资格：

（1）博士后流动站期满出站人员，经考核合格，可认定为主任记者、主任编辑。

（2）获得博士学位，经考核合格，可认定为记者、编辑。

（3）获得硕士学位，从事新闻专业工作两年，经考核合格，可认定为记者、编辑。

第八条　外语要求

（一）申报新闻中级专业技术资格者，须具备在 2 小时内正确翻译本专业外文资料 3000 个字符的能力。

（二）申报新闻正、副高级专业技术资格者，须具备在 2 小时内正确翻译本专业外文资料 5000 个字符的能力。

（三）对在电力基层单位从事新闻专业工作的人员，申报新闻中级专业技术资格者，须具备在 2 小时内正确翻译本专业外文资料 2000 字符的能力；申报新闻正、副高专业技术资格者，须具备在 2 小时内正确翻译本专业外文资料 3000 字符的能力。

第九条　计算机要求

申报新闻中、高级专业技术资格者，须基本掌握计算机知识。其中：

（一）申报新闻中级专业技术资格者，须掌握计算机应用知识，在新闻专业工作中能较熟练地运用计算机处理各种信息资料。

（二）申报新闻正、副高级专业技术资格者，须熟练掌握计算机应用技术，在新闻专业工作中处理与本专业相关的技术工作。

第四章　中级专业资格评审条件

第十条　专业理论水平要求

较全面地掌握新闻基础理论和科学文化知识，熟悉与新闻专业有关的电力法规与电力政策，具有电力专业基本知识，掌握新闻采访、编辑、美术、摄影业务和专职工作的专业技能和技巧，有较高的文字水平。

第十一条　工作经历和能力要求

（一）应同时具备如下必备条件：

1.了解电力事业的发展状况及趋势，能根据党和国家的方针政策进行新闻专业的实际工作，能解决记者、编辑业务范围内的采编问题。

2.熟悉相关专业的专业知识，具备独立组稿、采稿、编稿、审稿及撰写评论的能力。

3.能够组织、指导助理记者、助理编辑的学习和工作。

（二）取得助理记者或助理编辑资格证书后，从事记者、编辑、摄影摄像和美术编辑工作的专业人员，应分别同时具备如下各4项条件：

1.记者工作

（1）曾参加制定重要的新闻宣传报道计划，并组织实施。

（2）具有较高的文字水平和较强的新闻敏感，能独立发现新闻并运用多种体裁报道新闻。

（3）采写的新闻稿事实准确，逻辑严密，文理通达，正确体现党和国家的方针政策，并且不出现电力专业方面的常识性错误，符合见报要求。

（4）在新闻写作方面学有所长，具有帮助通讯员提高写作水平的经历。

2.编辑工作

（1）曾参加制定重要的新闻宣传报道计划，并组织实施。

（2）熟悉编辑业务知识，通晓报刊编辑出版的程序，掌握编排和标题制作的方法，能运用多种新闻体裁写作，并在某一方面有专长，按时独立完成分工范围内的组稿、编稿或组版任务。

（3）有较强的新闻敏感，能独立处理分工范围内的稿件，不漏掉有重要新闻价值的稿件，符合见报要求，具有捕捉有价值的选题的能力。

（4）编辑的稿件事实准确，逻辑严密，文理通达，正确体现出党和国家的新闻导向，没有电力专业方面的常识性错误，并能针对报道内容撰写评论。

3.摄影摄像工作

（1）曾参加制定重要的新闻摄影工作计划，并组织实施。

（2）熟练掌握摄影技术，具有较强的新闻敏感，能抓拍到具有新闻价值的图片。

（3）为报刊提供适时的新闻图片，或组编图片专版，主题明确，观点鲜明，配写的说明文字准确、简洁、生动，并且不出现电力专业方面的常识性差错，符合见报要求。

（4）能独立地保质、保量完成新闻摄影任务，收到明显宣传效果并受到本单位的好评与奖励。

4. 美术编辑工作

（1）曾参加制定重要的新闻美术编辑计划，并组织实施。

（2）熟练掌握美术编辑技能与技巧，出色地完成定额规定的版面美化设计和美术宣传任务，符合见报要求。

（3）能根据稿件主题思想和重要情节为稿件插画，具有画好标题画、刊头、题花的能力与经历，并适时提供有一定水平的速写、漫画、宣传画等美术作品。

（4）具有担负版面美化和美术宣传的组织、编绘和审稿的能力与经历。

第十二条　业绩与成果要求

（一）取得助理记者、助理编辑资格证书后，取得下列成果之一：

（1）能独立完成新闻采访工作，并公开在报刊杂志上刊登单独署名的稿件80篇或20万字以上（如合作署名必须是主要执笔），有3篇被评为省（部）级及以上优秀稿件或优秀作品。

（2）独立负责组稿、编稿、组版等编辑工作，编写稿件60万字以上，所编辑的稿件、版面（或标题）符合见报要求，有3篇被评为省（部）级及以上优秀稿件或优秀作品。

（3）熟练掌握版面美化设计和美术宣传所需要的技巧和知识，独立设计的版面100块及以上。

（4）熟练地掌握新闻摄影的技能，独立拍摄的新闻作品发表达到80幅及以上，有3幅新闻图片被评为省（部）级及以上优秀作品。

（5）曾讲授过本专业课程，或参加编写过本专业教材或讲义1万字及以上。

（二）取得助理记者、助理编辑资格证书后，撰写以下论文、著作之一：

（1）公开发表过有一定学术水平的专著或译著。

（2）在省（部）级报纸、刊物上公开发表过2篇及以上有价值的论文。

（3）参加编写的省电力公司级本专业或本部门各类技术文件两篇及以上。

第五章　副高级专业资格评审条件

第十三条　专业理论水平要求

须按照《电力新闻副高级资格评定标准》参加评定取得。

第十四条　工作经历和能力要求

须按照《电力新闻副高级资格评定标准》参加评定取得。

第十五条　业绩与成果要求

须按照《电力新闻副高级资格评定标准》参加评定取得。

第六章　正高级专业资格评审条件

第十六条　专业理论水平要求

全面、系统、深入地掌握新闻基础理论和专业知识，全面掌握与新闻专业有关的电力法规与电力政策及电力专业基本知识，熟悉本专业的国内外水平和发展趋势，并有较深刻的认识和评论，较全面掌握新闻采访、编辑、美术、摄影业务及专职工作的各种专业技能和技巧，对某学科有系统的研究和较深的造诣，有广博的科学文化知识或艺术知识，熟悉现代科学管理知识。

第十七条　工作经历和能力要求

（一）应同时具备如下必备条件：

（1）能根据党和国家的方针、政策，准确地把握电力工业发展趋势，进行新闻业务工作，解决新闻专业范围内复杂和重大的技术问题。

（2）具有承担重要稿件终审的经历和能力，具有策划、制定重大新闻报道计划和新闻宣传规划的经历和能力。

（3）具有指导新闻专业进修的能力。

（二）取得主任记者、主任编辑资格证书后，从事记者、编辑、摄影摄像和美术编辑工作的专业人员，应同时具备如下4项条件：

（1）作为主要负责人，策划、制定、组织报纸、刊物全年重大新闻宣传报道计划，准确把握正确的宣传导向。

（2）作为主要负责人，策划、组织并编写过反映电力工业全局或推动、促进电力工业某项工作发展或政策调整的重大新闻报道稿件。

（3）为编辑进修讲授过较系统的新闻专业知识、方法和技能，并编写过新闻专业教材。

（4）主持编写、制定过一批新闻专业工作范围内的管理办法、规章制度、标准、规范。

第十八条　业绩与成果要求

（一）取得主任记者、主任编辑资格证书后，取得下列成果之一：

（1）作为主要负责人，曾策划、组织完成过5次及以上带有电力工业全局性题材的重大新闻报道，并被评为省（部）级及以上优秀稿件或优秀作品，其中有1篇获一等奖或2篇获二等奖。

（2）单独采写的新闻稿件被报刊采用的数量不少于 30 万字（如果合作署名必须是主要执笔），有 5 篇稿件被评为省（部）级及以上优秀稿件或优秀作品，其中有 1 篇获一等奖或 2 篇获二等奖。

（3）主持并负责组稿、编稿、审稿、组版等编辑工作，审稿符合公开见报要求的稿件 500 万字及以上，编稿符合公开见报要求的稿件 100 万字及以上，有 5 篇稿件被评为省（部）级及以上优秀稿件或优秀作品，其中 1 篇获一等奖或 2 篇获二等奖。

（4）精通并掌握抓拍各种新闻体裁照片的技能，独立拍摄的新闻摄影作品发表达到 100 幅及以上，有 5 幅摄影作品被评为省（部）级及以上优秀作品，其中 1 篇获一等奖或 2 幅获二等奖。

（5）主持编写、制定的新闻工作管理办法、规章、制度、标准、规范取得明显效果，或在新闻行业内有较大影响。

（6）为编辑进修讲授过较系统的新闻专业知识、方法和技能，编写过公开出版的新闻专业教材 5 万字及以上。

（二）取得主任记者、主任编辑资格证书后，撰写以下论文、著作之一：

（1）独立或作为第一作（译）者，编（译）公开出版过属于个人 10 万字及以上高水平的著作或译著。

（2）在国家级报刊上发表过 2 篇或在省（部）级报刊上发表过 5 篇，独立编写的、有关新闻专业的论文或高质量的文章。

（3）主笔编写过本行业、本专业运用的各类技术规定 3 篇及以上。

第七章　附　则

第十九条　新闻专业必备的专业基础理论知识和专业技术知识：新闻理论、新闻采访学、新闻写作、新闻摄影、新闻评论、报纸（刊）编辑学等新闻基础理论和汉语知识。

第二十条　本《评审条件》中的申报条件和评审条件必须同时具备。

第二十一条　本《评审条件》中所规定的专业理论水平要求，必要时须经过答辩或考核认定其掌握的程度与应用能力。

第二十二条　对本《评审条件》中所规定的外语和计算机水平的考核，可以国家电力公司及其职称工作管理部门所规定认可的、有效的外语和计算机《考试合格证书》为依据。

第二十三条　获奖项目的"获得者"是指等级额定获奖人员。

第二十四条 本《评审条件》由国家电力公司系统深化职称改革工作领导小组及国家电力公司人才评价指导中心负责解释。

2.4 电力出版中、高级专业技术资格评审条件

电力出版中、高级专业技术资格评审条件

第一章 总 则

第一条 为客观、公正、科学地评价电力出版专业人员的学识水平和工作业绩，调动电力出版专业人员的积极性、创造性，鼓励多出成果、多出人才，促进电力出版事业的发展，根据国家有关规定，结合电力出版的专业特点，制定电力出版中、高级专业技术资格评审条件（以下简称《评审条件》）。

第二条 电力出版中级专业技术资格的名称为编辑、美术编辑、技术编辑、一级校对；高级专业技术资格的名称为副编审、美术副编审、副编审（技术）、副编审（校对），编审、美术编审。

第三条 按照本《评审条件》，经评审合格并获得相应专业技术资格证书者，表明其已具备相应的专业水平和能力，其职务与工资待遇由所在单位根据国家有关规定自行决定。

第二章 适用范围

第四条 本《评审条件》适用于从事国家正式出版发行的图书、期刊、音像出版物、电子出版物等工作的专业人员。

第五条 出版专业工作的主要内容包括：

（一）图书、期刊、音像出版物、电子出版物编辑

从事国家正式出版发行的图书、期刊、音像出版物、电子出版物等读物的选题、组稿、审稿、编辑加工、编后工作的专业人员，可对照本《评审条件》的规定，申报编辑、副编审、编审。

（二）美术设计

从事国家正式出版发行的图书、期刊等读物的封面美术设计、插图美术创作、画册美术设计、摄影等工作的专业人员，可对照本《评审条件》的规定，申报美术编辑、美术副

编审。

（三）技术设计

从事国家正式出版发行的图书、期刊等读物的版式设计、版面设计、正文设计、插图（表）设计、绘图、制图等工作的专业人员，可对照本《评审条件》的规定，申报技术编辑、副编审（技术）；从事排版、制版、印刷、装订、材料供应等工作的专业人员，可对照本《评审条件》的规定，申报技术编辑。

（四）校样校对

从事国家正式出版发行的图书、期刊等读物的校样与原稿的对照核查、勘误等工作的专业人员，可对照本《评审条件》的规定，申报一级校对、副编审（校对）。

第三章　申报条件

第六条　凡申报出版中、高级专业技术资格的人员，必须遵守中华人民共和国宪法和法律，具备良好的职业道德和敬业精神。

第七条　学历和资历的要求

（一）申报出版中级资格（须执行《人事部、新闻出版署关于印发〈出版专业技术人员资格考试暂行规定〉和〈出版专业技术人员职业资格考试实施办法〉的通知》（人发〔2001〕86号），参加人力资源和社会保障部组织的资格考试取得）。

（二）具有出版中级资格证书，申报副编审、美术副编审、副编审（技术）、副编审（校对）资格（须按照《电力出版副高级资格评定标准》参加评定取得）。

（三）具有出版副高级资格证书，并符合下列条件之一者，可申报编审（含美术编审）资格：

（1）获得大学本科毕业及以上学历，取得副编审（含美术副编审）资格证书五年以上。

（2）省（部）级及以上科技进步奖（或本专业项目奖）一等奖及以上获得者。

（3）经国家或省（部）级批准的有突出贡献的中青年科学技术专家，或享受政府特殊津贴人员。

（四）具备下列条件之一者，经考核合格，可认定相应资格：

（1）博士后流动站期满出站人员，经考核合格，可认定为副编审（含美术副编审）资格。

（2）获得博士学位，经考核合格，可认定为编辑（含美术编辑）资格。

（3）获得硕士学位，从事编辑工作（含美术编辑工作）二年，经考核合格，可认定为编辑（含美术编辑）资格。

第八条　外语要求

（一）申报编辑资格者，必须具备在2小时内正确翻译本专业外文资料3000个字符的能力。

（二）申报美术编辑、技术编辑、一级校对资格者，必须具备在2小时内正确翻译本专业外文资料2000个字符的能力。

（三）申报副编审、编审、美术编审资格者，必须具备在2小时内正确翻译本专业外文资料5000个字符的能力。

（四）申报美术副编审、副编审（技术）、副编审（校对）资格者，必须具备在2小时内正确翻译本专业外文资料4000个字符的能力。

第九条　计算机要求

（一）申报电力出版中级专业技术资格者，须熟悉与本专业有关的计算机应用知识，能运用计算机辅助进行与本专业相关的技术工作。

（二）申报电力出版高级专业技术资格者，须较熟练地掌握计算机应用技术，能熟练地运用计算机辅助进行与本专业相关的技术工作。

第四章　中级专业资格评审条件

第十条　专业理论水平要求

第十一条　工作经历和能力要求

第十二条　业绩与成果要求

第五章　副高级专业资格评审条件

第十三条　专业理论水平要求

第十四条　工作经历和能力要求

第十五条　业绩与成果要求

第十～十五条注：根据原人事部、卫生部文件《关于印发〈预防医学、全科医学、药学、护理、其他卫生技术等专业技术资格考试暂行规定〉及〈临床医学、预防医学、全科医学、药学、护理、其他卫生技术等专业技术资格考试实施办法〉的通知》（卫人发〔2001〕164号）、原人事部1990年下发的经济、会计、统计、审计专业《资格考试暂行规定》及其《实施办法》、《人事部、新闻出版署关于印发〈出版专业技术人员资格考试暂行规定〉和〈出版专业技术人员职业资格考试实施办法〉的通知》（人发〔2001〕86号）、《翻译专业资格（水平）考试暂行规定》（人发〔2003〕21号）及《二级、三级翻译专业资格（水平）考试实施办法》（国人厅发〔2003〕17号），卫生技术、经济、会计、统计、审计、出版、翻译系列的初中级资格国网人才中心不再进行评定与认定，一律参加各地方政府组织的全国专业技术人员专业技术资格（执业或职业资格）考试取得。

第六章　正高级专业资格评审条件

第十六条　专业理论水平要求

（一）全面、系统、较深入地掌握本专业的基础理论和专业知识。

（二）较全面地掌握与本专业相关的其他专业的基本知识。

（三）熟悉并理解与本专业有关的现行标准、规范、规程等规章制度，以及国家有关的法律、法规和政策。

（四）熟悉本专业的国内外水平和发展趋势，并有较深刻的认识和评论。

（五）对某学科有系统的研究和较深的造诣。

（六）有广博的科学文化知识或艺术知识。

（七）熟悉现代科学管理知识。

第十七条　工作经历和能力要求

（一）应同时具备如下必备条件：

（1）能深入运用本专业的理论知识和专业知识进行编辑业务工作，能解决本专业范围内复杂和重大的技术问题。

（2）具有承担重要稿件复审的经历和终审的能力，以及参与制定选题计划、规划的经历和能力。

（3）具有指导编辑专业进修的能力。

（二）取得副编审资格证书后，独立复审过250万字，或15种以上的稿件，或100万字以上的期刊文稿，或15种以上（或250分钟以上）的音像出版物、电子出版物，还应具有下列实践之一：

（1）作为主要负责人，策划和组织过两种省（部）级重点的图书（或音像出版物、电子出版物），或两种大型工具书，或一种大型丛书，或两种大型成套音像出版物、电子出版物。

（2）作为主要负责人，策划、组织并参与编写过省（网）局史志。

（3）作为主要负责人，策划、组织和主编过两期重要的期刊、专刊。

（4）为编辑进修讲授过较系统的出版知识、方法和技能，并编写过此类研讨性的教材。

（5）曾主持编写、制定过一批编辑工作范围内的管理办法、规章制度、标准、规范等。

第十八条 业绩与成果要求

（一）在取得副编审资格证书后，取得下列成果之一：

（1）有一种作为主要负责人策划、组织和复审（或终审）过的图书（或音像出版物、电子出版物）获得国家级优秀图书（音像出版物、电子出版物）二等奖，或省（部）级一等奖。

（2）作为主编或主审人的期刊（或论文），在国家级优秀期刊（或优秀论文）评选中有一项获二等奖；或在省（部）级评选中有一项获一等奖，或有两项获二等奖。

（3）独立复审（或终审）过一种国家级或两种省（部）级重点的图书（或音像出版物、电子出版物），并写出有较高水平的审读报告，在关键性和技术性难点上做出了深刻的评点。

（4）独立主审过两期特别重要的专刊或三期重要的专刊，并写出有较高水平的审读报告，在关键性和技术性难点上做出了深刻的评点。

（5）主持编写、制定的编辑工作管理办法、规章、制度、标准、规范取得较好效果，或在本行业内有较大影响。

（二）在取得副编审资格证书后，撰写过以下的作品之一：

（1）独立或作为第一作（译）者，编（译）并公开出版过属于本人的 10 万字以上的高水平的著作或译著。

（2）在国家级刊物上发表过两篇或在省（部）级刊物上发表过 3 篇，独立编写的、有关编辑出版的论文或高质量的文章。

（3）编写过本行业、本专业通用的各类技术规定两篇以上。

（4）编写过公开出版的编辑专业研究生教材 5 万字以上。

第七章 附 则

第十九条 本《评审条件》中的申报条件和评审条件必须同时具备。

第二十条 本《评审条件》中所规定的专业理论水平要求，必要时须经过答辩或考核认定其掌握的程度与应用能力。

第二十一条 对本《评审条件》中所规定的外语和计算机水平的考核，可以国家电力公司及其职称工作管理部门所规定认可的、有效的外语和计算机《考试合格证书》为依据。

第二十二条 获奖项目的"获得者"是指等级额定获奖人员。

第二十三条 美术编审技术资格统一由国家电力公司人才评价中心委托有关单位评审。

第二十四条　本《评审条件》由国家电力公司系统深化职称改革工作领导小组及国家电力公司人才评价指导中心负责解释。

2.5 电力翻译中、高级专业技术资格评审条件

电力翻译中、高级专业技术资格评审条件

第一章　总　则

第一条　为客观、公正、科学地评价电力翻译专业人员学识水平和业绩贡献，培养、造就和合理使用翻译专业人才，充分调动广大翻译人员的工作积极性，发挥他们的专业才能，鼓励多出成果、多出人才，促进专业水平的提高，以利于电力工业发展，特制定电力翻译中、高级专业技术资格评审条件（以下简称《评审条件》）。

第二条　电力翻译中、高级专业技术资格的名称分别为翻译、副译审、译审。

第三条　按照本《评审条件》，经评审合格并获得相应专业技术资格证书者，表明其已具备相应的专业技术水平和能力，其职务与工资待遇由所在单位根据国家有关规定自行决定。

第二章　适用范围

第四条　本《评审条件》作为在涉外工作和科技信息岗位上从事翻译工作的专业人员。

第五条　翻译专业工作的主要内容包括：

（一）涉外工作人员

从事涉外工作（包括外事、对外经济技术合作、对外贸易、国际金融等）的口译、笔译及相关对口管理工作的人员。

（二）科技信息人员

从事国内外科技信息搜集、翻译、编译工作的人员。

第三章　申报条件

第六条　凡申报电力翻译中、高级专业技术资格的人员，必须遵守中华人民共和国宪

法和法律，具备良好的职业道德和敬业精神。

第七条 学历和资力的要求

（一）申报翻译（须执行《翻译专业资格（水平）考试暂行规定》（人发〔2003〕21号）及《二级、三级翻译专业资格（水平）考试实施办法》（国人厅发〔2003〕17号），参加人力资源和社会保障部组织的资格考试取得）。

（二）具有翻译资格证书，申报副译审资格（须按照《电力翻译副译审评定标准》参加评定取得）。

（三）具有副译审资格证书，并符合下列条件之一者，可申报译审：

（1）获得大学本科及以上学历，取得副译审资格证书五年以上。

（2）国家自然科学奖、发明奖、科学技术进步奖、星火项目奖的主要完成者，或省（部）级科学进步奖二等奖的获得者。

（3）国家或省（部）级批准的有突出贡献的中青年科学技术专家，或享受政府特殊津贴人员。

（四）获得以下学历、学位，经考试合格，可认定中、高级的专业技术资格（见资格认定相关规定）。

第八条 外语要求

（一）申报翻译者，须具备在2小时内比较准确地利用第二外语翻译外文资料3000字符的能力。

（二）申报副译审、译审者，须具备在2小时内比较准确地利用第二外语翻译外文资料5000字符的能力。

第九条 计算机要求

（一）申报翻译专业技术资格者，须能较熟练地运用计算机完成信息的收集和处理。

（二）申报副译审、译审专业技术资格者，须能较熟练地掌握计算机应用技术，能运用计算机辅助进行与本专业相关的管理、分析工作。

第四章 翻译评审条件

第十条 专业理论水平要求

第十一条 工作经历和能力要求

第十二条 业绩与成果要求

注：根据原人事部、卫生部文件《关于印发〈预防医学、全科医学、药学、护理、其

他卫生技术等专业技术资格考试暂行规定〉及〈临床医学、预防医学、全科医学、药学、护理、其他卫生技术等专业技术资格考试实施办法〉的通知》（卫人发〔2001〕164号）、原人事部1990年下发的经济、会计、统计、审计专业《资格考试暂行规定》及其《实施办法》、《人事部、新闻出版署关于印发〈出版专业技术人员资格考试暂行规定〉和〈出版专业技术人员职业资格考试实施办法〉的通知》（人发〔2001〕86号）、《翻译专业资格（水平）考试暂行规定》（人发〔2003〕21号）及《二级、三级翻译专业资格（水平）考试实施办法》（国人厅发〔2003〕17号），卫生技术、经济、会计、统计、审计、出版、翻译系列的初中级资格国网人才中心不再进行评定与认定，一律参加各地方政府组织的全国专业技术人员专业技术资格（执业或职业资格）考试取得。

第五章　副译审评审条件

第十三条　专业理论水平要求

须按照《电力翻译副译审评定标准》参加评定取得。

第十四条　工作经历和能力要求

须按照《电力翻译副译审评定标准》参加评定取得。

第十五条　业绩与成果要求

须按照《电力翻译副译审评定标准》参加评定取得。

第六章　译审评审条件

第十六条　专业理论水平要求

（一）涉外工作人员

（1）具有很扎实系统的语言功底和广博的翻译理论知识。

（2）具有丰富的电力专业知识和国际知识。

（二）科技信息人员

（1）具有很扎实系统的语言文字基础理论知识和较丰富的编辑实践经验。

（2）具有丰富的电力专业知识。

第十七条　工作经历和能力要求

（一）涉外工作人员

（1）应同时具备如下必备条件：

1）能够熟练而流畅地进行口、笔译，口译应达到准确、流畅，笔译达到"信、达、雅"水平，具备审稿、定稿能力。

2）具有很高的涉外交际、业务工作能力。

3）业务素质高，翻译实践经验丰富，有较强的理解和表达能力，能够准确解决翻译中的重大疑难问题。

4）能用第二外语承担一般性会谈的翻译，或用第二外语承担重要文件或报告的翻译工作，并发表译文 20000 字以上。

5）能够组织、指导副高级翻译人员的学习和工作。

（2）取得副译审资格证书后，还须有下列实践之一：

1）作为首度翻译，曾参加过国际会议或承担过同声传译或随部级代表团出访或接待部级访华代表团三次以上，并圆满完成任务。

2）作为首席翻译，曾参与五次以上对外交流业务洽谈或参与三次以上较大型工程进出口项目的商务、技术谈判，并圆满完成任务。

3）承担对外合作重大项目的技术文件的主审和定稿工作。

4）是某项先进技术引进项目的首席翻译，并经有关单位认定这项技术具有很强的实际应用推广价值。

（二）科技信息人员

（1）应同时具备如下必备条件：

1）具有丰富的科技知识和很强的捕捉所需信息及选择调研专题的能力。

2）掌握大量的专业词汇，能够准确解决翻译工作中的重大疑难问题。

3）能够指导副高级翻译人员的学习和工作。

（2）取得副译审资格证书后，还须同时具备如下条件：

1）能够熟练而流畅、无误地进行外译中、中译外的笔译工作，并达到审稿、定稿水平。

2）曾参与用第二外语从事重要文件、报告、论文等笔译工作，并有发表的译文 20000 字以上。

第十八条　业绩与成果要求

（一）涉外工作人员

（1）取得副译审资格证书后，完成下列成果之一：

1）圆满完成省、部级领导及国家领导人接见外宾、出席国际会议或高层重要会谈的翻译。

2）圆满完成电力系统多科专业性很强的技术交流谈判。

3）圆满完成大型电力项目合同的商务、技术谈判，所参与项目（工程、技术、商贸）

取得重大经济效益、社会效益，获省、部级及其以上的嘉奖，本人承担了主要翻译及有关重要条款翻译的定稿工作。

（2）取得副译审资格证书后，完成下列译著、编著之一：

1）公开出版专著、译著、编译文章及对外正式提交的译文 80000 字以上。

2）在国内外刊物上（包括行业内部刊物）发表译文、外文提交或国际会议论文（中译外）30000 字以上。

3）编译、翻译可供内部参考的有价值的相关资料 200000 字以上。

4）按工作要求，翻译或校译（中译外）技术文献资料 100000 字以上，并达到定稿水平。

（二）科技信息人员

（1）取得副译审资格证书后，完成下列实践成果之一：

1）主持重点信息专题，从选题到编译成文及定稿工作四次以上，其成果获省、部级二等奖以上；或本单位一等奖三次以上。

2）主持本单位信息专题工作五次以上，其成果为有关业务主管部门认定具有很高的参考价值。

3）多次承担对外合作项目技术文件、对外学术报告及论文审稿、定稿工作。

4）是专项先进技术引进项目的首席翻译，并被有关业务单位认定该项技术具有很强的实际应用推广价值。

5）主持两个以上信息网的翻译定稿工作，其成果取得重大经济效益、社会效益，获得省、部级以上嘉奖或网内大多数单位的认可。

（2）取得副译审资格证书后，完成下述译著、编著之一：

1）公开出版译著、编著、编译文章 100000 字以上。

2）在国内外刊物（包括行业内部刊物）上发表译文、外文提要或国际会议论文（中译外）50000 字以上。

3）编译、翻译或校译（中译外）技术文献资料 400000 字以上，并被有关业务部门认为有很高参考价值。

4）按工作要求，翻译或校译（中译外）技术文献资料 250000 字以上，并达到定稿水平。

第七章　附　则

第十九条　本《评审条件》中的申报条件和评审条件必须同时具备。

第二十条　本《评审条件》中所规定的专业理论水平要求，必要时须经过答辩或考核认定其掌握的程度与应用能力。

第二十一条 对本《评审条件》中所规定的外语和计算机水平的考核，可以国家电力公司及其职称工作管理部门所规定认可的、有效的外语和计算机《考试合格证书》为依据。

第二十二条 获奖项目的"获得者"是指等级额定获奖人员。

第二十三条 本《评审条件》由国家电力公司系统深化职称改革工作领导小组及国家电力公司人才评价指导中心负责解释。

2.6 电力档案、图书资料中、高级专业技术资格评审条件

电力档案、图书资料中、高级专业技术资格评审条件

第一章 总 则

第一条 为客观、公正、科学地评价电力档案、图书资料专业人员的学识水平和业绩贡献，调动广大档案、图书资料专业人员的积极性，鼓励多出成果、多出人才，促进档案、图书资料工作的进步、发展和专业水平的提高，根据国家有关规定，结合电力档案、图书资料专业的特点，制定电力档案、图书资料中、高级专业技术资格评审条件（以下简称《评审条件》）。

第二条 电力档案、图书资料中、高级专业技术资格的名称为馆员、副研究馆员、研究馆员。

第三条 按照本《评审条件》，经评审合格并获得相应专业技术资格证书者，表明其已具备相应的专业水平和能力，其职务与工资待遇由所在单位根据国家有关规定自行决定。

第二章 适用范围

第四条 档案专业

本《评审条件》中的"档案专业人员"指：在各单位、各部门从事档案管理（含文书、科技、会计、声像、医疗卫生、人事档案，档案保护、编研，计算机档案管理）、档案科研工作的专业人员。

第五条 图书资料专业

本《评审条件》中的"图书资料专业人员"指：在各单位、各部门从事图书资料管理、

科研工作的专业人员。

第三章　申报条件

第六条　凡申报档案、图书资料中、高级专业技术资格的人员，必须遵守中华人民共和国宪法和法律，具备良好的职业道德和敬业精神。

第七条　学历和资历的要求

（一）取得助理馆员资格证书，可申报馆员（见《电力档案、图书资料馆员评定标准》）。

（二）具有馆员资格证书，并符合下列条件之一者，可申报副研究馆员：（须按照《电力档案、图书资料副研究馆员评定标准》参加评定取得）。

（三）具有副研究馆员资格证书，并符合下列条件之一者，可申报研究馆员资格：

（1）获得大学本科及以上学历，取得副研究馆员资格证书五年以上。

（2）国家自然科学奖、发明奖、科学技术进步奖、星火项目奖的主要完成者，或省（部）级科学进步奖一等奖的获奖者。

（3）国家批准的有突出贡献的档案、图书资料工作者，或享受政府特殊津贴人员。

（四）获得以下学历、学位，经考试合格，可认定中、高级的专业技术资格（见资格认定相关规定）。

第八条　外语要求

（一）申报馆员者，须具备在2小时内比较准确地翻译外文资料3000字符的能力。

（二）申报副研究馆员、研究馆员者，须具备在2小时内比较准确地翻译外文资料5000字符的能力。

第九条　计算机要求

（一）申报馆员者，须能较熟练地运用计算机完成信息的收集和处理。

（二）申报副研究馆员、研究馆员者，须能较熟练地掌握计算机应用技术，能运用计算机辅助进行与本专业相关的管理、分析工作。

第四章　馆员评审条件

第十条　专业理论水平要求

须按照《电力档案、图书资料馆员评定标准》参加评定取得。

第十一条　工作经历和能力要求

须按照《电力档案、图书资料馆员评定标准》参加评定取得。

第十二条　业绩与成果要求

须按照《电力档案、图书资料馆员评定标准》参加评定取得。

第五章　副研究馆员评审条件

第十三条　专业理论水平要求

须按照《电力档案、图书资料副研究馆员评定标准》参加评定取得。

第十四条　工作经历和能力要求

须按照《电力档案、图书资料副研究馆员评定标准》参加评定取得。

第十五条　业绩与成果要求

须按照《电力档案、图书资料副研究馆员评定标准》参加评定取得。

第六章　研究馆员评审条件

第十六条　专业理论水平要求

（一）有广博的档案学知识和相关学科知识，对档案学理论研究有较深的造诣，提出过重要的有独创性的专业理论见解，对从事的专业方向（或工作领域）有深入的研究，是本专业的学术带头人。

（二）熟悉国内外本学科及主要相关学科的科学管理、技术水平、研究动态、市场信息及发展趋势，掌握发展前沿的状况。

第十七条　工作经历和能力要求

（一）应同时具备如下必备条件：

（1）有承担重大科研项目和解决专业工作中重大疑难问题的水平和能力，有较高水平的研究成果，工作成绩突出。

（2）能够指导本专业副高级专业人员进行工作；有指导相当研究生水平的人员进行研究等能力。

（二）取得副研究馆员资格证书后，具有下列实践之一：

（1）主持并完成国电公司或省及以上本专业行政管理部门下达的大型项目或重大研究课题；或对高新技术、先进技术的推广应用，经国电公司或省以上本专业行政管理部门审定取得显著的社会效益和经济效益者。

（2）主编并公开出版两部史料编研项目，并有较大的影响。

第十八条 业绩与成果要求

（一）取得副研究馆员资格证书后，取得下列成果之一：

（1）获得国家最高科学技术奖、国家自然科学奖、国家技术发明奖、国家科学技术进步奖三等奖以上，并且是获奖项目的主要完成者。

（2）获得省（部）级科技进步奖二等奖一项和其他等次奖多项，并且是获奖项目的主要完成者。

（3）在档案、图书资料保护技术、科研、现代化管理等工作中，完成具有高水平的技术项目和编研成果，并通过国家专业主管部门组织的专家认定。

（4）在编研工作中，公开或内部出版30万字以上具有较高研究价值的编研史料或参考材料。

（5）在本专业教育培训工作中，曾系统讲授过档案、图书资料专业培训课，有明显的教学实绩；或承担过本专业教材的编写工作，其中本人撰写的部分不少于5万字。

（二）取得副研究馆员资格证书后，撰写以下论文、著作之一：

（1）作为主要作者，正式出版过一本学术、技术专著或译著。

（2）在公开发行的报纸、刊物上发表过本专业3篇及以上高水平的学术论文。

（3）主持并作为主要作者完成过本专业行业标准和技术规程、规范等的编制工作，并获得批准实施。

第七章 附 则

第十九条 本《评审条件》中的申报条件和评审条件必须同时具备。

第二十条 本《评审条件》中所规定的专业理论水平要求，必要时须经过答辩或考核认定其掌握的程度与应用能力。

第二十一条 对本《评审条件》中所规定的外语和计算机水平的考核，可以国家电力公司及其职称工作管理部门所规定认可的、有效的外语和计算机《考试合格证书》为依据。

第二十二条 获奖项目的"获得者"是指等级额定获奖人员。

第二十三条 本《评审条件》由国家电力公司系统深化职称改革工作领导小组及国家电力公司人才评价指导中心负责解释。

2.7 电力政工中、高级专业技术资格评审条件

电力政工中、高级专业技术资格评审条件

第一章 总 则

第一条 为客观、公正、科学地评价思想政治工作专业人员的学识水平和业务能力，鼓励思想政治工作专业人员刻苦钻研业务，多出人才，多出成果，提高思想政治工作水平，加强思想政治工作，促进我国电力工业的改革与发展，根据中央和国家有关规定，结合思想政治工作的专业特点，制定电力政工中、高级专业技术资格评审条件（以下简称《评审条件》）。

第二条 电力政工中、高级专业技术资格的名称分别为政工师、高级政工师。

第三条 按照本《评审条件》，经评审合格并获得政工师、高级政工师的专业技术资格证书者，表明其已具备相应层次的专业水平和能力，其职务聘任和工资待遇由所在单位根据国家有关规定办理。

第二章 适用范围

第四条 本《评审条件》一般适用于各单位、各部门专职从事思想政治工作的专业人员。

第五条 政工专业划分为党建和精神文明建设工作、纪检和监察工作、群众工作、保卫工作、离退休干部管理工作5个分支专业。

第三章 申报条件

第六条 凡申报政工师、高级政工师的人员，必须遵守中华人民共和国宪法和法律；忠于党，忠于社会主义事业；掌握马克思主义基本理论和相关的专业知识；具有履行思想政治工作相应职责的实际能力；具备优良的思想品德和敬业精神，以身作则，密切联系群众。

第七条 学历和资历的要求

（一）取得助理政工师资格证书，可申报政工师（见《电力政工政工师评定标准》）。

（二）具有政工师资格证书，并符合下列条件之一者，可申报高级政工师（须按照《电力政工高级政工师评定标准》参加评定取得）。

（三）获得以下学位，经考核合格，可认定政工师（见资格认定相关规定）。

第八条　外语要求

申报政工中、高级专业技术资格者，须基本掌握一门外语。其中：

（一）申报政工师者，须具备在 2 小时内比较准确地翻译外文资料 3000 字符的能力。

（二）申报高级政工师者，须具备在 2 小时内比较准确地翻译外文资料 5000 字符的能力。

第九条　计算机要求

申报政工中、高级专业技术资格者，须基本掌握计算机知识。其中：

（一）长期在生产一线从事思想政治工作的申报者，须能较熟练地运用计算机完成信息的收集和处理。

（二）申报时，在管理单位或部门从事思想政治工作的申报者，须能较熟练地掌握计算机应用技术，能运用计算机辅助进行与本专业相关的管理、分析工作。

第四章　政工师评审条件

第十条　专业理论水平要求

须按照《电力政工政工师评定标准》参加评定取得。

第十一条　工作经历和能力要求

须按照《电力政工政工师评定标准》参加评定取得。

第十二条　业绩与成果要求

须按照《电力政工政工师评定标准》参加评定取得。

第五章　高级政工师评审条件

第十三条　专业理论水平要求

须按照《电力政工高级政工师评定标准》参加评定取得。

第十四条　工作经历和能力要求

须按照《电力政工高级政工师评定标准》参加评定取得。

第十五条　业绩与成果要求

须按照《电力政工高级政工师评定标准》参加评定取得。

第六章　附　则

第十六条　本《评审条件》中的申报条件和评审条件必须同时具备。

第十七条　本《评审条件》中所规定的专业理论水平要求,必要时须经过答辩或考核认定其掌握的程度与应用能力。

第十八条　对本《评审条件》中所规定的外语和计算机水平的考核,可以国家电力公司及其职称工作管理部门所规定认可的、有效的外语和计算机《考试合格证书》为依据。

第十九条　获奖项目的"获得者"是指等级额定获奖人员。

第二十条　本《评审条件》由国家电力公司系统深化职称改革工作领导小组及国家电力公司人才评价指导中心负责解释。

2.8　电力卫生中、高级专业技术资格评审条件

电力卫生中、高级专业技术资格评审条件

第一章　总　则

第一条　为客观、公正、科学地评价电力卫生专业技术人员的能力和水平,鼓励多出成果、多出人才,更好地满足广大电力职工、家属对医疗保健的需求,根据国家有关规定,结合电力卫生技术的专业特点,制定电力卫生中、高级专业技术资格评审条件(以下简称《评审条件》)。

第二条　电力卫生中、高级专业技术资格的名称为主治医师、主管医师、主管药师、主管护师、主管技师、主管检验师,副主任医师、副主任药师、副主任护师、副主任技师、副主任检验师,主任医师、主任药师、主任护师、主任技师、主任检验师。

第三条　按照本《评审条件》,经评审合格并获得相应专业技术资格证书者,表明其已具备相应的专业水平和能力,其职务与工资待遇由所在单位根据国家有关规定自行决定。

第二章　适用范围

第四条　卫生专业技术人员通指在各单位或部门从事医药卫生技术的人员。

第五条　卫生技术暂划分为内儿科（含全科医学专业、儿科、心血管、呼吸、消化、肾、神经、老年医学、传染病等）、外科（含普通、骨、胸心、神经、泌尿、烧伤、整形、麻醉等）、妇产（含妇科、产科、计划生育）、护理、药学、检验、放射（含医学影像、超声、核医学、放射治疗）、中医（含中西医）、公共卫生（含职业卫生、卫生防疫）、医疗卫生管理、其他（含康复理疗、口、眼、耳鼻喉、病理学、皮肤与性病等）十一类专业。

第三章　申报条件

第六条　凡申报卫生中、高级专业技术资格的人员，必须遵守中华人民共和国宪法和法律，具有良好的职业道德和敬业精神。其中，申报临床医学、药学和护理专业技术资格的人员必须是依法具有在中华人民共和国行医权力的执业医师、执业药师和执业护师。

第七条　学历和资历的要求

（一）申报主治（管）医（药、护、技）师资格（须执行《关于印发〈预防医学、全科医学、药学、护理、其他卫生技术等专业技术资格考试暂行规定〉及〈临床医学、预防医学、全科医学、药学、护理、其他卫生技术等专业技术资格考试实施办法〉的通知》（卫人发〔2001〕164号），参加人力资源和社会保障部组织的资格考试取得）。

（二）具有主治（管）医（药、护、技）师资格证书，申报副主任医（药、护、技）师资格（须按照《电力卫生副高级资格评定标准》参加评定取得）。

（三）具有副主任医（药、护、技）师资格证书，并符合下列条件之一者，可申报主任医（药、护、技）师：

（1）大学本科毕业及以上学历，取得副主任医（药、护、技）师资格证书五年以上。

（2）省（部）级及以上科技成果、进步奖的获得者。

（3）国家或省（部）级批准的有突出贡献的中青年科学技术专家，或享受政府特殊津贴人员。

（四）获得以下学历、学位，经考试合格，可认定中、高级的专业技术资格：

（1）临床医学博士后流动站期满出站人员，经考核合格，可认定副主任医（药、护、技）师。

（2）获得医学相关专业博士学位，经考核合格，可认定主治（管）医（药、护、技）师。

（3）获得医学相关专业硕士学位，从事本专业工作二年，经考核合格，可认定主治（管）医（药、护、技）师。

第八条　申报主治（管）医（药、护、技）师者，平均每年参加临床工作（包括门诊和病房）不少于44周；担任住院医师期间，轮转急诊不少于6个月，任住院总医师在6个月以上。申报副主任医（药、护、技）师者，平均每年参加临床工作不少于35周。申报主任医（药、护、技）师者，平均每年参加临床工作不少于30周，并参加专业门诊及专家门诊。

第九条　外语要求

（一）申报电力卫生中级专业技术资格者，须具备在2小时内比较准确地翻译本专业一种外文资料3000字符的能力。

（二）申报电力卫生高级专业技术资格者，须具备在2小时内比较准确地翻译本专业一种外文资料5000字符的能力。

第十条　计算机要求

须能较熟练地掌握计算机应用技术，能运用计算机辅助进行与本专业相关的技术工作及有关的信息收集和处理工作。

第四章　评审条件

第十一条　各专业评审条件分别按专业理论水平要求、工作经历和能力要求、业绩与成果要求三部分撰写，被评审者在取得现资格证书后，必须同时具备。

第十二条　凡申报电力卫生中、高级专业技术资格者，须具备一定的教学、科研能力，并按有关规定，在取得现资格证书后，完成每年医学继续教育课程；申报电力卫生高级专业技术资格者，在取得现资格证书后，每年应承担本专业学术讲座不少于2次，参加各种学术交流活动不少于1次。

（一）主治（管）医（药、护、技）师（略）

（二）副主任医（药、护、技）师

须按照《电力卫生副高级资格评定标准》参加评定取得。

（三）主任医（药、护、技）师

作为本专业的学科带头人，具备指导和组织副高级及以下卫生技术人员发展医疗技术工作的能力，能够跟踪本学科国际先进水平，能根据专业发展需要规划研究课题，组织实施科研计划，并取得显著成绩。能把新技术、新理论应用于临床和科研实践。

第十三条　内（儿）科

（一）内科学专业

1.主治医师

注：根据原人事部、卫生部文件《关于印发〈预防医学、全科医学、药学、护理、其

他卫生技术等专业技术资格考试暂行规定〉及〈临床医学、预防医学、全科医学、药学、护理、其他卫生技术等专业技术资格考试实施办法〉的通知》（卫人发〔2001〕164号）、原人事部1990年下发的经济、会计、统计、审计专业《资格考试暂行规定》及其《实施办法》、《人事部、新闻出版署关于印发〈出版专业技术人员资格考试暂行规定〉和〈出版专业技术人员职业资格考试实施办法〉的通知》（人发〔2001〕86号）、《翻译专业资格（水平）考试暂行规定》（人发〔2003〕21号）及《二级、三级翻译专业资格（水平）考试实施办法》（国人厅发〔2003〕17号），卫生技术、经济、会计、统计、审计、出版、翻译系列的初中级资格国网人才中心不再进行评定与认定，一律参加各地方政府组织的全国专业技术人员专业技术资格（执业或职业资格）考试取得。

2. 副主任医师

须按照《电力卫生副高级资格评定标准》参加评定取得。

3. 主任医师

（1）专业理论水平要求。

1）精通本专业的基础医学、临床理论知识和专业技术知识，并在本专业领域里有独到的学术见解。

2）熟悉掌握本专业的技术规范、技术规程、规章制度。

3）掌握内科专业国内外现状和发展趋势，能把新技术、新理论应用于临床和科研实践，达到国内先进水平。

（2）工作经历和能力要求。

1）符合本《评审条件》第十二条的相应条款。

2）在内科常见病的预防、诊断、治疗方面有丰富的临床经验，能熟练正确地救治内科危重病症，能独立解决内科复杂疑难病症的治疗及重大技术难题。

3）作为本专业的学术、技术带头人，具有指导和组织本专业有序、高效地开展医疗、教学、科研工作的能力，并取得显著成绩。

（二）心血管病学专业

1. 主治医师

注：根据原人事部、卫生部文件《关于印发〈预防医学、全科医学、药学、护理、其他卫生技术等专业技术资格考试暂行规定〉及〈临床医学、预防医学、全科医学、药学、护理、其他卫生技术等专业技术资格考试实施办法〉的通知》（卫人发〔2001〕164号）、原人事部1990年下发的经济、会计、统计、审计专业《资格考试暂行规定》及其《实施办法》、《人事部、新闻出版署关于印发〈出版专业技术人员资格考试暂行规定〉和〈出

版专业技术人员职业资格考试实施办法〉的通知》（人发〔2001〕86号）、《翻译专业资格（水平）考试暂行规定》（人发〔2003〕21号）及《二级、三级翻译专业资格（水平）考试实施办法》（国人厅发〔2003〕17号），卫生技术、经济、会计、统计、审计、出版、翻译系列的初中级资格国网人才中心不再进行评定与认定，一律参加各地方政府组织的全国专业技术人员专业技术资格（执业或职业资格）考试取得。

2. 副主任医师

须按照《电力卫生副高级资格评定标准》参加评定取得。

3. 主任医师

（1）专业理论水平要求。

1）精通心血管专业的理论知识与技术知识，并有独特见解。

2）相关理论知识：要掌握心血管专业国内外现状与发展趋势，能把新技术、新理论应用于临床实践和科学研究，能根据需要提出新任务或新课题。

（2）工作经历和能力要求。

1）符合本《评审条件》第十二条的相应条款。

2）掌握解决较复杂的心血管疑难病例的诊断、鉴别诊断与治疗的知识与技能，能全面负责心血管病房的医疗与教学工作。

3）在心血管内科疾病的诊断、治疗方面，有丰富的临床工作经验。

4）有较丰富的心血管危重病例的抢救工作经验，并能指导抢救危重病例。

5）能承担院内外会诊任务。

（三）呼吸内科学专业

1. 主治医师

注：根据原人事部、卫生部文件《关于印发〈预防医学、全科医学、药学、护理、其他卫生技术等专业技术资格考试暂行规定〉及〈临床医学、预防医学、全科医学、药学、护理、其他卫生技术等专业技术资格考试实施办法〉的通知》（卫人发〔2001〕164号）、原人事部1990年下发的经济、会计、统计、审计专业《资格考试暂行规定》及其《实施办法》、《人事部、新闻出版署关于印发〈出版专业技术人员资格考试暂行规定〉和〈出版专业技术人员职业资格考试实施办法〉的通知》（人发〔2001〕86号）、《翻译专业资格（水平）考试暂行规定》（人发〔2003〕21号）及《二级、三级翻译专业资格（水平）考试实施办法》（国人厅发〔2003〕17号），卫生技术、经济、会计、统计、审计、出版、翻译系列的初中级资格国网人才中心不再进行评定与认定，一律参加各地方政府组织的全国专业技术人员专业技术资格（执业或职业资格）考试取得。

2. 副主任医师

须按照《电力卫生副高级资格评定标准》参加评定取得。

3. 主任医师

（1）专业理论水平要求。

1）对呼吸内科的基础理论和专业理论有深刻的了解，有独到见解。

2）熟悉掌握内科其他专业的理论知识，能处理内科其他专业的常见病。

3）掌握呼吸内科专业国内外现状及发展趋势，能把新技术、新理论应用于临床实践。

（2）工作经历和能力要求。

1）符合本《评审条件》第十二条的相应条款。

2）在呼吸系统疾病诊断、治疗和预防工作中有比较高的造诣，能熟练正确地救治本科危重病人，解决复杂疑难病症及重大技术问题。

3）具备院内或院外疑难病例会诊，解决疑难疾病的能力。

（四）消化病学专业

1. 主治医师

注：根据原人事部、卫生部文件《关于印发〈预防医学、全科医学、药学、护理、其他卫生技术等专业技术资格考试暂行规定〉及〈临床医学、预防医学、全科医学、药学、护理、其他卫生技术等专业技术资格考试实施办法〉的通知》（卫人发〔2001〕164号）、原人事部1990年下发的经济、会计、统计、审计专业《资格考试暂行规定》及其《实施办法》、《人事部、新闻出版署关于印发〈出版专业技术人员资格考试暂行规定〉和〈出版专业技术人员职业资格考试实施办法〉的通知》（人发〔2001〕86号）、《翻译专业资格（水平）考试暂行规定》（人发〔2003〕21号）及《二级、三级翻译专业资格（水平）考试实施办法》（国人厅发〔2003〕17号），卫生技术、经济、会计、统计、审计、出版、翻译系列的初中级资格国网人才中心不再进行评定与认定，一律参加各地方政府组织的全国专业技术人员专业技术资格（执业或职业资格）考试取得。

2. 副主任医师

须按照《电力卫生副高级资格评定标准》参加评定取得。

3. 主任医师

（1）专业理论水平要求。

1）对消化专业基础医学理论知识和技能有深入的了解。

2）掌握消化专业国内、外现状及发展趋势，能将新理论、新技术应用于临床工作实践和科学研究工作中。

3）根据专业发展需要提出新的任务或新课题。

（2）工作经历和能力要求。

1）符合本《评审条件》第十二条的相应条款。

2）在消化专业疾病的诊断和治疗方面有较深造诣，具有精湛的技术操作能力，能解决本专业的复杂疑难病症诊疗中的重大技术问题。

3）具备院内、院外疑难病会诊的能力。

（五）肾脏病学专业

1. 主治医师

注：根据原人事部、卫生部文件《关于印发〈预防医学、全科医学、药学、护理、其他卫生技术等专业技术资格考试暂行规定〉及〈临床医学、预防医学、全科医学、药学、护理、其他卫生技术等专业技术资格考试实施办法〉的通知》（卫人发〔2001〕164号）、原人事部1990年下发的经济、会计、统计、审计专业《资格考试暂行规定》及其《实施办法》、《人事部、新闻出版署关于印发〈出版专业技术人员资格考试暂行规定〉和〈出版专业技术人员职业资格考试实施办法〉的通知》（人发〔2001〕86号）、《翻译专业资格（水平）考试暂行规定》（人发〔2003〕21号）及《二级、三级翻译专业资格（水平）考试实施办法》（国人厅发〔2003〕17号），卫生技术、经济、会计、统计、审计、出版、翻译系列的初中级资格国网人才中心不再进行评定与认定，一律参加各地方政府组织的全国专业技术人员专业技术资格（执业或职业资格）考试取得。

2. 副主任医师

须按照《电力卫生副高级资格评定标准》参加评定取得。

3. 主任医师

（1）专业理论水平要求。

1）精通本专业的基本理论知识。

2）掌握内科各专业常见病的理论知识。

3）熟悉肾脏病专业国内外现状和发展趋势，能在某一方面有独到见解。

4）能熟练掌握本专业的1~2项先进的检查或实验技术。

（2）工作经历和能力要求。

1）符合本《评审条件》第十二条的相应条款。

2）在肾脏病的专业疾病的预防、诊断、治疗等方面有很高的造诣，能熟练正确地医治本专业的危重病人、解决复杂疑难病症及重大技术问题。

3）具备院内、外疑难病会诊，解决疑难病症的能力。

（六）神经内科专业

1. 主治医师

注：根据原人事部、卫生部文件《关于印发〈预防医学、全科医学、药学、护理、其他卫生技术等专业技术资格考试暂行规定〉及〈临床医学、预防医学、全科医学、药学、护理、其他卫生技术等专业技术资格考试实施办法〉的通知》（卫人发〔2001〕164号）、原人事部1990年下发的经济、会计、统计、审计专业《资格考试暂行规定》及其《实施办法》、《人事部、新闻出版署关于印发〈出版专业技术人员资格考试暂行规定〉和〈出版专业技术人员职业资格考试实施办法〉的通知》（人发〔2001〕86号）、《翻译专业资格（水平）考试暂行规定》（人发〔2003〕21号）及《二级、三级翻译专业资格（水平）考试实施办法》（国人厅发〔2003〕17号），卫生技术、经济、会计、统计、审计、出版、翻译系列的初中级资格国网人才中心不再进行评定与认定，一律参加各地方政府组织的全国专业技术人员专业技术资格（执业或职业资格）考试取得。

2. 副主任医师

须按照《电力卫生副高级资格评定标准》参加评定取得。

3. 主任医师

（1）专业理论水平要求。

1）全面、深入和系统地掌握神经病理学的基本理论知识和相关理论知识，有自己的独到见解。

2）对本专业中某一种类型疾病或分专业的理论及实践达到国内或国外水平。

3）对本专业国内外新进展及未来展望，有全面深入的了解，并能应用于工作中。

（2）工作经历和能力要求。

1）符合本《评审条件》第十二条的相应条款。

2）具备院内外会诊的能力，能解决疑难病及复杂技术问题。

（七）儿科专业

1. 主治医师

注：根据原人事部、卫生部文件《关于印发〈预防医学、全科医学、药学、护理、其他卫生技术等专业技术资格考试暂行规定〉及〈临床医学、预防医学、全科医学、药学、护理、其他卫生技术等专业技术资格考试实施办法〉的通知》（卫人发〔2001〕164号）、原人事部1990年下发的经济、会计、统计、审计专业《资格考试暂行规定》及其《实施办法》、《人事部、新闻出版署关于印发〈出版专业技术人员资格考试暂行规定〉和〈出版专业技术人员职业资格考试实施办法〉的通知》（人发〔2001〕86号）、《翻译专业资格

（水平）考试暂行规定》（人发〔2003〕21号）及《二级、三级翻译专业资格（水平）考试实施办法》（国人厅发〔2003〕17号），卫生技术、经济、会计、统计、审计、出版、翻译系列的初中级资格国网人才中心不再进行评定与认定，一律参加各地方政府组织的全国专业技术人员专业技术资格（执业或职业资格）考试取得。

2. 副主任医师

须按照《电力卫生副高级资格评定标准》参加评定取得。

3. 主任医师

（1）专业理论水平要求。

1）精通儿科基础理论与专业技术，具有独到见解。

2）熟悉儿科国内外现状和发展趋势，能把新技术、新理论应用于临床实践和具体的研究工作中。

（2）工作经历和能力要求。

1）符合本《评审条件》第十二条的相应条款。

2）在儿科疾病的诊断、治疗等方面，有丰富的临床经验，能独立处理复杂疑难病症；能组织并指导抢救急危重患；能诊断治疗难度较大的病症。

3）能正确指导和组织抢救急重患儿。能完成院内外会诊。

（八）传染病学专业

1. 主治医师

注：根据原人事部、卫生部文件《关于印发〈预防医学、全科医学、药学、护理、其他卫生技术等专业技术资格考试暂行规定〉及〈临床医学、预防医学、全科医学、药学、护理、其他卫生技术等专业技术资格考试实施办法〉的通知》（卫人发〔2001〕164号）、原人事部1990年下发的经济、会计、统计、审计专业《资格考试暂行规定》及其《实施办法》、《人事部、新闻出版署关于印发〈出版专业技术人员资格考试暂行规定〉和〈出版专业技术人员职业资格考试实施办法〉的通知》（人发〔2001〕86号）、《翻译专业资格（水平）考试暂行规定》（人发〔2003〕21号）及《二级、三级翻译专业资格（水平）考试实施办法》（国人厅发〔2003〕17号），卫生技术、经济、会计、统计、审计、出版、翻译系列的初中级资格国网人才中心不再进行评定与认定，一律参加各地方政府组织的全国专业技术人员专业技术资格（执业或职业资格）考试取得。

2. 副主任医师

须按照《电力卫生副高级资格评定标准》参加评定取得。

3. 主任医师

（1）专业理论水平要求。

1）精通本专业的基础知识和专业技术知识，并在本专业领域有独到见解。

2）掌握与本专业有关的法律和法规，熟练掌握本专业的技术规范、技术规程和规章制度。

3）熟悉传染病专业国内外现状和发展趋势，能把新技术、新理论应用于临床实践。

（2）工作经历和能力要求。

1）符合本《评审条件》第十二条的相应条款。

2）在传染病的预防、诊断、治疗等方面有很高的造诣，具有精湛的技术操作能力，能熟练正确地救治本专业危重病人、解决复杂疑难病症及重大技术问题。

3）能完成际内外会诊。

第十四条　外科专业

（一）普通外科

1. 主治医师

注：根据原人事部、卫生部文件《关于印发〈预防医学、全科医学、药学、护理、其他卫生技术等专业技术资格考试暂行规定〉及〈临床医学、预防医学、全科医学、药学、护理、其他卫生技术等专业技术资格考试实施办法〉的通知》（卫人发〔2001〕164号）、原人事部1990年下发的经济、会计、统计、审计专业《资格考试暂行规定》及其《实施办法》、《人事部、新闻出版署关于印发〈出版专业技术人员资格考试暂行规定〉和〈出版专业技术人员职业资格考试实施办法〉的通知》（人发〔2001〕86号）、《翻译专业资格（水平）考试暂行规定》（人发〔2003〕21号）及《二级、三级翻译专业资格（水平）考试实施办法》（国人厅发〔2003〕17号），卫生技术、经济、会计、统计、审计、出版、翻译系列的初中级资格国网人才中心不再进行评定与认定，一律参加各地方政府组织的全国专业技术人员专业技术资格（执业或职业资格）考试取得。

2. 副主任医师

须按照《电力卫生副高级资格评定标准》参加评定取得。

3. 主任医师

（1）专业理论水平要求。

1）基本理论知识。深入系统地掌握普通外科专业基础理论和专业知识，有独到的见解和研究。在全面掌握本专业理论知识的基础上又有自己的专长及专门研究。

2）相关理论知识。掌握与普通外科有关的相关学科基础理论及专业知识。

（2）工作经历和能力要求。

1）符合本《评审条件》第十二条的相应条款。

2）具有全面承担、指导本专业各项业务工作的能力，在普通外科专业范围内有自己的专长或特长，如肝脏外科、胆管及胰腺外科、胃肠外科、内分泌外科、血管外科等。并在这一专门领域内有较深造诣和专门研究。

3）能独立完成并指导副高级及以下卫生技术人员进行普通外科大型、复杂、疑难手术操作，具有丰富的临床经验和很强的应变能力。

4）取得副主任医师资格证书后，作为术者或第一助手完成如全胃切除、全结肠切除、胰十二指肠切除、门静脉高压症各种分流及复杂断流手术、半肝切除术、腹主动脉瘤手术等大型手术不少于40例。

（二）骨外科学专业

1. 主治医师

注：根据原人事部、卫生部文件《关于印发〈预防医学、全科医学、药学、护理、其他卫生技术等专业技术资格考试暂行规定〉及〈临床医学、预防医学、全科医学、药学、护理、其他卫生技术等专业技术资格考试实施办法〉的通知》（卫人发〔2001〕164号）、原人事部1990年下发的经济、会计、统计、审计专业《资格考试暂行规定》及其《实施办法》、《人事部、新闻出版署关于印发〈出版专业技术人员资格考试暂行规定〉和〈出版专业技术人员职业资格考试实施办法〉的通知》（人发〔2001〕86号）、《翻译专业资格（水平）考试暂行规定》（人发〔2003〕21号）及《二级、三级翻译专业资格（水平）考试实施办法》（国人厅发〔2003〕17号），卫生技术、经济、会计、统计、审计、出版、翻译系列的初中级资格国网人才中心不再进行评定与认定，一律参加各地方政府组织的全国专业技术人员专业技术资格（执业或职业资格）考试取得。

2. 副主任医师

须按照《电力卫生副高级资格评定标准》参加评定取得。

3. 主任医师

（1）专业理论水平要求。

1）基本理论知识。系统掌握专业基本理论，包括：运动系解剖学、生理学、病理学、组织胚胎学；熟悉骨科的有关生物材料科学的基本知识，在全面掌握本专业理论知识的基础上又有自己的专长及专门研究。

2）相关理论知识。了解相关临床学科及基础学科中与骨科专业有关的基本知识，包括：老年病学、创伤、危重医学、肿瘤学、医学影像诊断学、实验诊断学、药理学等。

（2）工作经历和能力要求。

1）符合本《评审条件》第十二条的相应条款。

2）取得骨外科副主任医师资格证书后，诊断及手术治疗疑难重症不少于 40 例，有丰富临床经验及诊治疑难重症的能力与技术水平。

3）能完成院内外会诊。

（三）神经外科专业

1. 主治医师

注：根据原人事部、卫生部文件《关于印发〈预防医学、全科医学、药学、护理、其他卫生技术等专业技术资格考试暂行规定〉及〈临床医学、预防医学、全科医学、药学、护理、其他卫生技术等专业技术资格考试实施办法〉的通知》（卫人发〔2001〕164 号）、原人事部 1990 年下发的经济、会计、统计、审计专业《资格考试暂行规定》及其《实施办法》、《人事部、新闻出版署关于印发〈出版专业技术人员资格考试暂行规定〉和〈出版专业技术人员职业资格考试实施办法〉的通知》（人发〔2001〕86 号）、《翻译专业资格（水平）考试暂行规定》（人发〔2003〕21 号）及《二级、三级翻译专业资格（水平）考试实施办法》（国人厅发〔2003〕17 号），卫生技术、经济、会计、统计、审计、出版、翻译系列的初中级资格国网人才中心不再进行评定与认定，一律参加各地方政府组织的全国专业技术人员专业技术资格（执业或职业资格）考试取得。

2. 副主任医师

须按照《电力卫生副高级资格评定标准》参加评定取得。

3. 主任医师

（1）专业理论水平要求。精通神经外科专业基础理论和专业知识，并在本专业中某领域有独立见解，掌握神经外科专业国内外现状和发展趋势。

（2）工作经历和能力要求。

1）符合本《评审条件》第十二条的相应条款。

2）能把新技术、新理论应用于临床实践和科学研究，能根据专业发展，提出新的科研任务与课题。

3）具有精湛的技术操作能力，能熟练正确救治本专科复杂疑难病例及解决重大技术问题，能完成或指导本专业复杂手术。

4）取得副主任医师资格证书后，诊断及手术治疗复杂疑难重症手术不少于 40 例。

（四）麻醉专业

1. 主治医师

注：根据原人事部、卫生部文件《关于印发〈预防医学、全科医学、药学、护理、其

他卫生技术等专业技术资格考试暂行规定〉及〈临床医学、预防医学、全科医学、药学、护理、其他卫生技术等专业技术资格考试实施办法〉的通知》（卫人发〔2001〕164号）、原人事部1990年下发的经济、会计、统计、审计专业《资格考试暂行规定》及其《实施办法》、《人事部、新闻出版署关于印发〈出版专业技术人员资格考试暂行规定〉和〈出版专业技术人员职业资格考试实施办法〉的通知》（人发〔2001〕86号）、《翻译专业资格（水平）考试暂行规定》（人发〔2003〕21号）及《二级、三级翻译专业资格（水平）考试实施办法》（国人厅发〔2003〕17号），卫生技术、经济、会计、统计、审计、出版、翻译系列的初中级资格国网人才中心不再进行评定与认定，一律参加各地方政府组织的全国专业技术人员专业技术资格（执业或职业资格）考试取得。

2.副主任医师

须按照《电力卫生副高级资格评定标准》参加评定取得。

3.主任医师

（1）专业理论水平要求。

1）精通麻醉学的基本理论及相关理论知识，并在某方面有独到的见解。

2）熟悉本专业的国内外现状和发展，能将新技术和新理论应用于临床实践和科研。

3）熟悉本专业的各项规章制度，技术规程及与本专业有关的法律和法规。

（2）工作经历和能力要求。

1）符合本《评审条件》第十二条的相应条款。

2）能熟练掌握各种危重病人、疑难手术麻醉处理，麻醉并发症的防治。

3）掌握各种疑难病例、重症病人的救治，具有解决重大技术问题的能力。

第十五条　妇产科专业

（一）主治医师

注：根据原人事部、卫生部文件《关于印发〈预防医学、全科医学、药学、护理、其他卫生技术等专业技术资格考试暂行规定〉及〈临床医学、预防医学、全科医学、药学、护理、其他卫生技术等专业技术资格考试实施办法〉的通知》（卫人发〔2001〕164号）、原人事部1990年下发的经济、会计、统计、审计专业《资格考试暂行规定》及其《实施办法》、《人事部、新闻出版署关于印发〈出版专业技术人员资格考试暂行规定〉和〈出版专业技术人员职业资格考试实施办法〉的通知》（人发〔2001〕86号）、《翻译专业资格（水平）考试暂行规定》（人发〔2003〕21号）及《二级、三级翻译专业资格（水平）考试实施办法》（国人厅发〔2003〕17号），卫生技术、经济、会计、统计、审计、出版、翻译系列的初中级资格国网人才中心不再进行评定与认定，一律参加各地方政府组织的全

国专业技术人员专业技术资格（执业或职业资格）考试取得。

（二）副主任医师

须按照《电力卫生副高级资格评定标准》参加评定取得。

（三）主任医师

1. 专业理论水平要求

（1）在全面掌握本专业基础知识上又有自己的专长及专门研究。

（2）熟悉本领域内国内外新进展及发展趋势，并能把新技术、新方法应用于临床。

2. 工作经历和能力要求

（1）符合本《评审条件》第十二条的相应条款。

（2）在妇产科疾病、预防、诊断、治疗等方面有较高造诣，能指导下级医师抢救各种疑难危重症。

（3）能完成并指导本专业各种复杂手术。

第十六条　中医专业

（一）主治医师

注：根据原人事部、卫生部文件《关于印发〈预防医学、全科医学、药学、护理、其他卫生技术等专业技术资格考试暂行规定〉及〈临床医学、预防医学、全科医学、药学、护理、其他卫生技术等专业技术资格考试实施办法〉的通知》（卫人发〔2001〕164号）、原人事部1990年下发的经济、会计、统计、审计专业《资格考试暂行规定》及其《实施办法》、《人事部、新闻出版署关于印发〈出版专业技术人员资格考试暂行规定〉和〈出版专业技术人员职业资格考试实施办法〉的通知》（人发〔2001〕86号）、《翻译专业资格（水平）考试暂行规定》（人发〔2003〕21号）及《二级、三级翻译专业资格（水平）考试实施办法》（国人厅发〔2003〕17号），卫生技术、经济、会计、统计、审计、出版、翻译系列的初中级资格国网人才中心不再进行评定与认定，一律参加各地方政府组织的全国专业技术人员专业技术资格（执业或职业资格）考试取得。

（二）副主任医师

须按照《电力卫生副高级资格评定标准》参加评定取得。

（三）主任医师

1. 专业理论水平要求

（1）精通本专业的基础理论、临床理论和专业技术知识，掌握《伤寒论》《金匮要略》《温病学》的基本内容，并在本专业理论方面有较深的造诣。

（2）掌握本专业国内外现状和发展趋势，能把新技术、新理论应用于临床和科研。

2. 工作经历和能力要求

（1）符合本《评审条件》第十二条的相应条款。

（2）在本专业常见病的诊断、治疗、预防等方面有丰富的临床经验；精通辨证论治在疑难杂症中的应用；能灵活运用中医中药、针灸治疗急症，如闭症、脱症等。

第十七条　护理专业

（一）主管护师

注：根据原人事部、卫生部文件《关于印发〈预防医学、全科医学、药学、护理、其他卫生技术等专业技术资格考试暂行规定〉及〈临床医学、预防医学、全科医学、药学、护理、其他卫生技术等专业技术资格考试实施办法〉的通知》（卫人发〔2001〕164号）、原人事部1990年下发的经济、会计、统计、审计专业《资格考试暂行规定》及其《实施办法》、《人事部、新闻出版署关于印发〈出版专业技术人员资格考试暂行规定〉和〈出版专业技术人员职业资格考试实施办法〉的通知》（人发〔2001〕86号）、《翻译专业资格（水平）考试暂行规定》（人发〔2003〕21号）及《二级、三级翻译专业资格（水平）考试实施办法》（国人厅发〔2003〕17号），卫生技术、经济、会计、统计、审计、出版、翻译系列的初中级资格国网人才中心不再进行评定与认定，一律参加各地方政府组织的全国专业技术人员专业技术资格（执业或职业资格）考试取得。

（二）副主任护师

须按照《电力卫生副高级资格评定标准》参加评定取得。

（三）主任护师

1. 专业理论水平要求

（1）精通护理专业基础理论和专业知识（各个专科的基础知识），掌握护理专业国内外发展趋势。根据专业的发展确定护理专业研究方向。能站在护理学科的前沿，对护理学科的发展有独到的见解。

（2）全面掌握与护理专业有关的相关学科的理论知识。运用于临床护理科研工作中，以指导科研、教学工作。

2. 工作经历和能力要求

（1）符合本《评审条件》第十二条的相应条款。

（2）在全面掌握护理专业理论知识的基础上，具有培养护理人才的能力。具备护理专业学科带头人的学识品质，并在国内护理同行内具有一定的影响。有较高水平的科学专著、论文和总结。

（3）全面掌握护理专业技术，临床护理经验丰富。能熟练解决专科护理复杂疑难问题，在临床护理和护理管理中有综合分析能力。

（4）思路开阔，掌握国内外护理新技术、新业务发展，并能应用于实际工作。有独特见解和探索精神，有护理科研能力。

第十八条　药学专业

（一）主管药师

注：根据原人事部、卫生部文件《关于印发〈预防医学、全科医学、药学、护理、其他卫生技术等专业技术资格考试暂行规定〉及〈临床医学、预防医学、全科医学、药学、护理、其他卫生技术等专业技术资格考试实施办法〉的通知》（卫人发〔2001〕164号）、原人事部1990年下发的经济、会计、统计、审计专业《资格考试暂行规定》及其《实施办法》、《人事部、新闻出版署关于印发〈出版专业技术人员资格考试暂行规定〉和〈出版专业技术人员职业资格考试实施办法〉的通知》（人发〔2001〕86号）、《翻译专业资格（水平）考试暂行规定》（人发〔2003〕21号）及《二级、三级翻译专业资格（水平）考试实施办法》（国人厅发〔2003〕17号），卫生技术、经济、会计、统计、审计、出版、翻译系列的初中级资格国网人才中心不再进行评定与认定，一律参加各地方政府组织的全国专业技术人员专业技术资格（执业或职业资格）考试取得。

（二）副主任药师

须按照《电力卫生副高级资格评定标准》参加评定取得。

（三）主任药师

1. 专业理论水平要求

（1）精通所从事专业的基础理论和技术，并有独到见解。

（2）掌握药学专业的国内外发展趋势，能将新技术、新理论应用于药学实践和科学研究，能结合所从事的专业提出新的任务与科研课题。

（3）熟悉有关药品法规，熟练掌握所从事药学专业的技术规范、技术规程和规章制度。

2. 工作经历和能力要求

（1）符合本《评审条件》第十二条的相应条款。

（2）能够熟练正确指导临床用药。

（3）在所从事的药学专业等方面有很高的造诣，能正确地运用现代药学理论和技术开展日常工作，并能指导下级药师解决较复杂的重大技术问题。

（4）具有培养专门人才及指导开展药学专题科学研究的能力和跟踪本专业国内外先进水平的能力。

第十九条　检验专业

（一）主管检验师

注：根据原人事部、卫生部文件《关于印发〈预防医学、全科医学、药学、护理、其他卫生技术等专业技术资格考试暂行规定〉及〈临床医学、预防医学、全科医学、药学、护理、其他卫生技术等专业技术资格考试实施办法〉的通知》（卫人发〔2001〕164号）、原人事部1990年下发的经济、会计、统计、审计专业《资格考试暂行规定》及其《实施办法》、《人事部、新闻出版署关于印发〈出版专业技术人员资格考试暂行规定〉和〈出版专业技术人员职业资格考试实施办法〉的通知》（人发〔2001〕86号）、《翻译专业资格（水平）考试暂行规定》（人发〔2003〕21号）及《二级、三级翻译专业资格（水平）考试实施办法》（国人厅发〔2003〕17号），卫生技术、经济、会计、统计、审计、出版、翻译系列的初中级资格国网人才中心不再进行评定与认定，一律参加各地方政府组织的全国专业技术人员专业技术资格（执业或职业资格）考试取得。

（二）副主任检验师

须按照《电力卫生副高级资格评定标准》参加评定取得。

（三）主任检验师

1. 专业理论水平要求

（1）精通本专业的基础理论和专业知识，并在某些方面有独到见解。

（2）掌握本专业的国内外现状和发展方向。

2. 工作经历和能力要求

（1）符合本《评审条件》第十二条的相应条款。

（2）能将新技术应用于临床实践和科研。

（3）从事专业领域中有较高造诣，具有熟练技术和解决复杂或重大技术问题的能力。

第二十条　放射专业

（一）主治（管）医（技）师

注：根据原人事部、卫生部文件《关于印发〈预防医学、全科医学、药学、护理、其他卫生技术等专业技术资格考试暂行规定〉及〈临床医学、预防医学、全科医学、药学、护理、其他卫生技术等专业技术资格考试实施办法〉的通知》（卫人发〔2001〕164号）、原人事部1990年下发的经济、会计、统计、审计专业《资格考试暂行规定》及其《实施办法》、《人事部、新闻出版署关于印发〈出版专业技术人员资格考试暂行规定〉和〈出版专业技术人员职业资格考试实施办法〉的通知》（人发〔2001〕86号）、《翻译专业资格（水平）考试暂行规定》（人发〔2003〕21号）及《二级、三级翻译专业资格（水平）考

试实施办法》（国人厅发〔2003〕17号），卫生技术、经济、会计、统计、审计、出版、翻译系列的初中级资格国网人才中心不再进行评定与认定，一律参加各地方政府组织的全国专业技术人员专业技术资格（执业或职业资格）考试取得。

（二）副主任医（技）师

须按照《电力卫生副高级资格评定标准》参加评定取得。

（三）主任医（技）师

1. 专业理论水平要求

（1）精通本专业的基础理论知识及三级学科的专业知识。如神经放射学，心、胸放射学，骨关节放射学，腹部放射学，小儿放射学及介入放射学等。

（2）熟悉与本专业相关的基础学科、临床学科有关的理论与知识。

2. 工作经历和能力要求

（1）符合本《评审条件》第十二条的相应条款。

（2）对本专业某一系统疾病的影像诊断新进展有深入了解，并对提高诊断水平有独到见解及建树；熟悉本专业国内、外趋势现状及发展。

（3）在掌握普通影像诊断基础上，精通某一系统专业，能熟练、正确诊断疑难、复杂病症。

第二十一条 公共卫生专业

（一）主管医师

注：根据原人事部、卫生部文件《关于印发〈预防医学、全科医学、药学、护理、其他卫生技术等专业技术资格考试暂行规定〉及〈临床医学、预防医学、全科医学、药学、护理、其他卫生技术等专业技术资格考试实施办法〉的通知》（卫人发〔2001〕164号）、原人事部1990年下发的经济、会计、统计、审计专业《资格考试暂行规定》及其《实施办法》、《人事部、新闻出版署关于印发〈出版专业技术人员资格考试暂行规定〉和〈出版专业技术人员职业资格考试实施办法〉的通知》（人发〔2001〕86号）、《翻译专业资格（水平）考试暂行规定》（人发〔2003〕21号）及《二级、三级翻译专业资格（水平）考试实施办法》（国人厅发〔2003〕17号），卫生技术、经济、会计、统计、审计、出版、翻译系列的初中级资格国网人才中心不再进行评定与认定，一律参加各地方政府组织的全国专业技术人员专业技术资格（执业或职业资格）考试取得。

（二）副主任医师

须按照《电力卫生副高级资格评定标准》参加评定取得。

（三）主任医师

1. 专业理论水平要求

对职业卫生或卫生防护专业有较高的学术造诣，为本学科在一方面的学术带头人；能掌握本学科国内外最新进展和发展趋势。

2. 工作经历和能力要求

（1）符合本《评审条件》第十二条的相应条款。

（2）能根据电力行业发展的需要，在防尘、防毒、物理因素、职业病诊治等卫生防护某一方面能确定本专业工作或科研方向；能引进或改进最新科研成就应用于实际工作。

（3）有丰富的工作经验，取得副主任医师资格证书后，必须独立作为课题第一负责人完成一项以上科研课题者或能解决本专业复杂疑难问题，工作成绩突出者。

（4）善于组织指导本学科一个方面的科技或临床研究工作，在培养人才、指导工作、提供咨询等方面做出优良成绩，取得副主任医师资格证书后，指导、培养至少4名中级及以上卫生技术人员工作，并取得一定成绩。

第二十二条 其他专业

（一）眼科学专业

1. 主治医师

注：根据原人事部、卫生部文件《关于印发〈预防医学、全科医学、药学、护理、其他卫生技术等专业技术资格考试暂行规定〉及〈临床医学、预防医学、全科医学、药学、护理、其他卫生技术等专业技术资格考试实施办法〉的通知》（卫人发〔2001〕164号）、原人事部1990年下发的经济、会计、统计、审计专业《资格考试暂行规定》及其《实施办法》、《人事部、新闻出版署关于印发〈出版专业技术人员资格考试暂行规定〉和〈出版专业技术人员职业资格考试实施办法〉的通知》（人发〔2001〕86号）、《翻译专业资格（水平）考试暂行规定》（人发〔2003〕21号）及《二级、三级翻译专业资格（水平）考试实施办法》（国人厅发〔2003〕17号），卫生技术、经济、会计、统计、审计、出版、翻译系列的初中级资格国网人才中心不再进行评定与认定，一律参加各地方政府组织的全国专业技术人员专业技术资格（执业或职业资格）考试取得。

2. 副主任医师

须按照《电力卫生副高级资格评定标准》参加评定取得。

3. 主任医师

（1）专业理论水平要求。

1）系统掌握眼科专业的基础理论知识。

2）熟悉眼科常用药物的药理学及药物动力学；熟悉与眼病有关的全身疾病。

（2）工作经历和能力要求。

1）符合本《评审条件》第十二条的相应条款。

2）掌握国内外本专业的现状和发展动态，并能及时引用新理论新技术指导临床实践。

3）熟练掌握眼科常见病多发病及疑难病例的诊断和处理，以及眼科急重症的抢救。

4）熟练掌握有关的诊断检查技能，并能深入分析其临床意义。

5）在有眼科手术显微镜的单位，熟练掌握眼科显微手术。

（二）耳、鼻、喉专业

1. 主治医师

注：根据原人事部、卫生部文件《关于印发〈预防医学、全科医学、药学、护理、其他卫生技术等专业技术资格考试暂行规定〉及〈临床医学、预防医学、全科医学、药学、护理、其他卫生技术等专业技术资格考试实施办法〉的通知》（卫人发〔2001〕164号）、原人事部1990年下发的经济、会计、统计、审计专业《资格考试暂行规定》及其《实施办法》、《人事部、新闻出版署关于印发〈出版专业技术人员资格考试暂行规定〉和〈出版专业技术人员职业资格考试实施办法〉的通知》（人发〔2001〕86号）、《翻译专业资格（水平）考试暂行规定》（人发〔2003〕21号）及《二级、三级翻译专业资格（水平）考试实施办法》（国人厅发〔2003〕17号），卫生技术、经济、会计、统计、审计、出版、翻译系列的初中级资格国网人才中心不再进行评定与认定，一律参加各地方政府组织的全国专业技术人员专业技术资格（执业或职业资格）考试取得。

2. 副主任医师

须按照《电力卫生副高级资格评定标准》参加评定取得。

3. 主任医师

（1）专业理论水平要求。

1）系统、全面地掌握本专业及相关专业的理论。

2）熟悉本学科国内外现状和动态，尤其是前沿课题的最新进展，能吸取最新科技成果用于临床科研工作。

（2）工作经历和能力要求。

1）符合本《评审条件》第十二条的相应条款。

2）临床经验丰富，能处理复杂的临床疑难病，对复杂问题有较强的应变能力。

3）有精湛的技术操作能力，能完成和指导下级医师完成本专业较大及复杂手术。

（三）口腔学专业

1. 主治医师

注：根据原人事部、卫生部文件《关于印发〈预防医学、全科医学、药学、护理、其他卫生技术等专业技术资格考试暂行规定〉及〈临床医学、预防医学、全科医学、药学、护理、其他卫生技术等专业技术资格考试实施办法〉的通知》（卫人发〔2001〕164号）、原人事部1990年下发的经济、会计、统计、审计专业《资格考试暂行规定》及其《实施办法》、《人事部、新闻出版署关于印发〈出版专业技术人员资格考试暂行规定〉和〈出版专业技术人员职业资格考试实施办法〉的通知》（人发〔2001〕86号）、《翻译专业资格（水平）考试暂行规定》（人发〔2003〕21号）及《二级、三级翻译专业资格（水平）考试实施办法》（国人厅发〔2003〕17号），卫生技术、经济、会计、统计、审计、出版、翻译系列的初中级资格国网人才中心不再进行评定与认定，一律参加各地方政府组织的全国专业技术人员专业技术资格（执业或职业资格）考试取得。

2. 副主任医师

须按照《电力卫生副高级资格评定标准》参加评定取得。

3. 主任医师

（1）专业理论水平要求。

1）基本理论知识。

a. 全面掌握口腔颌面部解剖学、口腔生理学、口腔组织病理学、口腔微生物学、口腔材料学、医学统计学等基础理论。

b. 系统全面掌握口腔内科学、口腔颌面外科学、口腔修复科学、口腔正畸科学、口腔预防科学等专业理论，并能灵活运用于临床、科研与教学。

c. 熟悉口腔材料学、口腔生物力学、口腔颌面部影像诊断学、充填技术、治疗学、修复技工工艺学等。

2）相关理论知识。熟悉相关专业理论和与本专业有关的边缘学科知识，包括内科学、外科学、妇产科学、儿科学、眼科学、耳鼻咽喉科学、医学生物工程、医学心理学、医学美学等。熟悉与本专业有关的法律知识和法规。

3）掌握本专业国内外现状及发展趋势。

（2）工作经历和能力要求。

1）符合本《评审条件》第十二条的相应条款。

2）掌握系统性疾病口腔表现的诊治，具备其他学科会诊的能力，能够解决复杂疑难病症或技术问题。

3）具备本科学术技术带头人水平，能够独立引进新科技成果并将其应用临床。具备开创新技术、新疗法的能力。

4）具有丰富的口腔科常见疾病和疑难疾病诊治经验。

5）已具备对疑难的龋病及非龋牙体病、牙根炎周病、牙周病、口腔黏膜病等疾患的诊治能力。

6）对牙槽突外科、口腔颌面肿瘤、外伤、感染等疾病诊治具有较丰富的临床经验。具有处理口腔颌面部外伤、感染、出血等急诊救治经验。

7）对复杂牙列缺损和缺失修复具有较丰富的经验和熟练的技术水平。

8）掌握常见错位、畸形矫治原则及常用技术。

其中，1）～3）为必须具备；4）～8）可任选两项并具备。

（四）病理专业

1. 主治医师

注：根据原人事部、卫生部文件《关于印发〈预防医学、全科医学、药学、护理、其他卫生技术等专业技术资格考试暂行规定〉及〈临床医学、预防医学、全科医学、药学、护理、其他卫生技术等专业技术资格考试实施办法〉的通知》（卫人发〔2001〕164号）、原人事部1990年下发的经济、会计、统计、审计专业《资格考试暂行规定》及其《实施办法》、《人事部、新闻出版署关于印发〈出版专业技术人员资格考试暂行规定〉和〈出版专业技术人员职业资格考试实施办法〉的通知》（人发〔2001〕86号）、《翻译专业资格（水平）考试暂行规定》（人发〔2003〕21号）及《二级、三级翻译专业资格（水平）考试实施办法》（国人厅发〔2003〕17号），卫生技术、经济、会计、统计、审计、出版、翻译系列的初中级资格国网人才中心不再进行评定与认定，一律参加各地方政府组织的全国专业技术人员专业技术资格（执业或职业资格）考试取得。

2. 副主任医师

须按照《电力卫生副高级资格评定标准》参加评定取得。

3. 主任医师

（1）专业理论水平要求。

1）精通本专业基础理论和专业知识，掌握相关学科的基础理论。

2）掌握本专业国内外发展现状及趋势，能吸取新技术应用于实践。

（2）工作经历和能力要求。

1）符合本《评审条件》第十二条的相应条款。

2）能够组织、指导本专业全面技术工作，是本专业或学科的学术带头人，具有丰富的病理学诊断经验。

3）精通本专业常见病、多发病的病理诊断，能够解决复杂疑难病症及重大技术问题。

4）熟练掌握本专业技术操作，并能了解或应用最新技术。

5）具有跟踪本专业国际水平的能力，能够主持本专业科学研究并撰写较高水平的学术论文。

第二十三条　业绩与成果要求

（一）取得医（药、护、技）师资格证书后，在申报主治医（药、护、技）师资格时。

注：根据原人事部、卫生部文件《关于印发〈预防医学、全科医学、药学、护理、其他卫生技术等专业技术资格考试暂行规定〉及〈临床医学、预防医学、全科医学、药学、护理、其他卫生技术等专业技术资格考试实施办法〉的通知》（卫人发〔2001〕164号）、原人事部1990年下发的经济、会计、统计、审计专业《资格考试暂行规定》及其《实施办法》、《人事部、新闻出版署关于印发〈出版专业技术人员资格考试暂行规定〉和〈出版专业技术人员职业资格考试实施办法〉的通知》（人发〔2001〕86号）、《翻译专业资格（水平）考试暂行规定》（人发〔2003〕21号）及《二级、三级翻译专业资格（水平）考试实施办法》（国人厅发〔2003〕17号），卫生技术、经济、会计、统计、审计、出版、翻译系列的初中级资格国网人才中心不再进行评定与认定，一律参加各地方政府组织的全国专业技术人员专业技术资格（执业或职业资格）考试取得。

（二）取得主治医（药、护、技）师资格证书后，在申报副主任医（药、护、技）师资格时，须具备下列条件中的两项（须按照《电力卫生副高级资格评定标准》参加评定取得）。

（三）取得副主任医（药、护、技）师资格证书后，在申报主任医（药、护、技）师资格时，须具备下列条件中的两项：

（1）在国内、外专业学术刊物上发表论著或综述3篇。

（2）参加撰写较高水平的专业技术著作。

（3）开展具有国内外先进水平的新技术、新业务。

（4）有一项较高水平的技术革新或发明创造。

（5）获省（部）级及以上科技成果、进步奖。

第五章　附　则

第二十四条　对在基层和艰苦环境医疗卫生机构工作的专业技术人员，应着重能力和业绩的考核，适当放宽对论文、外语、教研工作的要求。

第二十五条 有下列情况之一者，不予评审电力卫生高级专业技术资格：近3年内出现过二级及以上技术、责任事故，或医德医风败坏，或不服从组织分配，或受过行政记大过或党内严重警告处分者。

第二十六条 本《评审条件》中的申报条件和评审条件必须同时具备。

第二十七条 本评审条件所规定的专业理论知识要求均为国家教委所指定的内容。其中，主任医（药、护、技）师资格的申报者，其掌握程度与应用能力须经过答辩考核认定。

第二十八条 对本《评审条件》中所规定的外语和计算机水平的考核，可以国家电力公司及其职称工作管理部门所规定认可的、有效的外语和计算机《考试合格证书》为依据。

第二十九条 获奖项目的"获得者"是指等级额定获奖人员。

第三十条 本《评审条件》由国家电力公司系统深化职称改革工作领导小组及国家电力公司人才评价指导中心负责解释。

2.9 电力高等教育系列专业技术资格评审条件

电力高等教育系列专业技术资格评审条件

第一章 总 则

第一条 为客观、公正、科学地评价高等学校专业技术人员的学识和水平，鼓励多出成果、多出人才，促进高校的进步与发展，根据中华人民共和国教育部《〈教师资格条例〉实施办法》和全国教师资格制度实施工作会议精神，结合国家电网有限公司实际情况，特制定本评审条件。

第二条 高等教育系列专业技术资格的名称分别为讲师、副教授、教授。

第三条 按照本评审条件，经评审合格并获得相应名称的资格证书者，表明其已具备相应级别的专业技术水平和能力，可以被聘为相应级别的专业技术职务。

第二章 适用范围

第四条 本评审条件中的"专业技术人员"通指：国家电网有限公司所属高等学校的教师和其他从事高等教育教学工作的人员。

第三章　申报条件

第五条　凡申报高等教育系列专业技术资格的人员，必须遵守中华人民共和国宪法和法律，具备良好的职业道德和敬业精神。

第六条　学历和资历的基本要求

（一）申报讲师资格，须具备下列条件之一：

（1）大学本科毕业，从事助教工作四年及以上。

（2）大学本科毕业，并具有其他专业技术资格系列助理级资格满四年且从事教学工作满两年。

（二）申报副教授资格，须具备下列条件之一（须按照《电力高等教育副教授评定标准》参加评定取得）。

（三）申报教授资格：具有副教授资格满五年，或具有其他专业技术资格系列副高级资格满五年并转评副教授资格满两年，且具备下列条件之一：

（1）取得硕士研究生及以上学历。

（2）1990年（含）以前取得大学本科学历。

（3）1990年（不含）以后取得大学本科学历，并取得研究生（课程）班结业证书。

（四）获得以下学位和资历，经考核合格，可认定讲师资格：

（1）获得博士学位，且从事教学工作。

（2）获得硕士学位，且从事教学工作满两年。

第七条　外语要求

（1）申报讲师资格，须取得有效期内的专业技术人员外语水平（其中，从事外语教学的应为第二外语）C级、B级或A级"合格证书"。

（2）申报副教授资格，须取得有效期内的专业技术人员外语水平（其中，从事外语教学的应为第二外语）B级或A级"合格证书"。

（3）申报教授资格，须取得有效期内的专业技术人员外语水平（其中，从事外语教学的应为第二外语）A级"合格证书"。

第八条　计算机要求

申报高等教育系列各级别专业技术资格的人员，均须取得有效期内的专业技术人员计算机水平考试B级或A级"合格证书"。

第四章　讲师资格评审条件

第九条　专业理论水平要求

（一）掌握本专业的知识，并对从事的专业方向（或工作领域）有较深入的研究。

（二）熟悉本专业的国内外技术水平、市场信息和发展趋势。

（三）了解主要相关专业的有关知识及其国内外的现状和发展趋势。

第十条　教学工作量基本要求（要有本校教务处出具的近四年真实的教学工作情况及教学工作量证明）

（一）教学工作量按任现职近四年的年平均值计算。专职教师的年均教学工作量不得低于 150 课时额定工作量。

（二）经组织批准，承担国家、地方科研项目、重点实验室建设项目的教师，教学工作量可降低要求，但承担项目期间的年均教学工作量不得低于额定教学工作量的三分之一。

（三）兼任教研室主任、副主任的教师，教学工作量不得低于额定教学工作量的 80%；在系一级担任管理工作的教师，教学工作量不得低于额定教学工作量的 50%；在学校职能部门担任管理工作的教师（含专职学生管理人员），教学工作量不得低于额定教学工作量的 30%。

（四）从其他高等学校调入的教师，教学工作量可连续计算。

第十一条　教学质量要求

（一）教学内容符合教学大纲要求，能反映本学科领域国内外较新的成果。

（二）能结合学生的实际，遵循教学规律，教学方法得当，独立完成教学任务。

（三）能独立系统地讲授一门课程。

（四）对从事管理工作的教师，能较好地完成本岗位的工作，并能独立系统地讲授一门课程。

第十二条　业绩与成果要求

取得现任资格以来，须符合下列条件中的两项：

（一）作为第一、第二作者在国内外公开发行的学术刊物（含出版的学术论文集）上发表过本专业的论文 1 篇；或在内部发行的刊物上发表过本专业的论文 2 篇及以上。

（二）作为参加者，出版过一本学术专著；或作为执笔者，参加过不少于 15000 字的教材或技术手册的编写工作。

（三）参与完成的项目获得网（省）局级及以上科技及教学成果奖；省级或国家级精品课程课题组的主要成员。

（四）高新技术产品（含专利）的主要研制者或开发者，其成果取得显著的经济效益。

（五）在实验室建设和教学改革中，做出突出成绩。

第五章　副教授资格评审条件

第十三条　专业理论水平要求

须按照《电力高等教育副教授评定标准》参加评定取得。

第十四条　教学工作量基本要求

须按照《电力高等教育副教授评定标准》参加评定取得。

第十五条　教学质量要求

须按照《电力高等教育副教授评定标准》参加评定取得。

第十六条　业绩与成果要求

须按照《电力高等教育副教授评定标准》参加评定取得。

第六章　教授资格评审条件

第十七条　专业理论水平要求

（一）熟练掌握本专业的知识，并对从事的专业方向（或工作领域）有深入的研究。

（二）熟悉本专业的国内外技术水平、市场信息和发展趋势。

（三）熟悉主要相关专业的有关知识及其国内外的现状和发展趋势。

第十八条　教学工作量基本要求（要有本校教务处出具的近五年真实的教学工作情况及教学工作量证明）

（一）教学工作量按任现职近五年的年平均值计算。专职教师的年均教学工作量不得低于 180 课时的额定工作量。

（二）经组织批准，承担国家、地方科研项目、重点实验室建设项目的教师，教学工作量可降低要求，但承担项目期间的年均教学工作量不得低于额定教学工作量的三分之一。

（三）兼任教研室主任、副主任的教师，教学工作量不得低于额定教学工作量的 80%；在系一级担任管理工作的教师，教学工作量不得低于额定教学工作量的 50%；在学校职能部门担任管理工作的教师（含专职学生管理人员），教学工作量不得低于额定教学工作量的 30%。

（四）从其他高等学校调进的教师，教学工作量可连续计算。

第十九条 教学质量要求

（一）教学内容符合教学大纲要求，能反映本学科领域国内外较新的成果。

（二）能结合学生的实际，遵循教学规律，教学方法得当，并有自己的经验和特色，教学效果好。

（三）有公开发表的教学研究论文和教学改革的文章。

（四）能讲授两门及以上课程，其中一般应有一门基础课（含专业基础课和技术基础课）；长期担任公共课、基础课的教师，要求独立系统地讲授一门课程。

（五）对从事管理工作的教师，能较好地完成本岗位的工作，要求独立系统地讲授一门课程。

第二十条 业绩与成果要求

取得现任资格以来，至少有一篇公开发表的教学研究论文，并符合下列条件中的两项：

（一）以第一、第二作者身份在国内外公开发行的学术刊物上发表本专业学术论文 6 篇及以上。其中，被 SCI 收录 1 篇，或被 EI 收录 2 篇，或以第一作者身份在中文核心期刊（含权威性国际学术会议上的论文集）发表论文至少 3 篇。

（二）以第一作者身份在中文核心期刊（含权威性国际学术会议上的论文集）发表本专业学术论文至少 2 篇，并公开出版有较高学术水平的 10 万字以上学术专著 1 部，或本人担任 10 万字以上撰写任务的合著 1 部，或获得省部级优秀教材奖的主编或副主编，本人编写 10 万字以上。

（三）获国家科技进步、自然科学、科学发明奖的主要成员；1 项省部级科技进步奖一等奖或 2 项省部级科技进步奖二等奖的主要成员；国家级教学成果奖的主要成员，或省部级教学成果一等奖的主要成员，或 2 项省部级教学成果二等奖的主要成员；国家级精品课程课题组前 2 位成员或省级精品课程课题组的前 2 位成员，并且在中文核心期刊（含权威性国际学术会议上的论文集）以第一作者发表本专业学术论文至少 2 篇。

（四）高新技术产品（含专利）的主要研制者或开发者，其成果取得显著的社会效益，创年利润 100 万元以上。

（五）在国家、省部级重点实验室建设中，担任设计和调试工作，并做出突出成绩。

第七章　附　则

第二十一条　本评审条件中的申报条件和评审条件必须同时具备。

第二十二条　本评审条件中所规定的专业理论知识要求均为国家教育部所指定的内容。

第二十三条　本评审条件中"中文核心期刊"系指以北京大学出版的《最新中文核心期刊目录》为准。SCI 收录或 EI 收录的文章需提供收录证明。

第二十四条　本评审条件由国家电网有限公司人力资源部负责解释。

第二十五条　本评审条件自发布之日起试行。

2.10 技工院校教师系列专业技术资格评审条件

中央职称改革工作领导小组关于转发国家教育委员会 《中等专业学校教师职务试行条例》的通知

职改字〔1986〕第 48 号

各省、自治区、直辖市人民政府，中央和国家机关各部委，总政治部，各人民团体：

经研究，原则同意劳动人事部《技工学校教师职务试行条例》和《关于〈技工学校教师职务试行条例〉的实施意见》，现发给你们，请按照执行，并结合本地区、本部门的实际情况制订《实施细则》贯彻实施。试行中，有何修改意见望告劳动人事部，以便制订《技工学校教师职务条例》等文件，经中央职称改革工作领导小组审核后，报国务院正式发布执行。

附件：《技工学校教师职务试行条例》

中央职称改革工作领导小组

一九八六年四月二日

技工学校教师职务试行条例

第一章　总则

第一条　为了充分发挥技工学校教师的积极性和创造精神，促进职业技术培训事业的发展、建立和健全教师工作责任制，特制定本条例。

第二条　技工学校教师职务是根据技工学校的特点和改革的需要而设置的，有明确的任职条件、工作职责、聘任（或任命）限额和任期。

第三条　技工学校各级教师职务应有合理的结构比例。各级教师职务的限额应与批准的编制定员和工资增长指标相适应。

第四条　职务名称

（一）技工学校文化、技术理论课教师职务名称定为：高级讲师、讲师、助理讲师、教员。

（二）技工学校生产实习课教师职务名称定为：高级实习指导教师、一级实习指导教师、二级实习指导教师、三级实习指导教师。

第二章　工作职责

第五条　文化、技术理论课教师的工作职责

（一）教员：在高级讲师、讲师的指导下，按照教学计划、大纲的要求，编写一门课程中部分章节的教案和讲义，并承担一定的讲授任务和批改作业、辅导课、实验课、组织课堂讨论等教学工作。

（二）助理讲师：按照教学计划、大纲的要求独立编写一门课程的教案和讲义，完成一门课程的教学工作和实验室的教学指导工作：担任学生的政治思想工作或教学实习、社会调查等方面的管理工作。

（三）讲师：担任一门或一门以上课程的教学工作和指导实验室的工作，并撰写本专业具有一定水平的教学研究论文，参加编写教材和培训教师的工作。担任学生的政治思想工作或教学实习、社会调查等方面的管理工作。承担用一种外国语翻译本专业一般资料的任务。

（四）高级讲师：熟练地担任两门或两门以上课程的教学工作和组织实验室及生产实习教学工作，负责指导本专业的教学研究、撰写学术或技术论文，主持编写质量较高的教材和教师的培训提高工作，担任学生的政治思想工作或教学实习、社会调查等方面的组织管理工作，较熟练地承担用一种外国语翻译本专业书籍、资料的任务。

第六条　生产实习课指导教师的工作职责

（一）三级实习指导教师：在高级实习指导教师、一级实习指导教师的具体指导下，编写本工种（专业）生产实习课的部分教案和讲义，并承担生产实习课部分课程的实际操作技能（包括工具、设备的正确使用和维护保养）的示范、辅导工作。

（二）二级实习指导教师：按照生产实习教学计划、大纲的要求，编写本工种（专业）生产实习课的教案、讲义，完成生产实习课教学工作；承担学生职业道德、文明生产、安全生产的教育工作和生产实习课教学的组织管理工作。

（三）一级实习指导教师：熟练地担任生产实习课的教学工作和对工具、设备的正确使用及保养维修；讲授本工种（专业）的工艺学理论课，参加编写教材和承担一定的生产实习教学研究，技术革新任务以及指导三级实习指导教师技术理论知识和教学业务能力的提高；承担学生职业道德、文明生产、安全生产的教育工作和生产实习课教学的组织管理工作。

（四）高级实习指导教师：熟练地担任生产实习、工艺学理论课的教学工作，组织指导本工种（专业）生产实习教学研究和技术革新，撰写有一定质量的论文和教学经验总结；主持编写较高质量的教材，指导和提高三级、二级、一级实习指导教师的业务技能；承担学生职业道德、文明生产、安全生产的教育工作和生产实习课教学的组织管理工作。承担用一种外国语翻译本专业一般资料的任务。

第三章　任职基本条件

第七条　技工学校的教师必须拥护中国共产党的领导，热爱社会主义祖国，认真学习马列主义和毛泽东思想，遵守宪法和法律，全心全意为人民服务，努力做好教学教育工作。

第八条　文化、技术理论课教师的任职条件

（一）教员

（1）见习一年期满的大学专科毕业生，中等专业技术学校毕业生，受过不少于100学时教育学、心理学和教学法的基础知识的培训。

（2）在高级讲师、讲师的具体指导下，按照教学计划和教学大纲的要求，能承担一定的教学工作。

（二）助理讲师

（1）见习一年期满的大学本科毕业生或担任教员职务二年以上的大学专科毕业生或担任教员职务四年以上的中等专业技术学校毕业生，并受过不少于100学时教育学、心理学和教学法的基础知识的培训。

（2）能独立担任一门课程的教学工作，教学效果较好。

（三）讲师

（1）大学专科毕业以上，担任助理讲师职务四年以上，能担任培训教员的工作。

（2）能胜任一门或一门以上课程的讲授和全部教学工作，质量较高，教学效果好。

（3）掌握一门外国语，能阅读本专业的外文书籍和资料。

（四）高级讲师

（1）具有大学本科毕业以上学历，担任讲师职务五年以上，能联系实际进行比较深入的研究工作（包括主编质量高的教材等），或者在生产技术方面有较大的贡献，能指导提高讲师的业务水平。

（2）能熟练地担任二门或二门以上课程的讲授和全部教学工作，教学工作经验丰富，教学质量高，能起到学科带头人的作用。

（3）熟练地掌握一门外国语。

第九条　生产实习课指导教师的任职条件

（一）三级实习指导教师

（1）见习一年期满的大专毕业生或中专、技工学校优秀毕业生，经过不少于100学时的教育学、心理学和生产实习教学法的培训；能承担本工种（专业）部分生产实习教学工作。

（2）了解本工种（专业）的各种工具、设备的结构原理及文明生产、安全操作规程，对本工种（专业）的实际操作技能达到中级技工的水平。

（二）二级实习指导教师

（1）大学专科毕业生，担任三级实习指导教师一年以上并受过不少于100学时教育学、心理学和生产实习教学法的培训，或具有四年以上实际教学工作经验的三级实习指导教师；能独立担任生产实习课的教学工作，教学效果较好。

（2）掌握本工种（专业）各种工具、设备的结构原理及文明生产、安全操作规程，对本工种（专业）的实际操作技能达到中级技工的水平。

（三）一级实习指导教师

（1）大学专科毕业，担任二级实习指导教师四年以上，能胜任本工种（专业）生产实习课和工艺学理论课的教学工作。

（2）对本工种（专业）的实际操作技能达到高级技工的水平；在技术革新和生产实习教学中有较大贡献。

（四）高级实习指导教师

（1）大学专科毕业，担任一级实习指导教师五年以上，并已取得大学本科毕业学历，熟练地担任本工种（专业）生产实习课及工艺学理论课的教学工作，教学经验丰富，教学质量高，能主持编写质量高的生产实习课教材，有独特、高超的技艺，在生产和技术革新方面或在实习教学中成绩卓著。

（2）掌握一门外国语。

第四章　评审及聘任（或任命）

第十条　各省、自治区、直辖市或部委成立省、自治区、直辖市或部委的技工学校教师职务评审委员会，负责评审高级职务的任职资格或授权确实具备评审条件的下属部门或单位组织评审委员会，报省市和部委批准后，负责高级职务任职资格的评审。各地（市）和各技工学校成立相应教师职务评审组织（委员会或小组），负责评审中、初级职务的任职资格。

第十一条　各级评审委员会的成员，必须由作风正派、办事公道的担任较高级别教师职务的人员组成，其中，中、青年应占一定比例。各级评审委员会的组成及评委会成员的聘任，由同级主管领导批准。评审讲师和一级实习指导教师职务的评委会，须报上一级主管部门备案。

第十二条　聘任（或任命）权限。技工学校的高级讲师、高级实习指导教师的职务，经地（市）评审组织评审通过后，报省、自治区、直辖市或部委评审委员会审定。讲师、一级实习指导教师的职务，经技工学校评审组织评审通过后，报地（市）评审组织审定。助理讲师、二级实习指导教师和教员、三级实习指导教师的职务，由学校评审组织审定。各级教师职务经相应的评审组织审定后由校长聘任（或按干部管理权限由相应行政领导任命）。

第十三条　实行聘任制的技工学校，校长应与被聘任的教师签订聘约，规定双方权利、义务、聘任期限和辞聘、解聘等事宜。实行任命制的学校，行政领导应向被任命的教师颁发任命书。教师职务的聘任（或任命）期限，最长不超过五年，可以连聘或连任；对有特殊成绩和突出贡献者可提前晋职。

第五章　附　则

第十四条　各省、自治区、直辖市和各部委应根据本条例，结合本地的具体情况制定实施细则、并报劳动人事部备案。

第十五条　本条例适用于事业单位的技工学校；企业单位的技工学校可根据企业职称改革工作部署，参照执行。

第十六条　本条例的解释权在劳动人事部。

第十七条　本条例自公布之日起实行。

3

评定标准

3.1 中级评定标准

3.1.1 电力工程工程师评定标准

电力工程工程师评定标准

人才中心〔2016〕48号

第一章 总 则

第一条 为客观、公正、科学地评价电力工程各类专业技术人员的学识和水平，鼓励多出成果、多出人才，促进电力科技进步与发展，根据国家有关规定，结合电力工程的专业特点，制定本评定标准，作为电力工程工程师评定的依据。

第二条 按照本评定标准，经评审合格并获得工程师的专业技术资格证书者，表明其已具备电力工程工程师的技术水平和能力，其职务聘任与工资待遇由所在单位根据国家有关规定自行决定。

第二章 适用范围

第三条 本评定标准中的"电力工程技术人员"通指：在国民经济各部门、各行业中，从事发电（含火力、水力、核能及其他新能源发电）、输电、变电、配电、用电、电网技术、电力环保、电力标准化、电力信息技术等电力工程的科学研究（含基础理论和应用技术的科研、试验、技术开发与推广及其技术管理）、规划设计（含规划、勘测、设计及其技术管理）、施工建设（含建筑、安装、调试、施工机械、安全质量监督及其技术管理）和生产运行（含运行、检修、技术改造、修造、安全与技术监督、劳动保护及其技术管理）的专业技术工作人员。

第四条 电力工程分为四类专业：热能动力工程专业（可含核能、太阳能、地热及其他热能形式发电），水能动力工程专业（可含潮汐能、风能发电），输配电及用电工程专业，电力系统及其自动化专业。

（一）热能动力工程专业

包括锅炉、汽轮机、燃气轮机、热工过程控制及其仪表、供热与制冷、火电厂建筑与安装、物料输送、金属与焊接、火电厂化学、火电厂环保、火电厂劳动保护、新型发电技术及其他与热能动力工程有关的专业。

（二）水能动力工程专业

包括水能利用（含水库）、工程地质、水文泥沙、水工建筑物、水力机械、金属结构、水电厂自动化、水电工程环保、风能发电技术及其他与水能动力工程有关的专业。

（三）输配电及用电工程专业

包括发电机、电动机、变压器、绝缘技术、高低压电器设备、输电线路和变电站、电磁环境、配电与用电系统及控制、电气测量技术、电能质量管理及其他与输配电及用电工程有关的专业。

（四）电力系统及其自动化专业

包括电力系统规划、电力系统运行与分析、电力系统自动化、继电保护及安全自动装置、电力系统通信及其他与电力系统及其自动化有关的专业。

第三章　申报人员技术资历鉴定标准

第五条　基本资历

（一）取得大学专科或本科学历。

（二）取得助理工程师资格证书，并从事助理工程师工作满四年。

（三）各类获奖证书。

（四）符合申报工程师要求的外语、计算机水平证书（成绩）或证明。

第六条　主要贡献

取得助理工程师资格后，在直接参加完成的工作中，做出以下贡献之一者：

（一）完成国家或地方项目的可行性研究、设计、施工或调试，通过审查或验收。

（二）完成国家或省（部）级重大科技项目，或引进项目的消化、吸收，有一定的创新性。

（三）完成有一般技术难度的技术项目（包括制定技术标准、技术规范，新产品开发，新技术推广等），经验收认定取得一定的社会效益和经济效益。

（四）完成的项目获得一项省（部）级科学技术进步奖或二项网（省）局级科技进步（成果）奖，或优秀设计、优质工程等专项奖。

（五）提出科技建议，被有关部门采纳，对科技进步和专业技术发展有促进作用。

（六）在生产中，能保证安全经济运行；在设计、施工、设备检修或修造中，能保证质量、缩短工期和节约投资，经实践检验取得一定的技术经济效果。

第七条 作品成果

取得助理工程师资格后，撰写下列技术报告或论著之一者：

（一）撰写过本人直接参加工作的正式技术报告。要求主要数据齐全、准确，文字通顺，结论正确，具有一定的学术水平或实用性。

（二）独立或作为主要撰写人在省（部）级及以上组织的专业学术会议上或在国家批准出版的科技刊物上发表过本专业有关的论文，或在内部发行的刊物上发表过二篇及以上本专业有关的论文。

（三）作为参加者，出版过一本学术、技术专著或译著。

（四）作为执笔者，参加过不少于 10000 字的教材或技术手册的编写工作。

（五）参加制定或修改有关规程、技术规范、导则、规章等的编写工作。

第四章　申报人员所在单位评价标准

第八条 申报人员必须遵守中华人民共和国宪法和法律，具备良好的职业道德和敬业精神。

第九条 从事科学研究的工程技术人员，取得助理工程师资格后，应同时具备如下各专业的三项条件：

（一）热能动力工程专业

（1）掌握本专业相应领域一般的试验和研究的技术路线，比较熟练地运用常规的试验研究手段和测试方法。

（2）完成二项及以上现场调试试验或一般技术难度的动力设备、化学、环保、金属材料、建筑结构的监测，并解决其中部分比较复杂的测试技术问题；或承担二项及以上技术改进，并解决一般技术难度问题；或完成新产品的开发和新技术、新工艺的推广应用工作，取得较明显的经济效益；或直接参加国家、省（部）级重大科技项目，解决其中部分比较复杂的技术问题。

（3）能独立撰写技术报告。

（二）水能动力工程专业

（1）掌握本专业相应领域的计算分析、一般的试验和研究的技术路线，比较熟练地运用常规的试验研究手段和测试方法。

（2）参加二次及以上现场调试试验或一般技术难度的模型试验和监测项目，并解决其中部分比较复杂的测试技术问题；或承担二项及以上水能动力工程设备运行、原型观测的研究或水力机械的技术改进，解决一般技术难度问题；或完成新产品的开发和新技术、新工艺的推广应用，取得较明显的经济效益；或直接参加国家、省（部）级重大科技项目，解决其中部分比较复杂的技术问题。

（3）能独立撰写技术报告。

（三）输配电及用电工程专业

（1）掌握本专业相应领域一般的试验和研究技术路线，比较熟练地运用常规的试验研究手段和测试方法，能承担一般技术难度的输配电及用电工程的设备、模拟试验和研究。

（2）参加二项及以上高压设备、线路、杆塔原型试验，解决其中部分比较复杂的试验方法和测试技术问题；或参加二项及以上的现场调试，解决其中部分比较复杂的测试技术问题；或完成新产品的开发和新技术的推广应用，取得较明显的经济效益；或直接参加国家或省（部）级重大科技项目，解决其中部分比较复杂的技术问题。

（3）能独立撰写技术报告。

（四）电力系统及其自动化专业

（1）掌握一般的电力系统计算分析、试验和研究的技术路线，比较熟练地运用计算机技术和电力系统分析应用软件，以及常规的试验研究手段和测试方法。

（2）参加二项及以上现场试验、系统调试，解决其中部分比较复杂的测试技术问题；或承担二项及以上电力系统工程项目的可行性研究，参加全国性或地区性重大规划研究，解决其中部分比较复杂的问题；或参加二项及以上一般技术难度的研究课题，取得较好的研究成果；或参加比较复杂的、技术难度高的电力系统应用软件开发，编制较重要的软件模块；或完成新产品的开发、新技术的推广应用，取得较明显的经济效益；或参加国家、省（部）级重大科技项目，解决其中部分比较复杂的技术问题。

（3）能独立撰写技术报告。

第十条　从事规划设计的工程技术人员，取得助理工程师资格后，应同时具备如下各专业的三项条件：

（一）热能动力工程专业

（1）掌握本专业相应领域的一般设计程序、设计规程、设计软件和技术经济政策。

（2）参加过二个及以上火电厂的可行性研究或初步设计工作，并独立完成技术报告或技术说明书相应章节的编写；或从事过三个及以上本专业大、中型单项工程施工图的设计，并担任过工地设计代表；或作为主要参加者，参与编写有关技术规范、技术标准。

（3）完成的设计成品的各项指标符合有关技术规程、规范，能便于施工、并满足安全经济运行的需要。

（二）水能动力工程专业

（1）掌握本专业相应领域的一般设计程序、设计规程、设计计算方法和技术经济政策。

（2）参加过水力发电工程的预可行性研究或可行性研究，并独立完成技术报告或技术说明书相应章节的编写工作；或从事过本专业三个及以上单项工程施工图的设计工作，并担任过工地设计代表；或作为主要参加者，参与编写有关技术规范、技术标准。

（3）完成的设计产品质量合格，符合有关技术规程、规范，便于施工、并满足安全经济运行的需要。

（三）输配电及用电工程专业

（1）掌握本专业相应领域的一般设计程序、设计规程、设计软件和技术经济政策。

（2）参加过二项及以上送变电工程或用电工程的初步设计工作，并独立完成技术报告或设计说明书相应章节的编写；或从事过本专业三个及以上施工图主要卷册的设计工作，并担任过工地设计代表；或作为主要参加者，参与编写有关技术规范、技术标准。

（3）完成的设计成品的各项指标符合有关的技术规程、规范，能便于施工，并满足安全经济运行的需要。

（四）电力系统及其自动化专业

（1）掌握本专业相应领域的一般设计程序、设计规程、设计计算方法和技术经济政策。

（2）参加过二项及以上发电厂接入系统设计；或参加过电网规划设计、电网自动化系统设计、电力系统通信及远动工程设计的全过程，并独立完成技术报告或设计说明书相应章节的编写；或从事过本专业施工图三个及以上主要卷册的设计工作，并担任过工地设计代表。

（3）完成的设计成品的各项指标符合有关的技术规程、规范，能便于施工，并满足安全经济运行的需要。

第十一条　从事施工建设的工程技术人员，取得助理工程师资格后，应同时具备如下各专业的四项条件：

（一）热能动力工程专业

（1）掌握热能动力工程施工建设的基础知识和所从事专业的常规施工技术、施工方法和大型施工机械性能，以及施工技术规程、准则和质量标准。

（2）参加完成发电厂建筑安装工程中某一项或系统的全过程工作；或主持编写本专业的施工组织设计和较大施工技术方案或调试方案，解决过一般难度的技术问题。

（3）在建筑安装调试中，质量达到标准，技术管理符合有关规定，无技术责任事故，进度满足要求。

（4）具备担任本专业项目技术负责人的能力。

（二）水能动力工程专业

（1）掌握水能动力工程施工建设的基础知识和所从事专业的常规施工技术、施工方法和大型施工机械性能，以及施工技术规程、准则和质量标准。

（2）参加完成水电站建筑安装工程中某一项或系统的全过程工作；或主持编写本专业的施工组织设计和较大施工技术方案或调试方案，解决过一般难度的技术问题。

（3）在建筑安装调试中，质量达到标准，技术管理符合有关规定，满足安全和进度要求。

（4）具备担任本专业项目技术负责人的能力。

（三）输配电及用电工程专业

（1）掌握输配电及用电工程专业的基础知识和所从事专业的施工技术和施工方法，以及施工技术规程和质量标准。

（2）参加完成一项110kV及以上电压等级的输变电工程或二项配电线路、用户供电系统工程的施工调试或技术工作的全过程；或主持编写本专业的施工组织设计和较大施工技术方案或调试方案，解决过一般难度的技术问题。

（3）在建筑安装调试中，质量达到标准，技术管理符合有关规定，满足安全和进度要求。

（4）具备担任本专业项目技术负责人的能力。

（四）电力系统及其自动化专业

（1）掌握电力系统及其自动化专业的基础知识和有关施工技术规程、导则、质量标准。

（2）参加完成一项继电保护、自动化装置、通信工程的安装调试或技术工作的全过程；或主持编写本专业的施工组织设计和较大施工技术方案或调试方案，解决过一般难度的技术问题。

（3）在建筑安装调试中，质量达到标准，技术管理符合有关规定，满足安全和进度要求。

（4）具备担任本专业项目技术负责人的能力。

第十二条 从事生产运行的工程技术人员，取得助理工程师资格后，应同时具备如下各专业的三项条件：

（一）热能动力工程专业

（1）掌握设备性能或电厂建（构）筑物结构，掌握运行参数和测试结果，完成规定的技术监督项目，具有独立分析运行状况和处理一般事故的能力，保证安全经济运行。

（2）参加过二台及以上发电机组主、附设备检修或更改工程，编制本专业工程计划、技术方案和措施，达到优质、安全、经济及进度要求；或熟悉机械设备设计和加工过程，完成过五项及以上设计、测绘和试验工作。

（3）具备担任班组或项目技术负责人的能力。

（二）水能动力工程专业

（1）掌握设备性能或水工建（构）筑物结构，掌握运行参数和测试结果，完成规定的技术监督项目，具有独立分析运行状况和处理一般事故的能力，保证安全经济运行。

（2）参加过二台及以上发电机组主、附设备检修制造或更改工程或水工建（构）筑物的监测和维护工作，编制本专业工程计划、技术方案和措施，达到优质、安全、经济及进度要求；或参加四年及以上水库运行工作，参与编制水库调度计划和经济运行方案。

（3）具备担任班组或项目技术负责人的能力。

（三）输配电及用电工程专业

（1）掌握输、变、配、用电设备或输电线路性能，掌握运行参数和测试结果，完成规定的技术监督项目，具有独立分析运行状况和处理一般事故的能力，保证安全经济运行。

（2）参加过二台及以上输、变、配、用电设备或送电网络的检修或更改工程，编制本专业工程计划、技术方案和措施，达到优质、安全、经济及进度要求；或熟悉输电线路杆塔、金具、变配电装置的设计和加工过程，完成过二条输电线路或二个变配电项目、设备的配套任务，保证优质服务。

（3）具备担任班组或项目技术负责人的能力。

（四）电力系统及其自动化专业

（1）掌握电力系统主要一、二次设备性能，掌握运行参数和调度规程，具有独立分析电网运行状况和处理一般事故的能力，保证电网安全经济运行。

（2）熟悉电力系统计算、经济分析、继电保护与自动装置的配置和整定原则，参与二次及以上电网年度运行方式、经济调度方案或继电保护的整定计算工作；或熟悉调度自动化系统、电力系统通信、继电保护与安全自动装置性能，完成过二次及以上主要设备的检修、修造或更改工程，编制本专业工程计划、技术方案和措施，达到优质、安全、经济及进度要求，保证装置可靠运行。

（3）具备担任班组或项目技术负责人的能力。

第五章　附　则

第十三条　本评定标准中规定的大、中、小型等级，参照如下标准执行：

（一）发电厂

（1）大型：300MW 及以上机组（大型≥300MW）。

（2）中型：100~300MW 机组（100MW＜中型＜300MW）。

（3）小型：100MW 及以下机组（小型≤100MW）。

（二）变压等级

（1）大型：220kV 以上（大型＞220kV）。

（2）中型：220kV（中型＝220kV）。

（3）小型：110kV 及以下（小型≤110kV）。

（三）企业规模

（1）大型：省公司等同级及以上单位（大型≥省公司等同级单位）。

（2）中型：地区等同级单位（中型＝地区等同级单位）。

（3）小型：县级等同级单位（小型＝县级等同级单位）。

第十四条　本评定标准中获奖项目的"获奖者"是指等级额定获奖人员。

第十五条　本评定标准由国网人才评价中心负责解释。

3.1.2　工业工程工程师评定标准

工业工程工程师评定标准

人才中心〔2016〕49 号

第一章　总　则

第一条　为客观公正地评价工业工程专业技术人员的水平，鼓励多出成果、多出人才，促进科技进步和生产力发展，根据工业工程的专业特点、功能和内容，结合我国制造技术和生产经营管理的现状及发展，在吸收和借鉴国际工业工程工作经验的基础上制定本评定标准，作为工业工程工程师评定的依据。

第二条 按照本评定标准、经评审合格并获得相应专业技术资格证书者，表明已具备工业工程工程师的技术水平和能力，其职务聘任与工资待遇由所在单位根据国家有关规定自行确定。

第三条 工业工程专业属于工程技术范围。工业工程是综合运用自然科学和社会科学的专门知识和技术及工程分析和设计的原理与方法，对由人、物料、信息、设备和能源所组成的集成系统进行规划、设计、改善、创新、实施和评价的科学技术。

第二章 适用范围

第四条 工业工程专业工作的主要内容

（一）工业各行业的产业技术政策、产业结构、技术发展、科研政策和工程教育与技术培训等方面规划及计划的研究与编制工作；工业企业的经营战略、新产品开发、产品标准化与系列化、生产工艺、技术革新与改造、成本与利润、生产与库存管理、安全与卫生、环境保护和职工教育等方面规划及计划的研究与编制工作。

（二）工程项目总体设计、设施选址、平面布置、设施设计、生产流程设计、生产工艺与技术设计、物流系统设计、组织机构设计、生产组织与岗位设计、作业程序设计、操作方法与劳动定额设计、信息系统设计、计算机管理系统设计、计算机集成制造总体设计、用户服务系统设计、工业安全与环保系统设计、职工教育课程设计和标准、规范及规程等方面的设计工作。

（三）规划、计划、系统、产品、工艺、设施、质量、可靠性、安全、卫生、环保、机构、岗位、职务、成本、效率、效益、业绩、用户服务等方面的评价工作。

（四）产品改进、工艺改进、设施改进、系统改进、组织改进、工作方法改进、新产品和新技术的工程开发和工作激励等方面的创新工作。

第五条 工业工程专业划分为系统规划与管理、设施规划与设计、方法与效率工程、生产计划与控制、质量与可靠性管理、营销工程、工业安全与环境、人力资源开发与管理八个分支专业。

第六条 本评定标准适用于在国民经济各工业行业中，具体从事工业工程专业工作的工程技术人员。

（一）系统规划与管理：适用于主要从事部门、行业、企事业单位的规划与计划管理和系统分析与评价等工作的工程技术人员。工作范围包括：行业、企业发展战略的研究、制定与实施；工程项目的可行性研究、咨询与评估；科研规划的研究、论证与评估；企业诊断和经济分析；生产工艺过程的系统分析、规划、设计与实施；工艺过程的设计与控制；新产品、新工艺、新技术的规划、论证、评估与实施；管理信息系统的规划、设计、评估与实施等工作。

（二）设施规划与设计：适用于主要从事设施的规划、设计、改造与实施的工程技术人员。工作范围包括：工程项目总体设计；工程项目的选址、平面设计；工艺、设备、场地、厂房及公用设施、物流系统的规划、设计与改造；组织机构、岗位和职务的设计等工作。

（三）方法与效率工程：适用于主要从事工业企业提高劳动生产率和工作效率的规划、计划、改进与实施的工程技术人员。工作范围包括：生产组织形式和工作方法的研究、设计与控制；工作定额标准、劳动定额标准的分析、测定、改进、制定与评价。

（四）生产计划与控制：适用于主要从事工业企业生产与服务系统的规划、设计、改进与评价等工作的工程技术人员。工作范围包括：生产发展规划、年度生产计划和生产作业计划的编制与控制；库存管理；设备管理；计算机辅助生产管理信息系统的设计、实施、改善与评价等工作。

（五）质量与可靠性管理：适用于行业或企业从事质量与可靠性管理工作的工程技术人员。工作范围包括：质量与可靠性的规划与管理；质量管理体系的设计与实施；行业或企业标准的研究、制定与实施；质量控制、质量审核、质量教育；质量与可靠性检验；质量与可靠性管理信息系统的设计、实施、改进与评价等工作。

（六）营销工程：适用于主要从事企业产品销售、市场开发和产品售前、售中、售后技术服务等用户服务系统工作的工程技术人员。工作范围包括：经营战略与策略的研究、论证与实施；市场分析、预测、决策的研究与论证；新产品开发研究与论证；市场开发研究、论证与实施；用户服务系统的设计和产品销售的售前或售后技术服务等工作。

（七）工业安全与环境：适用于主要从事工业企业劳动安全、职业卫生和环境保护工作的工程技术人员。工作范围包括：劳动保护计划的研究、制定与实施；环境保护计划的编制与实施；安全法规、标准、规程及其相应措施的研究、制定与实施；安全、卫生与环境的管理；分析、评价并控制危险和有害的因素；事故的分析与处理等工作。

（八）人力资源开发与管理：适用于主要从事人力资源研究、开发和管理工作的工程技术人员。工作范围包括：人力资源发展规划的编制与实施；组织结构的设计、工作职能分析和岗位职务的设计与评价；职业资格和专业技术资格的设计与评价；工作激励与劳酬制度及标准的制定与实施；工作评价、绩效评估与考核；人员培养计划和人员选拔计划的编制与实施；职工教育，技术培训和岗位培训计划的编制与组织实施等工作。

第三章　申报人员技术资历鉴定标准

第七条　基本资历

（一）取得大学专科或本科学历。

（二）取得助理工程师资格证书，并从事助理工程师工作满四年。

（三）各类获奖证书。

（四）符合申报工程师要求的外语、计算机水平证书（成绩）或证明。

第八条　主要贡献

取得助理工程师资格后，在独立承担或直接参加完成的项目工作中，做出以下贡献之一：

（一）完成一项以上国家或省（部）级重点项目，或对行业发展有促进作用的重点项目，成果经省（部）级主管部门验收通过。

（二）完成二项以上重要项目，经实施，对提高企业市场占有率，开发新产品，合理设计、配置、利用企业生产要素，提高质量，改善环境，保障安全，降低成本，提高劳动生产率等方面取得一定成效，公认取得一定的社会效益和经济效益。

（三）完成二项以上项目，经实践检验，取得一定的社会效益和经济效益，并经同行专家评议，公认某些技术指标比较先进，有推广价值。

（四）完成的项目获得过一项以上国家或省（部）级科技进步奖，或获得过二项以上厅（局）级科技成果奖等专项奖励。

（五）提出一项以上科技建议，经同行专家评议，认为对科技进步或行业发展有重要促进作用。

第九条　作品成果

取得助理工程师资格后，著作方面应具备以下条件之一：

（一）直接参加撰写过二篇以上本人直接参加项目的技术报告。技术报告要求调研、设计、测试的主要数据齐全、准确，结论正确，公认具有一定的价值。

（二）作为第一撰写人，在省级以上专业学术会议上或在国家批准出版的科技期刊上发表一篇以上本专业或与本专业有关的论文，论文应反映其技术水平和写作能力。

（三）作为主要作者或译者出版一部学术、技术专著或译著。

（四）作为执笔者参加过教材或技术手册的编写工作，完成过二万字以上的编写工作量。

第四章　申报人员所在单位评价标准

第十条　申报人员必须遵守中华人民共和国宪法和法律，具备良好的职业道德和敬业精神。

第十一条　从事工业工程技术各分支专业的人员，取得助理工程师资格后，应具备如下各专业的相应条件：

（一）从事系统规划与管理的人员，具备以下条件之一：

（1）完成过一项行业发展战略、产业政策或发展规划的研究和编制工作，并通过专家评估。

（2）完成过一项相当于中等规模以上企业的发展战略规划、经营战略规划或企业系统分析与设计（包括管理信息系统的设计）等工作，并通过专家评估。

（3）完成过二项相当于中等规模以上企业工艺系统的规划、设计与实施，或技改项目的规划、论证与实施等工作，取得成效。

（4）完成过二项相当于中等规模以上工程项目的可行性研究，或科技规划的研究，或二项生产过程的分析与设计，或二项相当于中等规模以上企业的诊断和经济分析等工作。上述工作须经实施，并取得成效。

（二）从事设施规划与设计的人员，具备以下条件之一：

（1）运用区域经济、工程经济及相关的技术和方法，完成过二项相当于中等规模以上企业的建厂厂址选择与规划设计，或二项建厂（或技改）项目的投资可行性研究和分析论证。上述工作须通过专家评估。

（2）运用系统分析和设计的方法，优化投入的生产要素与物资资源，完成过二项相当于中等规模以上企业主要生产车间的工艺分析、改进与设计，使之具有较高的生产效率，并通过审批。

（3）运用物流和物料搬运的分析理论和方法，采用流程图、从至图、相关图等图表，对相当于中等规模以上企业的全厂或主要生产车间的流程进行分析，完成过二项总体或车间的设施布置设计（或改善设计）。

（4）根据物料搬运的基本原则，完成过二项相当于中等规模以上企业的全厂或主要生产车间物料搬运系统的设计（或改善设计），能正确选用搬运方式、设备及其他装置。

（三）从事方法与效率工程的人员，具备以下条件之一：

（1）运用方法研究技术，完成过二项生产过程、生产线、工艺、人机系统或管理中不合理环节的改进工作，并在节约能源和材料、节约工时、减轻人员疲劳和提高劳动生产率等方面取得成效；或完成过一项对行业或企业发展有一定影响的工业工程新方法开发或移植工作，并经实施，取得成效。

（2）运用工作研究等相关的技术方法及有关的现代管理技术，完成过二项行业或企业劳动定额、定员标准的制定、修订等工作，或完成过二个技术工种的劳动定额标准的制定工作，或完成过二项管理人员、技术人员或服务人员工作标准和工作定额标准的制定、修订工作。上述工作须经实施，并取得成效。

（3）运用数理统计的技术，完成过二项相当于中等规模以上企业中主要科室和主要生产车间的不同类别人员（管理人员、技术人员、操作人员、服务人员等）的工作效率现状统计分析工作，提出改进措施，并取得成效。

（4）完成过二项车间的生产现场管理改善项目，取得成效，如推行精益生产、定置管理等先进方法。

（四）从事生产计划与控制的人员，具备以下条件之一：

（1）完成过二项年度生产计划或20项生产作业计划的编制工作，或根据生产计划完成相应的生产作业控制工作。在完成上述工作中能正确运用工业工程的有关方法，如物料需求计划（MRP）、精益生产、准时制生产（JIT）、最优生产技术（OPT）。相关图表、批量和期量计算方法、优先排序方法、流水作业、生产能力平衡、成本预算与控制等方法。

（2）完成过二项产品开发、研究开发、技术改造或设备的改造、更新和投资等规划和计划的编制与实施。

（3）完成过二项车间的生产现场管理改善项目，取得成效，如推行精益生产、定置管理等先进方法。

（4）完成过一项主要生产车间现代化生产方法的推广应用工作，如成组技术（GT）、准时制生产（JIT）、物料需求计划（MRP）及先进库存管理方法等，对改进生产组织和作业条件取得成效。

（五）从事质量与可靠性管理的人员，应同时具备以下条件中的任意二条：

（1）运用科学的方法完成过一项相当于中等规模以上企业全厂性的或主导产品的质量管理体系或标准体系的规划、设计与实施，并取得成效。

（2）完成过一项相当于中等规模以上企业主要生产车间质量计划（质量攻关计划、质量改进计划等）的编制与实施，并取得成效。

（3）完成过一项主导产品可靠性攻关或失效分析计划的编制，并经实施，取得成效。

（4）指导 QC 小组活动，完成过二项质量教育和标准的宣传贯彻，综合分析质量与可靠性信息和提供决策依据等工作，解决过重要的质量与可靠性问题，并取得成效。

（5）完成一项中等复杂程度产品的可靠性或失效分析检验项目，并提出过一项产品结构、工艺或安装等方面的改进建议，经实施，取得成效。

（6）解决过二项关键零部件或产品的重要质量与技术问题，并取得成效。

（7）完成过一项国家、行业、地方或企业标准的制定、修订工作。

（8）完成过一项相当于中等规模以上企业质量与可靠性管理信息系统的规划、设计工作，并经实施，取得成效。

（9）完成过二项重要的质量检验、可靠性分析、失效分析或质量仲裁检验项目，或三项重要的质量与可靠性咨询、认证或审核工作。

（六）从事营销工程的人员，具备以下条件之一：

（1）完成过二项产品的技术水平、产品寿命周期、市场占有率、技术经济及设计方法等调查、论证工作，提出新产品开发的建议，并经实施，取得成效。

（2）完成过二项市场分析、预测和经营决策的研究，提出开拓产品市场的建议，并经实施，取得成效。

（3）完成过中等复杂程度产品用户服务系统的设计与实施，直接参加售前、售中、售后技术服务，解决其一般难度的技术问题，提出过一项改进产品、发展新产品或开拓市场的建议，并经实施，取得成效。

（七）从事工业安全与环境的人员、具备以下条件之一：

（1）完成过一项国家或行业的工业安全、卫生与环境保护法规、标准的制定、修订工作。

（2）完成过二项相当于中等规模以上企业的工业安全、卫生与环境保护的规划（或计划、制度）、检测、分析和治理方案的编制、审查和实施，并取得成效。

（3）完成研究、评价和实施保健计划，并提出过二项控制环境（工作地环境、厂区环境或社会环境）中引起疾病、伤害、极度不适或降低工作效率的各种环境因素和危险的治理方案；或及时发现、鉴别可能引起职工疾病、伤害或财产损失的因素，提出过一项改进或防范措施，并直接参加完成治理工作，取得成效。

（4）完成过二项工业事故和职业病的调查、分析项目查出了潜在的危险，提出修改和完善安全规程（或安全措施）、防治污染与改善环境的意见或建议，并被采纳；或完成过重大安全事故的调查、分析，提出过二项合理的改进或防范措施，并被采纳。

（5）完成设备或设施的安全性调查、分析与评价，提出过二项改进设计的技术方案，并经实施，取得成效。

（八）从事人力资源开发与管理的人员，具备以下条件之一：

（1）运用组织设计原理，完成过二项相当于中等规模以上企业或事业单位的组织结构总体方案设计，或完成过二项企事业单位主要科室、车间的机构、职能、岗位、职责和定员标准方面的设计等工作。

（2）正确运用有关的技术标准、规范及组织行为学等方面的原理和方法，完成过二项职工业绩考核、培训、评价、奖惩及工资等级标准、运行办法等管理措施的制定工作。

（3）完成过一项国家或行业与人力资源开发与管理有关的标准、规划、制度的制定工作，或完成过一项行业、企业人力资源管理措施和办法的制定工作，或完成过二项有关人力资源管理的设计工作，并经实施，取得成效。

（4）完成过二项相当于中等规模以上企业或事业单位在职人员（管理人员、技术人员、操作人员、服务人员等）中的二类人员的业务、技术或岗位技能的系统培训工作，包括编制培训计划、组织编写教材、组织实施和考核；或完成过二种管理人员或技术人员的岗位规范或工人技术等级标准的制、修订工作。

第五章　附　则

第十二条　本评定标准中规定的大、中、小型等级，参照如下标准执行：

（一）发电厂

（1）大型：300MW 及以上机组（大型≥300MW）。

（2）中型：100~300MW 机组（100MW＜中型＜300MW）。

（3）小型：100MW 及以下机组（小型≤100MW）。

（二）变压等级

（1）大型：220kV 以上（大型＞220kV）。

（2）中型：220kV（中型＝220kV）。

（3）小型：110kV 及以下（小型≤110kV）。

（三）企业规模

（1）大型：省公司等同级及以上单位（大型≥省公司等同级单位）。

（2）中型：地区等同级单位（中型＝地区等同级单位）。

（3）小型：县级等同级单位（小型＝县级等同级单位）。

第十三条 本评定标准中获奖项目的"获奖者"是指等级额定获奖人员。

第十四条 本评定标准由国网人才评价中心负责解释。

3.1.3 政工师评定标准

政工师评定标准

人才中心〔2016〕50号

第一章 总 则

第一条 为客观、公正、科学地评价思想政治工作专业人员的学识水平和业务能力，鼓励思想政治工作专业人员刻苦钻研业务，多出人才，多出成果，提高思想政治工作水平，加强思想政治工作，促进我国电力工业的改革与发展，根据中央和国家有关规定，结合思想政治工作的专业特点，制定本评定标准，作为电力政工政工师评定的依据。

第二条 按照本评定标准，经评审合格并获得政工师的专业技术资格证书者，表明其已具备政工师的专业水平和能力，其职务聘任和工资待遇由所在单位根据国家有关规定自行决定。

第二章 适用范围

第三条 本评定标准一般适用于各单位、各部门专职从事思想政治工作的专业人员。电力政工专业划分为党建和精神文明建设工作、纪检和监察工作、群众工作、保卫工作、离退休干部管理工作5个分支专业。

第三章 申报人员技术资历鉴定标准

第四条 基本资历

（一）取得大学专科或本科学历。

（二）取得助理政工师资格证书（含其他专业助理资格，下同），并从事政工工作满四年。

（三）各类获奖证书。

（四）符合申报政工师要求的外语、计算机水平证书（成绩）或证明。

第五条 主要贡献

取得助理政工师资格证书后，在直接参加完成的工作中做出如下贡献之一者：

（一）参与完成制定并已在处级及以上单位执行的制度、规定、办法。

（二）参与完成思想政治工作调研课题，并有现实指导意义。

（三）完成有较高水平的论文，调研报告及作品（文字不少于 2000 字，音像不少于 20 分钟，图像不少于 3 幅），有一篇获得地（市）级及以上奖。

（四）地（市）级以上思想政治工作单项先进获得者，或地（市）级及以上优秀思想政治工作先进集体主要贡献者。

（五）组织或直接参与处级及以上单位、中型及以上企业思想政治工作、成绩突出，工作经验在地（市）级及以上单位组织交流、推广。

第六条 作品成果

取得助理政工师资格证书后，撰写如下专题报告或论著之一者：

（一）撰写过本人直接参与的调研报告，并具有一定的学术水平或实用性。

（二）独立或作为主要撰写人在地（市）级以上组织的专业会上交流，或在国家批准出版的刊物上发表过本专业有关的一篇及以上论文，或在地（市）级及以上单位主办的刊物上发表过一篇及以上本专业有关论文。

（三）作为参加者，出版过一本论著或译著。

（四）作为执笔者，参加过不少于一万字的教材的编写工作。

（五）参加制定或修改处级及以上单位有关制度、规范、规章、条例、实施细则等的编写工作。

第四章　申报人员所在单位评价标准

第七条 申报人员必须遵守中华人民共和国宪法和法律，具备良好的职业道德和敬业精神。

第八条 从事思想政治工作各分支专业的人员，取得助理政工师资格证书后，应分别同时具备如下相应专业的两项条件：

（一）党建和精神文明建设工作

（1）参与组织过两次及以上党建和思想政治工作全过程检查、调研或参与组织过较大范围主题系列思想政治教育活动，并独立完成有一定水平的调研报告或工作计划、工作总结的编写工作。

（2）熟悉本职工作业务，具备担任本专业一个方面工作负责人的能力，能独立在群众中进行宣传、讲解工作，有较强的口头、文字表达和组织协调能力，能起草本职工作范围内的文件、文章。

（二）纪检和监察工作

（1）参与组织过两次及以上党纪、党风全过程检查，或党风党纪全过程教育活动，或案件的调查，或效能监察，并独立完成工作计划、工作总结或调查报告的编写工作。

（2）熟悉本职工作业务，具备担任本专业一个方面的工作负责人的能力，能独立负责一般案件的调查、处理一般信访件、组织单项效能监察、党内监督和党风党纪行风教育、检查。

（三）群众工作

（1）参与组织过两次及以上职工代表大会、会员大会或团代会的筹备工作，或工会、共青团工作检查、调研，或参与处理维护职工权益工作，或参与组织开展社会主义劳动竞赛、青年"号、手、队"活动，并独立完成有一定水平的工作计划、工作总结或调研报告的编写工作。

（2）熟悉本职工作业务，具备担任本专业一个方面工作负责人的能力。

（四）保卫工作

（1）参与组织过两次及以上政治活动、电力设施、生产要害的保卫工作，或案件的侦查，并独立完成工作方案、实施后的总结及案件调查报告的编写工作。

（2）熟悉本职工作业务，具备担任本专业一个方面工作负责人的能力。

（五）离退休干部管理工作

（1）参与组织过两次及以上离退休干部主题教育活动、集体文体活动、党支部工作交流，并独立完成工作计划、工作总结的编写工作。

（2）熟悉本职工作业务，具备担任本专业一个方面工作负责人的能力。

第五章　附　则

第九条　本评定标准中规定的大、中、小型等级，参照如下标准执行：

（一）发电厂

（1）大型：300MW 及以上机组（大型 ≥ 300MW）。

（2）中型：100~300MW 机组（100MW ＜中型＜ 300MW）。

（3）小型：100MW 及以下机组（小型 ≤ 100MW）。

（二）变压等级

（1）大型：220kV 以上（大型 ＞ 220kV）。

（2）中型：220kV（中型 ＝ 220kV）。

（3）小型：110kV 及以下（小型 ≤ 110kV）。

（三）企业规模

（1）大型：省公司等同级及以上单位（大型 ≥ 省公司等同级单位）。

（2）中型：地区等同级单位（中型 ＝ 地区等同级单位）。

（3）小型：县级等同级单位（小型 ＝ 县级等同级单位）。

第十条 本评定标准中获奖项目的"获奖者"是指等级额定获奖人员。

第十一条 本评定标准由国网人才评价中心负责解释。

3.1.4 馆员评定标准

馆员评定标准

人才中心〔2016〕51 号

第一章 总 则

第一条 为客观、公正、科学地评价电力档案、图书资料专业人员的学识水平和业绩贡献，调动广大档案、图书资料专业人员的积极性，鼓励多出成果、多出人才，促进档案、图书资料工作的进步、发展和专业水平的提高，根据国家有关规定，结合电力档案、图书资料专业的特点，制定本评定标准，作为电力档案、图书资料馆员评定的依据。

第二条 按照本评定标准，经评审合格并获得馆员的专业技术资格证书者，表明其已具备馆员的专业水平和能力，其职务聘任与工资待遇由所在单位根据国家有关规定自行决定。

第二章　适用范围

第三条　本评定标准中的"档案专业人员"指：在各单位、各部门从事档案管理（含文书、科技、会计、声像、医疗卫生、人事档案，档案保护、编研，计算机档案管理）、档案科研工作的专业人员；"图书资料专业人员"指：在各单位、各部门从事图书资料管理、科研工作的专业人员。

第三章　申报人员技术资历鉴定标准

第四条　基本资历

（一）取得大学专科或本科学历。

（二）取得助理馆员资格证书（含其他专业助理资格，下同），并从事档案或图书资料工作满四年。

（三）各类获奖证书。

（四）符合申报馆员要求的外语、计算机水平证书（成绩）或证明。

第五条　主要贡献

取得助理馆员资格证书后，取得下列成果之一：

（一）获得省电力公司等同级及以上单位（含省档案局和省图书馆学、协会）授予的本专业各种奖励，并且是获奖项目的主要完成者。

（二）作为技术骨干参加过大中型企事业单位业务主管部门有关档案、图书资料专业综合研究课题的研究，且为单项研究报告的主要撰写人之一。

（三）参与编写的本专业技术规程、规范、规章、制度、管理办法等不少于一项，其主笔编写的部分章节被采纳，并经上级业务主管部门批准实施。

（四）在省电力公司等同级及以上单位（含省档案局和省图书馆学、协会）召开的档案、图书资料工作会或学术交流会上，提交过二篇以上有价值的交流材料、经验总结等。

（五）参加档案、图书资料编研工作，并提交过5000字以上有价值的编研成果材料，需有单位证明。

（六）曾讲授过本专业课程，或参加编写过本专业教材或讲义5万字以上。

第六条　作品成果

取得助理馆员资格证书后，撰写以下论文、著作之一：

（一）公开发表过有一定学术水平的专著或译著。

（二）在省电力公司等同级及以上报纸、刊物上发表过本专业二篇以上有价值的论文，或在公开发行的报纸、刊物上发表过一篇有价值的论文。

（三）参加编写并被上级主管部门采用二篇以上对实际工作具有指导意义的经验总结、调查报告等。

第四章　申报人员所在单位评价标准

第七条　申报人员必须遵守中华人民共和国宪法和法律，具备良好的职业道德和敬业精神。

第八条　取得助理馆员资格证书后，具有下列实践之一：

（一）主持或负责档案、图书资料管理部门或其某一方面的工作，拟定过本单位或负责分管的档案、图书资料工作计划、方案等。

（二）主持或参与制定过本单位档案、图书资料工作的规章、制度、管理办法，或参与制定过上级主管部门颁发的档案、图书资料专业技术标准和业务规范。

（三）独立从事过某一门类档案、图书资料的采集、整理、鉴定、编研、保管、提供利用等工作。

（四）曾代表本单位档案、图书资料部门参加基建工程竣工档案验收或科研项目成果鉴定工作。

（五）曾负责对本单位业务部门立卷归档工作或所属单位的档案管理工作进行业务指导。

（六）根据档案、图书资料工作的实际情况，提出相应的保护措施，熟练地掌握操作技术。

（七）根据单位档案、图书资料现代化管理情况，对缩微复制及计算机、光盘等技术提出应用方案，熟练地掌握操作技术，能对常见的故障进行检修。

第五章　附　则

第九条　本评定标准中规定的大、中、小型等级，参照如下标准执行：

（一）发电厂

（1）大型：300MW 及以上机组（大型 ≥ 300MW）。

（2）中型：100~300MW 机组（100MW ＜中型＜ 300MW）。

（3）小型：100MW 及以下机组（小型 ≤ 100MW）。

（二）变压等级

（1）大型：220kV 以上（大型＞ 220kV）。

（2）中型：220kV（中型＝ 220kV）。

（3）小型：110kV 及以下（小型 ≤ 110kV）。

（三）企业规模

（1）大型：省公司等同级及以上单位（大型 ≥ 省公司等同级单位）。

（2）中型：地区等同级单位（中型＝地区等同级单位）。

（3）小型：县级等同级单位（小型＝县级等同级单位）。

第十条 本评定标准中获奖项目的"获奖者"是指等级额定获奖人员。

第十一条 本评定标准由国网人才评价中心负责解释。

3.2 副高级评定标准

3.2.1 电力工程高级工程师评定标准

电力工程高级工程师评定标准

第一章 总 则

第一条 为客观、公正、科学地评价电力工程各类专业技术人员的学识和水平，鼓励多出成果、多出人才，促进电力科技进步与发展，根据国家有关规定，结合电力工程的专业特点，制定本评定标准，作为电力工程高级工程师评定的依据。

第二条 按照本评定标准，经评审合格并获得高级工程师的专业技术资格证书者，表明其已具备电力工程高级工程师的技术水平和能力，其职务聘任与工资待遇由所在单位根据国家有关规定自行决定。

第二章　适用范围

第三条　本评定标准中的"电力工程技术人员"通指：在国民经济各部门、各行业中，从事发电（含火力、水力、核能及其他新能源发电）、输电、变电、配电、用电、电网技术、电力环保、电力标准化、电力信息技术等电力工程的科学研究（含基础理论和应用技术的科研、试验、技术开发与推广及其技术管理）、规划设计（含规划、勘测、设计及其技术管理）、施工建设（含建筑、安装、调试、施工机械、安全质量监督及其技术管理）和生产运行（含运行、检修、技术改造、修造、安全与技术监督、劳动保护及其技术管理）的专业技术工作人员。

第四条　电力工程分为四类专业：热能动力工程专业（可含核能、太阳能、地热及其他热能形式发电），水能动力工程专业（可含潮汐能、风能发电），输配电及用电工程专业，电力系统及其自动化专业。

（一）热能动力工程专业

包括锅炉、汽轮机、燃气轮机、热工过程控制及其仪表、供热与制冷、火电厂建筑与安装、物料输送、金属与焊接、火电厂化学、火电厂环保、火电厂劳动保护、新型发电技术及其他与热能动力工程有关的专业。

（二）水能动力工程专业

包括水能利用（含水库）、工程地质、水文泥沙、水工建筑物、水力机械、金属结构、水电厂自动化、水电工程环保、风能发电技术及其他与水能动力工程有关的专业。

（三）输配电及用电工程专业

包括发电机、电动机、变压器、绝缘技术、高低压电器设备、输电线路和变电站、电磁环境、配电与用电系统及控制、电气测量技术、电能质量管理及其他与输配电及用电工程有关的专业。

（四）电力系统及其自动化专业

包括电力系统规划、电力系统运行与分析、电力系统自动化、继电保护及安全自动装置、电力系统通信及其他与电力系统及其自动化有关的专业。

第三章　申报人员技术资历鉴定标准

第五条　基本资历

（一）本人所取得的最高学历、学位证书。

（二）本人所取得的工程师资格证书。

（三）各类获奖证书。

（四）符合申报高级工程师要求的外语、计算机水平证书（成绩）或证明。

第六条　主要贡献

取得工程师资格后，作为负责人或主要工作人员，在工作中做出以下贡献之一：

（一）完成国家或地方一项大型或二项及以上中型工程可行性研究、设计、施工或调试，通过审查或验收。

（二）完成国家或省（部）级重大科技项目，或重点引进项目的消化、吸收，有较大的创新性。

（三）完成二项及以上技术难度较大的技术项目（包括制定技术标准、技术规范，新技术开发，新技术推广等），经验收认定取得较大的社会效益和经济效益。

（四）完成的项目获得一项国家、省（部）级科学技术进步奖或二项及以上网（省）局级科技进步（成果）奖（优秀设计或优质工程等专项奖等同科技三等奖）。

（五）提出科技建议，被省（部）级有关部门采纳，对科技进步和专业技术发展有重大促进作用。

（六）在生产中，能保证安全经济运行；在设计、施工、设备检修或修造中，能保证质量、缩短工期和节约投资，经实践检验取得显著的技术经济效益。

第七条　作品成果

取得工程师资格后，撰写下列技术报告或论著之一：

（一）独立撰写过二篇及以上本人直接参加的重要工作的正式技术报告。要求立论正确，数据齐全、准确，观点清晰，结构严谨，具有较高的学术水平或实用价值。

（二）独立或作为第一撰写人在省（部）级及以上组织的学术会议或在国家批准出版的科技期刊上发表过二篇及以上具有较高学术水平的学术或技术论文。

（三）作为主要作者，正式出版过一本学术、技术专著或译著。

（四）编写或修订公开出版发行的技术规范、规程、标准或教材、技术手册，其中本人撰写的部分不少于30000字。

（五）主持网（省）公司级单位委托的制定或修改有关规程、技术规范、导则、规章等的编写工作。

第四章　申报人员所在单位评价标准

第八条　申报人员必须遵守中华人民共和国宪法和法律，具备良好的职业道德和敬业精神。

第九条 从事科学研究的工程技术人员，取得工程师资格后，应同时具备如下各专业的两项条件：

（一）热能动力工程专业

（1）熟练掌握本专业相应领域的试验和研究的技术路线，能独立编写较重大科技项目的可行性论证报告；或能制定较大的现场调试技术方案。

（2）担任课题负责人或作为主要工作人员，参加二次及以上大型现场试验，解决较复杂的测试技术问题；或主持二项及以上技术难度较高的科研项目，解决复杂的技术难题；或主持较重大技术开发和技术推广应用，取得显著的经济效益；或承担国家、省（部）级重大科技项目，解决其中关键技术问题；或承担二项及以上技术难度较高的分析、测试技术开发项目，解决复杂的技术难题；或负责科学实验室的建设和管理。

（二）水能动力工程专业

（1）熟练掌握本专业相应领域的试验和研究的技术路线，能独立编写较重大科技项目的可行性论证报告；或能制定较大型试验技术方案。

（2）担任课题负责人或作为主要工作人员，参加二次及以上现场调试试验、模拟试验和监测项目，解决较复杂的试验和测试技术问题；或承担二项及以上水能动力工程设备运行、原型观测的研究和技术开发及推广应用，解决复杂的技术难题，取得显著的经济效益；或承担国家、省（部）级重大科技项目，解决其中关键技术问题；或负责科学实验室的建设和管理。

（三）输配电及用电工程专业

（1）熟练掌握本专业相应领域的试验和研究的技术路线，能独立编写较重大科技项目的可行性论证报告；或能制定较大型试验技术方案。

（2）担任课题负责人或作为主要工作人员，主持二项及以上技术难度较高的研究或技术开发和新技术推广，解决复杂的技术难题，取得显著的经济效益；或主持并完成二次及以上大型现场试验、型式试验、原型试验，提出试验方案，解决复杂的测试技术问题；或承担国家或省（部）经重大科技项目，解决其中关键技术问题；或负责科学实验室的建设和管理。

（四）电力系统及其自动化专业

（1）熟练掌握电力系统的试验，计算分析和研究及开发的技术路线，能独立编写较重大科技项目的可行性论证报告；或能制定较大型试验技术方案。

（2）担任课题负责人或作为主要工作人员，主持复杂的、技术难度高的应用软件开发，解决复杂的技术难题；或主持大型电力系统控制设备配置的研究和调试，解决复杂的技术难题，取得显著的经济效益；或主持二项及以上不同类型、技术难度较高、具有较重要经济和社会效益的新技术开发推广应用，解决复杂的技术难题，取得显著的经济效益；或参加二次及以上大型现场试验，提出试验方案，解决复杂的测试技术问题；或承担国家或省（部）级重大科技项目，并解决其中的关键技术问题；或负责科学试验室的建设和管理。

第十条　从事规划设计的工程技术人员，取得工程师资格后，应同时具备如下各专业的两项条件：

（一）热能动力工程专业

（1）熟练掌握本专业相应领域的设计规程、设计软件和技术经济政策，担任过本专业主要设计人。

（2）负责过二个及以上大、中型发电厂本专业的可行性研究或初步设计工作，负责或独立编写过本专业设计文件、技术报告（专题报告）；或负责过大、中型发电厂施工图四个及以上主要卷册的设计工作；或主持过与设计技术密切相关的行业管理和技术管理的全面工作；或主持或作为主要负责人，担任过三项及以上专业技术规定的全面的审查工作。

（二）水能动力工程专业

（1）熟练掌握本专业相应领域的设计规程、设计计算方法和技术经济政策，担任过本专业主要设计人。

（2）负责过二个及以上大、中型水力发电工程的预可行性研究或可行性研究中的重要组成部分工作，负责或独立编写过本专业设计文件、专题报告；或负责完成过本专业三个及以上主要部分的施工图的设计工作，担任过工地设计代表；或作为负责人，编写过有关技术规范、技术标准，完成的各项产品质量优良，符合有关技术规程、规范，便于施工，并满足安全、经济运行的需要。

（三）输配电及用电工程专业

（1）熟练掌握本专业相应领域的设计规程、设计软件和技术经济政策，担任过工程设计的专业技术负责人。

（2）负责过二项220kV及以上电压等级送变电工程或用电工程的初步设计工作，并负责编写技术报告或设计说明书；或主持过与设计技术密切相关的行业管理和技术管理的全面工作；完成的设计成品的各项指标符合有关技术规程、规范，能便于施工、并满足安全经济运行的需要。

（四）电力系统及其自动化专业

（1）熟练掌握本专业相应领域的设计规程、设计计算方法和技术经济政策，担任过规划设计的专业技术负责人。

（2）负责过二项及以上大中型发电厂接入系统设计、电网规划设计、电网自动化系统设计、电力系统通信及远动工程设计，并负责编写技术报告或设计说明书；主持过与设计技术密切相关的行业管理和技术管理的全面工作；完成的设计成品的各项指标符合有关技术规程、规范，能便于施工、并满足安全经济运行的需要。

第十一条 从事施工建设的工程技术人员，取得工程师资格后，应同时具备如下专业的两项条件：

（一）热能动力工程专业

（1）熟练掌握热能动力工程施工建设的基础知识，熟练掌握所从事专业的施工技术、施工方法和大型施工机械性能，以及施工技术规程、准则和质量标准，具备担任中型项目施工技术负责人的能力。

（2）主持或作为主要工作人员，完成大、中型发电厂建筑安装调试工程某一项系统的全过程工作，质量达到标准，技术管理符合有关规定，进度满足要求；或主持编写本专业的施工组织设计和重大施工技术方案或调试方案，解决过较高难度的技术问题。

（二）水能动力工程专业

（1）熟练掌握水能动力工程施工建设的基础知识，熟练掌握所从事专业的施工技术、施工方法和大型施工机械性能，以及施工技术规程、准则和质量标准，具备担任中型项目施工技术负责人的能力。

（2）主持或作为主要工作人员，完成大、中型发电厂建筑安装调试工程某一项系统的全过程工作，质量达到标准，技术管理符合有关规定，满足安全和进度要求；或主持编写本专业的施工组织设计和重大施工技术方案或调试方案，解决过较高难度的技术问题。

（三）输配电及用电工程专业

（1）熟练掌握输配电及用电工程施工建设的基础知识，熟练掌握所从事专业的施工技术和施工方法，以及施工技术规程和质量标准，具备担任中型项目施工技术负责人的能力。

（2）主持或作为主要工作人员，完成一项 220kV 及以上输变电工程或四项配电线路、用户供电工程的系统调试或施工技术工作，质量达到标准，技术管理符合有关规定，满足安全和进度要求；或主持编写本专业的施工组织设计和重大施工技术方案或调试方案，解决过较高难度的技术问题。

（四）电力系统及其自动化专业

（1）熟练掌握电力系统及其自动化的基础知识和有关施工技术规程、导则、质量标准，具备担任中型项目施工技术负责人的能力。

（2）主持或作为主要工作人员，完成二项较复杂的继电保护、自动装置、通信工程的安装调试或技术工作，在建筑、安装调试中，质量达到标准，技术管理符合有关规定，满足安全和进度要求；或主持编写本专业的施工组织设计和重大施工技术方案或调试方案，解决过较高难度的技术问题。

第十二条　从事生产运行的工程技术人员，取得工程师资格后，应同时具备如下各专业的两项条件：

（一）热能动力工程专业

（1）熟练掌握本专业系统的设备、系统的运行状态或工作条件，或设备金属材料的各种特性，并能提出其存在问题及改进意见，了解国内外热能动力装置新技术及其出现的新问题及解决办法。

（2）具有独立组织处理重大事故和解决技术难题的能力；能主持制定合理的运行方式、计划和重大操作方案，并能指导组织生产、检修、施工或修造，达到安全、稳定、文明、经济运行和质量标准；或主持过三次（或三台、三个）及以上发电机组主附设备的大修和更改工程的全过程；或主持过重大更改工程方案的制定；或具有四年及以上主持本专业运行工作实践，并编制生产、调度、经济运行方案的经历。

（二）水能动力工程专业

（1）熟练掌握本专业系统的设备或水工建（构）筑物结构、系统的运行状态或工作条件，或设备金属材料的各种特性，并能提出其存在问题及改进意见，了解国内外水能动力装置和水工建（构）筑物新技术及其出现的新问题及解决办法。

（2）具有独立组织处理重大事故和解决技术难题的能力；能主持制定合理的运行方式、计划和重大操作方案，并能指导组织生产、检修、施工或修造，达到安全、稳定、文明、经济运行和质量标准；或主持过三次（或三台、三个）及以上发电机组主附设备的大修和更改工程或水工建（构）筑物主体建筑的监测和维护工作的全过程；或主持过重大更改工程方案的制定；或具有四年及以上主持本专业运行工作实践，并编制生产、调度、经济运行方案的经历。

（三）输配电及用电工程专业

（1）熟练掌握输、变、配、用电设备或输电线路性能，具有全面、丰富的用电管理经验，了解国内外先进的输、变、配、用电工程。

（2）组织或主持供电网络发展、改造规划及方案，并能指导组织生产、检修、施工或修造，提高供电可靠性和自动化水平；或负责组织或主持二台及以上发电机组或输、变、配电及用户供电系统等设备的大修或更改工程的全过程，编制大小修或更改工程设计、技术措施及方案；具有主持或独立处理重大事故和解决技术难题的能力，保证发电、输、变、配电设备可靠工作，发供用电系统安全、优质、经济运行。

（四）电力系统及其自动化专业

（1）熟练掌握本专业的技术性能、设备原理、运行状态及校验原理，并能提出其存在问题及改进意见，了解国内外大电网运行中的新技术及其出现的新问题及解决办法。

（2）具有独立组织分析和处理重大事故和解决技术难题的能力；主持或指导编制和审查电网运行方式、有关的继电保护及安全自动装置的配置工作，能够对电网的安全经济运行进行全面的综合分析，以及对电网安全稳定进行全面分析；或能够制定合理的电网运行方式，并能指导组织生产、检修、施工或修造，提高线路或设备的运行率；或全面主持整定计算工作，审查保护方案，并能正确、灵活地处理计算工作中的疑难问题；或针对自动化及通信设备在设计、制造及运行中存在的问题，提出解决措施，并组织工程实施和设备检修；或负责编制规程，制定重大技术方案和管理办法，采取有效技术，消除设备重大缺陷，提高系统或设备运行可靠性，保证电力系统优质、安全、经济运行。

第五章　评审委员会评审标准

第十三条　取得工程师资格后，应同时具备如下必备条件：

（一）曾主持或作为主要人员完成省（部）级重点攻关项目或大中型工程设计、施工项目，或组织过重要的生产运行工作，具有比较丰富的实践经验，解决过较复杂的技术难题。

（二）具有较强的技术经济分析、综合、判断和总结的能力，或组织协调与管理能力。

（三）能承担或主持制定技术标准、技术规范和编写本专业的理论与技术报告、专题报告。

（四）具有较强的开拓能力，技术工作有创新，或在引进、消化、吸收和推广新技术中取得较好效果。

（五）能主持或作为主要人员完成本专业的技术文件审查、技术成果鉴定和验收等工作。

（六）能组织、指导中级技术人员的工作。

第六章 附 则

第十四条 本评定标准中的第三章和第四章相应标准必须同时达到，方具备提交评审委员会评审的资格。

第十五条 本评定标准中规定的大、中、小型等级，参照如下标准执行：

（一）发电厂

（1）大型：300MW 及以上机组（大型 ≥ 300MW）。

（2）中型：100~300MW 机组（100MW ＜中型＜ 300MW）。

（3）小型：100MW 及以下机组（小型 ≤ 100MW）。

（二）变压等级

（1）大型：220kV 以上（大型＞ 220kV）。

（2）中型：220kV（中型＝ 220kV）。

（3）小型：110kV 及以下（小型 ≤ 110kV）。

（三）企业规模

（1）大型：省公司等同级及以上单位（大型 ≥省公司等同级单位）。

（2）中型：地区等同级单位（中型＝地区等同级单位）。

（3）小型：县级等同级单位（小型＝县级等同级单位）。

第十六条 本评定标准中获奖项目的"获奖者"是指等级额定获奖人员。

第十七条 本评定标准由国网人才评价中心负责解释。

3.2.2 工业工程高级工程师评定标准

工业工程高级工程师评定标准

第一章 总 则

第一条 为客观公正地评价工业工程专业技术人员的水平，鼓励多出成果、多出人才，促进科技进步和生产力发展，根据工业工程的专业特点、功能和内容，结合我国制造技术和生产经营管理的现状及发展，在吸收和借鉴国际工业工程工作经验的基础上制定本评定标准，作为工业工程高级工程师评定的依据。

第二条　按照本评定标准、经评审合格并获得相应专业技术资格证书者，表明已具备工业工程高级工程师的技术水平和能力，其职务聘任与工资待遇由所在单位根据国家有关规定自行确定。

第三条　工业工程专业属于工程技术范围。工业工程是综合运用自然科学和社会科学的专门知识和技术及工程分析和设计的原理与方法，对由人、物料、信息、设备和能源所组成的集成系统进行规划、设计、改善、创新、实施和评价的科学技术。

第二章　适用范围

第四条　工业工程专业工作的主要内容

（一）工业各行业的产业技术政策、产业结构、技术发展、科研政策和工程教育与技术培训等方面规划及计划的研究与编制工作；工业企业的经营战略、新产品开发、产品标准化与系列化、生产工艺、技术革新与改造、成本与利润、生产与库存管理、安全与卫生、环境保护和职工教育等方面规划及计划的研究与编制工作。

（二）工程项目总体设计、设施选址、平面布置、设施设计、生产流程设计、生产工艺与技术设计、物流系统设计、组织机构设计、生产组织与岗位设计、作业程序设计、操作方法与劳动定额设计、信息系统设计、计算机管理系统设计、计算机集成制造总体设计、用户服务系统设计、工业安全与环保系统设计、职工教育课程设计和标准、规范及规程等方面的设计工作。

（三）规划、计划、系统、产品、工艺、设施、质量、可靠性、安全、卫生、环保、机构、岗位、职务、成本、效率、效益、业绩、用户服务等方面的评价工作。

（四）产品改进、工艺改进、设施改进、系统改进、组织改进、工作方法改进、新产品和新技术的工程开发和工作激励等方面的创新工作。

第五条　工业工程专业划分为系统规划与管理、设施规划与设计、方法与效率工程、生产计划与控制、质量与可靠性管理、营销工程、工业安全与环境、人力资源开发与管理八个分支专业。

第六条　本评定标准适用于在国民经济各工业行业中，具体从事工业工程专业工作的工程技术人员。

（一）系统规划与管理：适用于主要从事部门、行业、企事业单位的规划与计划管理和系统分析与评价等工作的工程技术人员。工作范围包括：行业、企业发展战略的研究、制定与实施；工程项目的可行性研究、咨询与评估；科研规划的研究、论证与评估；企业诊断和经济分析；生产工艺过程的系统分析、规划、设计与实施；工艺过程的设计与控制；新产品、新工艺、新技术的规划、论证、评估与实施；管理信息系统的规划、设计、评估与实施等工作。

（二）设施规划与设计：适用于主要从事设施的规划、设计、改造与实施的工程技术人员。工作范围包括：工程项目总体设计；工程项目的选址、平面设计；工艺、设备、场地、厂房及公用设施、物流系统的规划、设计与改造；组织机构、岗位和职务的设计等工作。

（三）方法与效率工程：适用于主要从事工业企业提高劳动生产率和工作效率的规划、计划、改进与实施的工程技术人员。工作范围包括：生产组织形式和工作方法的研究、设计与控制；工作定额标准、劳动定额标准的分析、测定、改进、制定与评价。

（四）生产计划与控制：适用于主要从事工业企业生产与服务系统的规划、设计、改进与评价等工作的工程技术人员。工作范围包括：生产发展规划、年度生产计划和生产作业计划的编制与控制；库存管理；设备管理；计算机辅助生产管理信息系统的设计、实施、改善与评价等工作。

（五）质量与可靠性管理：适用于行业或企业从事质量与可靠性管理工作的工程技术人员。工作范围包括：质量与可靠性的规划与管理；质量管理体系的设计与实施；行业或企业标准的研究、制定与实施；质量控制、质量审核、质量教育；质量与可靠性检验；质量与可靠性管理信息系统的设计、实施、改进与评价等工作。

（六）营销工程：适用于主要从事企业产品销售、市场开发和产品售前、售中、售后技术服务等用户服务系统工作的工程技术人员。工作范围包括：经营战略与策略的研究、论证与实施；市场分析、预测、决策的研究与论证；新产品开发研究与论证；市场开发研究、论证与实施；用户服务系统的设计和产品销售的售前或售后技术服务等工作。

（七）工业安全与环境：适用于主要从事工业企业劳动安全、职业卫生和环境保护工作的工程技术人员。工作范围包括：劳动保护计划的研究、制定与实施；环境保护计划的编制与实施；安全法规、标准、规程及其相应措施的研究、制定与实施；安全、卫生与环境的管理；分析、评价并控制危险和有害的因素；事故的分析与处理等工作。

（八）人力资源开发与管理：适用于主要从事人力资源研究、开发和管理工作的工程技术人员。工作范围包括：人力资源发展规划的编制与实施；组织结构的设计、工作职能分析和岗位职务的设计与评价；职业资格和专业技术资格的设计与评价；工作激励与劳酬制度及标准的制定与实施；工作评价、绩效评估与考核；人员培养计划和人员选拔计划的编制与实施；职工教育，技术培训和岗位培训计划的编制与组织实施等工作。

第三章　申报人员技术资历鉴定标准

第七条　基本资历

（一）本人所取得的最高学历、学位证书。

（二）本人所取得的工程师资格证书。

（三）各类获奖证书。

（四）符合申报高级工程师要求的外语、计算机水平证书（成绩）或证明。

第八条　主要贡献

取得工程师资格后，作为负责人或主要工作人员，在工作中做出以下贡献之一：

（一）完成一项以上国家或省（部）级重点项目，或对行业发展有促进作用的重点项目，成果经省（部）级主管部门验收通过。

（二）完成二项以上重要项目，经实施，对提高企业市场占有率；开发新产品；合理设计、配置、利用企业生产要素；提高质量；改善环境；保障安全；降低成本；提高劳动生产率等方面取得显著成效，并经省（部）级主管部门确认，取得较大的社会效益和经济效益。

（三）完成二项以上项目，经实践检验，取得较大的社会效益和经济效益，并经省（部）级主管部门组织同行专家评议，公认技术指标先进，有较大的推广价值。

（四）完成的项目获得过一项以上国家或省（部）级科技进步奖，或获得过二项以上厅（局）级科技成果奖等专项奖励（优秀设计或优质工程等专项奖等同科技三等奖）。

（五）提出二项以上科技建议，经同行专家评议，认为对科技进步或行业发展有重大促进作用，并被省（部）级有关部门采纳。

第九条　作品成果

取得工程师资格后，撰写下列技术报告或论著之一：

（一）独立撰写过二篇以上本人直接参加的重要项目的技术报告。要求立论正确，数据齐全、准确，观点清晰，结构严谨，具有较高的学术水平或实用价值。

（二）作为第一撰写人，在省级以上专业学术会议上或在国家批准出版的科技期刊上发表过三篇以上本专业或与本专业有关的论文，论文应反映其学术水平和写作水平。

（三）作为主要作者出版一部学术、技术专著。

（四）参加公开出版的教材或技术手册的编写工作，完成过五万字以上的编写工作量。

第四章 申报人员所在单位评价标准

第十条 申报人员必须遵守中华人民共和国宪法和法律，具备良好的职业道德和敬业精神。

第十一条 从事工业工程技术各分支专业的人员，取得工程师资格后，应具备如下各专业的相应条件：

（一）从事系统规划与管理的人员，具备以下条件之一：

（1）完成过一项行业发展战略、产业政策或发展规划的研究和编制工作，通过专家评估。

（2）完成过二项相当于中等规模以上企业的发展战略规划、经营战略规划或企业系统分析与设计（包括管理信息系统的设计）等工作，并通过专家评估。

（3）完成过三项相当于中等规模以上企业工艺系统的规划、设计与实施，或技改项目的规划、论证与实施等工作，取得显著成效。

（4）完成过三项相当于中等规模以上工程项目的可行性研究，或科技规划的研究；或三项生产过程的分析与设计；或三项相当于中等规模以上企业的诊断和经济分析等工作。上述工作须经实施，并取得显著成效。

（二）从事设施规划与设计的人员，曾担任过主任设计师或项目负责人，并具备以下条件之一：

（1）完成过三项相当于中等规模以上企业的建厂厂址选择与规划设计；或三项建厂（或技改）项目的投资可行性研究和分析论证。上述工作须通过专家评估。

（2）完成过三项相当于中等规模以上企业的工厂总体或主要生产车间的工艺分析、改进与设计，使之具有较高的生产效率，并通过审批。

（3）完成过三项相当于中等规模以上企业的物流分析和总体或主要生产车间的设施布置设计（或改善设计），可行性强。

（4）完成过三项相当于中等规模以上企业全厂或主要生产车间物料搬运系统设计，或主要生产车间的机械化、自动化搬运系统分析与设计，可行性强。

（三）从事方法与效率工程的人员，具备以下条件之一：

（1）制定过三项改善生产过程、生产线、工艺、人机系统或管理的总体方案，并经实施，取得显著成效；或完成过二项对行业或企业发展有较大影响的工业工程新方法的开发或移植工作，并经实施，取得显著成效。

（2）完成过三项行业或企业劳动定额、定员标准的制定、修订工作；或完成过四个技术工种的劳动定额标准的制定、修订工作；或完成过三项相当于中等规模以上企业管理人员、技术人员和服务人员工作标准和工作定额标准的制、修订工作。上述工作须经实施，并取得显著成效。

（3）完成过三项相当于中等规模以上企业各类人员（管理人员、技术人员、操作人员、服务人员等）工作效率现状统计分析的总体方案的制定工作，提出提高企业工作效率的改进措施，并取得显著成效。

（4）完成过三项车间的生产现场综合改善项目，取得显著成效，如推行精益生产、定置管理等先进方法。

（四）从事生产计划与控制的人员，具备以下条件之一：

（1）参加完成过一项相当于中等规模以上企业的生产发展战略规划的编制工作；或完成过三项全厂性或主要生产车间的年度生产计划的编制与控制工作，或完成过30项生产作业计划的编制与生产作业控制工作。在完成上述工作中比较系统地运用物料需求计划（MRP）、精益生产、准时制生产（JIT）、最优生产技术（OPT）等先进的工业工程方法，并直接参加完成过生产计划的组织实施和协调工作的全过程。

（2）完成过三项产品开发、研究开发、技术改造或设备的改造、更新和投资等规划和计划的编制与实施。

（3）完成过三项主要生产车间的生产现场管理综合改善项目，取得显著成效，如推行精益生产、定置管理等先进方法。

（4）完成过一项全厂性现代化生产管理方法的推广应用工作，如成组技术（GT）、准时制生产（JIT）、物料需求计划（MRP）及先进库存管理方法等，对改进生产组织和作业条件取得显著成效。

（五）从事质量与可靠性管理的人员，应同时具备以下条件中的任意二条：

（1）完成过二项相当于中等规模以上企业全厂性或主导产品的质量管理体系或标准体系的规划、设计与实施的全过程，并取得显著成效。

（2）完成过二项相当于中等规模以上企业全厂或主要生产车间质量计划（质量攻关计划、质量改进计划等）的编制与实施的全过程，并取得显著成效。

（3）完成过二项相当于中等规模以上企业全厂性产品可靠性攻关或失效分析计划的编制的全过程，并经实施，取得显著成效。

（4）指导、组织QC小组活动，完成过三项质量教育和标准的宣传贯彻，综合分析质量与可靠性信息和提供决策依据等工作，解决过重要的质量与可靠性问题，并取得显著成效。

（5）完成过二项比较复杂产品的可靠性或失效分析检验项目，并提出过二项产品结构、工艺或安装等方面的改进建议，经实施，取得显著成效。

（6）解决过三项关键零部件或产品的重要质量与技术问题，并取得显著成效。

（7）完成过二项国家、行业或地方标准的制定、修订工作，或三项企业标准的制定、修订工作的全过程。

（8）完成过二项相当于中等规模以上企业质量与可靠性管理信息系统的规划、设计工作，并经实施，取得显著成效。

（9）完成过二项复杂产品、重大生产装备或大型检验项目的质量、可靠性、失效分析等检验工作，或二项重要的质量、可靠性或失效分析仲裁项目，或三项重要的质量与可靠性咨询、认证或审核工作的全过程，取得显著成效。

（六）从事营销工程的人员，具备以下条件之一：

（1）完成过三项产品的技术水平、产品寿命周期、市场占有率、技术经济及设计方法等调查、论证工作，直接参加编制过三项新产品开发规划（或计划），或提出过三项新产品开发建议，并经实施，取得显著成效。

（2）完成过三项市场分析，预测和经营决策的研究。提出过三项开拓产品市场的建议，并经实施，取得显著成效。

（3）完成过比较复杂、技术密集产品的用户服务系统的设计与实施，直接参与解决其复杂的技术问题，提出过二项改进产品、发展新产品或开拓市场的建议，并经实施，取得显著成效。

（七）从事工业安全与环境的人员，具备以下条件之一：

（1）完成过二项国家或行业的工业安全、卫生与环境保护法规、标准的制定、修订工作的全过程。

（2）完成过三项相当于中等规模以上企业的工业安全、卫生与环境保护的规划（或计划、制度）、检测、分析和治理方案的编制、审查和实施的全过程，并取得显著成效。

（3）完成研究、评价和实施保健计划，并提出过三项控制环境（工作地环境、厂区环境或社会环境）中引起疾病、伤害、极度不适或降低工作效率的各种因素和危险的治理方案；或及时发现、鉴别可能引起职工疾病、伤害或财产损失的因素，提出过三项改进或防范措施直接参加完成治理工作，并取得显著成效。

（4）完成过三项工业事故和职业病的调查、分析项目，查出了潜在的危险，提出修改和完善安全规程（或安全措施）、防治污染与改善环境的意见或建议，并被采纳；或完成过重大安全事故的调查、分析，提出过三项合理的改进或防范措施，并被采纳。

（5）完成设备或设施的安全性调查、分析与评价，提出过三项改进设计的技术方案，并经实施，取得显著成效。

（八）从事人力资源开发与管理的人员，具备以下条件之一：

（1）完成过三项相当于中等规模以上企业或事业单位的组织结构总体方案设计，包括机构、职能、岗位、职责和定员等内容，并在本单位人力资源管理中起主导作用。

（2）完成过三项职工业绩考核、培训、评价、奖惩及工资等级标准、运行办法等管理措施的制定工作的全过程。

（3）完成过一项国家或行业与人力资源开发与管理有关的标准、规划、制度的制定工作，或完成过二项行业、企业人力资源的管理措施和办法的制定工作，或完成过三项有关人力资源管理的设计工作，并经实施，取得显著成效。

（4）完成过三项相当于中等规模以上企业或事业单位在职人员（管理人员、技术人员、操作人员、服务人员等）的业务、技术或岗位技能的系统培训工作，包括编制培训计划、组织编写教材、组织实施和考核；或完成过四种管理人员和技术人员的岗位规范或工人技术等级标准的编制、修订工作的全过程，取得显著成效。

第五章　评审委员会评审标准

第十二条　取得工程师资格后，应同时具备如下必备条件：

（一）对本专业领域的主要专业知识有较深入的研究，具有比较丰富的专业实践经验。

（二）曾主持或作为主要人员完成过技术密集、技术难度较高或复杂的工业工程项目的全过程。

（三）能在工作中运用相关的工程技术、工业工程和现代科学管理的原理、技术和方法，解决过复杂的技术问题。

（四）根据市场需求，在合理配置和利用企业的生产要素、消除生产过程中一切不产生附加价值的劳动和消耗、确保质量降低成本、保证安全等方面取得较大成绩。

（五）具有较强的竞争意识和开拓创新能力，工作中有创新。

（六）具有较强的技术经济分析能力和一定的市场分析能力。

（七）具有较强的综合、分析、判断、总结能力和较强的组织协调能力。

（八）曾担任过项目负责人或作为主要人员完成任务。

（九）能主持或作为主要人员制定技术标准、技术规范和编写技术说明书等工作。

（十）能组织指导技术业务工作和技术业务培训。

第六章 附 则

第十三条 本评定标准中的第三章和第四章相应标准必须同时达到，方具备提交评审委员会评审的资格。

第十四条 本评定标准中规定的大、中、小型等级，参照如下标准执行：

（一）发电厂

（1）大型：300MW 及以上机组（大型 ≥ 300MW）。

（2）中型：100~300MW 机组（100MW ＜ 中型 ＜ 300MW）。

（3）小型：100MW 及以下机组（小型 ≤ 100MW）。

（二）变压等级

（1）大型：220kV 以上（大型 ＞ 220kV）。

（2）中型：220kV（中型 ＝ 220kV）。

（3）小型：110kV 及以下（小型 ≤ 110kV）。

（三）企业规模

（1）大型：省公司等同级及以上单位（大型 ≥ 省公司等同级单位）。

（2）中型：地区等同级单位（中型 ＝ 地区等同级单位）。

（3）小型：县级等同级单位（小型 ＝ 县级等同级单位）。

第十五条 本评定标准中获奖项目的"获奖者"是指等级额定获奖人员。

第十六条 本评定标准由国网人才评价中心负责解释。

3.2.3 高级经济师评定标准

高级经济师评定标准

第一章 总 则

第一条 为客观、公正、科学地评价经济专业人员的学识水平和业务能力，鼓励经济专业人员刻苦钻研业务，多出人才，多出成果，提高电力经济管理工作水平，促进电力工业改革与发展，根据国家有关规定，结合电力经济管理工作的专业特点，制定本评定标准，作为电力经济高级经济师评定的依据。

第二条　按照本评定标准，经评审合格并获得高级经济师的专业技术资格证书者，表明其已具备高级经济师的专业水平和能力，其职务聘任和工资待遇由所在单位根据国家有关规定自行决定。

第二章　适用范围

第三条　本评定标准适用于各单位、各部门从事经济管理工作的专业人员。电力经济专业划分为计划管理、企业管理、人力资源管理、电力营销管理、物资管理、工程造价管理六个分支专业。

第三章　申报人员技术资历鉴定标准

第四条　基本资历

（一）本人所取得的最高学历、学位证书。

（二）本人所取得的经济师（含工程师、统计师、会计师、审计师、注册会计师、律师、企业三级法律顾问职业岗位，下同）资格证书。

（三）各类获奖证书。

（四）符合申报高级经济师要求的外语、计算机水平证书（成绩）或证明。

第五条　主要贡献

取得经济师资格证书后，担任负责人或作为主要工作人员，在工作中做出如下贡献之一：

（一）完成国家或省（部）级重大科研项目，具有较大的创新性。

（二）完成二项及以上难度较大经济管理项目（包括制定管理标准、规范办法等），经验收认定取得较大的社会效益和经济效益。

（三）完成的项目获得一项国家或省（部）级科学技术进步奖，或二项及以上网（省）公司级科技进步（成果）奖，或同等级别的经济技术成果奖。

（四）提出的经营管理或经济技术建议被省（部）级有关部门采纳，对科技进步、专业技术发展或提高管理水平、经济效益具有重大促进作用。

第六条　作品成果

取得经济师资格证书后，撰写如下专业技术报告或论著之一：

（一）独立或作为第一撰写人在省（部）级及以上组织的学术会议或在国家批准出版的科技、经济期刊上发表过二篇及以上具有较高学术水平的学术论文、经济技术或经济管理论文。

（二）作为主要作者，正式出版过一本经济技术或经济管理等方面的专著或译著。

（三）编写或修订公开出版发行的经济技术或经济管理等方面的规范、规程、标准或教材、技术手册。

（四）独立撰写过二篇及以上本人直接参加的重要工作的正式经济技术报告。要求立论正确，数据齐全、准确，观点清晰，结构严谨，具有较高的学术水平或实用价值。

第四章　申报人员所在单位评价标准

第七条　申报人员必须遵守中华人民共和国宪法和法律，具备良好的职业道德和敬业精神。

第八条　从事经济管理各分支专业的人员，取得经济师资格证书后，应分别同时具备如下相应专业的三项条件：

（一）计划管理

（1）熟练掌握本专业及相关的经济技术指标体系及发电、供电、基建计划的编制方法和管理程序，熟悉电力的现状和发展规划。

（2）熟悉电力生产过程，熟悉概预算管理规定，熟悉电力建设项目设计施工过程，能独立编写较重大项目可行性分析报告、项目投资效益分析报告或制定较重大项目的计划编制方案。

（3）负责或独立编写过两篇及以上较重大的本专业及相关内容的经营管理分析报告；或负责或担任主要工作人员参与过两次及以上专业管理办法、规定制定的全过程，取得显著的经营管理效果。

（二）企业管理

（1）熟练掌握企业现代化管理、标准化管理、全面质量管理、班组建设管理的理论、手段和方法，掌握现代企业制度理论。

（2）能独立编写重大的专题调查报告和工作汇报，制定全局性的企业管理规划、计划及上级规定的实施细则。

（3）担任企业管理专业负责人或作为主要成员或担任多种经营项目负责人，主持重大企管课题；或主持全局性的现代化管理课题，显著提高了生产经营管理水平和经济效益。

（三）人力资源管理

（1）熟练掌握人力资源开发的基础理论和研究方法，熟悉人力资源管理的各项业务工作。

（2）曾主持或作为主要人员完成人力资源管理重要课题攻关项目或组织过有较大影响的人事、劳动、工资、社会保险等政策研究工作，具有比较丰富的实践经验。

（3）担任课题负责人或作为主要工作人员能解决较复杂的人力资源管理难题，并推广应用，取得显著的效益。

（四）电力营销管理

（1）熟练掌握电力营销各环节的政策、规定、办法和措施及制定的依据，熟悉电力营销管理各环节的业务工作。

（2）熟悉电力市场，能对电量、电价、电费、经济指标进行综合的经济活动分析，准确地把握电价形成机制，能提出有价值的电价政策或调整方案。

（3）准确地预测电力产品销售前、销售中和销售后的成效和形式，提出改进电力销售服务的方式。

（五）物资管理

（1）熟练掌握和运用物资流通理论和方法（其中燃料管理人员还应具有较高的电厂化学、环保理论知识），熟悉国家有关法律、法规和财经政策。

（2）熟练掌握电力生产和电力建设物资供应管理方法和程序，能够独立制定大中型电力企业或电力建设项目物资供应方案。

（3）担任课题负责人或作为主要工作人员，主持过难度较高的物资开发、管理、课题研究，成果得到应用并取得显著的经济效益。

（六）工程造价管理

（1）熟练掌握国内外工程造价管理的基本内容、现状及发展趋势；掌握本专业定额、指标、费用标准的测定和使用方法。

（2）担任负责人或作为主要工作人员，参加过两项及以上大中型项目的工程造价管理工作，或作为主持人主持二项及以上本专业定额、指标、费用标准的审定工作的全过程，成效显著；作为主持或主要工作人员，参加过国家级定额、指标、费用标准的编制工作的全过程。

（3）能分析和解决定额、指标、费用标准中出现的技术问题，且对工程造价管理独立提出过建设性意见。

第五章　评审委员会评审标准

第九条　取得经济师资格证书后，应同时具备如下必备条件：

（一）曾主持或作为主要人员完成省（部）级重点攻关项目，或主持过大中型电力企业或项目的经济管理工作，具有比较丰富的实践经验，工作成果突出。

（二）具有较强的经济分析、综合、判断和总结的能力，或组织协调与管理的能力。

（三）能主持或作为主要人员承担制定管理标准、规范和编写本专业的理论与专题报告。

（四）具有较强的开拓能力，经济管理工作有创新，或在引进、消化、吸收和推广新技术、新理论、新方法中取得较好成果。

（五）曾主持或作为主要人员完成本专业的重要文件、重大成果的审查鉴定和验收等工作。

（六）能够组织、指导中级经济专业人员的学习和工作。

第六章　附　则

第十条　本评定标准中的第三章和第四章相应标准必须同时达到，方具备提交评审委员会评审的资格。

第十一条　本评定标准中规定的大、中、小型等级，参照如下标准执行：

（一）发电厂

（1）大型：300MW 及以上机组（大型≥300MW）。

（2）中型：100~300MW 机组（100MW＜中型＜300MW）。

（3）小型：100MW 及以下机组（小型≤100MW）。

（二）变压等级

（1）大型：220kV 以上（大型＞220kV）。

（2）中型：220kV（中型＝220kV）。

（3）小型：110kV 及以下（小型≤110kV）。

（三）企业规模

（1）大型：省公司等同级及以上单位（大型≥省公司等同级单位）。

（2）中型：地区等同级单位（中型＝地区等同级单位）。

（3）小型：县级等同级单位（小型＝县级等同级单位）。

第十二条　本评定标准中获奖项目的"获奖者"是指等级额定获奖人员。

第十三条　本评定标准由国网人才评价中心负责解释。

3.2.4　高级会计师评定标准

高级会计师评定标准

第一章　总　则

第一条　为客观、公正、科学地评价会计专业人员的学识水平和业务能力，鼓励会计专业人员刻苦钻研业务，多出人才，多出成果，提高电力会计专业水平，促进电力工业改革与发展，根据国家有关规定，结合电力会计工作的专业特点，制定本评定标准，作为电力会计高级会计师评定的依据。

第二条　按照本评定标准，经评审合格并获得高级会计师的专业技术资格证书者，表明其已具备高级会计师的专业水平和能力，其职务聘任和工资待遇由所在单位根据国家有关规定自行决定。

第二章　适用范围

第三条　本评定标准适用于各单位、各部门从事会计工作的专业人员。

第三章　申报人员技术资历鉴定标准

第四条　基本资历

（一）本人所取得的最高学历、学位证书。

（二）本人所取得的会计师或审计师或注册会计师（可含已在财会岗位工作的经济师、统计师、工程师，下同）资格证书。

（三）各类获奖证书。

（四）符合申报高级会计师要求的外语、计算机水平证书（成绩）或证明。

第五条　主要贡献

取得会计师或审计师或注册会计师资格证书后，在工作中做出如下贡献之一：

（一）获得省（部）级单位授予的本专业项目奖，并且是获奖项目的主要完成者（前三名）。

（二）在本专业管理工作中，完成有较高水平的技术项目、专业项目和调研项目等，并在实践中运用产生较好效果，得到有关专家的肯定。

（三）主持或者作为骨干参加编写的本专业各项制度、标准、规程、规范等，被网（省）公司级单位的业务管理部门采纳并颁行。

（四）在组织经济核算、挖掘增产节约、增收节支潜力，或在国有资产保值增值、资产经营方面成绩显著。

（五）在维护国家财经纪律，抵制违纪违法行为，保护国家财产，防止或避免国家财产遭受重大损失方面有突出贡献。

（六）熟练掌握相关科学的专业知识，编写过财经专业教材或讲义 8 万字以上，并系统地讲授过财经类专业课程。

（七）在实现财务 ERP 或会计电算化工作中，开发应用会计核算等软件，通过网（省）公司级单位组织专家评审鉴定，取得显著成果。

第六条 作品成果

取得会计师或审计师或注册会计师资格证书后，撰写过以下论文、著作之一：

（一）在省（部）级及以上报纸、期刊上发表过两篇以上独立完成的、有较高学术价值的论文或调查报告。

（二）独立撰写的调查报告、经验总结、交流材料或发展规划等，在网（省）公司级单位专业工作研讨会或学术交流会上发表或交流，不少于三篇。

第四章　申报人员所在单位评价标准

第七条 申报人员必须遵守中华人民共和国宪法和法律，具备良好的职业道德和敬业精神。

第八条 取得会计师或审计师或注册会计师资格证书后，作为负责人和主要工作人员，有下列实践中的两项：

（一）组织或担负过大中型企事业单位资金或投、融资管理的全面工作，包括拟定制度、实施管理两年以上，并取得明显效果。

（二）组织或担负过大中型企事业单位成本管理的全面工作，包括组织制定有关成本定额、拟定制度、实施管理两年以上，并取得明显效果。

（三）组织或担负过大中型企事业单位会计核算的全面工作，包括账务处理、编制会计报表和财务报告两年以上。

（四）组织或担负过大中型企事业单位财务预算的编制，负责过重要经济合同、经济协议中有关财务条款的研究审查工作的全过程。

（五）独立解决过大中型企事业单位财务管理、会计核算中的重大技术问题，具有丰富的专业管理经验和较强的业务能力。

第五章　评审委员会评审标准

第九条　取得会计师或审计师或注册会计师资格证书后，应同时具备如下必备条件：

（一）全面了解国家有关财会工作的方针、政策，熟练地运用本专业的法规、政策及规程，规范开展本职工作。

（二）有组织、指导大中型企事业单位的财务管理、经济核算、会计核算的经历。

（三）具有负责制定在本部门、本单位执行的财会规章制度的能力。

（四）能够组织、指导中级会计专业人员的学习和工作。

第六章　附　则

第十条　本评定标准中的第三章和第四章相应标准必须同时达到，方具备提交评审委员会评审的资格。

第十一条　本评定标准中规定的大、中、小型等级，参照如下标准执行：

（一）发电厂

（1）大型：300MW 及以上机组（大型 ≥ 300MW）。

（2）中型：100~300MW 机组（100MW ＜中型＜ 300MW）。

（3）小型：100MW 及以下机组（小型 ≤ 100MW）。

（二）变压等级

（1）大型：220kV 以上（大型 ＞ 220kV）。

（2）中型：220kV（中型 ＝ 220kV）。

（3）小型：110kV 及以下（小型 ≤ 110kV）。

（三）企业规模

（1）大型：省公司等同级及以上单位（大型 ≥ 省公司等同级单位）。

（2）中型：地区等同级单位（中型 ＝ 地区等同级单位）。

（3）小型：县级等同级单位（小型＝县级等同级单位）。

第十二条　本评定标准中获奖项目的"获奖者"是指等级额定获奖人员。

第十三条　本评定标准由国网人才评价中心负责解释。

3.2.5　高级统计师评定标准

高级统计师评定标准

第一章　总　则

第一条　为客观、公正、科学地评价统计专业人员的学识水平和业务能力，鼓励统计专业人员刻苦钻研业务，多出人才，多出成果，提高电力统计专业水平，促进电力工业改革与发展，根据国家有关规定，结合电力统计工作的专业特点，制定本评定标准，作为电力统计高级统计师评定的依据。

第二条　按照本评定标准，经评审合格并获得高级统计师的专业技术资格证书者，表明其已具备高级统计师的专业水平和能力，其职务聘任和工资待遇由所在单位根据国家有关规定自行决定。

第二章　适用范围

第三条　本评定标准适用于各单位、各部门从事生产、基建、施工、劳资、物资等统计工作的专业人员。

第三章　申报人员技术资历鉴定标准

第四条　基本资历

（一）本人所取得的最高学历、学位证书。

（二）本人所取得的统计师（含经济师、会计师、审计师、注册会计师、工程师，下同）资格证书。

（三）各类获奖证书。

（四）符合申报高级统计师要求的外语、计算机水平证书（成绩）或证明。

第五条 主要贡献

取得统计师资格证书后，作为负责人或主要工作人员，在工作中做出如下贡献之一：

（一）在一个大中型企业组织实施过国家或上级布置的大型统计调查，并被网（省）公司级及以上单位确认达到先进水平；或主持建立、整顿企业原始记录、统计台账及基层统计制度，使统计资料的准确性、及时性得到切实保障，经上级统计机构确认，其统计基础工作取得良好成绩。

（二）参加编写过统计工作制度、办法、标准、规程、规范等，并被网（省）公司级单位主管部门认可并颁行。

（三）在统计工作中，完成了较高水平的专项调查研究，并通过了网（省）公司级单位主管部门的认定。

（四）在电力统计工作改革中，提出过改革办法、建议，并得到网（省）公司级单位主管部门的认可。

（五）获得国家、省（部）级统计工作奖励一项，或网（省）公司级二项。

（六）在加强统计管理工作中，开发计算机应用软件，通过网（省）公司级组织专家的评审、鉴定，取得显著成果。

第六条 作品成果

取得统计师资格证书后，撰写有如下技术报告或论著之一：

（一）独立完成或作为主要执笔人撰写的统计分析、学术论文或调查报告中有二篇以上获网（省）公司级主管单位奖励。

（二）独立完成或作为主要执笔人撰写的统计分析、调查报告或统计论文，在省（部）级及以上组织的学术会议上发表、交流二篇以上，或在省（部）级刊物上发表过二篇以上，或在网（省）公司级学术会议上发表、交流三篇以上。

（三）作为主要作者，在国家批准出版的刊物发表统计论文、分析报告一篇以上。

（四）作为主要作者，正式出版过一本统计专业方面的专著或译著。

第四章 申报人员所在单位评价标准

第七条 申报人员必须遵守中华人民共和国宪法和法律，具备良好的职业道德和敬业精神。

第八条 取得统计师资格证书后，作为负责人和主要工作人员，应同时具备如下条件：

（一）组织拟定处级及以上单位或部门重大统计调查方案或统计标准、制度，独立解决过处级及以上单位或部门本专业重大统计专业理论和技术问题。

（二）组织拟定处级及以上单位或部门的统计资料汇编方案的全过程，并作为主要参加者，编审出版过统计资料（汇编、年鉴、专辑）两年以上；具有较强的统计分析能力，组织或担负过处级及以上单位或部门本专业统计分析管理的全面工作两年以上。

第五章　评审委员会评审标准

第九条　取得统计师资格证书后，应同时具备如下必备条件：

（一）具有较高的统计调查分析和科学研究的能力，能够对电力工业相关专业的问题进行调查研究和科学分析。

（二）具有较高的统计调查分析和科学研究的能力，能够撰写出较高水平的统计分析报告。

（三）有丰富的统计工作实践经验，具有解决统计工作中重要和复杂技术问题的能力。

（四）有丰富的统计工作实践经验，具有较高的系统加工整理和编撰统计资料的能力。

（五）曾主持或作为主要人员组织协调与管理本单位有关职能部门和下属机构的统计工作。

（六）能够组织、指导中级统计专业人员的学习和工作。

第六章　附　则

第十条　本评定标准中的第三章和第四章相应标准必须同时达到，方具备提交评审委员会评审的资格。

第十一条　本评定标准中规定的大、中、小型等级，参照如下标准执行：

（一）发电厂

（1）大型：300MW 及以上机组（大型 ≥ 300MW）。

（2）中型：100~300MW 机组（100MW ＜中型＜ 300MW）。

（3）小型：100MW 及以下机组（小型 ≤ 100MW）。

（二）变压等级

（1）大型：220kV 以上（大型＞ 220kV）。

（2）中型：220kV（中型＝ 220kV）。

（3）小型：110kV 及以下（小型 ≤ 110kV）。

（三）企业规模

（1）大型：省公司等同级及以上单位（大型≥省公司等同级单位）。

（2）中型：地区等同级单位（中型＝地区等同级单位）。

（3）小型：县级等同级单位（小型＝县级等同级单位）。

第十二条 本评定标准中获奖项目的"获奖者"是指等级额定获奖人员。

第十三条 本评定标准由国网人才评价中心负责解释。

3.2.6 电力新闻副高级资格评定标准

电力新闻副高级资格评定标准

第一章 总 则

第一条 为客观、公正、科学地评价电力新闻专业技术人员的学识水平和业绩贡献，调动广大电力新闻工作者的积极性，促进电力新闻事业的发展，结合电力新闻专业的特点，制定本评定标准，作为电力新闻副高级专业资格评定的依据。

第二条 电力新闻副高级专业资格的名称为主任记者、主任编辑。

第三条 按照本评定标准，经评审合格并获得主任记者或主任编辑的专业技术资格证书者，表明已具备相应的专业水平和能力，其职务聘任与工资待遇由聘用单位根据国家有关规定自行确定。

第二章 适用范围

第四条 本评定标准中的"电力新闻专业人员"指：在有正式刊号并公开发行的报纸、期刊和经正式批准的电视台、新闻网站从事记者、编辑、摄影摄像、美术编辑工作（含新闻发布、通联、信息搜集管理、业务管理和学术研究）的专业人员。

第三章 申报人员技术资历鉴定标准

第五条 基本资历

（一）本人所取得的最高学历、学位证书。

（二）本人所取得的记者、编辑（含其他专业技术中级，下同）资格证书。

（三）各类获奖证书。

（四）符合申报主任记者、主任编辑要求的外语、计算机水平证书（成绩）或证明。

第六条　主要贡献

取得记者、编辑资格证书后，在工作中做出如下贡献之一：

（一）曾主持完成过 5 次及以上重点新闻报道，并公开在报刊上刊登，单独署名或主要执笔的稿件 100 篇或 25 万字及以上（如果合作署名必须是主要执笔），有 5 篇稿件被评为省（部）级及以上优秀稿件或优秀作品，其中至少有 1 篇获二等奖。

（二）主持并负责组稿、编稿、审稿、组版等编辑工作，编写稿件 80 万字及以上，符合公开见报的要求，审稿符合公开见报要求的稿件 400 万字以上，有 5 篇稿件被评为省（部）级及以上优秀稿件或优秀作品，其中至少有 1 篇获二等奖。

（三）精通并掌握版面美化设计和美术宣传所需要的各种技巧和知识，独立设计的版面 120 块及以上。

（四）精通并掌握抓拍各种新闻体裁照片的技能，独立拍摄的新闻作品发表达到 100 幅及以上，有 5 篇新闻摄影作品被评为省部级及省部级以上优秀作品，其中至少有 1 篇获二等奖。

（五）熟练掌握新闻专业相关知识，主笔编写过本专业教材或讲义 8 万字及以上，系统地讲授过本专业课程。

第七条　作品成果

取得记者、编辑资格证书后，撰写以下论文、著作之一：

（一）公开发表过有较高学术水平的专著或译著。

（二）在省（部）级报纸、刊物上公开发表过本专业 3 篇及以上的有价值的论文。

（三）主笔编写的网（省）公司级本专业各类技术文件 3 篇及以上。

第四章　申报人员所在单位评价标准

第八条　申报人员必须遵守中华人民共和国宪法和法律，具备良好的职业道德和敬业精神。

第九条　从事记者、编辑、摄影摄像和美术编辑工作的专业人员，取得记者、编辑资格证书后，应分别同时具备如下各 6 项条件：

（一）记者工作

（1）曾主持制定社级年度报道计划和重大的报道计划、新闻宣传采访方案、实施方案，并负责组织落实。

（2）有较强的新闻敏感，对突发性和重大新闻事件能够快速做出反应，能独立发现并抓住新闻，运用多种体裁和多种媒体第一时间做出报道。

（3）具有调查研究、选题策划、采访写作的能力，能自主策划新闻报道选题，独立撰写本报评论员文章或系列评论，并组织实施。

（4）具有长期担任专栏作者的能力，采写出独家新闻并为中央或其他社会媒体转载或在行业内树立起某一人物或企业典型。

（5）在重大新闻报道中，出色完成任务，受到上级主管部门表彰或在新闻业内受到奖励或在行业内引起较广泛影响，对某项工作解决起到推进作用。

（6）在新闻写作方面学有所长，风格独特，并有很高的理论水平，能辅导基层新闻工作者提高业务水平。

（二）编辑工作

（1）曾主持制定社级年度报道计划和重大的报道计划、新闻宣传采访方案、实施方案，并负责组织落实。

（2）有较强的新闻敏感，对突发性和重大新闻事件能够快速做出反应，能独立发现并抓住新闻，较好地运用版面语言，推出组合或集纳式新闻报道或及时配发新闻评论。

（3）具有独立完成重大新闻选题策划的能力，独立撰写本报评论员文章、系列评论，并获得社一级奖励。

（4）具有长期设计并主持某一专栏的能力，并获得新闻业内奖励。

（5）全面主持本专业范围内的采编工作，能独立处理不同分工范围内的稿件，新闻敏感性强，及时捕捉有重要价值的选题或重大新闻价值的稿件并予刊登。

（6）有较成熟的编辑风格，并有很高的理论水平，能辅导基层新闻工作者提高业务水平。

（三）摄影摄像工作

（1）曾主持制定重大的新闻摄影工作计划、实施方案，并组织实施。

（2）熟练掌握摄影高新技术，具有较强的新闻敏感，能抓拍到具有重要新闻价值的图片并发表。

（3）曾多次及时地为报刊提供有重要价值的新闻图片，在组织大型图片专版中，主题明确，观点鲜明，具有电力行业特色，配写的说明文字准确、简洁、生动，符合展览、发表、见报的要求。

（4）具有长期为某一专栏设计或主持图片新闻专栏的能力，并获得新闻业内奖励。

（5）全面主持并完成重大的新闻摄影任务，收到显著的宣传效果，受到上级主管部门的好评与奖励。

（6）能组建基层通讯员队伍，并有很高的理论水平，能辅导基层新闻工作者提高业务水平。

（四）美术编辑工作

（1）曾主持制定重大的新闻美术编辑计划、实施方案，并组织实施。

（2）熟练掌握各种美术编辑技能、技巧，主持并出色地完成重要的版面美化设计和美术宣传任务，符合见报或出版的要求，并公开出版。

（3）能根据重要稿件的主题思想和重要情节，提供高水平的插画和装潢设计，并适时提供较高水平的速写、漫画、宣传画等美术作品。

（4）具有长期为某一专栏设计或主持速写、漫画（动漫）新闻专栏的能力，并获得新闻业内奖励。

（5）全面主持或负责美编工作，具有独立承担重要版面美化和美术宣传的组织、编绘和审稿、定稿的经历。

（6）能组建基层通讯员队伍，并有很高的理论水平，能辅导基层新闻工作者提高业务水平。

第五章　评审委员会评审标准

第十条　取得记者、编辑资格证书后，应同时具备如下必备条件：

（一）了解电力事业的发展状况及趋势，能根据党和国家的方针、政策和电力工业的中心工作进行新闻专业的实际工作，解决新闻采编工作中复杂问题。

（二）熟悉并掌握相关专业的专业知识，具备独立主持专业工作或协调其他工作的能力。

（三）具有承担重要稿件采写、编辑，撰写重要评论、社论或参与制定重点报道计划的经历与能力。

（四）能够组织、指导记者、编辑的学习和工作。

第六章　附　则

第十一条　新闻专业必备的专业基础理论知识和专业技术知识：新闻理论、新闻采访学、新闻写作、新闻摄影、新闻评论、报纸（刊）编辑学等新闻基础理论和汉语知识。

第十二条　本评定标准中的第三章和第四章相应标准必须同时达到，方具备提交评审委员会评审的资格。

第十三条　本评定标准中获奖项目的"获奖者"是指等级额定获奖人员。

第十四条　本评定标准由国网人才评价中心负责解释。

3.2.7　电力出版副高级资格评定标准

电力出版副高级资格评定标准

第一章　总　则

第一条　为客观、公正、科学地评价电力出版专业人员的学识水平和工作业绩，调动电力出版专业人员的积极性、创造性，鼓励多出成果、多出人才，促进电力出版事业的发展，根据国家有关规定，结合电力出版的专业特点，制定本评定标准，作为电力出版副高级专业资格评定的依据。

第二条　电力出版副高级专业资格的名称为副编审、美术副编审、副编审（技术）、副编审（校对）。

第三条　按照本评定标准，经评审合格并获得副编审、美术副编审、副编审（技术）、副编审（校对）的专业技术资格证书者，表明其已具备相应的专业水平和能力，其职务聘任与工资待遇由所在单位根据国家有关规定自行决定。

第二章　适用范围

第四条　本评定标准适用于从事国家正式出版发行的图书、期刊、音像出版物、电子出版物等出版物编辑、美术设计、技术设计和校样校对工作的专业人员。

第五条　出版专业工作的主要内容包括：

（一）出版物编辑

从事国家正式出版发行的图书、期刊、音像出版物、电子出版物等读物的选题、组稿、审稿、编辑加工、编后工作的专业人员，可对照本评定标准的规定，申报副编审。

（二）美术设计

从事国家正式出版发行的图书、期刊等读物的封面美术设计、插图美术创作、画册美术设计、摄影等工作的专业人员，可对照本评定标准的规定，申报美术副编审。

（三）技术设计

从事国家正式出版发行的图书、期刊等读物的版式设计、版面设计、正文设计、插图（表）设计、绘图、制图等工作的专业人员，可对照本评定标准的规定，申报副编审（技术）。

（四）校样校对

从事国家正式出版发行的图书、期刊等读物的校样与原稿的对照核查、勘误等工作的专业人员，可对照本评定标准的规定，申报副编审（校对）。

第三章　申报人员技术资历鉴定标准

第六条　基本资历

（一）本人所取得的最高学历、学位证书。

（二）本人所取得的编辑、美术编辑、技术编辑、一级校对（含其他专业技术中级，下同）资格证书。

（三）各类获奖证书。

（四）符合申报副编审、美术副编审、副编审（技术）、副编审（校对）要求的外语、计算机水平证书（成绩）或证明。

第七条　主要贡献

取得编辑或美术编辑或技术编辑或一级校对资格证书后，在出版物编辑、美术设计、技术设计和校样校对工作中做出相应专业如下贡献之一：

（一）出版物编辑

（1）在国家级优秀图书、优秀期刊（或优秀论文）、优秀音像出版物、优秀电子出版物评选中，获得一项二等奖；或省（部）级两项二等奖，或一项一等奖。

（2）选、组、审、编过一种国家级重点的图书（或音像出版物、电子出版物），或两种省（部）级重点的图书（或音像出版物、电子出版物），并起重要作用。

（3）选、组、审、编过两期特别重要的专刊（或专栏），或三期重要的专刊（或专栏）。

（4）独立选、组、审、编过两种取得明显社会效益和经济效益的优秀图书（或音像出版物、电子出版物）。

（5）独立策划和选、组、审、编过两期具有一定特色、倍受读者欢迎的专刊（或专栏）。

（二）美术设计

（1）所负责装帧设计（封面设计）的图书或期刊、专刊有一种获国家级优秀设计奖。

（2）有一种以上图书或期刊、专刊的美术设计，获全国或数省（市）组织评定的二等以上优秀设计奖或省（部）级二等以上优秀设计奖。

（3）有三种以上图书或期刊、专刊的美术设计，获厅（局）级二等以上优秀设计奖。

（4）在参加省（部）级单位组织的美术、书法、摄影作品比赛中有两项获优秀奖，或有多幅作品被收集到艺术书籍中。

（三）技术设计

（1）负责版式设计、版面设计、插图（表）设计，或绘图、制图的图书或期刊、专刊，有一种在全国或数省（市）组织的评优中获专项二等奖；或省（部）级的专项一等奖。

（2）负责版式设计、版面设计、插图（表）设计，或绘图、制图的图书或期刊、专刊，有三种以上获厅（局）级的专项二等奖。

（3）系统地讲授过本专业的课程30小时以上，并编写过此类培训教材或讲义。

（四）校样校对

（1）有一种以上作为责任校对的图书或期刊、专刊，在全国或数省（市）组织的校对质量评比中获二等奖；或省（部）级的一等奖。

（2）有三种以上作为责任校对的图书或期刊、专刊，在厅（局）级组织的校对质量评比中获二等奖。

（3）系统地讲授过本专业的课程30小时以上，并编写过此类培训教材或讲义。

第八条 作品成果

取得编辑或美术编辑或技术编辑或一级校对资格证书后，在出版物编辑、美术设计、技术设计和校样校对工作中完成相应专业下列译著、编著之一：

（一）出版物编辑

（1）公开出版过5万字以上有较高水平的一种著作或译著。

（2）在各种专业报纸、刊物上公开发表过本专业三篇以上有一定水平的论文。

（3）在出版行业的各种工作研讨会上或学术交流会上，发表过三篇以上编辑工作经验总结，或编辑理论、方法、技巧的文章，或对当前图书、期刊、音像出版物、电子出版物进行分析、预测、选题、组稿及具体实施措施的文章。

（二）美术设计

（1）公开出版过有较高学术水平的专著或译著。

（2）在各种专业报纸、刊物上公开发表过本专业三篇以上有较高水平的论文。

（3）在各种专业报纸、刊物上公开发表过三幅以上优秀的美术作品或书法作品。

（三）技术设计

（1）公开发表过有较高水平的专著或译著。

（2）在各种专业报纸、刊物上公开发表过本专业三篇以上有较高水平的论文。

（3）在出版行业的各种工作研讨会上或学术交流会上，发表过三篇以上的工作经验总结或三篇有关本专业的理论、方法、技巧等方面的文章。

（四）校样校对

（1）公开发表过有较高水平的专著或译著。

（2）在各种专业报纸、刊物上公开发表过本专业三篇以上有较高水平的论文。

（3）在出版行业的各种工作研讨会上或学术交流会上，发表过三篇以上的工作经验总结或三篇有关本专业的理论、方法、技巧等方面的文章。

第四章 申报人员所在单位评价标准

第九条　申报人员必须遵守中华人民共和国宪法和法律，具备良好的职业道德和敬业精神。

第十条　取得编辑或美术编辑或技术编辑或一级校对资格证书后，从事出版物编辑、美术设计、技术设计和校样校对人员须同时具备相应专业如下各两项条件：

（一）出版物编辑

（1）独立编辑加工过400万字或20种以上的书稿；或编辑加工过一般100万字以上或20期以上的季刊文稿（月刊、双月刊等按比例折算）；或担任期刊主编（副主编）期间，负责编辑出版20期季刊（月刊、双月刊等按比例折算）；或担任过20种以上（或400分钟以上）音像出版物、电子出版物的责任编辑。

（2）担任过省（部）级重点的图书（或音像出版物、电子出版物）、大型丛书、大型工具书、省（网）局史志、期刊、大型成套音像出版物或电子出版物的负责人或主要组织者，组织领导过选、组、审、编的全过程工作；或策划和主持过省（部）级重点的图书（或音像出版物、电子出版物）、大型丛书、大型工具书、期刊、专刊、大型成套音像出版物或电子出版物的编纂工作（会议）、审稿工作（会议）和研讨工作（会议），并主持制定工作方案；或为编辑人员系统地讲授过出版知识、方法和技能并编写过此类培训教材。

（二）美术设计

（1）独立完成60种以上图书的美术设计或一般30期以上的期刊美术设计。

（2）主持完成过多种质量要求高、难度大、内容复杂的图书或期刊的美术设计任务，并且有部分作品设计新颖、风格独特、水平较高；或指导过美术编辑完成较复杂的美术设计任务，并担任过装帧设计部门的业务负责人，具有协调装帧设计各工种之间技术问题的经历；或曾作为主要参加者做过展览会布置、广告设计和幻灯片、宣传画、背景画制作等两项以上的创作绘制工作；或系统地讲授过本专业课程30小时以上，并编写过此类培训教材。

（三）技术设计

（1）主持或独立完成过60种以上图书（或一般30期以上期刊）的版式设计、版面设计、插图（表）设计或制绘图、勘误等工作，并取得好成绩。

（2）主持完成过多种质量要求高、难度大、内容复杂的图书或期刊的版式设计、版面设计、插图（表）设计或制绘图、勘误等的任务，并且创作过设计风格新颖、独特、水平较高的作品，或插图绘制精美、准确且表现形式新颖、独特；或指导过技术编辑完成质量要求高、难度大、内容复杂的图书（或期刊）的版式设计、版面设计、插图（表）设计，或制绘图、勘误等的任务，并担任过装帧设计、描绘图部门的业务负责人；或具有协调装帧设计、描绘图、校对各部门工种之间技术和管理问题的经历，以及制定过有关规章制度、管理办法等的经历。

（四）校样校对

（1）主持或独立完成过60种以上图书（或一般30期以上期刊）的校对、勘误任务，并取得好成绩。

（2）主持完成过多种质量要求高、难度大、内容复杂的图书或期刊的校对、勘误工作，并且校勘质量上乘；或指导过校对人员完成质量要求高、难度大、内容复杂的图书（期刊）的校对、核查任务，并担任过校对部门的业务负责人；或具有协调校对、装帧设计、描绘图各部门工种之间技术和管理问题的经历，以及制定过有关规章制度、管理办法等的经历。

第五章　评审委员会评审标准

第十一条　取得编辑或美术编辑或技术编辑或一级校对资格证书后，从事出版物编辑、美术设计、技术设计和校样校对人员应同时具备相应专业如下必备条件：

（一）出版物编辑

（1）能熟练地运用本专业的理论知识和专业知识进行编辑业务工作，对稿件的质量有较高的鉴别能力，能解决编辑业务范围内较复杂的技术问题。

（2）具有承担重要稿件的责任编辑或参与制定选题计划、规划的经历与能力。

（3）能够组织、指导编辑的学习和工作。

（二）美术设计

（1）能熟练地运用本专业领域的理论知识和技能、技巧进行美术编辑业务工作，能解决本专业范围内复杂的技术问题。

（2）有主持完成（或指导美术编辑完成）质量要求高、难度大、内容复杂图书（或期刊）美术设计的能力。

（3）能够组织、指导美术编辑的学习和工作。

（三）技术设计

（1）能熟练地运用本专业领域的理论知识和技能、技巧进行版式设计、版面设计、插图（表）设计或制绘图、勘误等的工作，并能解决本专业范围内的复杂技术问题。能独立负责一个单位设计技术的管理工作。

（2）有主持（或指导技术编辑）完成质量要求高、难度大、内容复杂的图书（或期刊）进行版式设计、版面设计、插图（表）设计，或制绘图、勘误等工作的能力。

（3）能够组织、指导技术编辑的学习和工作。

（四）校样校对

（1）能熟练地运用本专业领域的理论知识和技能、技巧进行校对、勘误等的校对工作，并能解决本专业范围内的复杂技术问题。能独立负责一个单位的校对管理工作。

（2）有主持（或指导校对人员）完成质量要求高、难度大、内容复杂的图书（或期刊）进行校对、勘误的能力。

（3）能够组织、指导校对人员的学习和工作。

第六章　附　则

第十二条　本评定标准中的第三章和第四章相应标准必须同时达到，方具备提交评审委员会评审的资格。

第十三条　本评定标准中获奖项目的"获奖者"是指等级额定获奖人员。

第十四条　本评定标准由国网人才评价中心负责解释。

3.2.8 副译审评定标准

副译审评定标准

第一章 总 则

第一条 为客观、公正、科学地评价电力翻译专业人员学识水平和业绩贡献，培养、造就和合理使用翻译专业人才，充分调动广大翻译人员的工作积极性，发挥他们的专业才能，鼓励多出成果、多出人才，促进专业水平的提高，以利于电力工业发展，制定本评定标准，作为电力翻译副译审评定的依据。

第二条 按照本评定标准，经评审合格并获得副译审的专业技术资格证书者，表明其已具备副译审的专业技术水平和能力，其职务聘任与工资待遇由所在单位根据国家有关规定自行决定。

第二章 适用范围

第三条 本评定标准中的"翻译专业人员"指：在涉外工作和科技信息岗位上从事翻译工作的专业人员。其适用范围如下：

（一）涉外工作人员

从事涉外工作（包括外事、对外经济技术合作、对外贸易、国际金融等）的口译、笔译及相关对口管理工作的人员。

（二）科技信息人员

从事国内外科技信息搜集、翻译、编译工作的人员。

第三章 申报人员技术资历鉴定标准

第四条 其他资历

（一）本人所取得的最高学历、学位证书。

（二）本人所取得的翻译（含其他专业技术中级，下同）资格证书。

（三）各类获奖证书。

（四）符合申报副译审要求的外语、计算机水平证书（成绩）或证明。

第五条　主要贡献

取得翻译资格证书后，涉外工作人员或科技信息人员在工作中做出相应专业如下贡献之一：

（一）涉外工作人员

（1）作为主要翻译，曾参加国际会议，或随省、部级代表团出访，或接待省、部级代表团、访华团二次以上，并圆满完成任务。

（2）作为主要翻译，曾参与四次以上对外科技交流业务洽谈，或参与三次以上较大型工程、进出口项目的技术、商务合同谈判或索赔谈判，并圆满完成任务。

（3）主持或承担我国电力国际合作工程项目的文件译文的审稿、定稿工作的全过程。

（4）作为某项先进技术引进项目的主译，并圆满完成翻译任务。

（二）科技信息人员

（1）负责重点信息专题，从选题到编译成文及定稿工作一次以上，负责本单位信息专题工作二次以上，其成果获省（部）级三等奖及以上，或者网（省）公司级一等奖二次以上。

（2）主持完成三项以上专题调研资料的翻译，并得到省（部）级及以上业务主管部门的认可。

（3）主持或承担对外合作项目文件、对外学术报告和论文译文的审稿、定稿工作的全过程。

（4）作为某项先进技术引进项目的主译，获得省（部）级及以上主管部门认可或嘉奖。

（5）主持一个信息网的翻译工作，并获得省（部）级及以上单位嘉奖。

第六条　作品成果

取得翻译资格证书后，涉外工作人员或科技信息人员完成相应专业下列译著、编著之一：

（一）涉外工作人员

（1）公开出版专著、译著、编译文章和对外提交译文50000字以上。

（2）在国内外刊物（包括行业内部刊物）上发表译文、外文提要，或国际会议论文10000字以上。

（3）编译、翻译可供内部参考的有价值的相关资料150000字以上。

（4）按工作要求，翻译或校稿（中译外）技术文献资料80000字以上，并达到定稿水平。

（二）科技信息人员

（1）公开出版译著、编著、编译文章 80000 字以上。

（2）在国内、外刊物（包括行业内部刊物）上发表译文、外文提要或国际会议论文（中译外）20000 字以上。

（3）编译、翻译信息资料 250000 字以上，并被上级业务主管部门认为有实际参考价值。

（4）按工作要求，翻译或校译（中译外）技术文献资料 150000 字以上，并达到定稿水平。

第四章　申报人员所在单位评价标准

第七条　申报人员必须遵守中华人民共和国宪法和法律，具备良好的职业道德和敬业精神。

第八条　取得翻译资格证书后，涉外工作人员或科技信息人员须同时具备相应专业如下各两项条件：

（一）涉外工作人员

（1）能够熟练进行口、笔译，口译应达到准确、流畅，笔译应达到"信、达、雅"水平，具备审稿、定稿能力。

（2）应能用第二外语进行一般交流，有被选用的第二外语译著 10000 字以上。

（二）科技信息人员

（1）能准确、流畅进行外译中、中译外的笔译工作，并达到定稿水平。

（2）能用第二外语进行外译中的笔译工作，有被选用的第二外语的译著 20000 字以上。

第五章　评审委员会评审标准

第九条　取得翻译资格证书后，涉外工作人员或科技信息人员应同时具备相应专业如下必备条件：

（一）涉外工作人员

（1）全面系统掌握本专业的基础理论，具有扎实的语言功底和较广泛的翻译理论知识，翻译实践经验丰富。

（2）有较强的理解和表达能力，能够解决翻译工作中的疑难问题。

（3）具有比较丰富的电力专业科技知识并熟悉有关的经济、法律和法规知识。

（4）具有较高的涉外交际、开展业务工作的能力。

（5）能够组织、指导中级翻译人员的学习和工作。

（二）科技信息人员

（1）全面系统掌握本专业的基础理论，具有扎实的外语理论知识修养和较丰富的编译实践经验。

（2）具有比较丰富的电力专业科技知识，并熟悉有关的经济、法律和法规知识。

（3）具有较高的科技知识和较强的捕捉所需信息及选择调研专题的能力。

（4）掌握大量的专业语汇，能够解决翻译工作中的疑难问题。

（5）能够组织、指导中级翻译人员的学习和工作。

第六章　附　则

第十条　本评定标准中的第三章和第四章相应标准必须同时达到，方具备提交评审委员会评审的资格。

第十一条　本评定标准中获奖项目的"获奖者"是指等级额定获奖人员。

第十二条　本评定标准由国网人才评价中心负责解释。

3.2.9　副研究馆员评定标准

副研究馆员评定标准

第一章　总　则

第一条　为客观、公正、科学地评价电力档案、图书资料专业人员的学识水平和业绩贡献，调动广大档案、图书资料专业人员的积极性，鼓励多出成果、多出人才，促进档案、图书资料工作的进步、发展和专业水平的提高，根据国家有关规定，结合电力档案、图书资料专业的特点，制定本评定标准，作为电力档案、图书资料副研究馆员评定的依据。

第二条　按照本评定标准，经评审合格并获得副研究馆员的专业技术资格证书者，表明其已具备副研究馆员的专业水平和能力，其职务聘任与工资待遇由所在单位根据国家有关规定自行决定。

第二章　适用范围

第三条　本评定标准中的"档案专业人员"指：在各单位、各部门从事档案管理（含文书、科技、会计、声像、医疗卫生、人事档案，档案保护、编研，计算机档案管理）、档案科研工作的专业人员；"图书资料专业人员"指：在各单位、各部门从事图书资料管理、科研工作的专业人员。

第三章　申报人员技术资历鉴定标准

第四条　基本资历

（一）本人所取得的最高学历、学位证书。

（二）本人所取得的馆员（含其他专业技术中级，下同）资格证书。

（三）各类获奖证书。

（四）符合申报副研究馆员要求的外语、计算机水平证书（成绩）或证明。

第五条　主要贡献

取得馆员资格证书后，在工作中做出如下贡献之一：

（一）获得网（省）公司级单位授予的本专业科技成果一等奖一项或其他等次奖多项，并且是获奖项目的主要完成者（前三名）。

（二）获得省（部）级单位授予的本专业科技成果二等奖一项或其他等次奖多项，并且是获奖项目的主要完成者（前三名）。

（三）在档案、图书资料保护技术、科研、现代化管理等工作中，完成具有较高水平的技术项目和科研项目，并通过省（部）级以上业务主管部门组织的专家认定。

（四）在档案、图书资料管理工作中，制定的网（省）公司级及以上专业标准，同时对系统具有指导意义并被采纳。

（五）在编研工作中，公开或内部出版过20万字以上，具有较高水平的编研史料或参考材料。

（六）熟练掌握相关的专业知识，承担过本专业教材的编写工作，其中本人撰写的部分不少于3万字，并在本专业教育培训工作中，曾系统地讲授过档案、图书资料专业课程。

第六条　作品成果

取得馆员资格证书后，撰写以下论文、著作之一：

（一）作为主要作者，正式出版过一本以上的学术、技术专著或译著。

（二）在各种公开发行的报纸、刊物上发表过本专业二篇以上具有较高学术水平的学术或技术论文。

（三）主笔编写并被省（部）级及以上主管业务部门采用二篇及以上对实际工作具有指导意义的经验总结、调查报告、业务工作标准。

（四）主持并完成过网（省）公司级单位委托制定或修改的有关本专业的标准、规章、制度、规程、技术规范等的编制工作。

第四章　申报人员所在单位评价标准

第七条　申报人员必须遵守中华人民共和国宪法和法律，具备良好的职业道德和敬业精神。

第八条　取得馆员资格证书后，具有下列实践之一：

（一）主持网（省）公司级及以上单位或管理其所属单位本专业的全面工作，并做出了显著成绩。

（二）曾作为主要参加者，完成网（省）公司级及以上单位系统中本专业有关业务规范、工作标准的制定，且在工作中起主要作用。

（三）曾作为主要负责人或主要参加者，完成由网（省）公司级及以上单位（含省档案局和省图书馆学、协会）业务主管部门授权或委托办理的有关本专业的技术或管理方面的制度、办法、标准等的拟定或修订的全过程，并获准实施。

（四）在应用新技术、新方法中，取得较大的社会效益或经济效益，并为大中型企事业单位业务主管部门认可（需有鉴定材料）。

（五）编制过大型参考工具，并推广使用。

（六）独立解决过档案、图书资料专业中的疑难问题。

第五章　评审委员会评审标准

第九条　取得馆员资格证书后，应同时具备如下必备条件：

（一）曾主持或作为主要成员完成本专业重要科研项目，或曾为改进本单位的档案、图书资料工作提出有价值的决策依据、咨询和建议，解决过本专业工作中的疑难问题。

（二）具有较强的档案、图书资料工作教学、科研、综合分析、判断、总结能力，或组织协调与管理能力。

（三）能承担或主持制定技术标准、技术规范和编写本专业的理论与技术报告、专题报告。

（四）具有较强的开拓能力，在工作中有创新，或在引进、消化、吸收和推广新技术中取得较好效果。

（五）能主持或作为主要人员完成本专业技术文件的审查、技术成果鉴定和验收等工作。

（六）能组织、指导本专业中级专业人员的学习和工作。

第六章　附　则

第十条　本评定标准中的第三章和第四章相应标准必须同时达到，方具备提交评审委员会评审的资格。

第十一条　本评定标准中规定的大、中、小型等级，参照如下标准执行：

（一）发电厂

（1）大型：300MW 及以上机组（大型 ≥ 300MW）。

（2）中型：100~300MW 机组（100MW ＜中型＜ 300MW）。

（3）小型：100MW 及以下机组（小型 ≤ 100MW）。

（二）变压等级

（1）大型：220kV 以上（大型＞ 220kV）。

（2）中型：220kV（中型＝ 220kV）。

（3）小型：110kV 及以下（小型 ≤ 110kV）。

（三）企业规模

（1）大型：省公司等同级及以上单位（大型≥省公司等同级单位）。

（2）中型：地区等同级单位（中型＝地区等同级单位）。

（3）小型：县级等同级单位（小型＝县级等同级单位）。

第十二条　本评定标准中获奖项目的"获奖者"是指等级额定获奖人员。

第十三条　本评定标准由国网人才评价中心负责解释。

3.2.10 高级政工师评定标准

高级政工师评定标准

第一章 总 则

第一条 为客观、公正、科学地评价思想政治工作专业人员的学识水平和业务能力，鼓励思想政治工作专业人员刻苦钻研业务，多出人才，多出成果，提高思想政治工作水平，加强思想政治工作，促进我国电力工业的改革与发展，根据中央和国家有关规定，结合思想政治工作的专业特点，制定本评定标准，作为电力政工高级政工师评定的依据。

第二条 按照本评定标准，经评审合格并获得高级政工师的专业技术资格证书者，表明其已具备高级政工师的专业水平和能力，其职务聘任和工资待遇由所在单位根据国家有关规定自行决定。

第二章 适用范围

第三条 本评定标准一般适用于各单位、各部门专职从事思想政治工作的专业人员。电力政工专业划分为党建和精神文明建设工作、纪检和监察工作，群众工作，保卫工作，离、退休干部管理工作5个分支专业。

第三章 申报人员技术资历鉴定标准

第四条 基本资历

（一）本人所取得的最高学历、学位证书。

（二）本人所取得的政工师（含其他专业技术中级，下同）资格证书。

（三）各类获奖证书。

（四）符合申报高级政工师要求的外语、计算机水平证书（成绩）或证明。

第五条 主要贡献

取得政工师资格证书后，作为负责人或主要工作人员，在工作中做出如下贡献之一：

（一）完成制定并在网（省）公司级推广的制度、规定、办法，被上级主管部门认定。

（二）完成网（省）公司级思想政治工作重大调研课题，并有现实指导意义。

（三）完成有较高水平的论文、调研报告及作品（文字不少于 3000 字，音像不少于 30 分钟，图像不少于 5 幅），有一篇（件）获得省级奖，或两篇（件）获得地（市）级奖。

（四）省（部）级思想政治工作单项先进获得者。

（五）具有组织领导大型企业思想政治工作的能力，总结、运用新形势下思想政治工作新方法，并取得较好的实绩和经验，在其上级单位组织交流、推广。

第六条 作品成果

取得政工师资格证书后，撰写下列专题报告或论著之一：

（一）独立撰写过两篇及以上论文或调研报告，具有很高的学术水平或实用价值。

（二）在省（部）级及以上组织的专业会议交流，或在国家批准出版的刊物上发表过两篇及以上具有较高水平的论文、调研报告。

（三）主编（或副主编）出版过一本专著或译著。

（四）编写公开出版发行的教材，其中本人撰写的部分不少于三万字。

（五）主持网（省）公司级委托制定或修改有关规划、条例、实施细则、制度、规章的编写工作，并已正式批准执行。

第四章　申报人员所在单位评价标准

第七条 申报人员必须遵守中华人民共和国宪法和法律，具备良好的职业道德和敬业精神。

第八条 从事思想政治工作各分支专业的人员，取得政工师资格证书后，应分别同时具备如下相应专业的两项条件：

（一）党建和精神文明建设工作

（1）熟练掌握党建和精神文明建设专业的理论基础知识、专业知识，并根据党的方针政策和本单位的实际加以运用，在工作中能发现问题并提出改进意见，具有解决影响安全稳定和思想政治工作热点、难点问题的能力。

（2）担任主要负责人或主要工作人员，主持两项及以上重要课题的调研、思想政治教育的实施、思想政治工作的考核检查的全过程，或制定大中型企业党建、思想政治工作和精神文明建设规划、计划并组织实施，具有较丰富的实践经验。

（二）纪检和监察工作

（1）熟练掌握纪检、监察专业的理论基础知识、专业知识，熟悉党风党纪条规和纪检、监察工作政策，熟悉企业经营管理，具有一定的财务知识，能结合本单位实际贯彻实施，具有查处复杂案件的能力。

（2）主持或作为主要人员，完成两次及以上的党风党纪教育活动，或主持信访和案件调查、审理工作，或组织效能监察工作的全过程，取得显著效果，或重大案件的审理查处，或主持制定纪检、监察工作计划制度、规章、实施细则，并组织实施等工作的全过程。

（三）群众工作

（1）熟练掌握群众工作专业的理论基础知识、专业知识，熟悉群众工作的政策、法律、工作原则和工作方法。能够结合本单位实际加以运用，具有调解职工劳动方面纠纷的能力，具有既维护职工权益又调动职工群众、团员青年积极性的能力。

（2）主持或作为主要负责人，完成两次及以上工会、共青团青年工作检查、调研或组织开展劳动竞赛，青年"号、手、队""创先、争优"活动的全过程，并有主持制定工会、共青团青年工作计划、制度、规章、实施办法、组织实施的能力。

（四）保卫工作

（1）熟练掌握保卫专业知识，熟悉相关法律、政策和保卫工作制度、工作程序、工作方法，并能结合本单位实际贯彻实施，具有独立组织处理影响安全稳定、突发事件的能力。

（2）主持或作为主要负责人，完成两次及以上重大政治活动、生产要害、电力设施的保卫工作，或案件的侦破的全过程，并有编制内保方案、组织实施、检查落实、遇到问题及时处理的能力。

（五）离、退休干部管理工作

（1）熟练掌握离、退休干部管理专业知识，熟悉有关政策、规定，并能结合本单位实际，做好离、退休干部工作，组织完成离、退休干部学习提高，帮助解决实际问题的工作。

（2）主持或作为主要负责人完成两次及以上主题教育、疗养及集体文体活动，组织党支部工作交流，并能认真落实离、退休干部政治、生活待遇，使老同志身心健康，安度晚年。

第五章　评审委员会评审标准

第九条　取得政工师资格证书后，应同时具备如下必备条件：

（一）熟练掌握思想政治工作基础理论知识和本专业知识（具体基础理论知识、专业知识同政工师评审条件），并对从事的专业方向（或工作领域）有较深入的研究。

（二）熟练掌握与本专业有关的党的方针、政策、条例、办法、规章、制度，熟悉国家有关的法律、法规。

（三）具有较强的独立工作能力，能够解决较复杂的思想政治工作问题。

（四）具有较强的思想政治工作分析、综合、判断和总结能力。

（五）具有较强的组织策划协调与管理能力。

（六）具有较强的创新能力，在继承思想政治工作优良传统的基础上，根据新形势、新问题提出改进意见和措施。

（七）能主持或作为主要人员完成本单位、本部门的工作计划、实施、检查、考核、总结、评价等工作。

（八）熟悉本单位的生产、建设、经营状况和企业发展战略。

（九）比较熟悉主要相关专业的有关知识。

（十）能够组织、指导中级政工专业人员的学习和工作。

第六章　附　则

第十条　本评定标准中的第三章和第四章相应标准必须同时达到，方具备提交评审委员会评审的资格。

第十一条　本评定标准中规定的大、中、小型等级，参照如下标准执行：

（一）发电厂

（1）大型：300MW及以上机组（大型≥300MW）。

（2）中型：100~300MW机组（100MW<中型<300MW）。

（3）小型：100MW及以下机组（小型≤100MW）。

（二）变压等级

（1）大型：220kV以上（大型>220kV）。

（2）中型：220kV（中型=220kV）。

（3）小型：110kV及以下（小型≤110kV）。

（三）企业规模

（1）大型：省公司等同级及以上单位（大型≥省公司等同级单位）。

（2）中型：地区等同级单位（中型=地区等同级单位）。

（3）小型：县级等同级单位（小型=县级等同级单位）。

第十二条　本评定标准中获奖项目的"获奖者"是指等级额定获奖人员。

第十三条　本评定标准由国网人才评价中心负责解释。

3.2.11 电力卫生副高级资格评定标准

电力卫生副高级资格评定标准

第一章 总 则

第一条 为客观、公正、科学地评价电力卫生专业技术人员的能力和水平，鼓励多出成果、多出人才，更好地满足广大电力职工、家属对医疗保健的需求，根据国家有关规定，结合电力卫生技术的专业特点，制定本评定标准，作为电力卫生副高级技术资格评定的依据。

第二条 电力卫生副高级技术资格的名称为副主任医师、副主任药师、副主任护师、副主任技师、副主任检验师。

第三条 按照本评定标准，经评审合格并获得副主任医（药、护、技、检验）师专业技术资格证书者，表明其已具备相应的专业水平和能力，其职务与工资待遇由所在单位根据国家有关规定自行决定。

第二章 适用范围

第四条 卫生专业技术人员通指在各单位或部门从事医药卫生技术的人员。

第五条 卫生技术暂划分为内儿科（含全科医学专业、儿科、心血管、呼吸、消化、肾、神经、老年医学、传染病等）、外科（含普通、骨、胸心、神经、泌尿、烧伤、整形、麻醉等）、妇产（含妇科、产科、计划生育）、护理、药学、检验、放射（含医学影像、超声、核医学、放射治疗）、中医（含中西医）、公共卫生（含职业卫生、卫生防疫）、医疗卫生管理、其他（含康复理疗，口，眼，耳，鼻，喉，病理学，皮肤与性病等）十一类专业。

第三章 申报人员技术资历鉴定标准

第六条 基本资历

（一）本人所取得的最高学历、学位证书。

（二）本人所取得的主治医师或主管医师或主管药师或主管护师或主管技师或主管检

验师资格证书。

（三）各类获奖证书。

（四）符合申报副主任医（药、护、技、检验）师要求的外语、计算机水平证书（成绩）或证明。

第七条 主要贡献

取得主治医师或主管医师或主管药师或主管护师或主管技师或主管检验师资格后，作为负责人或主要工作人员，在工作中做出以下贡献之一：

（一）开展具有省及省以上先进水平的新技术、新业务。

（二）有一项有价值的技术革新或发明创造。

（三）获地（市）级及以上科技成果、进步奖。

第八条 作品成果

取得主治医师或主管医师或主管药师或主管护师或主管技师或主管检验师资格后，撰写下列技术报告或论著之一：

（一）在国内、外专业学术刊物上发表论文或综述 2 篇。

（二）参加撰写专业技术著作。

（三）具备一定的教学能力，承担本专业学术讲座不少于 10 次。

（四）具备一定的科研能力，参加各种学术交流活动不少于 5 次。

第四章　申报人员所在单位评价标准

第九条 申报人员必须遵守中华人民共和国宪法和法律，具备良好的职业道德和敬业精神。

第十条 从事内（儿）科专业的技术人员，取得主治医师资格后，应同时具备如下各专业的五项条件：

（一）内科学专业

（1）系统地掌握内科的有关基础与临床理论，在某一专业技术方面有一定的专长，并完成每年医学继续教育课程。

（2）作为主要负责人，在内科常见病的诊断、治疗、预防等方面有较丰富的临床工作经验，能熟练正确地掌握本专业一般疑难病的诊疗。

（3）掌握专业的技术规范、技术规程和规章制度，具有熟练的技术操作能力，能熟练地掌握内科有关的专科技术。

（4）在医疗、教学、科研等方面，作为主要负责人，具有一定的组织和管理能力，具有管理和指挥加强监护病房（ICU）或冠心病监护病房（CCU）的能力。

（5）掌握本专业国内外理论和发展方向，作为主要负责人，能将新技术、新理论应用于临床实践和科学研究。

（二）心血管病学专业

（1）全面掌握心血管内科的基本理论知识与技术、心脏影像诊断学（X片、CT、MRI）、心脏核医学、超声心动图、电生理、心电图学（包括负荷试验、动态心电图学），床旁血液动力学监测、心导管检查、介入性心脏检查与治疗、人工心脏起搏器、心血管药物知识，熟悉心血管专业的国内外现状与发展趋势，并完成每年医学继续教育课程。

（2）掌握心血管疾病一般疑难病例的诊断、鉴别诊断与治疗，在主任医师指导下能全面负责心血管病房的医疗工作，并能指导下级医师的日常医疗工作。

（3）掌握心血管疾病的抢救工作，主持心肺复苏、电转复与电除颤、心肌梗塞溶栓治疗、AMI合并休克、严重心律失常（室上性心动过速、室速、Ⅲ度房室传导阻滞）、心力衰竭等。

（4）作为主要负责人，熟悉心导管的技术操作，能完成左、右心导管检查、冠状造影、永久性起搏器植入术、心包穿刺术等。

（5）较好地掌握与熟悉和心血管专业有关的学科知识（即休克的机理与诊治、脑神经解剖、脑水肿、脑血管意外、昏迷、呼吸衰竭、成人呼吸窘迫综合症、呼吸机的理论知识、出血与凝血），并作为主要负责人，能承担院内外的会诊任务。

（三）呼吸内科学专业

（1）全面系统地掌握呼吸内科基本理论和专业理论，了解本专业国内外现状及发展趋势，对某些疾病有深入的认识，正确地应用于临床，并完成每年医学继续教育课程。

（2）有较丰富的呼吸内科常见疾病和一般疑难病的临床诊治经验，能熟练正确地救治呼吸内科危重病人（如成人呼吸窘迫综合症、肺梗塞、张力性气胸、哮喘持续状态、大咯血、呼吸衰竭、心肺脑复苏等），并达到较好的效果。对疑难病例（如不明原因肺部阴影、肺间质纤维化、难治的感染性肺疾病、胸腔积液等）能正确进行诊断、鉴别诊断并获得较好地治疗效果。

（3）了解分子生物学基本知识和近代免疫学进展，作为主要负责人，对常见的内科各专业的病症（如心力衰竭、休克、酸碱平衡紊乱、水电解质失衡等）能熟练地诊断治疗。

（4）能熟练地掌握呼吸内科专业重要诊断技术（包括分析判断肺功能结果），作为主要负责人，能独立操作纤维支气管镜检查、呼吸机的应用。

（5）作为主要负责人，能承担院内外会诊的任务，能独立组织临床病例讨论。

（四）消化病学专业

（1）熟练掌握本专业基础和医学理论知识和消化专业的技能知识，掌握与本专业相关的理论知识（如内科学、腹部外科学、传染病学，医学统计学、分子生物学、免疫学、内分泌学等），并完成每年医学继续教育课程。

（2）能熟练正确地救治本专业危重病人，作为主要负责人，能对消化道大出血、肝性脑病、重症胰腺炎、急性弥漫性腹膜炎、急性出血性坏死性肠炎等疾病正确地进行诊断、鉴别诊断和处理。

（3）熟悉本专业国内外现状与发展趋势，能将新理论、新技术应用于临床实践和科学研究，能独立解决消化专业的复杂疑难病症（如腹痛、消化道出血、腹部肿块、黄疸、急腹症、腹水、消化系统早期肿瘤等）。

（4）熟练掌握一两种技术操作（如消化系统内镜，包括胃镜、十二指肠镜、逆行胰胆管造影、结肠镜）并通过内镜进行治疗（如内镜下止血、息肉摘除、食管静脉曲张硬化治疗等）专业技术，掌握B超介入性诊断治疗技术（如B型超声引导下穿刺活检、药物注射治疗等），了解消化实验室技术（如胰腺外分泌功能测定、消化道激素测定或病理、免疫细胞技术、胃肠动力测定等）。

（5）在消化疾病的诊断治疗方面有较深的造诣，并作为主要负责人，能承担院内外的会诊任务。

（五）肾脏病学专业

（1）熟悉泌尿系统解剖学、肾脏生理和病理学、临床生化、临床免疫学、医学统计学，掌握临床医学理论（如肾脏病学、内科各专门知识和泌尿外科有关部分），熟悉或了解本专业技术理论知识（如血液净化学、影像学诊断、细胞超微结构学、肾脏病实验室技术学等），熟悉内科学、儿科学、临床药理学和细胞分子生物学、遗传学等，并完成每年医学继续教育课程。

（2）在疾病的预防、诊断、治疗等方面有较高的造诣，作为主要负责人，能熟练正确地救治本专业危重病人（如重症急性肾炎，急、慢性肾功能衰竭，严重肾病综合症，狼疮性肾炎，糖尿病肾病，肾性高血压，肾移植适应症和术后的治疗等）。

（3）熟悉本专业国内外现状和发展方向，作为主要负责人，能将新技术、新理论应用于临床实践和科学研究，能独立解决疑难病症，如尿异常（血尿、蛋白尿）、肾功能衰竭、休克、水肿、肾绞痛、肾移植后排异反应等症的诊断和鉴别诊断。

（4）作为主要负责人，能熟练进行肾活检技术、血液透析、腹膜透析等，能开展肾脏病实验室技术（如尿沉渣形态检查、肾小球、肾小管功能检查等）。

（5）了解核素在肾脏病诊断中的应用，了解病理诊断标准，了解免疫、细胞及分子生物学常用实验室技术的临床意义等，了解与本专业有关的法律和法规，掌握本专业的技术规范和制度。

（六）神经内科专业

（1）全面掌握神经病学的知识和理论，深入了解神经解剖学、临床神经生理学、临床神经病理学及临床神经电生理学（包括脑电图、肌电图及诱发电位），并完成每年医学继续教育课程。

（2）掌握颅内血流生理及病理生理学、神经影像学（包括头颅及脊柱X平片、脑血管造影、CT、MRI）的基本理论和诊断，掌握神经系统症状学的理论、机理及鉴别诊断（包括头痛、惊厥、瘫痪、颅内压增高、不自主运动、共济失调、复视、失语、昏迷等），对神经内科常见疾病的诊断、治疗及预防等方面有较高的造诣（包括脑血管疾病、癫痫、脱髓鞘疾病、变性病、中枢系统炎症、周围神经病、肌病、遗传代谢性神经系统疾病及锥体外系疾病），对常见症状有深入的认识并能做出正确的分型或病因诊断（包括头面痛、眩晕、瘫痪、感觉障碍、惊厥、昏迷）。

（3）掌握神经心理学的基本知识，了解精神病学、小儿神经病学、神经外科学、老年神经病学及心脏、呼吸、内分泌学的基本知识，了解掌握神经系统各部位（包括大脑半球、丘脑及下丘脑、脊髓、周围神经）综合症。

（4）作为主要负责人，了解神经生物化学、神经免疫学、神经流行病学、神经遗传学及眼科、耳鼻喉科、骨科与神经系统疾病有关的理论知识，对其他系统疾病的神经系统合并症有深入的了解（包括肝性脑病、门脉性脑病、肾性脑病、透析性脑病、瘤性神经系合并症、心肺功能障碍的神经系统合并症，内分泌及代谢疾病的神经系统合并症、脊柱疾病的神经系统合并症）。

（5）作为主要负责人，了解本专业国内外现状及发展趋势，对神经系统疑难病及罕见疾病可以结合文献做出诊断，并能承担院内外的会诊任务。

（七）儿科专业

（1）掌握生理学、病理生理学，掌握临床儿科学进展，并完成每年医学继续教育课程。

（2）作为主要负责人，了解遗传学、围产医学、儿童心理学、药理学、免疫学、生物化学、分子生物学等知识，在儿科常见病的诊断、治疗、预防等方面有丰富的临床工作经验。

（3）作为主要负责人，在独立诊断、治疗、抢救儿科重症、疑难病例方面有较丰富经验，并获得较好的治疗效果。

（4）作为主要负责人，熟悉儿科特殊诊断方法如脑电图、超声心动图、消化内窥镜等技术的临床意义。

（5）了解本专业国内外现状及发展趋势，并作为主要负责人，能承担院内外的会诊任务。

（八）传染病学专业

（1）掌握微生物学、免疫学、寄生虫病学、生理学、病理学等基本理论，熟悉与本专业密切相关学科的理论（如分子生物学、微生物的分子遗传学基础学等），并完成每年医学继续教育课程。

（2）在传染病的预防、诊断、治疗等方面有较高的造诣，作为主要负责人，能熟练正确地救治本科危重病人（如重型病毒性肝炎、感染性休克、感染中毒性脑病、肝性脑病）及常见传染病危重病人（如暴发型流脑、重型流脑、重型乙脑、肺大出血型钩端螺旋体病、重型流行性出血热、重型霍乱等）。

（3）熟悉免疫学检查、分子生物学技术、细菌学和病毒学检查、单克隆抗体技术、传染病影像诊断学、内窥镜学等和与本专业密切相关学科的理论（如分子生物学、微生物的分子遗传学基础学等），作为主要负责人，能独立解决传染病复杂疑难病症（如发热、黄疸、昏迷、腹泻等）的诊断与鉴别诊断。

（4）作为主要负责人，具有娴熟的技术操作能力，能熟练地掌握传染病常用诊疗技术（如肝脏穿刺活检技术、三腔双囊管止血、胸腔及腹腔穿刺术、腰穿刺及骨髓穿刺等）。

（5）掌握与本专业有关的法律法规，掌握本专业的技术规范、技术规程和规章制度，并作为主要负责人，能承担院内外的会诊任务。

第十一条 从事外科专业的技术人员，取得主治医师资格后，应同时具备如下各专业的五项条件：

（一）普通外科

（1）系统深入地了解普通外科专业基础理论和专业技术知识，掌握普通外科学、消化系统疾病学、影像诊断学、介入放射学等，熟悉与普通外科专业密切相关学科的理论（如骨科学、胸外科学、泌尿外科学、妇产科学、消化病学、内分泌学、心血管内科学、分子生物学、遗传学、免疫学、药理学、传染病学、器官移植等），并完成每年医学继续教育课程。

（2）对普通外科领域内较复杂的疾病、危急重症和较疑难的疾病有深入了解，能独立进行正确诊断和处理，能独立完成普通外科专业的较大型常规或急诊手术（如双侧甲状腺次全切除术、乳腺癌根治及改良根治术、胃大部切除术、胆道切开引流取石术、脾切除术、半结肠切除术），并具有较强的临床应变能力。

（3）熟悉普通外科一些复杂、大型手术的指征、手术操作技术、手术前后处理等，作为助手参加如门静脉高压症分流术及断流术、胰头十二指肠切除术、肝叶切除术（半肝切除术）、全结肠切除术、直肠癌根治术、全胃切除术等。

（4）作为术者或第一助手需完成以下手术至少50例：甲状腺双侧次全切除术及全切除术、乳腺癌根治或改良根治切除术、胃大部切除术、半结肠切除术、脾切除术、胆囊—空肠或胆管—空肠吻合术等。

（5）作为主要负责人，能解决中、初级卫生技术人员在本专业范围内遇到的一般疑难问题，并能承担院内外的会诊任务。

（二）骨外科学专业

（1）掌握专业基础理论运动系统解剖学、生理学，以及常见疾病的病理学、骨组织胚胎学、骨与关节生物学及生理学、病理学，并完成每年医学继续教育课程。

（2）掌握骨与关节损伤、感染、畸形、肿瘤、代谢性骨病及风湿性骨关节病的理论知识，了解医学影像的成像原理与骨科的应用、康复医学、老年医学、危重医学、神经电生理学等相关学科的基本知识。

（3）作为主要负责人，能独立解决较疑难、复杂的骨科疾病、骨关节损伤的诊断与治疗问题（包括四肢或脊柱畸形的矫治、复杂骨折的内固定、严重创伤的救治、肢体恶性肿瘤的综合治疗、脊柱常见疾患的诊断及手术治疗等）。

（4）作为术者或第一助手需完成诊断及手术治疗疑难重症不少于50例。

（5）作为主要负责人，能解决中、初级卫生技术人员在本专业范围内遇到的一般疑难问题，并能承担院内外的会诊任务。

（三）神经外科专业

（1）熟悉显微神经解剖学，掌握神经生理和病理、神经电生理、立体定向技术、血管内栓塞的基本原理和方法，掌握本专业国内外现状及发展方向，能够将部分新技术、新理论应用于临床，了解与本专业相关的学科（如分子生物学、遗传学、药理学）最新研究成果，并完成每年医学继续教育课程。

（2）熟悉掌握神经外科疾病的诊断治疗，能独立解决比较复杂疑难病例，能够准确地定位开颅，独立完成较大和复杂性的手术（如大脑半球肿瘤切除术、后颅凹肿瘤切除、复杂颅脑损伤手术、先天性神经系统疾患外科处理）。

（3）作为主要负责人，熟练掌握 CT 和 MRI 对颅内肿瘤的定性诊断，掌握脑血管造影对脑血管病的诊断。

（4）作为术者或第一助手完成包括颅脑外伤、大脑半球肿瘤、脊髓手术、垂体腺瘤、小脑半球肿瘤、听神经瘤、高血压脑出血等手术不少于50例。

（5）作为主要负责人，能解决中、初级卫生技术人员在本专业范围内遇到的一般疑难问题，并能承担院内外的会诊任务。

（四）麻醉专业

（1）全面掌握麻醉专业的基本理论和相关理论知识并有较高的造诣，且完成每年医学继续教育课程。

（2）作为主要负责人，熟练掌握各种手术的麻醉方法和处理原则，实行麻醉不少于300例，其中全身麻醉不少于25%。

（3）掌握危重病人的麻醉处理，掌握危重病人的监测与治疗（如严重休克、ARDS、心衰、心肺脑复苏等），能独立处理有严重合并症病人的麻醉（如冠心病、肺功能障碍、肝肾功能不全的病人等）。

（4）作为主要负责人，掌握本专业国内外的现状和发展趋势，能将新理论新技术应用于临床实践和科学研究，基本形成自己的专业发展方向（如小儿、神外、胸心麻醉等）。

（5）掌握本专业的各项规章制度和技术规程，了解与本专业有关的法律与法规，具有指导中、初级卫生技术人员开展麻醉后重症监测治疗及疼痛诊疗工作的能力。

第十二条　从事妇产科专业的技术人员，取得主治医师资格后，应同时具备如下五项条件：

（一）掌握女性生殖系统解剖、生理、病理、药理、组胚、病理生理、微生物、妇产科、生殖生理、生殖内分泌、妇科肿瘤、计划生育等妇产科基础理论和临床理论，熟悉外科总论、普外、内科、遗传、麻醉、医学检验、影像诊断、细胞诊断、内分泌、医学统计学、流行病学、免疫学等相关学科，并完成每年医学继续教育课程。

（二）作为主要负责人，能独立抢救妇产科危重病例（如大出血、重症感染、宫外孕、DIC、子痫、新生儿窒息、妇科肿瘤、子宫穿孔等），能独立解决复杂疑难症的诊断与鉴别诊断。

（三）作为主要负责人，能完成妇产科较大或较复杂手术（如子宫切除术、子宫脱垂、剖宫手术、臀位牵引产钳、子宫破裂、引产及困难的计划生育手术等）。根据条件可分别掌握腹腔镜或宫腔镜手术、羊膜腔穿刺、绒毛取样等。

（四）作为主要负责人，掌握妊娠、分娩期并发症处理、难产的诊断处理，掌握计划生育各种手术、内窥镜手术、显微外科、胎儿监护等。

（五）作为主要负责人，能解决中、初级卫生技术人员在本专业范围内遇到的一般疑难问题，并能承担院内外的会诊任务。

第十三条　从事中医专业的技术人员，取得主治医师资格后，应同时具备如下五项条件：

（一）掌握中医基础理论、临床理论和相关理论，熟悉《内经选读》《伤寒论选读》或《金匮要略》的相关理论，并完成每年医学继续教育课程。

（二）作为主要负责人，在某一专业方面有所造诣，在本专业常见病的诊断、治疗、预防等方面有较丰富的临床工作经验。

（三）作为主要负责人，能熟练正确地对本专业一般疑难病进行诊治（如内科的急性发热、急性腹痛、暑温，妇科的崩漏，儿科的疫毒痢，针灸科的厥脱等），并取得较好的治疗效果。

（四）掌握本专业新知识和发展方向，作为主要负责人，能将新技术、新理论应用于临床实践和科学研究，并取得显著效果。

（五）作为主要负责人，能解决中、初级卫生技术人员在本专业范围内遇到的一般疑难问题，能组织疑难病例讨论。

第十四条　从事护理专业的技术人员，取得主管护师资格后，应同时具备如下五项条件：

（一）掌握护理基础理论专业知识（基础护理学、护理管理学、病理生理学、解剖学、药理学、伦理学及各专科护理学等），熟悉与护理专业相关密切相关学科的知识（内科、外科、妇产科、儿科、急诊科、手术室等），并完成每年医学继续教育课程。

（二）了解护理专业国内外护理动态和发展趋势，作为主要负责人，能吸取最新科研成就并应用于临床，能组织、指导本科急、重、疑难病人的护理计划，护理会诊及抢救危重病人的护理，对护理工作中的差错提出技术鉴定意见。

（三）对护理学科的动态及发展方向要有深刻地了解，对医院开展的新项目有深入了解，对医院护理队伍的建设、业务技术管理和组织管理提出建设性意见。

（四）作为主要负责人，掌握护理专业技术，临床护理经验丰富，有很强的组织管理能力和综合分析能力，能主持各病区的护理查房，并指导主管护师的查房。

（五）承担组织本科的护理学术讲座和护理病历讨论，带教护理系和护理专科学生的学习，担任部分课程的讲授，并指导主管护师及有经验的护师完成此项工作。

第十五条　从事药学专业的技术人员，取得主管药师资格后，应同时具备如下五项条件：

（一）掌握药理学、药物化学、药剂学及药物分析、中药学、方剂学、中药制剂学、中药炮制学、调剂学、药品检验等本专业基础理论和专业技术知识，熟悉与本专业密切相关学科（如统计学、临床医学或中医学、微生物学）的理论知识，并完成每年医学继续教育课程。

（二）熟悉有关药品法规，掌握所从事药学专业的技术规范、技术规程和规章制度，能够熟练、正确指导临床医师合理用药。

（三）作为主要负责人，在药品调剂、制剂或药检等方面有较高的造诣，能正确地运用现代药学理论和技术开展日常工作。

（四）作为主要负责人，掌握所从事的药学专业的国内外现状，并能跟踪本专业国内先进水平，将某些新技术、新理论用于药学实践或科学研究。

（五）作为主要负责人，具有一定的带教能力，能够指导中、初级药师的工作。

第十六条　从事检验专业的技术人员，取得主管检验师资格后，应同时具备如下五项条件：

（一）熟练掌握本专业必备微生物学、生物化学、免疫学基础、病理学、病理生理学、分析化学、临床检验等基础理论知识和临床化学、临床血液学检验、临床免疫学检验、临床微生物学检验、实验诊断学及实验室管理等专业知识，并完成每年医学继续教育课程。

（二）作为主要负责人，有较高的理论和实践能力，并能解决较复杂的业务问题。

（三）作为主要负责人，能熟练开展质量控制工作，并具有很强的处理各种问题的能力。

（四）作为主要负责人，掌握与本专业相关临床学科的知识和理论，并具有很强的综合分析能力。

（五）作为主要负责人，具有跟踪本专业国内、国际先进水平的能力，并具有指导中、初级人员进行工作的能力。

第十七条　从事放射专业的技术人员，取得主治（管）医（技）师资格后，应同时具备如下五项条件：

（一）掌握断面解剖学及病理学、各系统 X 线诊断、CT、MRI 诊断的基本理论和神经放射学、心 / 胸放射学、骨 / 关节放射学、腹部放射学、小儿放射学及介入放射学等基本知识，并完成每年医学继续教育课程。

（二）作为主要负责人，对各系统疾病的影像诊断有较高造诣，能熟练、正确诊断疑难病例。

（三）作为主要负责人，掌握本专业三级学科（神经放射学、心 / 胸放射学、骨 / 关节放射学、腹部放射学、小儿放射学及介入放射学等）中的一个专业的新进展情况。

（四）熟悉与本专业相关临床学科的理论知识（如神经内科学、神经外科学、心血管内科学、肝胆外科学、肿瘤学及介入放射学等），作为主要负责人，应熟练掌握有关的介入性诊疗技术。

（五）亲自诊断及签署 X 线诊断报告至少 4000 份，CT 及（或）MRI 至少 1000 份。

第十八条 从事公共卫生专业的技术人员，取得主管医师资格后，应同时具备如下五项条件：

（一）在职业卫生或卫生防护专业方面，具有较系统的基础理论和系统的专业知识，并完成每年医学继续教育课程。

（二）作为主要负责人，有较丰富的工作经验，能解决本专业疑难问题。

（三）独立承担职业病课题或主持职业病省部级科学调查研究项目，达到电力行业先进水平并在职业病方面取得较为显著成绩。

（四）了解本学科国内外进展，作为主要负责人，能将引进新科技成就应用于实际工作并能组织指导本学科科技工作和临床工作。

（五）作为主要负责人，能指导至少 2 名中级卫生技术人员工作，并取得一定成绩。

第十九条 从事其他专业的技术人员，取得主治医师资格后，应同时具备如下各专业的五项条件：

（一）眼科学专业

（1）掌握眼科专业的系统理论知识（包括眼科有关的解剖学、生理学及组织胚胎学），熟悉眼部组织病理学并深入了解其基本理论知识，并完成每年医学继续教育课程。

（2）作为主要负责人，掌握眼科常见病多发病的诊断及处理，熟练处理眼科一般疑难病例。

（3）了解眼遗传学、眼免疫学及眼微生物学，熟悉眼科常用药物的药理学及药物动力学和与眼病有关的常见全身疾病等相关理论知识。

（4）熟悉本专业国内外现状和发展动态，作为主要负责人，能将新理论、新技术应用于临床实践，能主持疑难病例讨论及眼科急重症抢救。

（5）熟练掌握本专业有关的诊断检查技术，熟悉眼科有关影像学的图像、视觉电生理（如 ERG、EDG、VEP 等）电位波形及其各自临床意义和眼科显微手术操作技术。

（二）耳、鼻、喉专业

（1）系统地掌握本专业基础理论和专业知识（包括本科及头颈部局部的解剖、生理、病理、诊断及头颈外科手术学，耳鼻喉神经外科学），并完成每年医学继续教育课程。

（2）作为主要负责人，系统地掌握专科疾病的预防、诊断和治疗，能独立处理临床较疑难复杂危重病症。

（3）熟悉本专业密切相关学科的基础知识（包括分子生物学、影像学、免疫学、神经外科学、声学、眼科学、颌面外科学、胸外科学等），熟悉耳、鼻、喉科常用药物的药理学及药物动力学等相关理论知识，经常吸收与本专业相关的现代新知识。

（4）了解本专业国内外现状和发展趋势，作为主要负责人，能将国内外新的研究成果成功用于临床。

（5）具有熟练的操作能力，能完成上级医师指导下的本专业较大较复杂的手术。

（三）口腔学专业

（1）系统掌握基础理论（口腔颌面部解剖学、生理学、口腔组织病理学、口腔微生物学、口腔材料学、医学统计学等）和专业理论（口腔内科学、口腔颌面外科学、口腔修复学、口腔正畸学等），熟悉专业知识（口腔颌面部影像诊断学、口腔材料学、口腔生物力学、充填技术、根管治疗学、修复技工工艺学等），并完成每年医学继续教育课程。

（2）熟悉相关专业理论，了解与本专业有关的学科知识（包括内科学、普通外科学、妇产科学、儿科学、耳鼻喉科学、医学心理学、医学美学等），经常吸收与本专业相关的现代新知识。

（3）熟悉本专业国内外现状及发展趋势，掌握系统性疾病在口腔的表现及诊治原则，具备开展新技术、新疗法的能力。

（4）作为主要负责人，具备如下其中两条：

1）具有较丰富的口腔科常见疾病和一般疑难病临床诊治经验。

2）具备对牙体牙髓病、牙周病、口腔黏膜病等疾病治疗的水平。

3）可主持口腔科重危病人抢救与治疗，掌握口腔颌面部肿瘤的诊断原则，能熟练独立完成唇裂、颌骨囊肿、颌下腺切除等级别的手术。

4）具备复杂牙列缺损修复、疑难牙列缺失修复的能力，熟练地完成各类冠、桩修复体、固定桥、可摘局部义齿、总义齿等技术。

5）熟练掌握错颌畸形替牙期反合、乳牙反合正畸治疗。

（四）病理专业

（1）有较系统的基础理论和专业知识，掌握相关学科的基础理论（如分子生物学、细胞生物学、遗传学、免疫学及临床各学科），并完成每年医学继续教育课程。

（2）作为主要负责人，具有较丰富的病理专业工作经验，能指导本专业全面业务工作。

（3）作为主要负责人，熟练掌握常见病、多发病的病理学诊断，能独立诊断较疑难病例。

（4）熟悉本专业国内外发展现状及趋势，作为主要负责人，能跟踪本专业国际水平，能吸取新科研成就应用于实践。

（5）具有独立开展科学研究的能力，并撰写较高水平的论文。

第五章　评审委员会评审标准

第二十条　取得主治医师或主管医师或主管药师或主管护师或主管技师或主管检验师资格后，应同时具备如下必备条件：

（一）近3年内未出现过二级及以上技术、责任事故，或发生医德医风败坏或不服从组织分配问题。

（二）有较丰富的临床工作经验，能熟练正确地掌握本专业一般疑难病的诊疗或准确处理各类复杂问题，独立完成本专业的技术工作。

（三）能够跟踪本专科领域国内外先进水平，具有开展科学研究工作的能力。

（四）掌握文献检索的能力和方法，具备掌握科研选题、设计及实施的能力。

（五）具备对中、初级卫生技术人员医疗常规工作的指导能力。

第六章　附　则

第二十一条　本评定标准中的第三章和第四章相应标准必须同时达到，方具备提交评审委员会评审的资格。

第二十二条　本评定标准中获奖项目的"获奖者"是指等级额定获奖人员。

第二十三条　本评定标准由国网人才评价中心负责解释。

3.2.12　电力高等教育副教授评定标准

电力高等教育副教授评定标准

第一章　总　则

第一条　为客观、公正、科学地评价高等学校专业技术人员的学识和水平，鼓励多出成果、多出人才，促进高校的进步与发展，根据中华人民共和国教育部《〈教师资格条例〉实施办法》和全国教师资格制度实施工作会议精神，结合电力高等教育工作专业特点，制定本评定标准，作为电力高等教育副教授评定的依据。

第二条　按照本评定标准，经评审合格并获得副教授的专业技术资格证书者，表明其已具备副教授的专业水平和能力，其职务聘任和工资待遇由所在单位根据国家有关规定自行决定。

第二章　适用范围

第三条　本评审条件中的"高等学校专业技术人员"通指：在高等学校的教师和其他从事高等教育教学工作的人员。

第三章　申报人员技术资历鉴定标准

第四条　基本资历

（一）本人所取得的最高学历、学位证书。

（二）本人所取得的讲师（含其他专业技术中级，下同）资格证书。

（三）各类获奖证书。

（四）符合申报副教授要求的外语、计算机水平证书（成绩）或证明。

第五条　主要贡献

取得讲师资格证书后，在工作中做出如下贡献之一：

（一）获国家科学技术进步奖、国家自然科学奖、科学发明奖的主要成员；1项省部级科学技术进步奖二等奖或2项省部级科学技术进步奖三等奖的主要成员；省部级及以上教学成果奖的主要成员；国家级精品课程课题组前3位成员或省级精品课程课题组前2位成员。

（二）高新技术产品（含专利）的主要研制者或开发者，其成果取得显著的社会效益，创年利润50万元以上。

（三）在国家、省部级重点实验室建设中，担任设计和调试工作，并做出突出成绩。

第六条　作品成果

取得讲师资格证书后，撰写过以下论文、著作之一：

（一）以第一、第二作者身份在国内外公开发行的学术刊物上发表本专业学术论文（含教学研究论文和教学改革文章，下同）4篇及以上。其中，以第一作者身份在中文核心期刊（含权威性国际学术会议上的论文集，下同）发表论文至少1篇。

（二）以第一作者身份在中文核心期刊发表本专业学术论文至少1篇，并且有公开出版有较高学术水平的 5 万字以上学术专著 1 部或本人担任 5 万字以上撰写任务的合著 1 部或公开出版教材的主编或副主编，本人编写 5 万字以上。

第四章　申报人员所在单位评价标准

第七条　申报人员必须遵守中华人民共和国宪法和法律，具备良好的职业道德和敬业精神。

第八条　取得讲师资格证书后，应同时具备如下 4 项条件：

（一）专职教师年均教学工作量不得低于 180 课时的额定工作量（外校调入教师的教学工作量可连续计算，下同）。因特殊因素减少教学工作量的标准：

（1）经组织批准，承担国家、地方科研项目、重点实验室建设项目的教师，其承担项目期间的年均教学工作量不得低于额定教学工作量的三分之一。

（2）兼任教研室主任、副主任的教师，年均教学工作量不得低于额定教学工作量的 80%。

（3）在系一级担任管理工作的教师，年均教学工作量不得低于额定教学工作量的 50%。

（4）在学校职能部门担任管理工作的教师（含专职学生管理人员），年均教学工作量不得低于额定教学工作量的 30%。

（二）教学内容符合教学大纲要求，能反映本学科领域国内外较新的成果。

（三）能结合学生的实际，遵循教学规律，教学方法得当，并有自己的经验和特色，教学效果好。

（四）能讲授两门及以上课程，其中一般应有一门基础课（含专业基础课和技术基础课）；长期担任公共课、基础课的教师，要求独立系统地讲授一门课程；对从事管理工作的教师，能较好地完成本岗位的工作，要求独立系统地讲授一门课程。

第五章　评审委员会评审标准

第九条　取得讲师资格后，应同时具备如下必备条件：

（一）熟练掌握本专业的知识，并对从事的专业方向（或工作领域）有较深入的研究。

（二）熟悉本专业的国内外技术水平、市场信息和发展趋势。

（三）了解主要相关专业的有关知识及其国内外的现状和发展趋势。

（四）教学工作量和教学质量能满足高等院校副教授的规定要求。

（五）教学经验丰富、成果显著，并能组织、指导讲师和硕士研究生的教学、学习与科研工作。

第六章　附　则

第十条　本评定标准中的第三章和第四章相应标准必须同时达到，方具备提交评审委员会评审的资格。

第十一条　本评定标准中获奖项目的"获奖者"是指等级额定获奖人员。

第十二条　本评定标准中"中文核心期刊"系指以北京大学出版的《最新中文核心期刊目录》为准。SCI 收录或 EI 收录的文章需提供收录证明。

第十三条　本评定标准由国网人才评价中心负责解释。

4

职称资格证书编码要求

国网安徽省电力有限公司
职称评定工作指南（上册）

资格证书编号 16 位。如，GD 22 2004 01 1 1 0 0 0 1。其中：

1~2 位：2004 年以前为 GD，2005 年度以后为 GW。

3~4 位：代表省份（见省份代码）。如，22 代表安徽省。

5~8 位：代表年份。如，2004 年填 2004。

9~10 位：代表专业系列（见专业系列代码）。如，01 代表电力工程技术。

11 位：代表评审级别（见评审级别代码）。如，1 代表正高级。

12 位：代表资格取得方式（见资格取得方式代码）。如，1 代表评定。

13~14 位：代表本单位序号。

15~16 位：代表序号（本地区资格证书序号）。如超过 100，以 101 和 201 为例，101 可编号为 A1，201 可编号为 B1。

省份代码（3~4 位）如下：

01= 安徽省电力公司本部及关联公司

02= 淮南平圩发电有限责任公司

03= 合肥发电厂

04= 马鞍山发电厂

05= 安徽马鞍山万能达发电有限责任公司

06= 芜湖发电厂

07= 铜陵发电厂

08= 安徽宿州汇源发电有限责任公司

09= 合肥供电公司

10= 芜湖供电公司

11= 淮南供电公司

12= 淮北供电公司

13= 蚌埠供电公司

14= 马鞍山供电公司

15= 铜陵供电公司

16= 安庆供电公司

17= 池州供电公司

18= 黄山供电公司

19= 滁州供电公司

20= 阜阳供电公司

21= 宿州供电公司

22= 六安供电公司

23= 巢湖供电公司

24= 宣城供电公司

25= 亳州供电公司

26= 响洪甸水电站

27= 毛尖山水电站

28= 安徽省电力公司培训中心

29= 安徽电力建设第一工程公司

30= 安徽电力建设第二工程公司

31= 安徽送变电工程公司

32= 安徽省电力试验研究所

33= 安徽省电力设计院

34= 安徽省电力修造厂

35= 安徽省其他参评单位

36= 安徽省委托评审单位

专业系列代码（9~10位）如下：

01= 电力工程技术

02= 工业工程技术

03= 经济专业

04= 会计专业

05= 审计专业

06= 统计专业

07= 新闻专业

08= 出版专业

09= 图书资料与档案专业

10= 翻译专业

11= 政工专业

12= 卫生技术

13= 职工教育

14= 普及教育

15= 高等教育

评审级别代码（11位）如下：

1= 正高级

2= 高级或副高级

3= 中级

4= 助理或初级

5= 员级

资格取得方式代码（12位）如下：

1= 评定

2= 认定

3= 考试

5

概念型问题解读

5.1 基本概念

1 什么是职称？什么是专业技术资格？

答：职称的全称为职务名称，是指专业技术人员的专业技术水平、能力，以及成就的等级称号，是反映专业技术人员的技术水平、工作能力的标志。随着社会发展，中共中央、国务院转发《关于改革职称评定、实行专业技术职务聘任制度的报告》的通知（中发〔1986〕3号），专业技术人员的水平评价与聘任岗位进行分离，即评聘分离，职称的概念也相应发生了变化。聘任的岗位称之为专业技术职务，简称职务；而专业技术人员的水平则以专业技术职务任职资格来标识，简称专业技术资格。

职称一般分初级、中级、高级职称，其中，初级分为员级和助理级，高级分为副高级和正高级。

2 国家电网有限公司职称管理机构是怎样设置的？

答：国家电网有限公司（简称公司）人才工作领导小组统筹指导协调职称评定工作，负责决策重大事项、审定管理制度等。领导小组办公室设在国网人力资源部，负责管理工作。

国网人力资源部是公司职称评定工作的归口管理部门，主要职责如下：

（1）贯彻落实国家职称政策，建立健全职称评定管理体系。

（2）根据人力资源和社会保障部规定，定期申请职称评定资格授权。

（3）组织制定公司职称评定管理制度。

（4）组织建立公司统一的职称评定管理信息平台。

（5）总结推广职称评定典型经验，提供政策支持和服务。

（6）指导、监督和考核各单位职称评定工作。

省公司级单位人力资源部门是本单位职称评定工作的归口管理部门，主要职责如下：

（1）贯彻落实国家、地方政府和公司职称政策。

（2）制定中级职称评定实施细则和标准，组建中级职称评审委员会（简称评委会）及评审专家库。

（3）组织开展中级职称评定工作。

（4）组织员工申报高级职称，组织推荐高级职称评委会专家人选。

（5）对员工取得的公司评审范围外的职称进行确认，或授权所属单位确认。

（6）总结提炼职称评定典型经验，提供政策支持和服务。

（7）指导、监督和考核所属单位职称评定工作。

地市公司级单位人力资源部门是本单位职称评定工作的归口管理部门，主要职责如下：

（1）贯彻落实上级单位职称政策。

（2）组织员工申报职称，开展初级职称认定工作。

（3）推荐各级职称评委会专家人选。

（4）经授权对员工取得的公司评审范围外的职称进行确认。

（5）应用职称评定结果，激励员工成长发展。

国网人才评价中心作为公司职称评定工作委托机构，主要职责如下：

（1）贯彻落实国家和公司职称政策，制定、发布年度职称申报规定。

（2）制定高级职称评定实施细则和标准，组建高级职称评委会及评审专家库。

（3）组织开展高级职称评定工作，受托开展中级职称评定工作。

（4）监督检查各单位职称评定质量。

（5）建设和运维公司职称评定管理信息平台，为各级职称评定申报、评审、结果确认、证书管理等提供支撑。

（6）统一印制、发放各级职称证书。

③ 职称有哪些专业系列？

答：目前适合电力系统专业技术资格的专业系列有：

（1）电力工程技术系列。一级分支专业有：科学研究、规划设计、施工建设、生产运行。二级分支专业有：输配电及用电工程、电力系统及其自动化、热能动力工程、水能动力工程。

（2）工业工程技术系列。分支专业有：系统规划与管理、设施规划与设计、方法与效率工程、生产计划与控制、质量与可靠性管理、营销工程、工业安全与环境、人力资源开发与管理。

（3）经济系列。分支专业有：计划管理、企业管理、人力资源管理、电力营销管理、物资管理、工程造价管理。

（4）政工系列。分支专业有：党建和精神文明建设工作，纪检和监察工作，群众工作，保卫工作，离、退休干部管理工作。

（5）图书资料与档案系列。分支专业有：图书资料专业、档案专业。

（6）出版专业。分支专业有：图书期刊音像出版物编辑、美术设计、技术设计、校样校对专业。

（7）卫生系列。分支专业有：内儿科、外科、妇产、护理、药学、检验、放射、中医、公共卫生、医疗卫生管理、其他等。

（8）新闻等系列。分支专业有：记者工作、编辑工作、摄影摄像工作、美术编辑工作。

（9）会计、统计、审计、技工院校（职业院校）教师等。

④ 职称评定工作中申报专业如何规定？

答：申报者选择申报评定的专业一般应以本人所从事的专业及所取得的业绩为依据，并对照相应专业《评审条件》《评定标准》的专业划分自主确定。其中，对于一些不易归属的专业，可按如下规定掌握：

（1）各科研院以调试为主和地市公司设计所（室）的工程专业技术人员，可按所从事专业申报"电力工程"生产运行的相应专业。

（2）"工业工程"规划类专业一般适用于从事综合性、系统性总体方案的规划、设计及实施等工作的人员，科研院从事规划设计的工程专业技术人员可按所从事专业申报"电力工程"规划设计的相应专业。

（3）工民建等专业可申报"电力工程"施工建设的相关专业。

（4）专门从事计算机应用的工程技术人员可根据所服务的对象（专业）进行划分。

（5）从事法律专业人员可申报经济系列相应专业。

⑤ 公司系统内职称晋升序列和等级有哪些？

答：截至 2019 年，根据人力资源和社会保障部授权，公司评审各专业的级别如下：

（1）工程系列：正高级、副高级、中级。

（2）经济系列：副高级。

（3）会计系列：副高级。

（4）技工院校教师系列：副高级、中级。

（5）档案系列：正高级、副高级、中级。

（6）卫生系列：正高级、副高级。

（7）新闻系列：正高级、副高级、中级。

（8）政工系列：副高级、中级。

⑥ 职称评定的方式有哪些？

答：职称评定方式包括考试、评审、考评结合、考核认定、个人述职、面试答辩和业绩积分等。

⑦ 职称评定的时间规定有哪些？

答：计算现有资格取得年限、业绩成果取得时间或从事专业技术工作年限的截止时间，以及资格授予时间，均为专业技术资格申报年度的 12 月 31 日。

⑧ 职称评定的规定学历有哪些？

答：申报专业技术资格一般应具备规定学历。规定学历是指各专业系列《评审条件》和国家有关规定中明确的学历、学位要求（含后续学历，下同）。即：

中专学历，认定员级、助理级资格。

大专学历，认定助理级、评定中级资格。

本科学历，认定助理级、评定中级和高级（含正、副高级，下同）资格。

硕士学位（或研究生学历，下同）或双学士学位，认定助理级及中级、评定高级资格。

博士学位认定中级、评定高级资格。

其中：

（1）取得双学士学位可按硕士学位对待。即取得第二个学士学位后满 2 年或在大学本科学习期间同时取得双学士学位后满 4 年，可认定中级资格。

（2）博士后认定或评定资格问题。博士进站后可直接认定中级资格，期满出站前后均可依据在站期间的科研成果评定副高级资格。

⑨ 职称评定的规定年限有哪些？

答：规定年限是指在取得规定学历的前提下，申报评定相应级别专业技术资格必须具备的取得现专业技术资格的年限（简称现资格年限）、工作后所从事的专业技术工作年限（简称本专业年限）和取得现资格后所从事的专业技术工作年限（简称资格后本专业年限）。即：

现资格年限是指截至申报年度 12 月 31 日，本人现已具备专业技术资格的年限。

本专业年限是指截至申报年度 12 月 31 日，本人参加工作后所从事的与拟申报评定专业系列一致的专业技术工作累积年限之和。

资格后本专业年限分为资格后本专业累积年限和资格后本专业连续年限。资格后本专业累积年限是指截至申报年度 12 月 31 日，取得现资格后所从事的专业技术工作累积年限之和；资格后本专业连续年限是指截至申报年度 12 月 31 日，取得现资格后连续从事专业技术工作的年限。

对于军队转业干部和原公务员，属于首次参加资格评定的人员，须严格执行规定学历前提下的本专业年限：

（1）大专毕业后（含后续学历，下同）满 7 年、本科毕业后满 5 年，可直接申报评定中级资格。

（2）大专毕业后满 12 年、本科毕业后满 10 年、取得硕士学位后满 7 年、取得博士学位后满 2 年，可直接申报评定副高级资格。

（3）本科毕业后满 15 年、取得硕士学位后满 12 年、取得博士学位后满 7 年，可直接申报评定正高级资格。

参加人力资源和社会保障部组织的全国专业技术人员资格考试（以考代评和考评结合）和全国专业技术人员执（职）业资格考试取得的中、高级资格，必须符合有关资格考试报名条件的规定，即报考中、高级资格时应具备的规定学历和本专业年限。

⑩ 职称评定的程序规定有哪些？

答：根据中办、国办《关于深化职称制度改革的意见》，坚持公平、公正、公开原则，严格履行专业技术资格评定工作程序：申报（报名）和本单位公示阶段、评审（面试答辩、网上评审、考试、业绩积分等方式）阶段、公开审查（含举报问题核查与处理）阶段和发文认证阶段。

⑪ 职称评定的方式规定有哪些？

答：职称评定方式依据国家职称制度深化改革的要求确定。在全面实施对专业技术人员专业技术理论水平、能力、业绩积累（业绩积分）的前提下，正高资格实行面试答辩和评委会评审的评定方式；副高级资格实行业绩积分与评委会网上评审得分的加权评定方式；中级资格实行业绩积分和专业与能力考试（以考试代替评委会评审）成绩的加权评定方式。其中，中级资格评定方式可根据实际需要和有关规定，自主选择确定。

12 职称评定的外语、计算机规定有哪些?

答:公司为落实中办、国办《关于深化职称制度改革的意见》,各专业系列评审条件对职称外语、计算机水平考试的要求,不再作为申报的必备条件,但仍作为资格评定的水平能力标准之一。其中,符合免试条件的人员,须所在单位根据免试规定出具免试证明及相关证明材料。

13 职称评定的论文、技术报告规定有哪些?

答:申报者提交的论文和技术报告等作品应为取得现资格后撰写且与申报专业相关。其中:

(1)论文、论著。发表或经学术交流或经学术部门评选的论文或论著,必须是正式发表或出版,录用通知不予认可。申报时须提供书、刊的封面、目录(交流或评选的证书)和本人撰写的内容即可,不必将整本书、刊一同提交。

(2)技术报告。技术报告应为申报者在当时完成专业技术项目之后,对完成或解决某项具体技术工作问题的报告(经济、政工专业可提供调研报告、课题研究报告)。申报时须提供专业技术负责人的证明(或鉴定意见)。

5.2 职称考核认定与考试确认

1 什么是考核认定?

答:具备规定学历、达到专业技术工作年限要求,有一定工作水平、能力、业绩等,经考核合格可通过认定的方式取得相应职称。

2 通过考核认定获得的专业有哪些?

答:通过考核认定获得的专业技术资格有:工程技术、政工专业、图书资料与档案、技工院校(职业院校)教师等专业系列的初、中级专业技术资格。

3 考核认定的基本条件是什么?

答:取得中专学历后从事本专业工作满1年,可认定员级职称。

符合下列条件之一,可认定助理级职称:

（1）取得员级职称后从事本专业工作满 4 年。

（2）取得大专学历后从事本专业工作满 3 年。

（3）取得本科学历后从事本专业工作满 1 年。

（4）取得硕士学位或双学士学位。

符合下列条件之一，可认定中级职称：

（1）取得助理级职称后，硕士学位从事本专业工作满 2 年（国外学制不满 2 年的硕士须 3 年）、大学本科学习期间取得双学士学位后从事本专业工作满 4 年、大学本科毕业且在职取得第二个学士学位后从事本专业工作满 2 年。

（2）取得博士学位。

4 什么是考试确认？有哪些专业技术资格需要考试确认获得？

答：国家规定采用考试的系列（专业），按有关规定，参加国家职称考试获得相应的专业技术资格证书后，中级资格需由省公司确认，初级资格需由所在单位确认。主要包括经济、会计、审计、统计及计算机软件、卫生技术等专业的初、中级资格。

5 考试确认的基本条件是什么？

答：（1）参加考试时符合当年度报名条件规定。

（2）国家已实行从业资格的专业岗位，须持有该专业的从业资格证书。

（3）所持资格证书与现工作岗位专业一致。

6 考核认定、考试确认的工作流程是什么？

答：（1）填报阶段。各单位员工向本单位人事部门提交申报材料，材料应由员工所在部门（专业室）出具考核鉴定意见。

（2）审核阶段。各单位人事部门对申报材料的真实性、完整性进行审核。

（3）鉴定阶段。各单位专业技术资格鉴定委员会对申报者的专业技术业绩、工作成果进行鉴定，完成单位考核意见签署。

（4）公示阶段。各单位人事部门将核准无误的《专业技术资格认定、确认申报人员情况公示表》在本单位公示 5 个工作日。

（5）复审阶段。各单位将认定、确认初级专业技术资格人员的审核结果报省公司人才评价指导中心备案；将认定、确认中级专业技术资格人员的申报材料提交省公司人才评价指导中心，由省公司人才评价指导中心组织专家进行复审。

（6）发文阶段。省公司人才评价指导中心将中级专业技术资格认定、确认结果发文公布，各单位待省公司发文后，自行发文公布认定、确认通过的初级资格人员名单。

⑦ 考核认定、考试确认需要准备哪些申报材料？

答：申报考核认定或考试确认专业技术资格者，应在规定时间内申请报名，填写《专业技术资格认定（确认）表》一式两份，依据各专业考核认定、考试确认打分标准，举证实例证明其专业技术水平，同时提供以下材料：

（1）学历、学位证书原件及复印件。

（2）经全国考试取得的《专业技术资格证书》《专业技术资格登记表》及从业资格证书原件和复印件。

（3）专业技术报告或论文1份。

（4）个人专业技术总结。

（5）反映本人业绩成果的获奖（荣誉）证书原件和复印件。

（6）职称外语考试合格证书、职称计算机考试合格证书（外语、计算机水平作为评定专业技术资格的水平能力标准之一，不再作为申报的必备条件）。

（7）其他业绩材料原件和复印件。

⑧ 考核认定、考试确认的专业年限等信息的截止时间如何计算？

答：申报考核认定或考试确认专业技术资格者，其专业年限等信息计算截止时间一律为该年度的12月31日。

⑨ 按后续学历申报者是否需提供学历查验证明？如何取得学信网查验证明？

答：员工取得后续学历后，按教育培训管理相关规定应将学历档案交人力资源部存入个人档案。没有及时入档的后续学历申报者需提供国家教委规定的学历查验证明。学信网查验证明取得方法：进入学信网（www.chsi.com.cn）—学历查询—输入姓名、学历证书号等相关信息—打印《教育部学历证书电子注册备案表》。

确实经过中央党校、各省（市、区）党校和境外院校规定学时、课时的学习（有学籍档案），所取得的学历、学位与国民教育学历具有同等效用，在专业技术资格评定中应予以承认。

5.3 专业技术资格评定

1 中级资格申报条件和评定方式有哪些？

答：中级资格申报条件为：大学本科或大学专科毕业，助理级资格年限满 4 年，且资格后本专业累积年限满 4 年或资格后本专业连续年限满 2 年；硕士研究生毕业后从事本专业年限满 2 年（学制不满 2 年的国外硕士须满 3 年），可申报评定中级资格。申报中级资格人员近三年绩效考核累计积分不低于 3 分且评定年度考核结果不能为 D。

电力工程、工业工程、档案（原图档）、政工系列中级资格评定方式为：依据中级资格评定标准，采取业绩积分和专业与能力考试方式综合进行评定，业绩积分和专业与能力考试成绩按 5：5 比例加权确定评定总分。

技工院校教师（原职工教育）、电力新闻系列中级资格评定方式为：依据中级资格评审条件，严格执行规定学历、年限及业绩要求，采取评审委员会评审方式进行评定。

2 副高级资格申报条件和评定方式有哪些？

答：副高级资格申报条件为：大学本科毕业，中级资格年限满 5 年，且资格后本专业累积年限满 5 年或资格后本专业连续年限满 3 年；硕士学位，中级资格年限满 4 年，且资格后本专业累积年限满 4 年或资格后本专业连续年限满 2 年；博士学位，中级资格年限满 2 年，且资格后本专业累积年限满 2 年或资格后本专业连续年限满 1 年，可申报评定副高级资格。申报副高级资格人员近三年绩效考核累计积分不低于 4 分且评定年度考核结果不能为 D。

其中，申报技工院校教师副高级资格要求本科及以上学历；申报其他专业副高级资格不限学历，本科以下学历层次现资格年限、专业年限要求与本科一致。

获得省部级科技进步奖、技术发明奖、自然科学奖二等奖及以上奖励的主要贡献者，可破格直接申报副高级资格。

电力工程、工业工程、经济、会计、档案、卫生、新闻、政工系列副高级资格评定方式为：依据副高级资格评定标准，采取业绩积分和评审方式综合进行评定，业绩积分和网上评审分数按 4：6 比例加权确定评定总分。

技工院校教师系列副高级资格评定方式为：依据副高级资格评审条件，严格执行规定学历、年限及业绩要求，采取评审委员会评审方式进行评定。

3 正高级资格申报条件和评定方式有哪些？

答：正高级资格申报条件为：具备大学本科及以上学历，副高级资格年限满 5 年，资格后本专业累积年限满 5 年，本专业年限要求本科满 15 年、硕士满 11 年、博士满 7 年，可申报评定正高资格。申报正高级资格人员近三年绩效考核累计积分不低于 4.5 分。

符合下列条件之一，可破格直接申报正高级资格：

（1）获得国家科学技术进步奖、国家技术发明奖、国家自然科学奖二等奖及以上奖励的主要贡献者。

（2）"百千万人才工程"国家级人选、万人计划专家、创新人才推进计划专家、享受国务院政府特殊津贴人员等国家级人才。

（3）获得中国专利奖金奖。

依据正高级资格评审条件，严格执行规定学历、年限及业绩要求，采取面试答辩和评审委员会评审方式综合进行评定。

4 职称评定的申报方式是什么？

答：专业技术资格评定工作全过程使用国网人才评价中心专业技术资格管理系统，并实行网上申报。

网上申报内容：专业技术资格申报者可在"中国电力人才网"网站（www.cphr.com.cn），进入年度"专业技术资格申报专栏"，登录"专业技术资格申报系统"完成报名、信息填报、数据提交、报表打印等申报工作。

网上申报流程：采取在线报名及信息填报、初审、复审、办理报名及评审手续的程序进行。完成在线录入并办理报名手续后，申报者须打印《专业技术资格评定初审表》，并将与该表中所提内容相应的证明等其他申报材料报经本单位初审、申报单位及主管单位复审，其中，申报副高级资格（技工院校教师除外）和电力工程、工业工程、档案、政工系列中级资格者，还须打印各类鉴定表、评价表并报本单位审核及鉴定。

申报者在规定时间内登录"专业技术资格申报系统"查询复审状态。

正高资格（档案、卫生、新闻，下同）、技工院校教师（副高、中级）、新闻中级申报者：复审通过并办理完成评审费缴费手续后，可正式打印《专业技术资格评定表》等各类表格并根据申报工作安排要求完善申报材料。复审通过人员必须按数量要求提交《专业技术资格评定表》《综合情况一览表》打印件，《专业技术资格评定表》使用 A4 复印纸，《综合情况一览表》使用 A3 复印纸，其中，应档案管理部门的要求，《专业技术资格评定表》须双面打印。

副高级资格（不含技工院校教师）申报者：加权总积分达标并办理完成评审费缴费手续后，即完成资格申报工作。

电力工程、工业工程、档案、政工系列中级资格申报者：加权总积分达标并办理完成评审费缴费手续后，可在规定时间内打印《专业与能力考试准考证》。

5 工程系列专业准入与转评高报有哪些？

答：一般须同时具备理工科专业学历和工程技术资格及工程技术工作经历。若具备理工科专业学历但现专业技术资格为非工程系列，则现从事工程技术工作的年限要求为：资格同级转评须 2 年及以上、资格跨系列高报须 3 年及以上。

6 卫生系列专业准入与转评高报有哪些？

答：一般须同时具备医疗卫生专业学历和卫生技术资格及医疗卫生技术工作经历。若具备医疗卫生专业学历但现专业技术资格为非卫生系列，则现从事医疗卫生技术工作的年限要求为：资格同级转评须 2 年及以上、资格跨系列高报须 3 年及以上。

7 会计系列专业准入与转评高报有哪些？

答：一般须同时具备财会（含财经类，下同）专业学历和会计专业资格（含审计专业资格、注册会计师执业资格，下同）及财会工作经历。若具备财会专业学历但专业技术资格为非会计专业系列，或不具备财会专业学历但专业技术资格为会计、统计、经济、工程系列，则现从事财会工作的年限要求为：资格同级转评须 2 年及以上、资格跨系列高报须 3 年及以上。

8 经济系列专业准入与转评高报有哪些？

答：一般须同时具备经济（含理工、财经、管理、法律类，下同）专业学历和经济专业资格及经济工作经历。若具备经济专业学历但专业技术资格为非经济专业系列，或不具备经济专业学历但专业技术资格为经济、工程、统计、会计、法律和企业法律顾问系列，则现从事经济工作的年限要求为：资格同级转评须 2 年及以上、资格跨系列高报须 3 年及以上。

9 技工院校教师、档案、新闻、政工系列专业准入与转评高报有哪些？

答：须专职从事相应系列规定的专业工作。若专业技术资格为非相应专业系列，则现从事申报专业工作的年限要求为：资格同级转评、资格跨系列高报均须 2 年及以上。

10 关于技能人员申报专业技术资格如何规定？

答：在工程技术领域生产一线岗位工作、具有理工科学历且取得现从事专业相应资格的员工，可申报评定工程系列相应级别专业技术资格。

（1）取得高级工资格后，从事技术技能工作满 2 年，可申报助理工程师。

（2）取得技师资格后，从事技术技能工作满 3 年，可申报工程师。

（3）取得高级技师资格后，从事技术技能工作满 4 年，可申报高级工程师。

11 评定需要准备哪些申报材料？

答：①有效学历、学位证书；②相应专业技术资格证书；③各类获奖证书；④业绩证明材料；⑤论文、书刊等作品成果；⑥符合申报要求的外语、计算机水平证书（成绩）或免试证明（外语、计算机水平作为评定专业技术资格的水平能力标准之一，不再作为申报的必备条件）。

12 什么是中级在线积分评定办法？

答：国网公司人才评价中心于 2016 年起在中级专业技术资格的评定工作中试行专业技术水平、能力、业绩在线积分评定办法（简称在线积分评定办法）。《中级资格评定标准》及《中级资格业绩积分标准》系依据相应专业技术资格《评审条件》而制定。其中，《中级资格业绩积分标准》主要按专业理论水平、主要贡献、作品成果、水平能力、申报人员所在单位和主管单位评价 5 部分内容确定并统一整定于在线积分评定系统中。将经相应组织对申报者审查、鉴定、评价、复审、公示后的鉴定意见和评价意见录入系统中，系统将自动给出申报者各项实际得分及其实际总积分。

13 中级在线积分的量化积分标准由哪几方面组成？标准是什么？

答：中级在线积分的量化积分标准有以下部分：

（1）专业理论水平积分（最高 20 分）。

（2）主要贡献达标 18 分，业绩突出者可增至 46 分。

（3）作品成果达标 6 分，业绩突出者可增至 12 分。

（4）水平能力积分，包含外语和计算机两部分（最高 12 分）。

1）外语水平合格 4 分，不合格 0 分。

2）计算机水平合格 8 分，不合格 0 分。

（5）申报人员所在单位和主管单位评价积分（最高 30 分）。

专业理论水平积分标准主要按学历（学位）层次、专业及与申报专业一致性进行量化。其中，所学专业对口与否，以各专业《评审条件》中申报条件和国网人才中心最新修订版《关于申报专业技术资格的规定》为准。申报者提供的学历（学位）证书须经所在单位审查鉴定。具体积分方法为：

（1）硕士（含学制满 2 年的国外硕士，下同）或取得学制不满 2 年（1 年或 1.5 年）的国外硕士后满 3 年且专业对口（含双学士且专业均对口）20 分。

（2）本科且专业对口、硕士（含学制满 2 年的国外硕士）或取得学制不满 2 年（1 年或 1.5 年）的国外硕士后满 3 年但专业不对口、双学士（单一专业对口或两个专业均不对口）15 分。

（3）大专且专业对口以及本科但专业不对口 10 分。

主要贡献和作品成果积分标准，依据各专业《评审条件》中业绩与成果要求，从主要贡献、作品成果两方面进行量化。由所在单位鉴定委员会依据申报者提供的其使用专业技术资格申报系统打印出的《技术资历鉴定意见表》和获奖证书、发表作品等材料，进行审查、鉴定并选择填涂、签字、盖章；由申报单位人力资源部门在申报或主管单位专业技术资格审查系统中录入鉴定结果并连同所有经鉴定的纸质材料报主管单位复审；经主管单位复审并确认后，该系统将给出主要贡献和作品成果的实际积分。主要贡献和作品成果积分标准分值为：主要贡献达标 18 分，业绩突出者可增至 46 分；作品成果达标 6 分，业绩突出者可增至 12 分。

水平能力积分标准，依据各专业《评定标准》中有关符合相应资格要求的"外语、计算机水平证书（成绩）或证明"条款进行量化。符合最新版《关于申报专业技术资格的规定》附件中《关于专业技术资格对外语和计算机水平要求的规定》，为外语或计算机合格；否则为不合格。其中，参加国网人才中心组织的外语、计算机水平考试成绩，由专业技术资格申报系统自动给出。水平能力积分标准分值为：外语水平合格 4 分，不合格 0 分；计算机水平合格 8 分，不合格 0 分。

申报人员所在单位和主管单位评价积分，依据各专业《评审条件》中"工作经历和能力要求"中相应条款、专业进行量化。包括政治表现、申报人主要工作经历和能力两部分。

由所在单位鉴定委员会依据申报者提供的其使用专业技术资格申报系统打印出的《所在单位评价意见表》进行评价并选择填涂、签字、盖章；由申报单位人力资源部门在申报或主管单位专业技术资格审查系统中录入评价结果并连同所有经评价的纸质材料报主管单位复审。申报人员所在单位和主管单位评价积分标准分值为0~30分。

⑭ 什么是副高级在线积分评定办法？

答：国网公司人才评价中心于2009年起率先在副高级专业技术资格的评定工作中试行专业技术水平、能力、业绩在线积分评定办法（简称在线积分评定办法）。依据各类专业技术资格《评审条件》《副高资格评定标准》制定的《副高资格业绩积分标准》主要按专业理论水平、中级资格取得年限、主要贡献、作品成果、水平能力、申报人员所在单位评价6部分内容确定并统一整定于在线积分评定系统中。将经相应组织审查、鉴定、评价、公示后的申报者该5部分鉴定及评价意见录入系统中，系统将自动给出申报者各项实际积分及其基础业绩积分。

⑮ 副高级在线积分的量化积分标准由哪几方面组成？标准是什么？

答：副高级在线积分的量化积分标准有以下部分：

（1）专业理论水平积分（最高30分）。

（2）中级资格取得年限积分（最高50分）。

（3）主要贡献达标18分，业绩突出者可增至46分。

（4）作品成果达标6分，业绩突出者可增至12分。

（5）水平能力积分标准分值为12分。

1）外语水平合格4分，不合格0分。

2）计算机水平合格8分，不合格0分。

（6）申报人员所在单位评价积分（最高20分）。

专业理论水平积分标准主要按学历（学位）层次、专业及与申报专业一致性进行量化。其中，所学专业对口与否，以各专业《副高资格评定标准》"申报人员技术资历鉴定标准"和最新版《关于申报专业技术资格的规定》为准。申报者提供的学历（学位）证书须经所在单位审查鉴定。专业理论水平积分标准分值为：

（1）博士且专业对口30分。

（2）双硕士且专业对口28分。

（3）硕士且专业对口（含双硕士单一专业对口，下同）及博士但专业不对口20分。

（4）双学士且专业对口、双硕士但两个专业均不对口 18 分。

（5）本科且专业对口（含双学士单一专业对口，下同）、大专及以下学历且高级会计师考评结合考试合格，以及硕士但专业不对口、双学士但两个专业均不对口，15 分。

（6）大专且专业对口以及本科但专业不对口 5 分。

（7）中专及以下学历和大专但专业不对口 0 分。

中级资格年限积分标准分值为：

（1）博士和双硕士且中级资格满 2 年，或硕士（含学制满 2 年的国外硕士）和双学士且中级资格满 4 年，或取得学制不满 2 年（1 年或 1.5 年）的国外硕士后不满 3 年认定中级资格，或本科及以下学历且中级资格满 5 年，或取得高级技师资格满 4 年，50 分。

（2）博士和双硕士且中级资格满 1 年，或硕士（含学制满 2 年的国外硕士）和双学士且中级资格满 3 年，或取得学制不满 2 年（1 年或 1.5 年）的国外硕士后不满 3 年认定中级资格，或本科及以下学历且中级资格满 4 年，35 分。

（3）硕士（含学制满 2 年的国外硕士）和双学士且中级资格满 2 年，或取得学制不满 2 年（1 年或 1.5 年）的国外硕士后不满 3 年认定中级资格，或本科及以下学历且中级资格满 3 年，20 分。

（4）硕士（含学制满 2 年的国外硕士）和双学士且中级资格满 1 年，或取得学制不满 2 年（1 年或 1.5 年）的国外硕士后不满 3 年认定中级资格，或本科及以下学历且中级资格满 2 年，5 分。

（5）取得学制不满 2 年（1 年或 1.5 年）的国外硕士后不满 3 年认定中级资格，或本科及以下学历且中级资格满 1 年，0 分。

主要贡献和作品成果积分标准，依据各专业《副高资格评定标准》"申报人员技术资历鉴定标准"中主要贡献和作品成果两条相应条款进行量化。由所在单位鉴定委员会依据申报者提供的其使用专业技术资格申报系统打印出的《技术资历鉴定意见表》和获奖证书、发表作品等材料，进行审查、鉴定并选择填涂、签字、盖章；由申报单位人力资源部门在申报或主管单位专业技术资格审查系统中录入鉴定结果并连同所有经鉴定的纸质材料报主管单位复审；经主管单位复审并确认后，该系统将给出主要贡献和作品成果的实际积分。主要贡献和作品成果积分标准分值为：主要贡献达标 18 分，业绩突出者可增至 46 分；作品成果达标 6 分，业绩突出者可增至 12 分。

水平能力积分积分标准，依据各专业《副高资格评定标准》中有关符合相应资格要求的"外语、计算机水平证书（成绩）或证明"条款进行量化。符合最新版《关于申报专业技术资格的规定》及其附件《关于专业技术资格对外语和计算机水平要求的规定》，为外语或计算机合格；否则为不合格。其中，参加国网人才中心组织的外语、计算机水平考试成绩，由专业技术资格申报系统自动给出。水平能力积分标准分值为：外语水平合格4分，不合格0分；计算机水平合格8分，不合格0分。

申报人员所在单位评价积分标准，依据各专业《副高资格评定标准》"申报人员所在单位评价标准"中相应条款、专业进行量化。包括政治表现、申报人主要工作经历和能力两部分。由所在单位鉴定委员会依据申报者提供的其使用专业技术资格申报系统打印出的《所在单位评价意见表》进行评价并选择填涂、签字、盖章；由申报单位人力资源部门在申报或主管单位专业技术资格审查系统中录入评价结果并连同所有经评价的纸质材料报主管单位复审；经主管单位复审并确认后，该系统将给出申报人员所在单位评价的实际积分。违反党纪、政纪、法律法规受到处分或根据员工奖惩管理办法受到处分，在处分期内的不得申报专业技术资格评审。申报人员所在单位评价积分标准分值为0~20分。

16 复审合格是否评定就能通过？

答：申报人员的积分由在线积分评定系统按统一规范的积分标准给出实际积分和汇总积分，实际汇总积分与政治表现、职业道德及所需外语、计算机合格与否情况，并经百分制加权后得出定量加权汇总积分。

复审合格并不意味着已经通过资格评定，而是表明申报者的汇总积分达标，可以进入下一步评审阶段，由评委会评委专家在线审查申报者所有业绩情况（即专业技术水平、能力、业绩、中级资格取得年限相关电子材料，下同），根据评定标准进行打分，得出评定总分。

评定总分达标并通过网上公开审查后，方可确认评审通过。

17 员工准备材料和自我评价时需要注意哪些方面？

答：（1）准备材料应完整，否则不能全部支持申报系统所填项目内容或成效，如学历、业绩、获奖、外语、计算机证书等。

（2）专业技术工作总结内容要详尽，能反映出个人的工作能力、业绩和成果。

（3）技术报告应提供个人角色的证明。

（4）集体获奖、集体业绩应提供个人角色的证明。

（5）学历专业类别应按照实际选择。

（6）未发表或者在申报年度后发表的论文不能填入发表论文栏目中；论文录用证明一

律不予认可，视为未发表论文。

（7）业绩成果应结合评审条件，按照项目类别选择有特色、有代表性的填写，突出重点，并非越多越好。

（8）主要贡献、业绩成果所列项目应进行自我评价，评价档次应符合实际。

（9）获奖级别应正确选择相应档次，如省公司应为地市级，市公司和省公司部门应为县处级。

18　哪些成果可以填入科技成果及获奖情况？

答：科技进步奖、优质工程、QC 获奖等成果可以填入科技成果及获奖情况。

19　奖项级别如何选择？

答：（1）国家级：如国务院等。

（2）省部级：如国家发展改革委、省政府、省总工会、国家电网、中电联等。

（3）地市级：如省建设厅、市政府、市总工会、国家电网有限公司直属部门、省公司、省电机工程学会等。

（4）厂处级：如省公司直属部门和市公司等。

20　QC 奖项应该如何评价？

答：QC 奖项填入科技成果项目内，奖项类别选择"其他"，获奖级别按照要求填写；奖励等级优秀奖归入四等奖。

21　获奖的主要贡献者指什么？

答：获奖的主要贡献者指：集体获奖项目，须是该项目排名靠前的第一、第二完成人及主要完成（参加）者。若排名靠后，但确系主要完成（参加）者，须提供本人所在单位主管部门出具的正式文件。该文件须后附第一、第二完成人分别亲自撰写并签名的证明书。文件及证明书须表明在该项目中被证明人承担任务的内容、重要程度及排名位次和排名靠后的原因，以及其他获奖人员名单（如获奖人数超过 15 人，可仅列出前 15 人名单并注明获奖总人数）。

22　主要贡献中的大、中、小型等级如何定义？

答：各个专业系列对主要贡献的等级都有明确的要求，应按照申报系统中的提示进行认真选择。参照标准为：

（1）变压等级。

1）大型：220kV 以上（大型＞ 220kV）。

2）中型：220kV（中型＝ 220kV）。

3）小型：110kV 及以下（小型≤ 110kV）。

（2）企业规模。

1）大型：省公司等同级及以上单位（大型≥省公司等同级单位）。

2）中型：地区等同级单位（中型＝地区等同级单位）。

3）小型：县级等同级单位（小型＝县级等同级单位）。

23　工作业绩是否填得越多越好？

答：工作业绩应填写个人从事过的、与申报专业相关的、反映个人真实能力水平的主要业绩，无须记流水账，也不是越多越好。

24　资格后业绩和获奖情况如何评价？

答：资格后业绩和获奖情况进行自我评价时，应严格按照个人申报系统提示的信息选择对应的评价标准，不能高选或低选，更不能随意填写或漏选。

25　各类期刊如何定义？

答：各评审条件和相应资格评定标准中所提核心期刊系指以北京大学出版的《最新中文核心期刊目录》为准。SCI 收录或 EI 收录的文章需提供收录证明。公开发表是指发表在有期刊号或者书刊号的刊物上。有内部准印号的为内部期刊，如单位内部期刊、论文集。

26　员工申报时提交的论文数量有何要求？

答：员工申报时提交的论文数量要求详见国网人才评价中心发布的评审条件和评定标准中的有关规定。但论文或技术报告等代表作品的数量要求，也可灵活掌握。如规定论文2篇或技术报告 2 篇或论文 1 篇或技术报告 2 篇，也可分别提供 1 篇；如规定论文 3 篇或技术报告 2 篇或论文 3 篇或技术报告 3 篇，也可提供论文 2 篇、技术报告 1 篇。

27 **什么是技术报告？**

答：技术报告应为申报者在当时完成专业技术项目之后，对完成或解决某项具体技术工作问题的报告，申报时须提供专业技术负责人的证明（或鉴定意见）。

28 **技术报告是否重要？**

答：作品成果达标6分，业绩突出者可增至12分。一方面是发表论文的积分，另一方面是技术报告积分。两者积分相加得到作品成果积分。发表论文有核心期刊、普通期刊、内部交流的区分，还有第一、第二作者排序，积分各有不同，不一定就能够保证作品成果积分能够达标，需要提供一定数量的高质量的技术报告作为补充和支撑。

29 **专业技术工作总结篇幅多少合适？**

答：专业技术工作总结应能够准确、全面地反映个人的理论水平、业务能力、工作业绩和成果，内容不能太少，一般在3000字左右。

30 **申报材料及其《评定表》有何打印要求？**

答：申报材料一律使用A4复印纸。其中《主要贡献意见表》《作品成果意见表》《单位评价意见表》均应单面打印且不得装订，以方便扫描。按档案管理部门要求，评审结束后，通过系统打印出来的《评定表》须彩色双面打印，经签章完善后存入个人档案。

5.4 职称以考代评或考评结合

1 **卫生技术、经济、会计、统计、审计、出版、翻译系列初中级资格实行以考代评如何规定？**

答：根据原人事部、卫生部《关于印发〈预防医学、全科医学、药学、护理、其他卫生技术等专业技术资格考试暂行规定〉及〈临床医学、预防医学、全科医学、药学、护理、其他卫生技术等专业技术资格考试实施办法〉的通知》（卫人发〔2001〕164号），原人事部1990年下发的经济、会计、统计、审计专业《资格考试暂行规定》及其《实施办法》，《人事部、新闻出版署关于印发〈出版专业技术人员资格考试暂行规定〉和〈出版专业技术人员职业资格考试实施办法〉的通知》（人发〔2001〕86号），《翻译专业资格（水平）考试暂行规定》（人发〔2003〕21号）及《二级、三级翻译专业资格（水平）考试实施办法》（国人厅发〔2003〕17号），卫生技术、经济、会计、统计、审计、出版、翻译系列的初中级资格国网人才中心不再进行评定与认定，一律参加各地方政府组织的全国专业技术人员专业技术资格（执业或职业资格）考试取得。

② 高级审计师、高级统计师、高级会计师资格实行考评结合如何规定？

答：根据原人事部、审计署、财政部《关于印发〈高级审计师资格评价办法（试行）〉的通知》（人发〔2002〕58号），人力资源社会保障部、国家统计局《关于印发高级统计师资格评价办法（试行）的通知》（人社部发〔2011〕90号）和《关于2007年度高级会计师资格考评结合工作有关问题的通知》（国人厅发〔2007〕50号）规定，高级审计师、高级统计师和高级会计师一律按照考评结合（即考试和评审）的方式进行评定。其中：

（1）高级审计师、高级统计师。申报者须参加由各省级地方政府有关部门组织的高级审计师或高级统计师的考试和评审，其结果须由申报者所属省公司或公司直属单位进行备案及确认。

（2）高级会计师。申报者须先参加由各省级地方政府有关部门组织的高级会计师考试，再凭高级会计师考试合格证书（成绩），报名参加国网人才中心组织的年度专业技术资格评定，取得高级会计师资格。

5.5 计算机、外语等的要求

① 关于取消外语、计算机水平考试的问题？

答：为落实中办、国办《关于深化职称制度改革的意见》，各专业系列评审条件对职称外语、计算机水平考试的要求，不再作为申报的必备条件，但仍作为资格评定的水平能力标准之一。水平能力积分标准分值为12分，其中，外语水平合格4分，不合格0分；计算机水平合格8分，不合格0分。

符合免试条件的人员，须所在单位根据免试规定出具免试证明及相关证明材料。

② 外语《合格证书》的类别有几种？

答：外语《合格证书》的类别有3种。

（1）1999~2005 年，参加人力资源社会保障部组织考试所取得的《合格证书》共有 A、B、C 三个等级，分为两类：一类是由人力资源社会保障部印制、由各省（省级人事考试中心或人事厅、局）、部门（含国家电力公司）主办单位签发的《全国专业技术人员职称外语等级统一考试合格证书》，可简称为国家合格证书；另一类是由省（省级人事考试中心或人事厅、局）依据人力资源社会保障部考试成绩全国通用标准下调分数线并核发的、其内容标明"参加全国专业技术人员职称外语等级……符合本省（市、区）……"等字样的《合格证书》，可简称为地方合格证书。

（2）自 2006 年（含部分 2005 年先行试点单位）起，参加人力资源社会保障部组织考试所取得的证明材料为《成绩通知书》，也分为 A、B、C 三个等级。由人力资源社会保障部人事考试中心印制、由人力资源社会保障部人事考试中心和各省（省级人事考试中心或人事厅、局）签发的《全国职称外语等级考试成绩通知书》，考试成绩的全国通用标准由人力资源社会保障部及其人力资源社会保障部人事考试中心公布。

（3）自 2009 年起，参加国家电网公司组织的专业技术人员电力英语水平考试所取得的《合格证书》同样有 A、B、C 三个等级，由国家电网公司印发。

③ 外语考试成绩使用标准是什么？

答：2006 年及以后参加人力资源社会保障部组织的考试，凡其成绩达到或超过全国职称外语等级考试各级别全国通用标准，与国家合格证书作用相同，如，考试成绩达到 A（B、C）级全国通用标准即为 A（B、C）级合格，其与国家合格证书一起，统称为 A（B、C）级通用标准；凡其成绩小于全国职称外语等级考试各级别全国通用标准 10 分（含 10 分）以内，与地方合格证书作用相同，将小于全国职称外语等级考试各级别全国通用标准 10 分（含 10 分）以内的成绩，与地方合格证书一起，统称为 A（B、C）级时效标准。

④ 外语考试成绩的有效期为几年？

答：自 2020 年起，参加国家电网公司组织的专业技术人员电力英语水平考试并取得《合格证书》，方可有效。具体标准为：取得的 A 级《合格证书》有效期为 4 年（截止日为取证的第四年年底）；取得的 B 级、C 级《合格证书》有效期为 3 年（截止日为取证的第三年年底）。在此之前，参加人力资源社会保障部组织的职称外语等级统一考试，符合下列要求可使用 2019 年度有效：

（1）取得 A（B、C）级通用标准。

（2）其考试成绩达到本规定明确的 A（B、C）级时效标准，其有效期截止日均为考试年第二年 12 月 31 日。

⑤ 人力资源社会保障部组织的全国专业技术人员计算机应用能力考试有哪些模块？

答：（1）计算机网络应用基础、Internet 应用（此项可任选一种）。

（2）Word 中文处理、Wps office 办公组合中文字处理（此项可任选其中一种）。

（3）Powerpoint 中文演示文稿。

（4）Visual Foxpro 数据库管理系统、计算机辅助设计、Access 数据库管理系统、CAD 制图软件（此项可任选一种）。

⑥ 计算机考试的有效期为几年？

答：自 2020 年起，参加国家电网有限公司组织的专业技术人员计算机水平考试并取得《合格证书》，方可有效。具体标准为：取得国家电网有限公司专业技术人员计算机水平考试《合格证书》，A 级证有效期为 4 年（截止日为取证的第四年年底）；B 级证有效期为 3 年（截止日为取证的第三年年底）。

在此之前，参加人力资源社会保障部组织的全国专业技术人员计算机应用能力考试，符合下列要求的可使用 2019 年度有效：取得所列 4 个模块中的 3 个模块《合格证书》的，其有效期为 4 年（截止日为取得第三个模块合格证书之第三年年底）；2 个模块《合格证书》的，其有效期为 3 年（截止日为取得第二个模块合格证书之第三年年底）。

⑦ 申报专业技术资格需什么相应等级标准？

答：外语：A 级适用于申报正、副高级和中级专业技术资格；B 级适用于申报副高级、中级专业技术资格；C 级适用于申报中级专业技术资格。

计算机：取得 2 个及以上模块或 A 级、B 级合格证书，可申报各级别的专业技术资格。

⑧ 外语免试条件及范围是什么？

答：（1）外语考试年年底前男同志年满 50 周岁、女同志年满 45 周岁。其中，在部分少数民族及艰苦偏远地区工作的专业技术人员可再降 5 岁，即男同志年满 45 周岁，女同志年满 40 周岁。

（2）取得外语专业大学专科及以上学历。

（3）曾在国外留学并取得学士及以上学位，或在国内获得博士学位。

（4）在国内取得硕士学位或取得大学外语六级考试合格证书申报中级资格。

（5）通过全国工商企业出国培训备选人员外语考试（简称 BFT）中级者，申报中级专业技术资格；通过 BFT 考试高级者，申报高级专业技术资格。

（6）正式出版过译著，译文累计 3 万汉字以上申报中级专业技术资格的；译文累计 5 万汉字以上申报高级专业技术资格的（译文包括汉译外和外译汉）。

（7）连续在国外学习、工作满 2 年，或经组织批准连续在国外进修满 1 年（需提供证明材料）。

（8）经组织选派在援外、援藏、援疆、支边期间申报专业技术资格者。

（9）同级转评专业技术资格。

（10）申报档案专业、卫生系列的中医药专业和思想政治工作系列资格。

（11）申报各系列初级资格和初次确认专业技术资格。

（12）军队转业干部和公务员调到企事业单位从事专业技术工作，属于首次申报专业技术资格者。

（13）符合如下条件之一者：

1）国家或省（部）级批准的有突出贡献的中青年科学技术、管理专家；政府特殊津贴或省（部）级特殊津贴享受者；中国青年科技奖的获奖者；人力资源社会保障部批准的"百千万人才工程"专家。

2）省部级及以上科学技术进步奖（或本专业项目奖）三等奖及以上获奖的主要贡献者。

3）网（省）公司级及以上单位确定（或批准）的"优秀专家人才"（须提供相应的批复文件和主管单位及本单位开展相应人选选拔工作的制度性文件）。

（14）在少数民族和长期艰苦偏远地区工作的申报者，如参加人力资源社会保障部组织的全国职称外语等级考试，可以参照执行当地省级政府对专业技术人员外语的免试规定（须提供当地省级政府有关文件的复印件）。

⑨ 计算机免试的条件及范围是什么？

答：（1）计算机考试年年底前男同志年满 50 周岁、女同志年满 45 周岁。其中，在部分少数民族及艰苦偏远地区工作的专业技术人员可再降 5 岁，即男同志年满 45 周岁，女同志年满 40 周岁。

（2）取得计算机专业大学专科及以上学历。

（3）取得非计算机专业博士学位。

（4）参加全国计算机技术与软件专业技术资格（水平）考试取得程序员及以上资格证书。

（5）申报卫生系列资格。

5.6 其他规定

① **电力高等专科学校、电力职业技术学院从事学历教育教学工作的教师人员和培训中心从事培训教学工作的教师人员如何申报职称？**

答：各省电力高等专科学校、电力职业技术学院从事学历教育教学工作的教师人员应申报高等学校教师相关资格（参加地方相关单位组织的评审），各省（管理、技能）培训中心从事培训教学工作的教师人员可申报技工院校教师相关资格。

② **中央党校、各省（市、区）党校和境外院校学历、学位如何规定？**

答：确实经过中央党校、各省（市、区）党校和境外院校规定学时、课时的学习（有学籍档案），所取得的学历、学位与国民教育学历具有同等效用，在专业技术资格评定中应予以承认。

③ **普通高等学校 1970~1976 年入学的毕业生如何认定学历？**

答：根据国家教委和原人事部教学厅（1993）4 号文件的规定，普通高等学校1970~1976 年入学的毕业生，国家承认其学历为大学普通班毕业。故这部分人员若具备规定的年限和能力、水平，可评定副高级及以上专业技术资格。

④ **专业不对口的学历如何申报职称？**

答：具备专业不对口的学历，需取得 2 门及以上大专层次专业对口的专业课程自学考试单科结业证书，可申报中级、副高级资格。

⑤ **核心期刊如何认定？**

答：各《评审条件》和相应资格《评定标准》中所提核心期刊系指以北京大学出版

的北大中文核心期刊及中国科学技术信息研究所出版的中国科技核心期刊目录为准。EI、SCI、SSCI 收录的文章需提供收录证明。

6 **集体奖项中主要贡献者如何认定？**

答：获奖的主要贡献者指：集体获奖项目，须是该项目排名靠前的第一、二完成人及主要完成（参加）者。若排名靠后，但确系主要完成（参加）者，须提供本人所在单位主管部门出具的正式文件。该文件须后附第一、二完成人分别亲自撰写并签名的"证明书"。文件及"证明书"须表明在该项目中被证明人承担任务的内容、重要程度及排名位次和排名靠后的原因，以及其他获奖人员名单（如获奖人数超过 15 人，可仅列出前 15 人名单并注明获奖总人数）。

7 **职称评定工作对申报人员学术造假如何惩治？**

答：实行学术造假"一票否决制"，申报人员通过弄虚作假、暗箱操作等违规违纪行为取得的职称予以撤销，3 年内不得申报；各单位出现评审标准不严格、组织不严谨、结果不公正等问题，视情节轻重给予通报批评、停止评审、限期整改等处理，直至收回评审权限；评定工作人员违反工作纪律，徇私舞弊、以权谋私或有其他违规违纪行为的，调离职称管理岗位。

8 **职称委托评审如何规定？**

答：委托评审须由申报者所在单位的上级主管单位向国网人才中心出具"委托书"，"委托书"中须注明委托评审专业系列、参评单位名称及委托评审期限（按年度）。在专业技术资格申报阶段，按要求将委托评审材料直接报送至国网人才中心。评审工作结束后，国网人才中心将评审结果函告委评单位。

9 **非在职人员能否参加职称评定工作？**

答："不受是否在职的限制"是从 1999 年起实行评、聘分开职称管理办法后，准许流动人员及退休人员申报评定专业技术资格的规定。即流动人员及退休人员经履行专业技术资格评定程序所取得的专业技术资格，仅表明其在评定该专业技术资格时的专业技术水平，是其在取得该专业技术资格后求职、受聘新岗位工作的条件之一。

在《国网人才评价中心关于职称申报的规定》（2019 年 5 月修订）（人才中心〔2019〕12 号）中，已经没有相关规定。根据《安徽省职称评审工作实施办法》（皖人社发

〔2018〕5 号）和《职称评审管理暂行规定》（中华人民共和国人力资源和社会保障部令 2019 年第 40 号）文件精神，申报人应当为本单位在职的专业技术人才，离退休（含返聘在岗）人员不得参加专业技术人员职称评审。

⑩ 在公司系统外取得的工程技术职称证书是否有效？

答：公司具备评审权的职称系列（专业），申报者须参加公司统一评定，个人自行取得的职称，在公司评定范围内的，不予确认；公司暂未取得评审权的系列（专业），各单位可采取委托方式组织评审，评审结果由申报者所属地市公司级及以上单位确认。

外单位调入人员，其专业技术资格若为局级及以上单位评定或认定的，应与原电力部、国家电力公司系统的原专业技术职务任职资格一样，具有同等效用，予以承认；否则，需履行专业技术资格评定工作程序，重新评定。

对于成建制划转的单位，在划转前，个人取得并经原单位认可的专业技术资格，予以承认。

⑪ 职称评定报名费、评审费是多少，如何缴纳？

答：（1）报名费。收取标准：200 元 / 人，按申报本专业、同一级别专业技术资格一次性收取。经初审、复审未达到提交评委会评审的资格（未达标）和经评委会评审未通过者，其报名有效性或继续进行专业技术水平、能力、业绩积分的权限，自动转入下一年度。

（2）评审会议费。在申报评定本专业、同一级别专业技术资格中，只要向评委会提交评审（达标）即向申报者收取一次。评审会议费收取标准：正高 780 元 / 人次、副高 680 元 / 人次、中级 400 元 / 人次。

⑫ 职称申报中关于绩效考核是怎么规定的？

答：（1）申报中级职称近三年绩效考核累计积分不低于 3 分且评定年度考核结果不能为 D。

（2）申报副高级职称近三年绩效考核累计积分不低于 4 分且评定年度考核结果不能为 D。

（3）申报正高级职称近三年绩效考核累计积分不低于 4.5 分。

⑬ 职称申报过程中如何把握绩效操作原则？

答：（1）近三年有绩效考核的申报人员，按《国网人才评价中心关于职称申报的规定》

相关要求执行。

（2）无绩效考核或绩效考核不满三年的申报人员，如集体企业人员、外系统调入人员、部分博士（含博士后）人员等，按如下原则执行：

1）无绩效考核：可不作为申报必备条件。

2）只有一年的绩效考核：积分不低于1.5分。

3）只有两年的绩效考核：积分不低于3分。

（3）申报系统不再对绩效考核情况进行判别，各单位在审核时应严格把关，根据本单位员工绩效考核实际情况，对申报者数据、报表等所对应的绩效考核内容严格进行审核。

6

业务咨询型问题解读

国网安徽省电力有限公司
职称评定工作指南（上册）

1 已经取得助理工程师职称，如何取得工程师（中级）职称？

答：（1）大学本科或大学专科毕业，助理级资格年限满4年，且"资格后本专业累积年限"满4年或"资格后本专业连续年限"满2年；硕士研究生取得助理级资格后从事本专业年限满2年（学制不满2年的国外硕士须满3年），可申报评定中级资格。申报中级资格人员近三年绩效考核累计积分不低于3分且评定年度考核结果不能为D。

（2）取得助理级资格后发表的本人撰写的论文1~2篇和技术报告等作品1~2篇。

（3）有效期内的外语"合格证书"和计算机"合格证书"，或符合规定的"免试证明"免试证明（外语、计算机水平作为评定专业技术资格的水平能力标准之一，不再作为申报的必备条件）。

（4）按要求登陆中国电力人才网进行报名、交费，填写技术水平、能力、业绩等选项，在线积分达标后，参加统一考试。

2 已经取得工程师（中级）职称，如何取得高级工程师（副高级）职称？

答：（1）大学本科毕业，中级资格年限满5年，且"资格后本专业累积年限"满5年或"资格后本专业连续年限"满3年；硕士学位，中级资格年限满4年，且"资格后本专业累积年限"满4年或"资格后本专业连续年限"满2年；博士学位，中级资格年限满2年，且"资格后本专业累积年限"满2年或"资格后本专业连续年限"满1年，可申报评定副高级资格。申报副高级资格人员近三年绩效考核累计积分不低于4分且评定年度考核结果不能为D。

其中，申报技工院校教师副高级资格要求本科及以上学历；申报其他专业副高级资格不限学历，本科以下学历层次现资格年限、专业年限要求与本科一致。

获得省部级科技进步奖、技术发明奖、自然科学奖二等奖及以上奖励的主要贡献者，可破格直接申报副高级资格。

（2）取得工中级职称后发表的本人撰写的论文和技术报告等作品。

（3）有效期内的外语"合格证书"和计算机"合格证书"，或符合规定的"免试证明"免试证明（外语、计算机水平作为评定专业技术资格的水平能力标准之一，不再作为申报的必备条件）。

（4）按要求登陆中国电力人才网进行报名、交费，填写技术水平、能力、业绩等选项，在线积分达标后，参加评审。

3 发表的论文、技术报告应提交哪些证明资料？

答：（1）关于论文、论著。发表或经学术交流或经学术部门评选的论文或论著，申报时须提供书、刊的封面、目录（交流或评选的证书）和本人撰写的内容即可，不必将整本书、刊一同提交。

（2）关于技术报告。技术报告应为申报者在当时完成专业技术项目之后，对完成或解决某项具体技术工作问题的报告，申报时须提供专业技术负责人的证明（或鉴定意见）。

4 学历是党校学历，职称评定时可以使用该学历吗？

答：确实经过中央党校、各省（币、区）党校和境外院校规定学时、课时的学习（有学籍档案），所取得的学历、学位与国民教育学历具有同等效用，在专业技术资格评定中应予以承认。

5 如果想申请中高级工程师资格，专业不对口，该如何申请？

答：具备专业不对口的学历，需取得两门及以上大专层次专业对口的专业课程自学考试单科结业证书，可申报中级、副高级资格。

6 已经取得经济师（中级）职称，能否申报工程师（中级）职称或高级工程师（副高）职称的评定？

答：按政策规定，可以"资格同级转评"和"资格跨系列高报"，但需要满足相应工作年限的要求，电力、工业工程技术系列：一般须同时具备理工科专业学历和工程技术资格以及工程技术工作经历。若具备理工科专业学历但现专业技术资格为非工程系列，则现从事工程技术工作的年限要求为："资格同级转评"须近2年、"资格跨系列高报"须近3年（全国专业技术资格或执业资格统一考试的系列、级别除外）。

7 具有工程师资格，现在人力资源部工作，是否可以申报高级经济师？

答：可以，但需要满足一定条件。对于跨系列高报者，经济专业系列：一般须同时具备经济（含理工、财经、管理、法律类，下同）专业学历和经济专业资格以及经济工作经历。若具备经济专业学历但专业技术资格为非经济专业系列，或不具备经济专业学历但专业技术资格为经济、工程、统计、会计、法律和企业法律顾问系列，则现从事经济工作的年限要求为："资格同级转评"须近2年、"资格跨系列高报"须近3年。高级经济师准入条件：非经济专业或经济类相近专业的本科学历，具备经济师或工程师或统计师或会计师或审计师或注册会计师或律师（从事经济法、劳动法工作）或企业法律顾问资格（从事经济法、劳动法工作并级别对应中级资格），可申报高级经济师。

8 从事人力资源管理工作，可以申报哪些系列资格？

答：从事人力资源管理工作，在参加公司评审时，可以申报工业工程系列的工程师资格或经济专业系列的经济师资格。如申报经济专业系列，中级须参加国家人力资源管理经济师考试。取得原人力资源管理工程师资格可以直接申报高级经济师。但从事离退休管理工作可以申报政工系列。

9 从事会计工作，是否可以参加全国经济师考试来确认经济师？

答：对于从事会计师工作的人员，一般须参加国家会计师考试来确认会计师资格。持有通过全国会计专业技术统一考试证书，可确认会计师。从事经济专业工作的人员，在符合当年度经济师申报条件时，方可参加全国经济师考试，持有通过全国经济专业技术统一考试证书，可确认经济师。

10 在办公室工作，是否可以申报政工师资格？

答：申报专业技术资格主要根据从事的专业技术工作来确定。从事以下工作之一，到达相应政工年限，可以申报政工专业系列资格：

（1）党建和精神文明建设工作（党群、政工、党政宣传）。

（2）纪检和监察工作（纪检监察）。

（3）群众工作（工会、团委、信访）。

（4）保卫工作（安监）。

（5）离退休干部管理工作（离退休管理）。

11 在运维检修部从事继电保护工作，申报电力工程专业技术资格时，应该申报哪个分支？

答：电力工程分为四类专业：热能动力工程专业、水能动力工程专业、输配电及用电工程专业以及电力系统及其自动化专业。

依据实际，从事继电保护工作，建议申报生产运行—电力系统及其自动化专业分支。该分支包括电力系统规划、电力系统运行与分析、电力系统自动化、继电保护及安全自动装置、电力系统通信及其他与电力系统及其自动化有关的专业。

⑫ 在人力资源部从事教育培训工作，可不可以不申报经济专业，转而申报工程技术专业？

答：在人力资源部从事教育培训岗位工作，具有理工科学历，可以申报工业工程人力资源开发与管理分支专业。

工业工程专业划分为：系统规划与管理、设施规划与设计、方法与效率工程、生产计划与控制、质量与可靠性管理、营销工程、工业安全与环境、人力资源开发与管理八个分支专业。

人力资源开发与管理：适用于主要从事人力资源研究、开发和管理工作的工程技术人员。工作范围包括：人力资源发展规划的编制与实施；组织结构的设计、工作职能分析和岗位职务的设计与评价；职业资格和专业技术资格的设计与评价；工作激励与劳酬制度及标准的制定与实施；工作评价、绩效评估与考核；人员培养计划和人员选拔计划的编制与实施；职工教育，技术培训和岗位培训计划的编制与组织实施等工作。

⑬ 在职称申报时，实际工作岗位和 ERP 系统岗位不相符，以哪个为准？

答：专业技术资格申报，应该以 ERP 系统记录的岗位为依据，尊重客观事实。如存在挂职锻炼、借用以及其他实际工作岗位与 ERP 岗位不符情况时，应当提供单位任命、挂职、借用、调动等相关证明材料。

7

引入型案例

1 职称申报对学历的要求

案例： 员工老赵为供电公司老员工，1970年高中毕业参加工作，在公司工作40余年，经历一线班组、工区技术员，现在运维检修部本部担任管理岗位，一直没有取得后续学历，2015年公司进行薪酬套改，管理岗上岗条件必须具有相应专业技术资格，公司人资部给其认定初级专业技术资格。请分析该公司人资部做法是否正确？

答：公司人资部不应该给员工老赵认定初级专业技术资格，因为老赵为高中毕业，申报评定专业技术资格没有具备规定学历。

申报评定专业技术资格一般应具备规定学历。规定学历是各专业技术资格《评审条件》和有关实施办法中已明确规定的符合申报专业技术资格的本专业学历、学位要求（含后续学历）。即评定或认定资格的规定为：取得中专学历认定员级、助理级资格，取得大专学历认定助理级和评定中级资格，取得本科学历认定助理级、评定中级和正副高级资格，取得硕士、博士学位（含单一学位或研究生毕业学历情况）认定中级和评定正副高级资格。

2 职称申报对副高级评审方式的要求

案例： 员工小钱已获得2013年度中级专业技术资格，在申报2014年度副高级专业技术资格时，公司人资部告知其中级资格不满5年，不允许申报副高级职称，建议小钱多积累工作业绩，等中级资格年限满5年后再参加副高级专业技术资格。请分析该公司人资部做法是否正确？

答：该公司人资部做法是正确的。

依据《国网人才评价中心关于职称申报的规定（2019年5月修订）》（人才中心〔2019〕12号）文件精神，从2019年起，申报副高级必须满足以下条件：

大学本科毕业，中级资格年限满5年，且"资格后本专业累积年限"满5年或"资格后本专业连续年限"满3年；硕士学位，中级资格年限满4年，且"资格后本专业累积年限"满4年或"资格后本专业连续年限"满2年；博士学位，中级资格年限满2年，且"资格后本专业累积年限"满2年或"资格后本专业连续年限"满1年，可申报评定副高级资格。申报副高级资格人员近三年绩效考核累计积分不低于4分且评定年度考核结果不能为D。

其中，申报技工院校教师副高级资格要求本科及以上学历；申报其他专业副高级资格不限学历，本科以下学历层次现资格年限、专业年限要求与本科一致。

获得省部级科技进步奖、技术发明奖、自然科学奖二等奖及以上奖励的主要贡献者，可破格直接申报副高级资格。

3 职称申报对英语水平的要求

案例： 员工小孙在申报 2015 年副高级专业技术资格时，提供的是 2011 年 10 月取得的国家电网公司"专业技术人员电力英语水平考试"A 级《合格证书》，小孙认为取得的证书长期有效，但是在系统内确认外语计算机资格时，申报系统不予认可。请分析系统不予认可的原因？

答：员工小孙取得的是国家电网公司组织的"专业技术人员电力英语水平考试"，A级《合格证书》，有效期截止日为取证的第四年年底，小孙取得时间为 2011 年 10 月，有效期为 2014 年 12 月。

外语能力有效期依据考试级别和成绩确定：

（1）证书类别。有三种：

1）1999~2005 年，参加人力资源社会保障部组织考试所取得的《合格证书》共有 A、B、C 三个等级，分为两类：由人力资源社会保障部印制、由各省（省级人事考试中心或人事厅、局）、部门（含国家电力公司）主办单位签发的《全国专业技术人员职称外语等级统一考试合格证书》，可简称为国家合格证书；由省（省级人事考试中心或人事厅、局）依据人力资源社会保障部考试成绩全国通用标准下调分数线并核发的、其内容标明"参加全国专业技术人员职称外语等级……符合本省（市、区）……"等字样的《合格证书》，可简称为地方合格证书。

2）自 2006 年（含部分 2005 年先行试点单位）起，参加人力资源社会保障部组织考试所取得的证明材料为《成绩通知书》，也分为 A、B、C 三个等级。由人力资源社会保障部人事考试中心印制、由人力资源社会保障部人事考试中心和各省（省级人事考试中心或人事厅、局）签发的《全国职称外语等级考试成绩通知书》，考试成绩的全国通用标准由人力资源社会保障部及其人力资源社会保障部人事考试中心公布。

3）自 2009 年起，参加国家电网公司组织的"专业技术人员电力英语水平考试"所取得的《合格证书》同样有 A、B、C 三个等级，由国家电网公司印发。

（2）考试成绩使用标准。2006 年及以后参加人力资源社会保障部组织考试，凡其成绩达到或超过全国职称外语等级考试各级别全国通用标准，与"国家合格证书"作用相同，例：考试成绩达到 A（B、C）级全国通用标准即为 A（B、C）级合格，为便于掌握，本规定将其与国家合格证书，统称为 A（B、C）级通用标准；凡其成绩小于全国职称外语等级考试各级别全国通用标准 10 分（含 10 分）以内，与地方合格证书作用相同，为便于掌握，本规定将小于全国职称外语等级考试各级别全国通用标准 10 分（含 10 分）以内的成绩与地方合格证书，统称为 A（B、C）级时效标准。

（3）有效期。自 2020 年起，参加国家电网公司组织的"专业技术人员电力英语水平考试"并取得《合格证书》，方可有效。具体标准：取得的 A 级《合格证书》有效期为四年（截止日为取证的第四年年底）；取得的 B 级、C 级《合格证书》有效期为三年（截止日为取证的第三年年底）。在此之前，参加人力资源社会保障部组织的职称外语等级统一考试，符合下列要求可使用到 2019 年度有效：

1）取得 A（B、C）级通用标准；

2）其考试成绩达到本规定明确的 A（B、C）级时效标准，其有效期截止日均为考试年第一年 12 月 31 日。

（4）A 级，适用于申报正、副高级和中级专业技术资格。B 级，适用于申报副高级、中级专业技术资格。C 级，适用于申报中级专业技术资格。

④ 职称申报对计算机水平的要求

案例：员工小李参加 2015 年副高级专业技术资格申报时，提供的是 2012 年 7 月取得的人力资源社会保障部"全国专业技术人员计算机应用能力考试"4 个模块的《合格证书》，分别是 Window xp、excel、Word 中文处理和 CAD 制图软件，公司人资部在审核时，认为其计算机资格不符合申报要求。请分析小李计算机资格不符合申报要求的原因？

答：员工小李提供的是 2010 年 7 月取得的人力资源社会保障部"全国专业技术人员计算机应用能力考试"4 个模块的《合格证书》，其中符合国家电网公司规定的模块为 Word 中文处理和 CAD 制图软件，2 个模块有效期为取得第二个模块合格证书之第三年年底，小李取得时间为 2012 年 7 月，有效期为 2014 年 12 月。

计算机能力有效期依据考试级别和成绩确定：

自 2020 年起，参加国家电网公司组织的"专业技术人员计算机水平考试"并取得《合格证书》，方可有效。具体标准：取得 A 级《合格证书》，有效期为四年（截止日为取证的第四年年底）；取得的 B 级《合格证书》有效期为三年（截止日为取证的第三年年底）。在此之前，参加人力资源社会保障部组织的"全国专业技术人员计算机应用能力考试"，符合下列要求可使用到 2019 年度有效：

（1）取得 4 个模块的《合格证书》。其 4 个模块为：

1）计算机网络应用基础、Internet 应用（此项可任选一种）

2）Word 中文处理、Wps office 办公组合中文字处理（此项可任选其中一种）。

3）Powerpoint 中文演示文稿。

4）Visual Foxpro 数据库管理系统、计算机辅助设计、Access 数据库管理系统、CAD 制图软件（此项可任选一种）。

（2）取得上述所列 4 个模块中的 2 个或 3 个模块《合格证书》的，其有效期为：3 个模块，4 年（截止日为取得第三个模块合格证书之第三年年底）；2 个模块，3 年（截止日为取得第二个模块合格证书之第三年年底）。

⑤ 职称申报对员工在职情况的要求

案例： 员工老周是公司退休返聘人员，目前仍在岗从事相关技术咨询工作。老周具备中级专业技术资格，并符合免试条件，但是在提交副高级专业技术资格申报材料时，人资部以退休人员不在申报范围为由不允许其申报。请分析该公司人资部做法是否正确？

答：员工老周属于退休返聘人员，已经不能申报。

国家电网公司在实行评、聘分开的职称管理新办法后，准许流动人员及退休人员申报评定专业技术资格的规定。即自 1999 年起，流动人员及退休人员经履行专业技术资格评定程序所取得的专业技术资格，仅表明其在评定该专业技术资格时的专业技术水平，是其在取得该专业技术资格后求职、受聘新岗位工作的条件之一。

但在《国网人才评价中心关于职称申报的规定（2019 年 5 月修订）》（人才中心〔2019〕12 号）文件中，已经删除相关规定。根据《安徽省职称评审工作实施办法》（皖人社发〔2018〕5 号）和《职称评审管理暂行规定》（中华人民共和国人力资源和社会保障部令 2019 年第 40 号）文件精神，都明确要求申报人应当为本单位在职的专业技术人才，离退休（含返聘在岗）人员不得参加专业技术人员职称评审。

⑥ 职称申报对跨专业申报的要求

案例： 员工小王为非电专业硕士研究生，2006年参加工作，在党群工作部工作3年后于2010年认定政工师专业技术资格。在工作中，小王又参加了在职后续学历学习，于2011年取得了电力系统及其自动化专业本科学历。由于工作变动，小王于2012年调动到运维检修部从事配电网管理工作，工作满3年后申报2015年电力工程副高级专业技术资格，人资部认为其中级专业技术资格为政工师，不允许其跨专业申报高级工程师，要求其重新申报工程师，再申报副高级。请分析该公司人资部做法是否正确？

答： 员工小王具有政工师中级专业技术资格，并具有理工科专业学历，现从事工程技术工作的年限满足3年要求，属于"资格跨系列高报"，应允许其申报。

关于"资格同级转评"和"资格跨系列高报"，根据各专业、系列的实际情况，从专业技术队伍建设角度出发，参照国家《人事信息代码汇编》有关学科分类的规定，对各专业系列准入的所学专业和专业技术资格以及现从事的专业工作经历，明确如下：

（1）电力、工业工程技术系列：一般须同时具备理工科专业学历和工程技术资格以及工程技术工作经历。若具备理工科专业学历但现专业技术资格为非工程系列，则现从事工程技术工作的年限要求为："资格同级转评"须2年及以上、"资格跨系列高报"须3年及以上。

（2）卫生技术系列：一般须同时具备医疗卫生专业学历和卫生技术资格以及医疗卫生技术工作经历。若具备医疗卫生专业学历但现专业技术资格为非卫生系列，则现从事医疗卫生技术工作的年限要求为："资格同级转评"须2年及以上、"资格跨系列高报"须3年及以上。

（3）经济专业系列：一般须同时具备经济（含理工、财经、管理、法律类，下同）专业学历和经济专业资格以及经济工作经历。若具备经济专业学历但专业技术资格为非经济专业系列，或不具备经济专业学历但专业技术资格为经济、工程、统计、会计、法律和企业法律顾问系列，则现从事经济工作的年限要求为："资格同级转评"须2年及以上、"资格跨系列高报"须3年及以上。

（4）会计专业系列：一般须同时具备财会（含财经类，下同）专业学历和会计专业资格（含审计资格、注册会计师执业资格，下同）以及财会工作经历。若具备财会专业学历但专业技术资格为非会计专业系列，或不具备财会专业学历但专业技术资格为会计、统计、经济、工程系列，则现从事财会工作的年限要求为："资格同级转评"须 2 年及以上、"资格跨系列高报"须 3 年及以上。

（5）图书资料与档案、职工教育、政工系列：须专职从事相应系列规定的专业工作。若专业技术资格为非相应专业系列，则现从事申报专业工作的年限要求为："资格同级转评""资格跨系列高报"均须 2 年及以上。